仙台城空撮(仙台市教育委員会提供)**と政宗時代の石垣**(飯村均提供)

仙台藩主伊達家の居城．慶長5年(1600)，政宗により普請が開始される．本丸は広瀬川の西岸の断崖上に設営され，三方を固めた天然の要害

新　井　田　館（南三陸町教育委員会提供）

志津川湾を望む標高 67 m の丘陵上にある 15 ～ 16 世紀の山城で，保存状態が良好で，津波復興拠点整備に伴いほぼ全域が発掘調査

岩　切　城（仙台市教育委員会）

仙台平野が一望できる標高 106 m の丘陵上にある山城で，南北朝期の観応 2 年(1351)の奥州管領吉良氏と畠山・留守氏の岩切城合戦の舞台

篠　川　御　所（郡山市教育委員会提供）

応永６年(1399)に鎌倉府から派遣された足利満直が構えた居館．１町×１町半の規模で長方形とされ，西に奥大道がある交通の要衝

阿津賀志山防塁（国道４号線北側地区）（飯村均提供）

文治５年(1189)の奥州合戦で，平泉藤原氏が厚樫山南麓中腹から阿武隈川旧河道まで約３km にわたり，二重の堀と土塁を構築した防塁

山形城本丸一文字門（山形市まちづくり推進部提供）

元和８年(1622)以降の改修により成立した本丸一文字門．平成17年(2005)に復元され，東の大手橋から本丸へと屈曲する作りは美しい

舘　山　城（米沢市教育委員会提供）

伊達·上杉氏の16世紀～17世紀初頭の山城．郭Ⅰ西側の堀切を埋め戻し，慶長年間頃に石垣の桝形虎口が普請するが，途中で破却

飯村 均・室野秀文［編］

東北の名城を歩く 南東北編

宮城・福島・山形

吉川弘文館

刊行のことば

本書の刊行のお話を最初にいただいたのは、「三・一一」（東日本大震災）の一年後くらいだったと思う。ようやく「復興」という言葉が聞かれはじめたころであり、「遺跡が復興の足枷《あしかせ》」という論調の報道によく接した頃でもあった。その中で本書でも取り上げたが、城館が槍玉にあがることもあった。編者らは「このままでは遺跡—城館—が、復興の名の下にないがしろにされるのではないか」という危機感を持っていた。今考えるとまったくの杞憂《きゆう》であった。「三・一一」以降、地域や郷土を愛する気持ちが強まり、「絆《きずな》」を大切する風潮が高まり、文化財保護に好意的な雰囲気が高まった。仙台城や小峰城のように復興のシンボルとして城館がクローズアップされ、地域のアイデンティティーや紐帯《ちゅうたい》の表徴として、地域に本来あった「城館」を再評価して、史跡として活用していこうという機運が高まったのである。

本書で取り上げた地域では三〇〇〇近い数の城館があると推定されるが、そこから六六の城館を選ぶことは至難であった。そこでまず国・県・市町村指定史跡を優先し、次に遺存状態が良好で現地に行き易い城館、そして地域バランスにも配慮した。年代はおおむね一一世紀〜一七世紀に成立した城館とし、寛永年間を下限とすることとした。編者だけでは当然すべての城館を知りえないので、宮城県については田中則和氏に、山形県については伊藤清郎氏に、城館や執筆者の選定についてご指導をいただいた。明記して感謝申し上げたい。

「三・一一」から六年が経過したが、本当の「復興」が問われる時期に来ている。その中で本書が地域の城館を再評価する契機となり、一人でも多くの方々が城館を訪ねていただければ幸いである。

平成二十九年七月

飯村　均
室野秀文

目次

南東北の名城の歴史をたどる

飯村　均

【城とは】　城（城館）とは何だろうか？　考古学の立場からする、「切岸《きりぎし》、堀や土塁で区画された空間」と言うことになろう。その意味で城は、環濠集落など縄文・弥生時代にすでに成立していたこととなる。

【古墳時代の城】古墳時代前期には近年、宮城県栗原市入の沢遺跡で塀と濠で囲われた防御性の高い集落が発見されている。古墳時代中・後期の堀や塀で区画された豪族居館としては、福島県喜多方市古屋敷《ふるやしき》遺跡や白河市舟田中道《ふなだなかみち》遺跡などがある。

【古代の城】　しかし、中世城館の直接的な系譜になりうるのはやはり、古代の城であろう。陸奥国府・宮城県多賀城《たがじょう》跡に代表される、堀や築地や塀で区画された城柵官衙《かんが》遺跡が、七世紀以降、律令国家期に展開する。一〇世紀以降律令国家の衰退ともに、地方官人の系譜を引く「村落首長」は「開発領主」としてその地位を高め、溝で方形に区画された屋敷を形成する。一一世紀の喜多方市鏡《かがみ》ノ町《まち》遺跡などが一例である。一方、前九年《ぜんくねん》合戦に関わる館としては栗原市花山館《はなやまたて》などがあり、安倍貞任《あべのさだとう》が立て籠もった伝承があり、一一世紀に遡る可能性が指摘されている。いずれも城館の一つの系譜となろう。

【一二世紀の城】　一二世紀になると二重の堀と土塁《どるい》で不整形に囲われた、**陣《じん》が峯《みね》城**に代表される城が出現する。陣が峯城の出土遺物は平泉藤原氏の政庁とされ柳の御所遺跡と遜色なく、平泉藤原氏に比肩しうる有力層の存在を指摘できる。山形県鶴岡市田川館《たがわだて》は平泉藤原氏の下にあった田川太郎行文《ゆきぶみ》の居館の伝承があり、宮城県北部にも平泉藤原氏との関連を示唆する伝承がある津久毛橋《つくもばし》城・**姫松館**《ひめまつだて》など複数存在する。これの城館の構造が注目される。源頼朝の文治五年（一一八九）奥州合戦で著名な**阿津賀志山**《あつかしやま》**防塁**は、厚樫山から阿武隈川に至る長大な二重の土塁と堀で構成される、一一・一二世紀の安倍・清原氏あるいは平泉藤原氏関連の城館と共通する構造であることが指摘されている。

【鎌倉時代の城】　鎌倉時代になると、一町（一一〇《メートル》）・半町程度の規模で略方形に堀や低い土塁で区画された館が成立する。仙台市王《おう》ノ壇《だん》・南小泉遺跡や福島県福島市勝口前畑遺跡、桑折町播磨館、郡山市荒井《あらい》猫田《ねこた》遺跡・白旗《しらはた》遺跡・安子島《あこがしま》城などがある。王ノ壇遺跡の調査成果を見ると、中門廊の張出を有する寝殿造系の掘立柱建物の主殿を中心に、堀で長方形に区画され、低い土塁の存在が指摘されている。出土遺物では青白磁梅瓶《めいぴん》・緑釉陶器盤・奈良火鉢・山茶碗等の出土が注目でき、都市・鎌倉と同じ遺物のセットであり、名取郡北方の政所《まんどころ》の可能性が指摘されている。鎌倉時代とされる現況で確認できる城館は皆無に近いが、山形県天童市二階堂屋敷は一辺一二〇《メートル》の方形に空堀で囲まれ、鎌倉時代に地頭に補任された二階堂氏の居館の可能性が指摘され、注目できる。今後は平地居館ばかりでなく、山城の存在も当然、考える必要がある。

【南北朝期の城】　南北朝・室町時代前期は戦乱の時代であり、多くの城館が作られた。南北朝期には切《きり》岸《ぎし》・堀切《ほりきり》・腰郭《こしくるわ》を多用した山城が成立し、山上に居住空間を形成している。山城としては正平六年（一三五一）の合戦で著名な岩切《いわきり》城、建武四年（一三三七）に北畠顕家《きたばたけあきいえ》が義長《よしなが》親王を奉じて陸奥国府を移した**霊山城**、文和元年（一三五二）に北畠顕信《あきのぶ》が立て籠もった**宇津峰城**、白川結城氏の本拠である**白川城**御本城山地区などが知られている。**霊山城**は古代山岳寺院である天台宗霊山寺の山頂平坦部の中に作られ、通称国司館とされる礎石建物の背部に土塁と堀で区画された長方形の空間があり、その機能が注目される。

居館としては建武三年に城郭を構えたとされる相馬氏の本拠である**小高城**、延文元年（一三五九）に北畠顕信が挙兵したとされる山形県鶴岡市藤島城などが知られる。いずれの城館も室町・戦国時代の改変を受けており、現況では南北朝期の城館の形態を伝えているとは言い難いが、その立地や基本的な構造にはその痕跡を伝えている。

【室町時代の城】 山城は山上に居住する「居館型山城」というべき形態で、郭の機能分担も明確で、切岸・腰郭・堀切を主体で構成され、掘り残し土塁や低い積み土の土塁が見られる。名取熊野三山を山上に移したと思われる、宗教権力の築城である宮城県名取市熊野堂大館《おおだて》、信夫庄司《しのぶしょうじ》佐藤氏の本拠である福島市大鳥城、小野町猪久保《しくぼ》城やいわき市荒川館などの発掘調査事例にその典型を見ることができる。

この時期の居館は土塁と堀の大規模化を特徴とし、館内部の空間構成が次第に定型化してくる。奥州《おうしゅう》探題《たんだい》大崎氏の居館である名生館《みょうだて》、鎌倉公方が奥羽支配の拠点として一族を下向させた居館である**篠川御所・稲村御所**など、幕府や鎌倉府に関連した地域支配の拠点の居館が知られる。陸奥の守護職に補任された伊達氏の本拠である梁川《やながわ》**城**は、伊達氏館を中心に方格地割の守護町が形成されたことが明らかになった。いずれの館も戦国時代に大きく改変を受けているが、原形の痕跡を見ることはできる。

応永二十七年（一四二〇）落城とされる新宮《しんぐう》氏の本拠である**会津新宮城**は、室町時代の平地居館を現況で見ることができる希少な城である。福島県須賀川市南古舘《みなみふるたて》や郡山市荒井猫田遺跡は室町時代を下限とする方半町規模の居館が調査されており、国人《こくじん》領主の館の典型と考えられる。

【戦国時代の城】 戦国時代には土塁や虎口《こぐち》が特に発達し、大規模な土塁や郭を全周する土塁、枡形《ますがた》虎口などの複雑な虎口が登場する。戦国時代後半には独自に石積み技術が発展し、虎口や土塁、通路に多用されるようになるが、本格的な石垣は天正十八年（一五九〇）の奥羽仕置以降の豊臣大名の入部を待たなければならない。

戦国大名伊達氏の本拠は**梁川城**から山城である**桑折西山《こおりにしやま》城**、**米沢舘山城**、**岩出山城**、**仙台城**へと移転していくが、伊達氏の築城形態や城下町形成の志向の変遷を垣間見ることができる。戦国大名葦名《あしな》氏の城は**黒川城**でその痕跡を見ることはできないが、**向羽黒山《むかいはぐろやま》城**や**柏木城**でその築城技術を見ることができ、天正十年代の葦名氏の城の実像を知ることができる。田村氏の居城である**三春城**も、山城として戦国時代から近世への変遷が明らかにされている。出羽の庄内では武藤氏の**大浦城**・**高館**、**亀ヶ崎《かめがさき》城**（**東禅寺《とうぜんじ》城**）、砂越氏の**砂越城**、村山・最上では最上氏の本拠である**山形城**をはじめとして、一族の**天童古城**・**東根城**・**高楯城**などの戦国時代の城がある。砂金氏の居城である**前川本城**では、城下集落が明らかになっている。

境目《さかいめ》の城としては、白川結城氏と常陸佐竹氏の境目の城として**赤館《あかだて》**、葦名氏と伊達氏の境目の城として**柏木城**、最上氏と伊達氏の境目の城として**中山城**、**高楯城**などが挙げられる。いずれの城も近世に改変を受けていることが多いが、柏木城は天正十七年の形態をほぼ現況で見ることができる。

【豊臣大名の入部】 天正十八年の奥羽仕置で、天正十九年に伊達政宗は徳川家康により改修された**岩出山城**に移り、同じく徳川が改修した**佐沼城**を支城とした。

黒川城に蒲生氏郷が入り居城として整備し、その支城である福島県南会津町鳴山城、郡山市守山城、**小峰城**、猪苗代町猪苗代城、須賀川市長沼城、**二本松城**、**白石城**、**中山城**、**小国《おぐに》城**などが整備され、織豊系城郭の築城技術が導入され、高石垣・礎石建物・瓦葺の三要素が完全な形ではなく、各城に個別に、部分的に導入される。最上義光《よしあき》の**山形城**や上山市上山城などで、やはり織豊系の築城技術が部分的に導入されている。

慶長三年（一五九八）に**黒川城**に五大老の上杉景勝が一二〇万石で入り、領国支配の拠点として**神指城**《こうざし》を整備するが、これが関ヶ原合戦の契機となったことは周知のことであり、築城途中で放棄された城としても注目できる。支城として新たに、**梁川城**、**鮎貝城**《あゆがい》、伊達市保原《ほばら》城、福島市宮代館・大森城、**米沢館山城**、福島県二本松市四本松城、南会津町久川《ひさかわ》城などが整備され、織豊系城郭の技術の導入が部分的に確認できる。文禄年間頃には最上義光により改修されたという山形城、「北の関ヶ原」として著名となった「長谷堂《はせどう》合戦」の舞台である**長谷堂城**も、最上氏の山城として注目できる。

以上のように、豊臣大名の入部や京・伏見への屋敷造営、朝鮮出兵などを契機して、織豊系城郭の築城技術の導入があったとされている。しかし、高石垣・礎石建物・瓦葺の三要素がすべて導入された可能性があるのは、豊臣大名の本城である**黒川城**、**神指城**のみであったと考えている。いずれにせよ、近世城郭への道は確実に歩み始めている。

【慶長〜寛永の城】　関ヶ原合戦をへて江戸幕府が成立しても、未だ不安定な政治情勢を背景として、築城・改修が継続される。幕藩体制が安定していくのが、寛永年間とされている。

慶長七年（一六〇二）伊達政宗が築城した**仙台城**、寛永四年築城の**若林城**、慶長末年までに片倉景綱が**白石城**を改修したとされる。鳥居忠政は慶長八年に**磐城平**《いわきだいら》**城**を築城し始め、その後元和八年（一六二二）に山形に移封され、**山形城**を現在に至る縄張に、大改修したとされている。丹羽長重《にわながしげ》は寛永二年（一六二五）に**棚倉城**《たなぐら》を新規築城し、その後白河に移封され、寛永四年に**小峰城**《こみね》を総石垣の平山城に大改修している。

元和・寛永の築城は、幕府の主導であり、譜代あるいは親徳川大名による築城であり、佐竹・伊達・上杉といった有力な外様大名を押さえ込み、奥羽の幕藩体制を安定させるためであった。

【築城の終焉】 寛永以降、幕藩体制が安定してくると新規築城は皆無となり、築城の時代は終焉を迎える。次に築城が盛んになるのは、幕末・戊辰戦争であり、会津藩や奥羽越列藩同盟に関わる陣跡などが多数確認できる。その後明治政府により、次第に城は本来の機能が失われていくこととなる。

●宮城県名城マップ

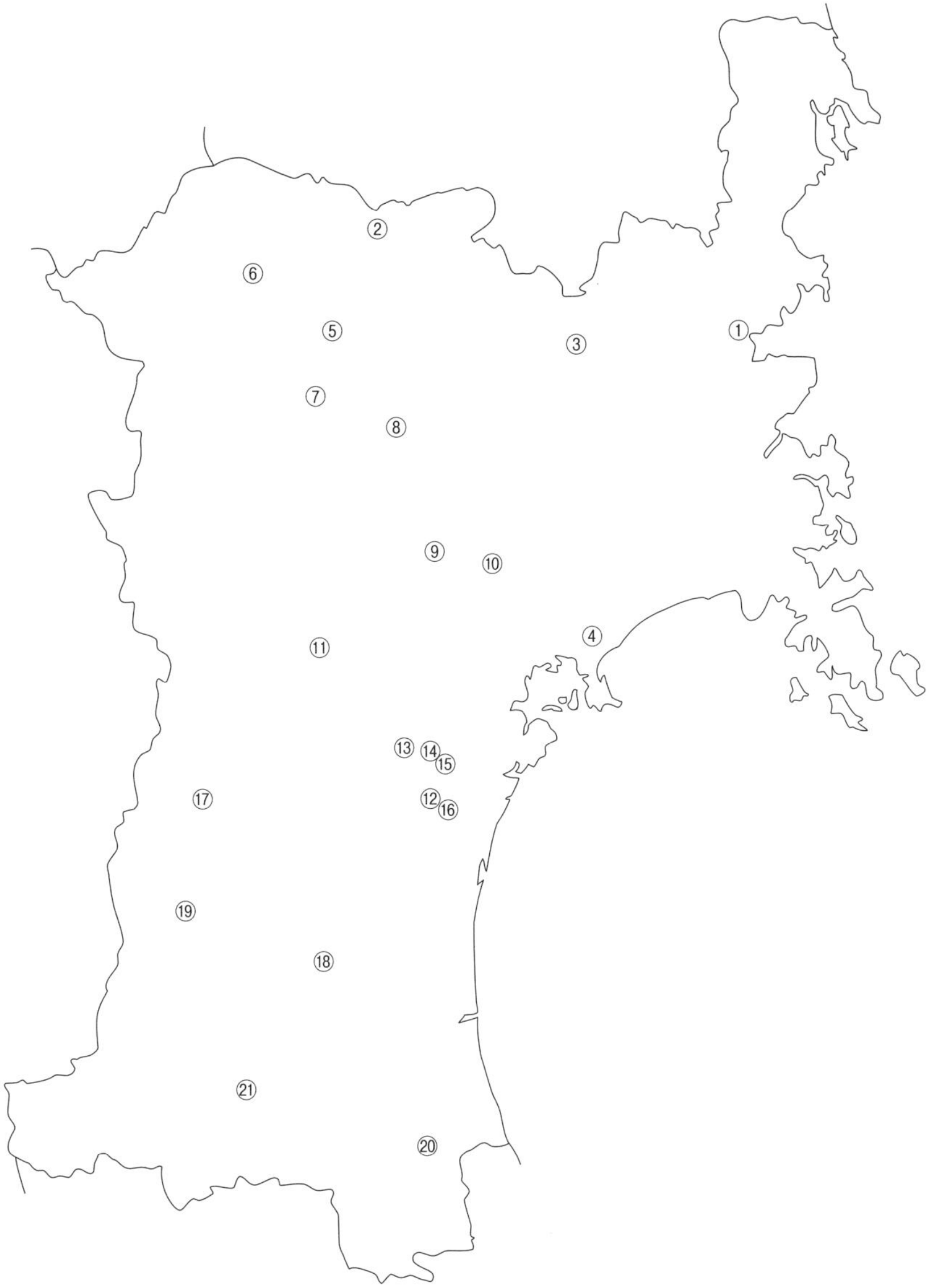

〔宮城県〕

①朝日館
②岩ヶ崎城
③佐沼城
④小野館
⑤姫松館
⑥花山館
⑦岩出山城
⑧小野城
⑨桑折城
⑩千石城
⑪八谷館
⑫仙台城
⑬長命館
⑭松森城
⑮岩切城
⑯若林城
⑰豊後館
⑱村田城
⑲前川本城
⑳小斎城
㉑白石城

●福島県名城マップ

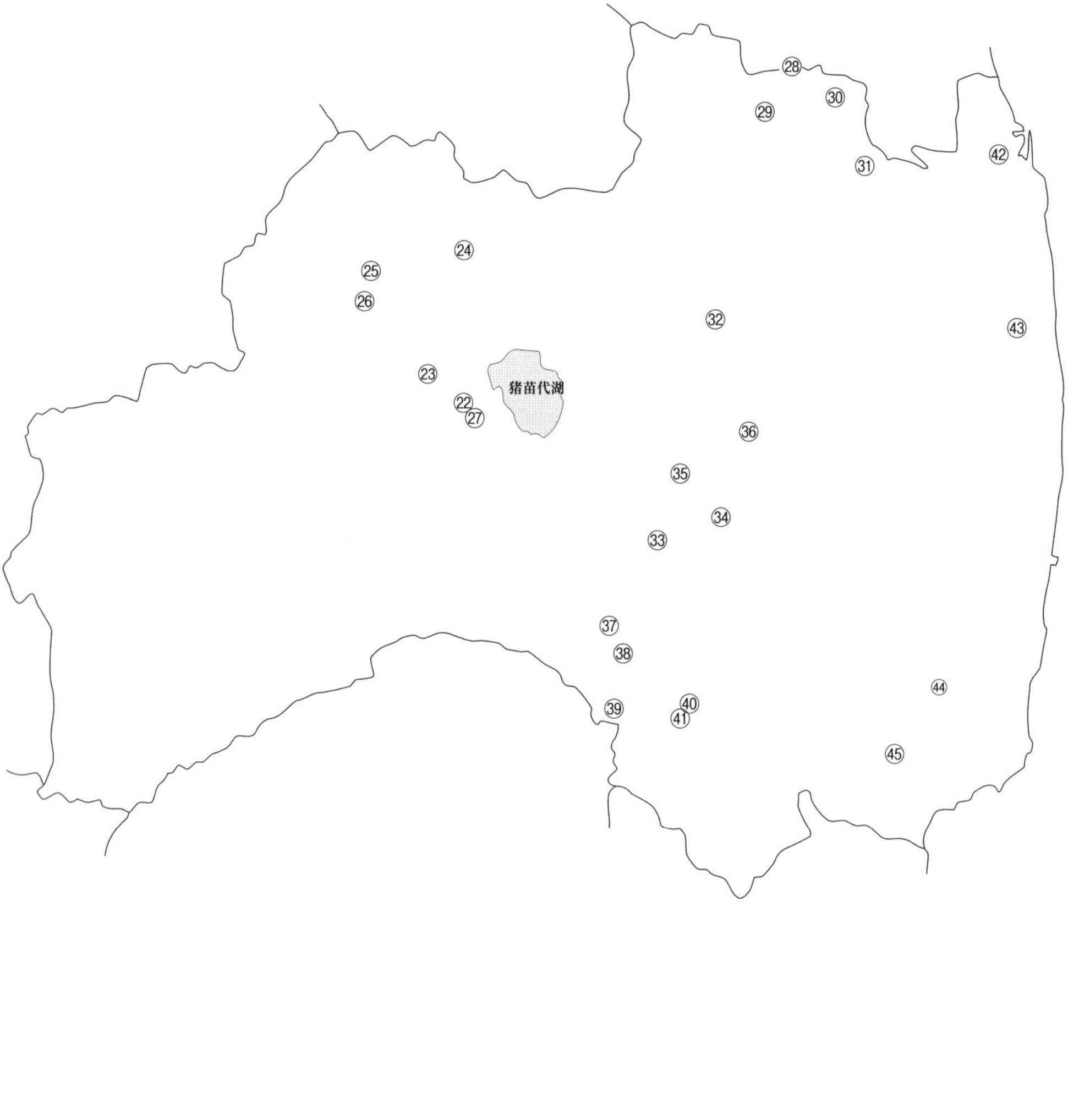

〔福島県〕
㉒黒川城
㉓神指城
㉔柏木城
㉕会津新宮城
㉖陣が峯城
㉗向羽黒山城
㉘阿津賀志山防塁
㉙桑折西山城
㉚梁川城
㉛霊山城
㉜二本松城
㉝稲村御所
㉞宇津峰城
㉟篠川御所
㊱三春城
㊲小峰城
㊳白川城
㊴関の森館
㊵棚倉城
㊶赤館城
㊷相馬中村城
㊸小高城
㊹磐城平城
㊺上遠野城

●山形県名城マップ

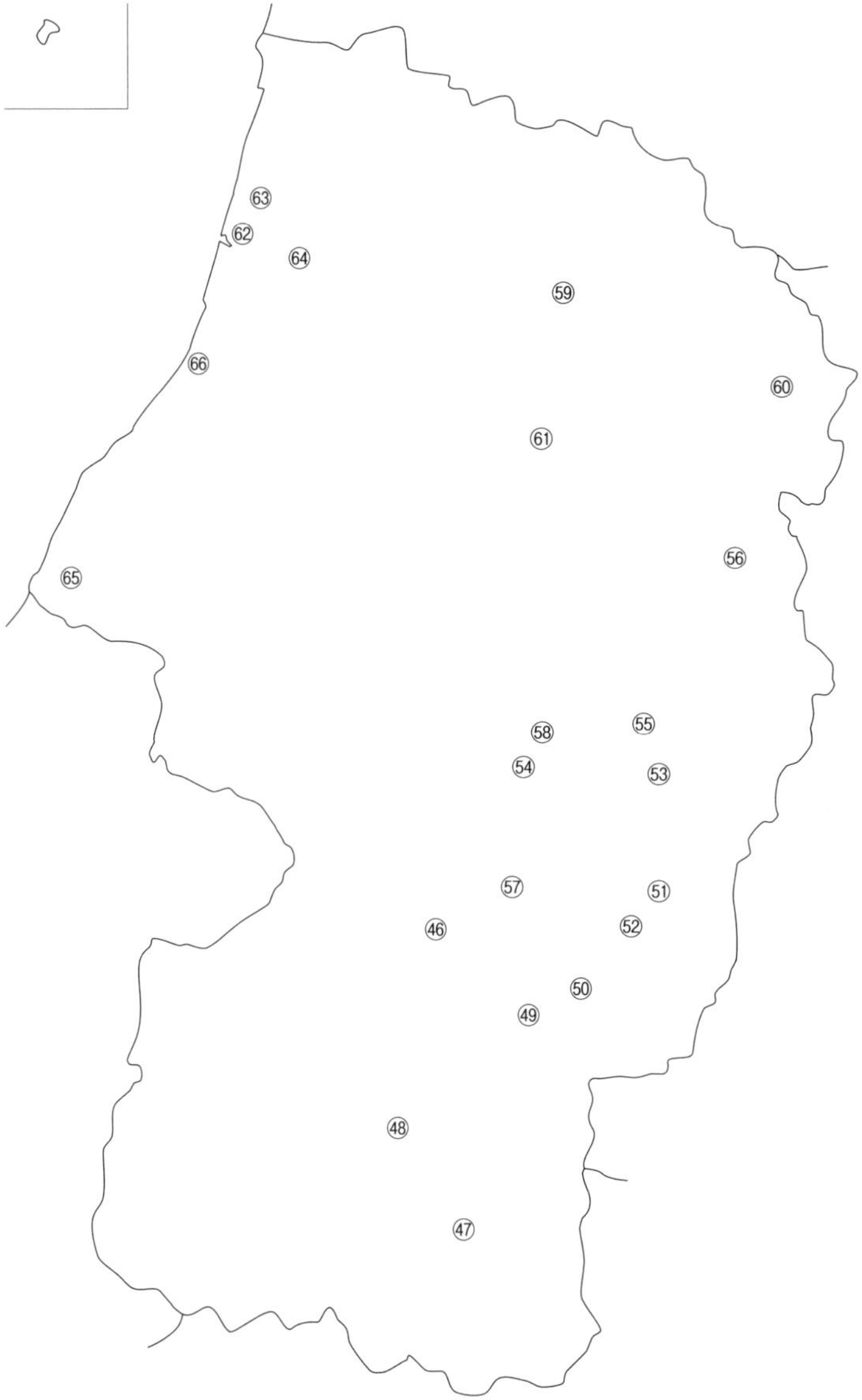

〔山形県〕

46 鮎貝城
47 舘山城
48 小松城
49 中山城
50 高楯城
51 山形城
52 長谷堂城
53 天童古城
54 左沢楯山城
55 東根城
56 延沢城
57 畑谷城
58 白岩城
59 鮭延城
60 小国城
61 清水城
62 亀ヶ崎城(東禅寺城)
63 新田目城
64 砂越城
65 小国城
66 大浦城・高館

◆宮城県

白石城（竹井英文提供）

平成7年に復元された三階の櫓は，蔵王の山々を背にひときわ輝く

●南三陸の覇者の居城

朝《あさ》日《ひ》館《たて》

〔所在地〕南三陸町志津川下保呂毛
〔比　高〕六五メートル
〔分　類〕山城
〔年　代〕室町・戦国時代
〔城　主〕本吉氏（千葉氏）
〔交通アクセス〕ＪＲ気仙沼線ＢＲＴ「志津川駅」下車、徒歩約三〇分。

【現況と周辺城館】　南三陸町は、平成二十三年（二〇一一）三月十一日の東日本大震災・津波によって甚大な被害を受けた。大津波は、志津川《しづがわ》湾に注ぐ水尻川《みずしり》の河口から遡り、朝日館（別名、朝日城、志津川城）の最下段郭の直下、標高約一四メートルに達し、周辺の民家を押し流した。

　現在、未だ復興途上の中にあって、朝日館は観音堂のある主郭《しゅかく》とそこに至る参道については名刹大雄寺《だいおうじ》により刈り払いが行われ見学が可能である。その他は山林の管理が、十分に復旧していないため立ち入りは困難な状況にある。また、周辺復興工事の最中であり、十分注意されたい。

　志津川地区の城館は湾から三キロほど内陸にある入谷地区北部の盆地状地形に集中するほか、湾岸の入り江付近とそこに至る主要街道・水系の節点に数キロごとに合わせて二四ヵ城が分布しており、中世後期における志津川湾域の重要性と緊張関係を物語っている。これらの中でも本館は最大規模の城館であり、奥州有数の戦国大名である葛西氏の独立性の強い重臣で、志津川地区を中心として支配した本吉《もとよし》氏の居館である。

【周辺の地形と歴史的環境】　水尻川の河口から約一・二キロ上流、水尻川と保呂毛《ほろけ》川にはさまれた丘陵に位置し、志津川湾奥を眺望しうる場に立地する。中世には湾が入り江状に館近くまで入り込んでいた可能性があり、水尻川北岸の小高い中瀬町地区には一〇数基の板碑《いたび》が確認される。「おたまや」の地名とともに寺院故地伝承が残ることから、中世には寺院や居住区が形成されていたと考えられ、水尻川下流の谷には小

●―朝日館東上空から．右が「古館」（針生芳知・佐藤泰撮影）

城下が形成されていた可能性がある。

【概　要】　旭館跡として遺跡登録（「宮城県遺跡地名表」）されている。範囲は南北約七〇〇メートル、東西約四五〇メートルにおよぶ。東谷を隔てて南北二つの山塊に分かれ、地元で「朝日館」と呼称するのは南側の山城であり、主郭《しゅかく》、副郭《ふくかく》、腰郭《こしぐるわ》、帯郭《おびぐるわ》、土《ど》塁《るい》、虎口《こぐち》、通路など戦国期の山城遺構の保存状況は極めて良好である。北側の山城は「古館《ふるだて》」もしくは「本館」と呼ばれている。

【本吉氏の居城】　延宝年中（一六七三―八一）仙台藩より幕府へ書き上げたとされる『仙台領古城書上』には「清津川村町」「山一　朝日城　同（東西）二十六間　（南北）三十五間　城主千葉大膳太夫季次《すえつぐ》。」「二ノ丸　同四十間　三十八間　三の丸　同四十六間　四十間」とある。

また、『風土記御用書出』（安永三年・一七七四）では館主として藤原秀衡《ひでひら》の四男元良四郎高衡《たかひら》、その没落後は葛西氏の家臣、千葉大膳太夫重次《しげつぐ》とある。

藤原高衡は藤原秀衡の四男であり、「本吉冠者《かじゃ》」と呼ばれ本吉荘を支配したことによる伝承と考えられる。また、千葉氏は、下総国（千葉県）平姓千葉氏が奥州に下向し、北上川流域一帯に栄えた。本吉氏はその千葉氏の分流とされるが、朝日館の戦国期の城主は葛西満信の子重信《しげのぶ》が分立し朝日館に移って本吉（元良）氏を称したとされ、永正年間（一五〇四―二一）ころに本良荘（志津川町）朝日館に移ったと伝えられる。永正八年（一五一一）、葛西宗晴が山内首藤《やまのうちすどう》の反乱を征討するため、元良播磨守春継《はるつぐ》を総大将にしており、本吉氏は葛西一族でも最有力者であった。天正十八年（一五九〇）、豊臣秀吉による奥羽仕置軍を迎え、元良大蔵少輔胤正《たねまさ》とその子常陸介胤遠《たねとお》は、佐沼城（登米市）で、討たれたとされる（元吉氏の項は『宮城県姓氏家系大辞典』、二〇〇四）。水尻川対岸にある菩提寺の大雄寺の朝日館を眺望しうる山上の墓地には、江戸時代に入ってから建てられたと考えられている「良元正鉄大居士文禄元辰天（一五九二）八月朔日卒」と刻まれた最後の城主元良重継《しげつぐ》（『風土記御用書出』では重次）の墓と伝えられる石碑があり、見学をおすすめしたい。

●—朝日館北西上空より志津川湾を望む（針生芳知・佐藤泰撮影）

●—朝日館付近航空写真
（1969　国土地理院 MTO694XC6-12）

【縄張】現在、地表で観察される遺構について地元で呼称する朝日館（南側の館）と古館（北側の館）に分けて記述する。

朝日館（南側の館）は、いくつもの広い郭が存在する点に大きな特徴がある。郭Aは最高位（標高約七五メートル）にあり、郭Bは大土塁dを境として郭Aの西側に一段低い平場として位置する。A・Bを主郭と考えておきたい。主郭（A・B）は南北五一メートル、東西六九メートル（いずれも最大幅、以下同じ）、面積は約三五〇〇平方メートルある。大土塁（高さ約五メートル、最大幅約一六メートル、長さ約五〇メートル）dは山頂を削り残したと考えられ、頂部が平坦化されており、標高約八〇メートルと最高となることから見張り台兼防御機能および風除けの機能が想定される。東側の郭の土塁脇には井戸跡と伝えられる窪みが残っている。Bの西側には食違い土塁によって防御された堀底からの坂虎口がある。

堀切を隔てて西側に位置する郭Cは副郭としておきたいが、主郭よりもさらに大きく面積は四〇〇〇平方メートル近い。西端には小山状の小郭cがあり、頂部は平坦で、西方が一望できるので見張台と考えられ、櫓《やぐら》が存在した可能性がある。なお、近世以降の作成かと考えられる「朝日館古図」（『歴史の

標　志津川町誌Ⅲ』）では、「城主の古墳のヨシ（由）」とされ、現在は祠《ほこら》が祀られている。同図には「天正年中葛西家之大臣千葉大膳太夫居之以来破城トナル」とあり、破城後、墓所となったのかもしれないが、現在、「最後の城主」の墓碑は前述のように対岸の山上にある。

副郭の南西端には土塁と石積みを伴う虎口がある。副郭の一段下は西側から主郭の北側にかけて、幅三〇㍍前後の平坦地が段差を持ちながらも取り巻く長大な腰郭（Ｄ１・Ｄ２）となっている。「朝日館古図」では「三之丸」と表現されており、家臣団、援軍、職人に至る種々の階層職種者の長期滞在が可能な区域と考えられる。このように主郭を含め約二万平方㍍近い平坦な居住可能区が造り出され、しかも主郭部（Ａ・Ｂ＋Ｄ１）と副郭部（Ｃ＋Ｄ２）が並列しているのが、朝日館跡（南側の山城）の特徴となっている。

郭Ｅは志津川湾口を見通す東南部最下位にある広く平坦な郭である。北部東縁のえぐり部ｆは、その直下にいわゆる「虎口受けの平場」を伴い、登ったところの右手一段高みに小郭が付属し防御がされていることから虎口と考えられる。南部の一段上の平面台形状の腰郭も防御や関連施設など一体的機能も考えられる。郭の下には水尻川が流れており、志津川湾海上交通に直結している。性格としては城主の平時の居館機能や運輸の管理機能あるいはこれらを合わせた機能が考えられる。なお、この郭の山際には南北朝時代の至徳二年（一三八五）に妙樹禅尼《みょうじゅぜんに》が造立した豊かな銘文を持つ逆修《ぎゃくしゅ》供養石塔（板碑）があり、本吉氏来住以前かと考えられる有力者一族の存在を物語っている。

これらの主要郭群の防御に関連すると推定される腰郭・帯

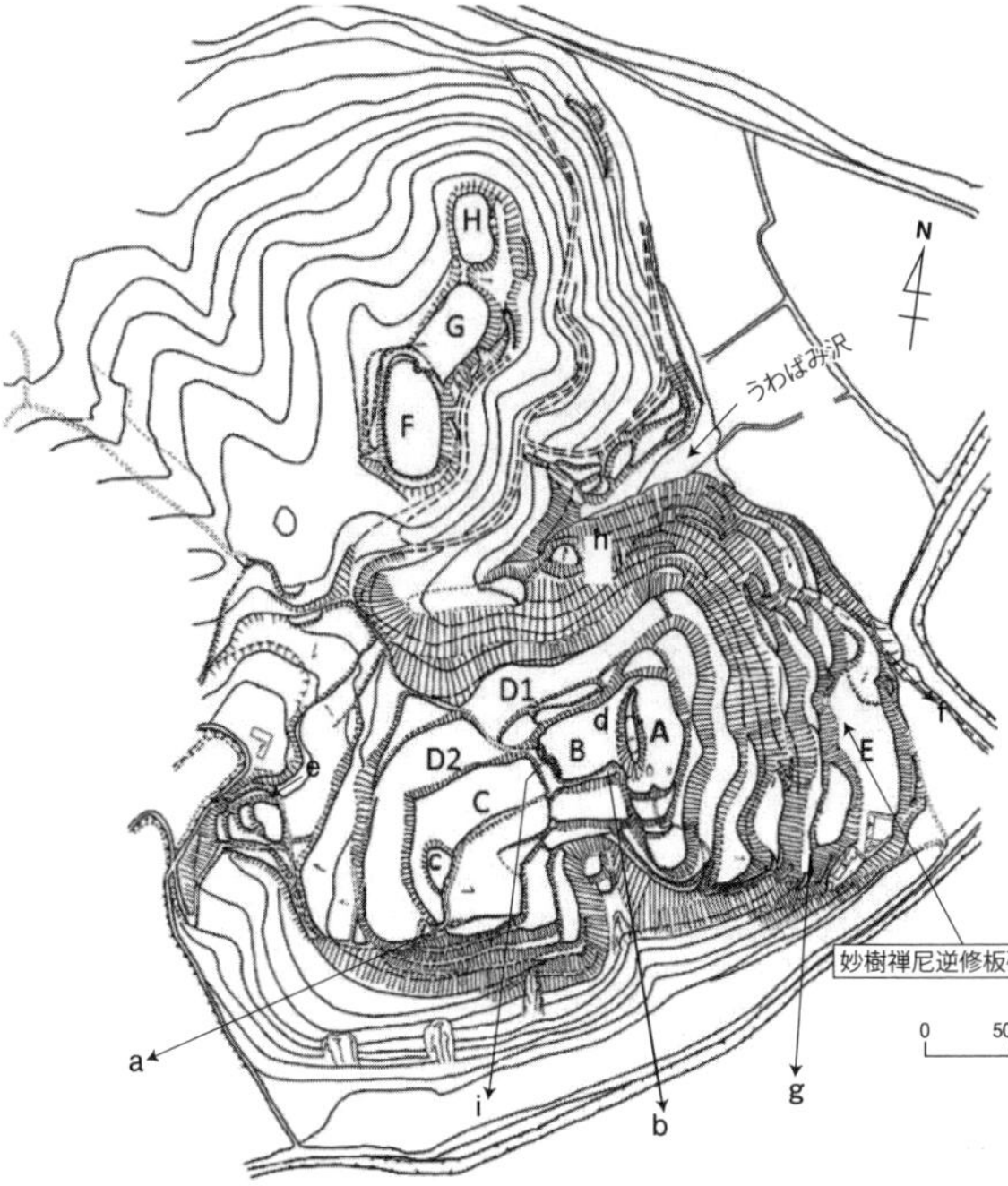

●—朝日館縄張図（田中則和 2016.10）

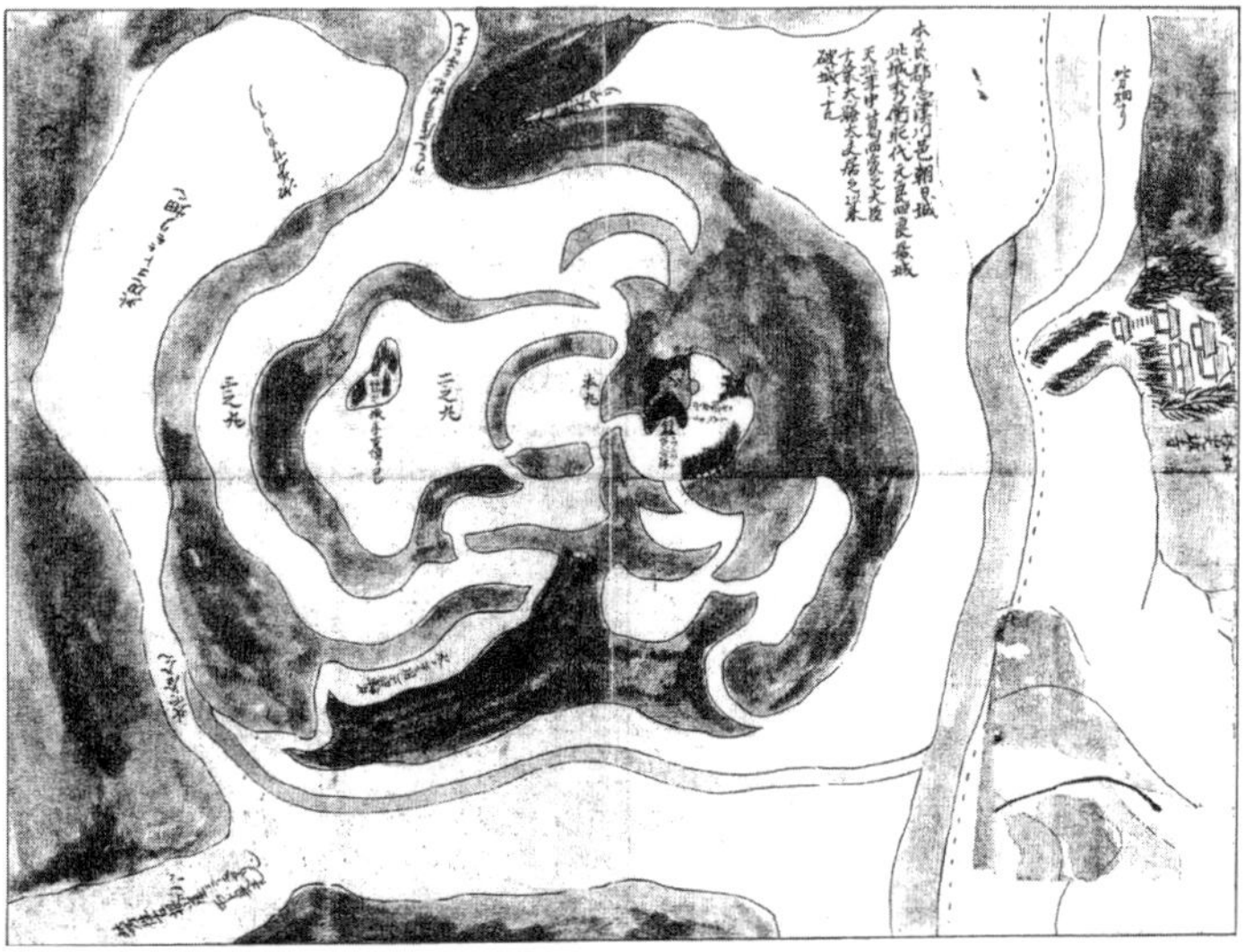

●―「朝日館古図」（南三陸町教育委員会提供）

郭群は、斜面部に多数分布している。主要な郭である郭Aと最下段の郭Eの間の東側急斜面や主郭、副郭の南側斜面上部に集中している。これらの帯郭群により館の東から南側の急斜面を自在に兵が移動、対処することが可能となっている。

また、前述の西側虎口より尾根筋に沿って湾曲した道がおりていくコーナーに位置する丘陵西側突端部eは、小郭の谷側に幾段もの帯郭が設けられ、西方からの侵入者に高所から最も早く対処しうる郭となっている。この小郭の北東辺から副郭の間は谷筋に沿い段差を持つ緩やかな傾斜面が広がっており、兵の駐屯が可能な地区となっている、また、沢筋の対面である北側の尾根筋にも防御上、同様な帯郭的機能が想定され、その西端は民家となっている突端部におよぶかと考えられるが宅地などのため詳細は不明である。

「古館」との間の「うわばみ沢」は、深い谷であり、これ自体が強い防御機能を持つが、沢沿いの侵入に対処する郭が設けられ（h付近）、沢からの侵入者に備えている。沢を進んだ突き当たりの左手上には腰郭がありさらに沢際《さわぎわ》に沿って通路状の窪み、さらに西方に沢の南斜面を整形した平坦地があり「古館」にわたる土橋《どばし》付近に達している。そして、沢の入口にある「古館」側の平場群も果樹園、林道により変形しているものの、沢からの侵入に対しての防御のための腰・帯郭群であると考えておきたい。

虎口について特筆されるのは、石積みを持つ西側虎口である。西方から登っていくと道は二度曲折し、副郭南西端に達するが、その山側には乱積した石積みの一部が残存している。さらに進むと副郭南縁の土塁状高まりの下部にも石積みが崩壊したかと考えられる大小の石が積重なっている。残存する石積みは築石の可能性がある石の散布から弧状に北側に廻りこんでいると推測されるため土留め兼装飾的性格を有していたと考えられる。石積み残存部とその右手の石積み崩壊部の間には、やや食い違いが認められ、ここには門が存在した可能性がある。

●—西側虎口と石積み

また、副郭の南側下方斜面には、三段の帯郭があり、段の一列目は、地元民の話では近年の開削とのことだが、二段目は曲折した道から中央部南側の沢の西側沿いに形成された郭に連結している。三段目は斜面途中で消失している。

主郭Bの虎口は大土塁の南西隅の刳り込み状を呈している箇所bと考えられる。ここから急斜面を南方に下ると腰郭を介して東方と前述の西方への帯郭に接続することができる。現在、稜線上に設けられた観音堂への参道は民家までの道は近年のものだが、民家の裏手から主郭南側下方の三段の腰郭の下の帯郭まで土塁のあるものを含む小郭が道に添うように連続的に分布する（g）ことから戦国期の防御された通路と重なっていると考えられる。主郭西辺の食違《くいちが》い土塁iは坂虎口と考えられるが、この主郭と副郭を隔てる空堀の堀底道を北に下ると「古館」に至る土橋への最短コースとなり、反対側の南側斜面に下れば館の東西につながる帯郭による通路につながる。このように四方からの出入りが可能であるとともに、主郭は土塁により防御された虎口を有し、さらに山腹の腰郭と多数の帯郭を連動させることにより機動的に兵を動かしうる配置となっていると推定される。この館の防衛ラインについて郷土史の名著『志津川物語』（一九七一年）において佐藤正助は周辺丘陵の堀切など関連遺構の存在を指摘しているが現在では確認が困難な状況である。朝日館の直接的な外郭防衛ラインは南は保呂毛川、東は水尻川およびここから引かれた堀と考える。

次に「古館」は、範囲は南北約三三〇メートル、東西約三七〇メートルを計る。遺構は最高部の中央部に三段の郭を中心に集中する（F・G・H）。北東に伸びる尾根を造成した連郭《れんかく》式の山城で、南から最高位の標高七〇メートルの主郭F、横堀を介して一段下がって副郭G。さらに一段下がって郭Hがある。副郭Gと下段の郭Hはその西側において尾根を利用したとみられる土橋状の高まりで結ばれる。

主郭Fは南北六五メートル、東西三五メートルを計り、南側が幅の広い卵形を呈している。北東部には虎口と推測される窪みが入り込んでおり郭の北東辺の横堀状窪みに連結している。また、ここから西側の縁辺には土塁状の高まりがめぐる。そして主郭の周囲には、西側から北側にかけて横堀状の窪みが認められる。さらにその西側には土塁状の高まりが認められ、その西側一段下には帯郭が認められる。南側では尾根を削り出して土塁状の高まりを造り、西方からの防御としている。主郭南側の一段下には腰郭がめぐっている。

副郭Gは南北四五メートル、東西は三〇メートルの北東の隅が丸い長方形を呈している。北東辺には、弧状の郭ラインに添うように横堀状の窪みが認められ出入口に関わると考えられる。また、東縁中央辺に窪みがあり両辺に小帯郭を伴い虎口の可能性があるが、林道による破壊により不明である。

副郭G北側の一段下に郭Hがある。土橋状高まりで結ばれた隅丸長方形の平場は南北三五メートル、東西二三メートルほどである。その東から南には腰郭が巡るが平坦化は不十分である。主郭と副郭の東側下段には腰郭または帯郭の残存が認められるが林道と崩壊により下辺を失っていると推測される。全体的にみれば主要郭の規模は南側の朝日館より小さく、その他の遺構は主・副郭周辺と「うわばみ沢」の入口のみである。

「古館」の景観に近似しているのは、平成二十五年（二〇一三）に志津川中央地区（津波復興拠点整備事業）建設のため全面的に調査され、消滅した山城の新井《にい》田館《だだて》である（コラム三三頁参照）。新井田館は遺跡登録されている範囲（宮城県遺跡地図）は東西約四一〇メートル、南北約三八〇メートルで谷に隔てられた一山塊の大部分を占めているが、発掘調査の結果、検出された遺構は、多数の建物の建つ主郭・副郭および腰郭二ヵ所、帯郭二ヵ所等からなる遺構が東西約一〇〇メートル、南北一五〇メートルの範囲に集中していた。一方、「古館」の範囲は、東西約三五〇メートル、南北約三二〇メートルほどであり、遺構群の大部分が、尾根筋を造成した東西約九〇メートル、南北約一七〇メートルの範囲に集中している。新井田館の調査成果を受けて古館の本来の姿を想定すれば、主郭、副郭を中心にこれに接した土塁、空堀および側辺の帯郭により防御されていると考えられる。新井田館の年代は、Ⅰ期が一五世紀前半、Ⅱ期は一五世紀後半、Ⅲ期は一六世紀頃だが、Ⅲ期には遺構数が激減し館主の居住機能は失われている（『新井田館跡発掘調査報告書』二〇一六・三）。報告書によれば遺構の大部分は一五世紀に収まっているとされる。したがって遺構配置の特徴は一五世紀代の当地域の一特徴を示している可能性が高い。そうなると、「古館」（本館）もまた一五世紀的特徴を有しているのではないかと考える。そして、戦国期における「古館」の機能としては、旧城主の隠居城、家臣団の居住地、同盟軍の駐屯地なども考えられる。

全体としてみれば、戦国期には南側の山城が中心となり、それと一体的かつ臨時的に機能したと考えられる。南側の山城は、主郭部と副郭部の2ブロックが堀切をへだて並立しているのであるが、戦国期には「古館」もそれに準じる位置付けを持って、いわば3ブロックが連動して機能していると考えられる。このような館の構成は、天正十四年（一五八六）には、隣国の馬籠《まごめ》氏と争い主家の葛西氏の制裁を受けるなど本吉氏のおかれた軍事的緊張状態および一族、家臣の系譜や力関係をも反映していると考えられる。なお、空間構成については、松岡進が戦国期城館の中で「戦国期の領域の中枢であったBタイプ」とする「山丘全体に大規模に築城した複郭のもの」で、斜面下部に臨時的利用のできるスペースを持つ類型（松岡進『戦国期城館群の景観』二〇〇二）に相当すると考えられる。このような地表顕在遺構の表す年代としては、近世の在郷居館（要害《ようがい》）的利用履歴が認められないため、天正十八年（一五九〇）の秀吉による奥羽仕置の葛西氏所領没収、天正十九年（一五九一）佐沼城攻撃による滅亡の時間が下限と考えられる。前述の「古図」記載の「天正年中……破城トナル」と対応しているようにみえる。また、城内に入る西側虎口の石積みは観察しうる範囲が狭く明確な年代決定は困難ではあるが、割石を虎口のまわりのみに土留め兼装飾的に用いるあり方から天正末年を下限とする一六世紀頃の姿としても大きな矛盾はないと考える。なお、南側の山城の主要郭を幾重にも取り囲む腰・帯郭要素をとり除いた主要郭の姿は「古館」に近似しており、築城も室町期に遡る可能性もある。

宮城県有数の規模と遺構保存の良さを誇り、室町・戦国時代の南三陸の歴史を語るこの山城跡が、東日本大震災からの復興まちづくりとともに歴史公園化され、町民やこの地を訪れる人々が厳しい時代を生き抜いた先人に思いを馳せ、志津川湾の絶景を眺望する憩《いこ》いの場となることを願う。

【参考文献】志津川町誌編さん室『歴史の標　志津川町誌Ⅲ』（志津川町、一九九一）、田中則和「南三陸町朝日館の現状と評価」『東北文化研究所紀要』第四八号（東北学院大学、二〇一六）

（田中則和）

●葛西氏と大崎氏の狭間で

岩《いわ》ヶ《が》崎《さき》城《じょう》

〔所在地〕栗原市栗駒岩ヶ崎字裏山
〔比　高〕約六〇メートル
〔分　類〕山城
〔年　代〕一五世紀頃から明治初年
〔城　主〕富沢氏、伊達宗綱、中村氏
〔交通アクセス〕宮城交通高速バス仙台～栗駒線「栗駒」下車、徒歩二〇分。駐車場有

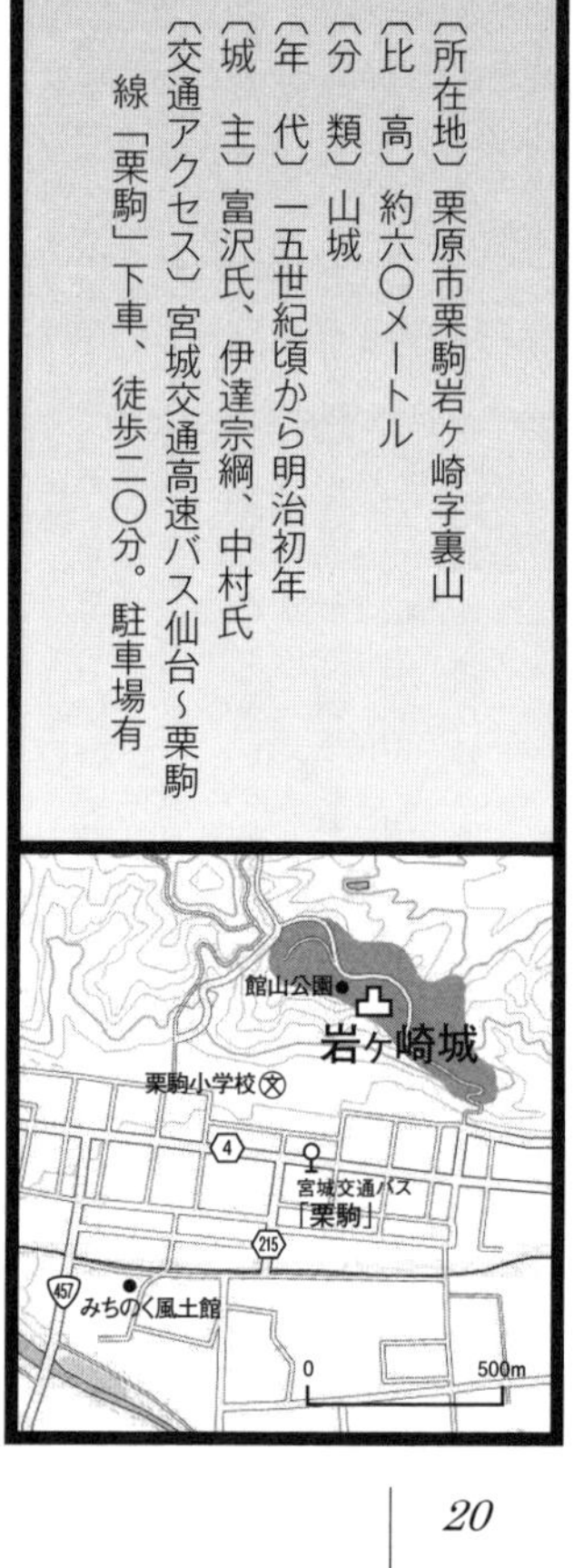

【葛西一族の城】　岩ヶ崎城は、栗駒《くりこま》山麓に源を発し、栗原市北部を東西に縦断して流れる三迫《さんのはさま》川中流域の北岸丘陵上に立地する。三迫川との間に岩ヶ崎市街が控えその後背に横たわる丘陵は城山と愛称される岩ヶ崎城で、城内には桜、紫陽《あじ》花《さい》、紅葉など四季折々の樹種が植栽され、遊歩道も完備された城跡公園として町民憩《いこ》いの場となっている。この城はその形状から鶴丸館《つるまるたて》と呼ばれることが多く、葛西一族富沢氏の居城として著名である。

【富沢氏と三迫】　『奥州余目《おうしゅうあまるめ》記録』に富沢氏の祖は葛西氏八代満良に比定される「れんせい＝蓮昇」一〇番目の子右馬助とされ、一四世紀末から一五世紀初めころのことという。最初の本拠地は流荘富沢（現岩手県一関市）であったらしく、その後、三迫地域の過半を掌握し、三迫の中心地岩ヶ崎に拠点を移したがその時期についてはわからない。一五世紀後半には三迫の盟主として重きをなし、時に奥州探題大崎氏と戦い、さらには宗家葛西氏ともたびたび戦火を交え、いっぽうでは両氏と連携するなど、葛西、大崎領域境の独立国人として、しぶとく生き抜いた。天正十六（一五八八）年ころから伊達政宗に接近し、天正十八年、伊達氏の指揮下にあった大崎領岩手沢城の守備に合力した。しかしその直後に勃発した大崎・葛西一揆以後は南部氏に身を寄せている。

【構　造】　城域西端の標高一〇〇メートルの最高所を伝本丸（1平場）とし、伝二の丸（6平場）、伝三の丸（7平場）が続き、東端の15平場まで尾根やそこから北に派生する支尾根所在の

平場群によって構成される。本城は自然地形を最大限利用した縄張という点で中世的だが1平場や14、15平場に見られる桝形《ますがた》または桝形状虎口《こぐち》は近世伊達氏による改修と見られる。
平成二十六年（二〇一四）、公園整備にかかわる6平場の発掘調査が栗原市教育委員会によって実施されている。

【参考文献】栗駒町教育委員会『鶴丸館跡』（一九七八）

（佐藤信行）

●—岩ヶ崎城実測図（『鶴丸館跡』〔1978〕より転載，加筆）

●大崎葛西一揆、佐沼撫切の城

佐《さ》沼《ぬま》城《じょう》

〔所在地〕登米市迫町佐沼字内町・西館
〔比　高〕五〜六メートル
〔分　類〕平城
〔年　代〕一五世紀代〜明治初年
〔城　主〕佐沼氏、石川氏、津田氏、亘理氏
〔交通アクセス〕高速バス仙台発佐沼行「登米市役所前」下車、徒歩一〇分。駐車場有

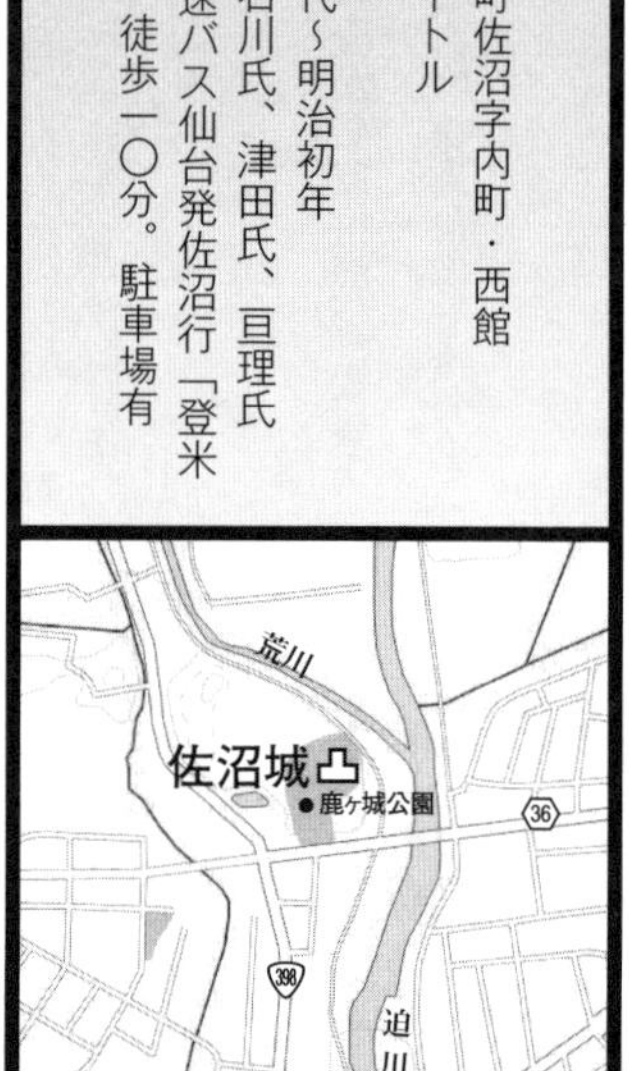

【佐沼撫切の舞台】　天正十九年（一五九一）七月二十八日付伊達政宗書状（伊達家文書六〇七号）に〝今月三日寅刻責崩、城主兄弟から女童にいたるまでの二千五百余悉《ことごとく》く撫切《なでぎり》に及ぶ〟とする一文がある。これは大崎・葛西一揆勢最後の拠点佐沼城で行われた悲惨な殺戮の記録である。

佐沼城は迫川低地帯のほぼ中央、登米《とめ》市の中心地佐沼の北端部に位置する。西方の丘陵から分離した標高一五《メートル》ほどの独立丘陵上に立地し、城の北東部は荒川と迫川《はざま》の合流地点に接する。

【葛西・大崎境目の城】　佐沼城築城の時期は不明だが『佐沼古戦場記』に文明五年（一四七三）の城主佐沼右衛門直信《なおのぶ》との記述がある。天文年間には数度に渉って葛西と大崎の間で合戦のあったことが軍記物などに見え、地理的にも当地域が両氏の境目の地であったことが知られる。一六世紀中ごろからは大崎氏家臣石川氏が四代に渉って統治したらしく一揆時の当主は彦九郎であった。天正十八年奥羽仕置で開城、かわって木村吉清《よしきよ》入城、数ヵ月後、大崎・葛西一揆勃発、吉清らは一揆勢にかこまれ籠城、同年十月政宗らによって救出される。翌天正十九年、一揆再征に出陣した政宗は先に宮崎城を落とし、次いで一揆勢最後の拠点佐沼城を攻撃、七月三日落城、籠城の士卒・住民ことごとく斬首、「佐沼なで切」と今に伝えられる。その首級を葬った塚が大念寺南に現存し「首壇」として史跡指定されている。

【規模と構造】　本丸を北東角に置き前面に直線的な二の丸、

三の丸を重ねるプランで、それぞれ外周に堀を巡らす。本丸は東西約一〇〇《メートル》、南北約八〇《メートル》の不整方形で北東隅に櫓《やぐら》台《だい》状の壇がある。絵図には二の丸の中門前方に馬出《うまだし》が取り付いている。佐沼城は天正十九年に岩出山城とともに徳川家康によって縄張の改修が行われており、馬出を含む佐沼城のプランはその際新たに取り立てられたか、あるいは中世期の城に大規模な改修を加えたかは不明。

なお、本丸の西一五〇《メートル》に西館と呼ぶ館跡がある。さらにその北面に、当時の沢か大きな堀を挟んで段状の小丘があり、政宗陣所跡と伝わる。

佐沼城は別称の鹿《しし》ヶ城公園として本丸部分はよく整備されているが二の丸、三の丸部分は市街化が進捗しその痕跡は消滅しつつある。

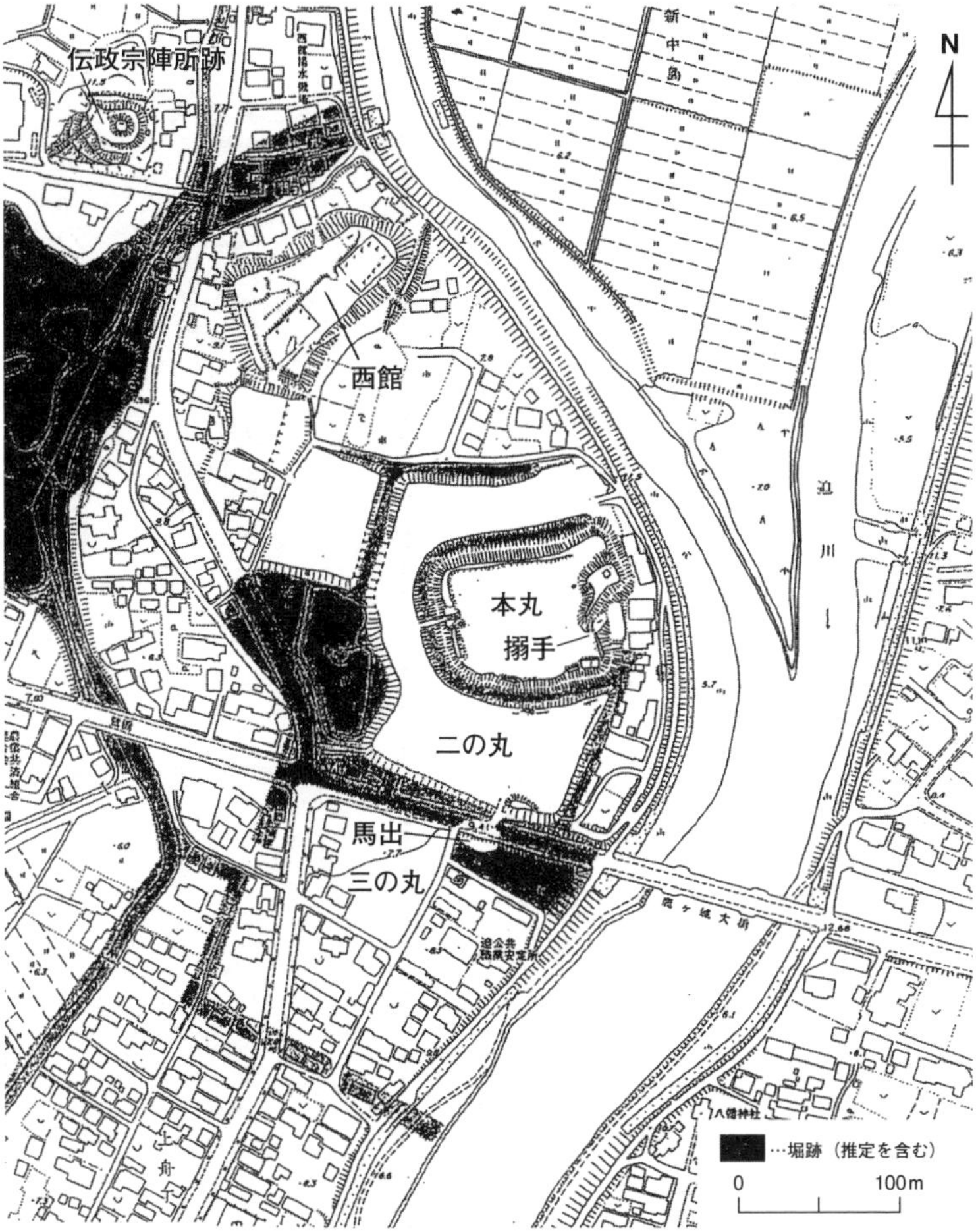

●—佐沼城（黒田慶一，高田徹編『16世紀末全国城郭縄張図集成』上（安達訓仁：作図）より転載，加筆）

【参考文献】「佐沼城」『迫町文化財調査報告書』第二集（一九九五）

（佐藤信行）

●桃生郡の名族長江氏の城

小《お》野《の》館《だて》

〔東松島市指定史跡〕

〔所在地〕東松島市小野字笹ヶ森他
〔比　高〕約二五〜三〇メートル
〔分　類〕平山城
〔年　代〕鎌倉時代か〜明治初年
〔城　主〕長江氏、伊東氏、田村氏、富田氏
〔交通アクセス〕ＪＲ仙石線「陸前小野駅」下車、徒歩約二〇分。駐車可

【深谷保の長江氏】　小野館は鳴瀬《なるせ》川が太平洋に流入する河口の二キロ手前に位置し、北から延びて来た丘陵端部に立地する。先端は鳴瀬川に落込み、海から内陸部への陸路交通を規制する。小野地区は仙台・塩釜方面から石巻方面に向う陸路が通り、いっぽう、内陸部への物流の基幹である鳴瀬川水運の基点でもあった。

小野館は深谷保《ふかやほ》（現在の東松島市）の領主長江氏が鎌倉時代より天正十八年（一五九〇）まで代々居城したと伝えられる。深谷保内に分布する板碑《いたび》群のなかに「長江氏」や「鎌倉権五郎景政《かげまさ》末孫長江氏」などと銘文中に刻むものが複数存在する。景政の孫義景が奥州合戦の論功により深谷を賜り、その子孫または枝葉が移住したと推定されている。

【二つの館】　小野館は構造の異なる二館を総称して呼ぶがその名称と理解については近世地誌、関係文献で混同しており、今回東松島市教育委員会の教示により、北側の館を桜ヶ森館、南側の館を梅ヶ森館とし、一括して小野館とする。

桜ヶ森館は起伏のゆるい丘陵を利用し段差、切岸で区画した複数の郭《くるわ》で構成されており、北側の深い沢に面した部分の切岸《きりぎし》、段差は明瞭であるが南、西側は広いなだらかな斜面で二、三の段らしきものはあるが不明瞭である。

梅ヶ森館は南面が比高二五〜三〇メートルの崖、北側は沢に面する急斜面で自然地形に防御された狭長な丘陵を利用する。城内は段差や堀切によって四郭に区分される。東端の郭1が主《しゅ》郭《かく》とされるが西端の郭4の土塁《どるい》、堀切《ほりきり》が最も厳重で、平成十

五年（二〇〇三）の発掘調査では三時期の変遷を示す大型建物跡が確認されていることと併せ、主郭については検討を要する。

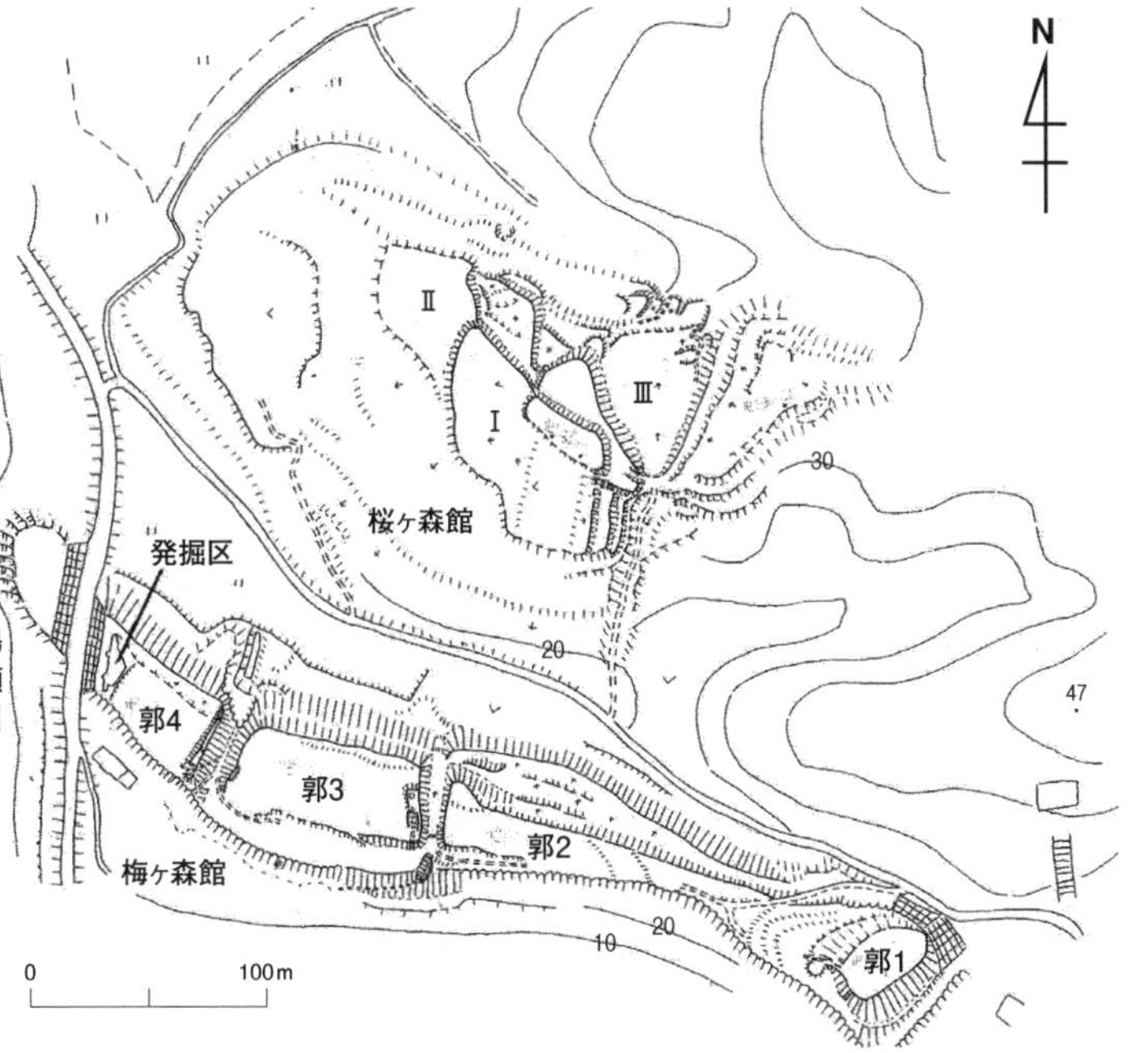

●―小野館（調査・作図：佐藤信行，参考文献および「桜ヶ森館現地説明会資料」を参考にした）

両館は沢によって分断され、それぞれ独立しているように見えるが郭1北側尾根を介して連絡は可能である。なお桜ヶ森館北側の切岸、段差のみ厳しいのは中間の沢を取り込んで両者が一体であって、時期や目的に応じた使われ方をした可能性がある。

【長江氏の盛衰】 長江氏は室町時代に三分ノ一所氏、矢本氏などを分出し深谷保を固めた。一五世紀前半までは奥州探題大崎氏の外様《とざま》に属していたが、一五世紀後半以降は伊達氏の保護下に入った。天正十六年の大崎合戦の際は伊達氏の軍監《ぐんかん》として当主勝景《かげかつ》（入道して月鑑《げっかん》）が出陣した。戦後、その際の行動を政宗にとがめられ、天正十九年名取郡秋保《あきう》において討ち取られ長江氏は滅亡した。

【参考文献】「桜ヶ森館」『日本城郭大系三　山形・宮城・福島』（一九八一）

（佐藤信行）

●栗原地方随一の館

姫《ひめ》松《まつ》館《たて》

〔栗原市指定史跡〕

〔所在地〕栗原市一迫真坂字寺東、字北沢
〔比　高〕約六〇メートル
〔分　類〕山城
〔年　代〕古代末、一五世紀末～天正十九年
〔城　主〕井ノ山氏か、一迫氏か
〔交通アクセス〕東北自動車道「築館」ICから車で二五分。駐車可

【伝承の城】　一迫《いちはさま》川中流部北岸に巨大な城が横たわる。姫松館と呼ばれるこの城は、平泉藤原氏の城で、落城伝承を持つ。近世地誌類は〝年代不知〟とするが『栗原郡誌』で城主藤原氏重臣井ノ山氏と記されて以降、近年まで中世前期の城と理解されてきた。

城の南一キロ弱にひろがる真坂市街は近世に宿が置かれ、玉造方面から岩手に向う道と、石巻方面から秋田方面に向う街道の結節点であった。古代公道と伝承される松山道は、現県道の約一キロ下流の姫松館F郭東縁部で、一迫川を渡河し北行する。

【構　造】　姫松館は東西六〇〇メートル、南北三三〇メートルほどの規模で一迫川に併行する比高六〇メートルの丘陵尾根上に展開する。丘陵南面は厳しい断崖であるが、高低差の小さい尾根上を堀切《ほりきり》や横堀などによって区画、防御されたA～Fの六つの主要郭がほぼ並列する。このうち西館、中館と伝承されるA郭、B郭は南方に大きく張り出す。A～C郭北側には厳しい横堀を巡らし、特に姫松館の中核的郭と見られるB郭側は二重堀となる。さらにA～C郭北側に三条の竪堀《たてぼり》をおとすなど北側に対して厳重に構える。いっぽう、東端のF郭は南東側に二重堀を廻し、南に向けて長大な竪土塁《どるい》、堀を落し、桝形虎口《ますがたこぐち》を含む虎口も南に開くなど、明らかに南に対して構えている。

【縄張調査】　平成十六年（二〇〇四）に実施された旧一迫町教育委員会による縄張調査に基づく検討から、現存する遺構は一迫狩野《かの》氏の築城と考えられる既存の館を、大改修して防

御性に優れた館に再生したもので、改修の時期については伝承とは大きく異なり、一六世紀末ごろと推定された。続いて小山文好は姫松館は江坂城やその付近の未命名館群とともに、天正十八年（一五九〇）の大崎・葛西一揆の際、伊達氏に与力した一迫氏を含む大崎・葛西旧臣等の一揆的結合によって、一気に築城された一城別郭型の中核的城館であろうと推測した。

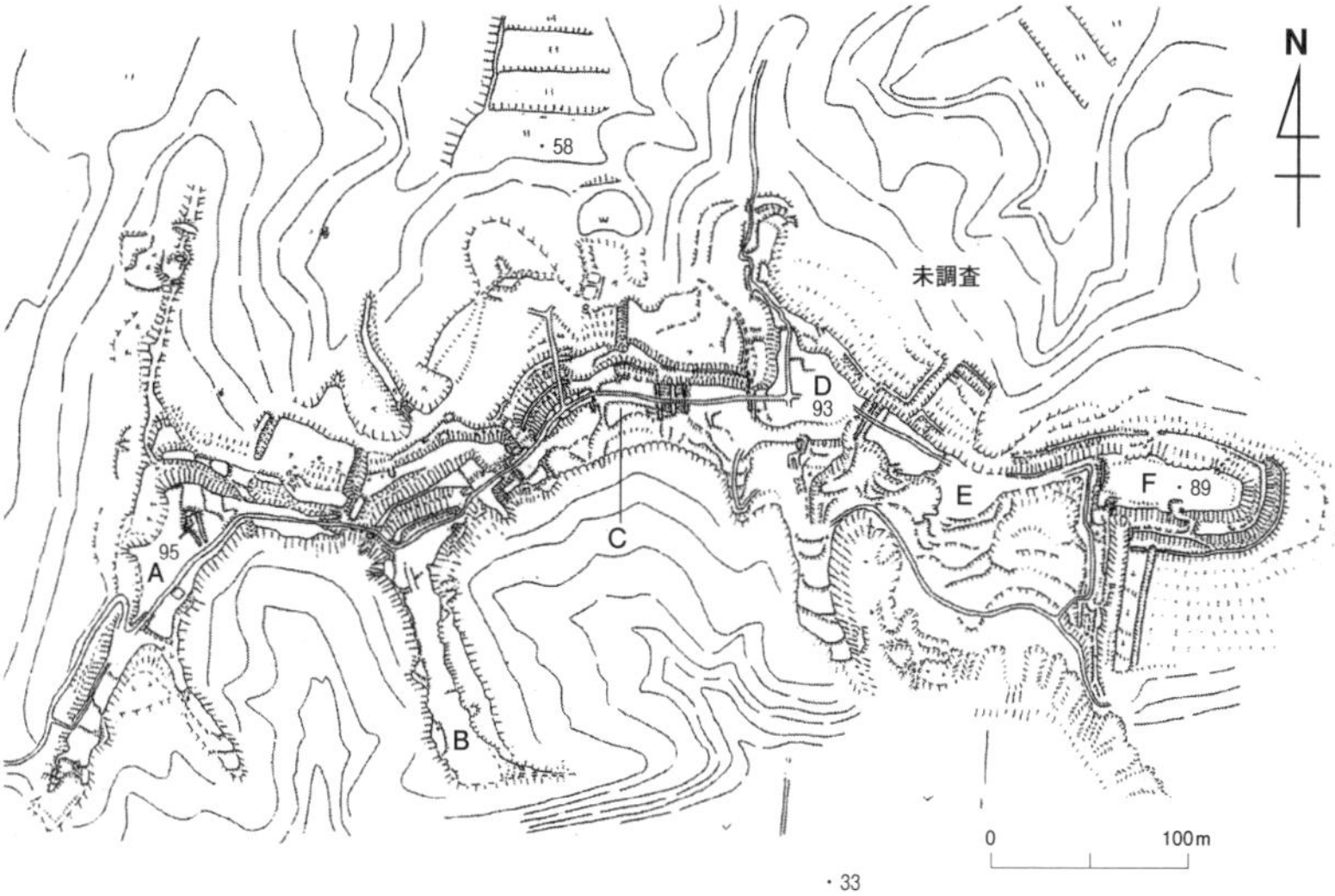

●—姫松館（調査・作図：佐藤信行,『いちはさまの文化遺産』一迫町教育委員会 2005 および参考文献所載図を基図とした）

【一迫狩野氏】 後の一迫氏は本姓狩野氏で『刈敷《かりしき》系図』によれば初代詮真《あきざね》の一迫入部は一四世紀中ころのこと。当初栗原郡一迫の三分の一を領有し五代為真《ためざね》のころ一迫一円を領有するという。一五世紀中ころ、大崎氏七代教兼三男刑部少輔《ぎょうぶのしょうゆう》某が狩野氏に入嗣、そのころから一迫氏を称した。『薄衣申《うすぎぬもうし》状《じょう》』で「一迫上様」と尊称されるのは右の入嗣により大崎一族と見なされたからであろう。しかし、一六世紀代の天文の乱、大崎合戦ではいずれも反大崎の立場をとり、天正末期には伊達氏に接近し、奥羽仕置後は伊達氏に臣従した。

【整備された森林公園】 姫松館は森林公園として、早くに県道から館直下までのアクセス道路、館内部の遊歩道も縦横に完備、刈払いも年数回実施されており、軽装での探訪が可能である。

【参考文献】 小山文好「宮城県一迫川上流の城館について—姫松館を中心として—」『中世城郭研究』第二一号（二〇〇七）

（佐藤信行）

●一迫川上流部の堅城

花《はな》山《やま》館《たて》

〈所在地〉栗原市花山本沢字渕牛
〈比　高〉約七〇メートル
〈分　類〉山城
〈年　代〉～戦国末期
〈城　主〉一迫氏一族か、花山氏か
〈交通アクセス〉東北自動車道「築館」ＩＣから車で三五分。駐車場有

【前九年の役の伝承】　渕牛《えんぎゅう》館、崋山《かさん》城とも呼ばれる花山館は、前九年の役で安倍貞任《さだとう》対源頼義《よりよし》の戦闘伝承を持つ栗原市内でも著名な城館で、つい最近まで古代末の城と一般に認識されてきた。加えて付近には弓立《ゆだち》の森・陣ヶ森・カガリ火が森・軍沢などの関連伝承を持つ地名が多く分布する。花山館は北側の山地から花山湖（ダム湖）に突出した部分に築城され、ちょうど、伝承にある貞任軍が猿飛《さるとび》（現在のダムサイト）に岩石や畳千畳を置いて、一迫《いちはさま》川の水を堰止め湖と化したとする場面を、彷彿させるものがある。

【構　造】　山地ピークに主郭《しゅかく》を置き三方を横堀で囲み南方断崖側が開く。主郭であるⅠはほぼ長方形の郭で三方を横堀で囲む。東尾根筋では併せて幅三〇㍍におよぶ二重堀で防御し、それ以外は片方が腰郭《こしくるわ》となる。主郭はあまり削平は徹底せず、特に西側では南に向った斜面となる。南端の二四七㍍の標高点は本館最高所でそこからⅡ郭に向って小郭が連続する。この郭群の両サイドにⅠ郭から連続する堀がめぐる。西側は二重の堀と土塁《どるい》を技巧的に組合せ桝形《ますがた》状虎口《こぐち》とし、東側の堀は一重だが内外土塁とし同様の機能を持たせたと考えられる。Ⅱ郭南西部から西に長く張り出す郭基部に、南からの侵入を阻止する施設＝門がある。

【築城主体と時代】　小山文好は花山館の構造と二重掘などの土木量の高さから、ルート抑えのため強大な権力により短期間に構築使用されたものとし、姫松館（二六頁）と同様、大崎・葛西一揆に備え、一迫氏等大崎、葛西旧臣が結合し、伊達氏

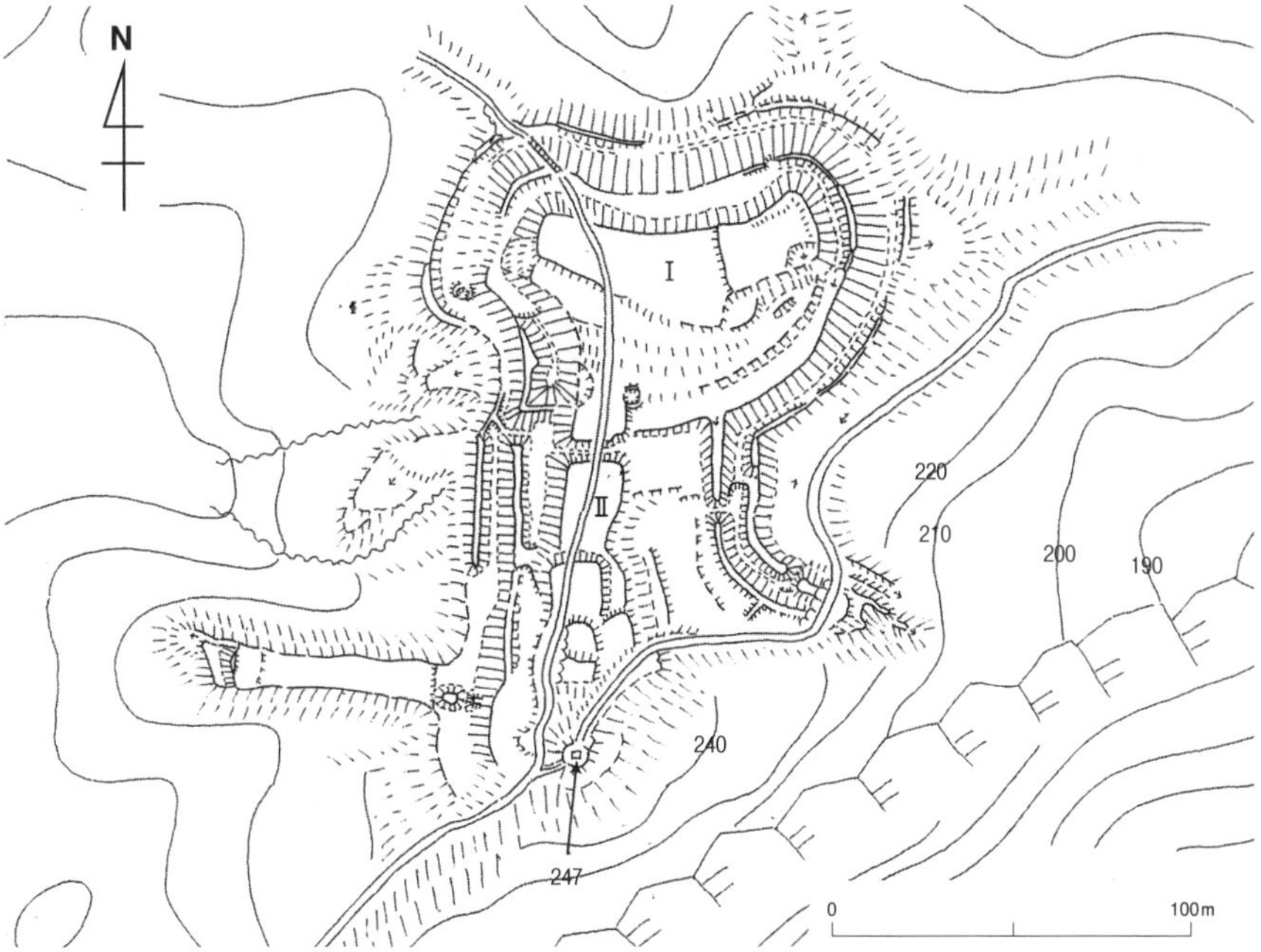

●—花山館（調査・作図：佐藤信行，小山文好作成図を参考にした）

の援助により築城運用されたものと推測した。

江戸初期に鶴岡藩酒井氏が、改易された最上氏の牢人を召し抱える際提出させた「戦功覚書《せんこうおぼえがき》」の中に、陸奥出身の「花山内記」のものがある。同人は「いちのはさま（一迫）の門出《かどいで》でくびを壱つ、同しまたい（嶋躰）でくびを弐つ」取ったことを挙げている（竹井 二〇一五）。一迫の嶋躰、門出にはそれぞれ堅固な城館が構えられており、花山館の東約三キロの位置にある。花山内記が花山館主と仮定すれば、この防御性に優れた構造が、近接城館との合戦に直面した城として納得できる。

探訪にあたっては館北東部の大駐車場から、模擬木の柵を備えた舗装の遊歩道を登り、四〇〇メートルほどで館東端に至る。そこから城内を横断して県道に抜ける遊歩道が完備されていたが、現在一部不通となっている。

【参考文献】小山文好「宮城県一迫川上流の城館について―姫松館を中心として」『中世城郭研究』第二一号（二〇〇七）、竹井英文「「戦功覚書」と城郭研究」齋藤慎一編『城館と中世資料―機能論の探求』（高志書院、二〇一五）

（佐藤信行）

●大崎氏執事氏家代々の居城

岩《いわ》出《で》山《やま》城《じょう》

〈所在地〉大崎市岩出山字城山
〈比　高〉約五〇メートル
〈分　類〉山城
〈年　代〉一五世紀～明治初期
〈城　主〉氏家氏、岩出山伊達氏
〈交通アクセス〉ＪＲ陸羽東線「有備館駅」下車、徒歩一〇分。駐車場有

【中世氏家氏・伊達政宗の城】　古川と東北三大名湯に数えられる鳴子《なるこ》の中間に、かつての城下町岩出山が位置する。国道三四六号線の南側に、岩出山の街並みが拡がり、その後背に荒々しい岩山が西に延びる。この岩頭上にかつて奥州探題《おうしゅうたんだい》大崎家の執事であった、氏家《うじいえ》氏代々の居城岩出山城（中世には岩手沢城と呼ばれることが多いが岩出山城で統一）が所在する。地元では仙台藩開祖伊達政宗の城として〝城山《しろやま》〟と呼ばれ、城内は公園として整備され市民に親しまれている。

岩出山城は南を蛭沢川、北を内川に挟まれ、東端は城下に没する。西側のみが丘陵に連なるように見えるが、実際は西側北端部も沢が入って遮断された、ほぼ独立丘陵に立地する。

【氏家氏の入部】　氏家氏は下野国氏家（現在の栃木県さくら市氏家）を本貫《ほんがん》地とした武士で、岩出山氏家氏は奥州管領斯《し》波《ば》家兼《いえかね》（のちの大崎氏）とともに下向し、監使《かんし》を務めた詮継《あきつぐ》を祖とし、代々岩出山城を本拠としたという。来住の時期については家兼の来住が文和三年（一三五四）でほぼ定説となっていることから、同時期と見られる。岩出山氏家氏の初見は延文元年（一三五六）斯波直持《ただもち》施行状『留守家文書』に、留守《るす》氏、八幡氏間の紛争で直持より遵行使《じゅんこうし》の一人として派遣された、氏家彦十郎の名がある。同人は詮継か二代直継《ただつぐ》に比定され、奥州下向後間もないころの活動が知られる。

【城の歴史と構造】　岩出山城は一四世紀中頃から一六世紀末まで岩出山を支配した氏家氏の居城として二〇〇年以上におよぶ歴史があった。奥羽仕置後の天正十九年（一五九一）仕

置軍の一員であった徳川家康が縄張・改修を行い伊達政宗の居城とした。約一〇年後治府を仙台に移した政宗は四男宗泰《むねやす》を置き、以後岩出山伊達家の居城となった。しかし二代宗敏《むねとし》の時、Ⅳ区に城または要害《ようがい》の機能を移し明治維新におよんだ。

城は基本的にⅢ、Ⅳの低地部と、それを取り囲むようなⅠ、Ⅱ、外郭などの高所部から成り立つ。Ⅰ地区は本丸、山城などと呼称される長さ二〇〇《メートル》を超える大きな郭で城内は

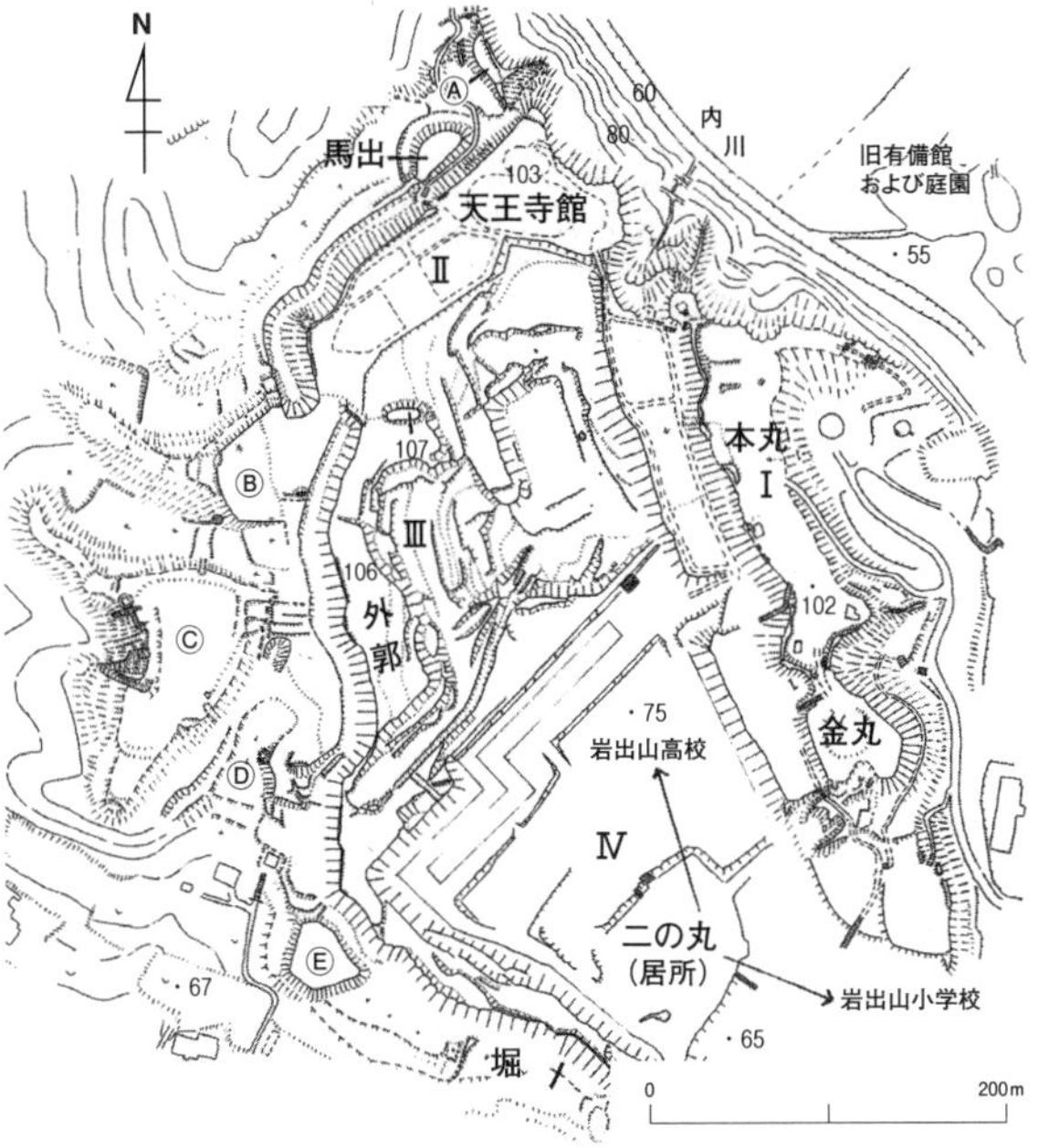

●―岩出山城（調査・作図：佐藤信行．池田誠作製の『岩出山町史通史編上巻』所載図を基図とした）

整地され、東側と金丸との間の地神門または中門付近に土塁《どるい》が残る。金丸や西下の腰郭《こしくるわ》などを加えれば中規模の単独城館としても成立しうる。

Ⅱ地区は公園整備で改変されて性格不明、北側を巡る横堀はⒷで食い違ってさらにⅢ、Ⅳ地区西側を大きく囲む。堀幅は最大二〇《メートル》、深さ最大一二《メートル》で、特にⅢ、Ⅳ地区では土塁状の外郭を削り落して堀を構築したイメージを受ける。Ⅲ地区は三方から中央にかけてスリ鉢状に低くなり、途中に種々の遺構があったが現在は高校の運動施設となり消滅している。Ⅳ地区は高所部より二五〜三五《メートル》低く、現在は高校、小学校建設によって原状は全くうかがえない。この地域は二の丸、居所などと呼ばれ近世の早い段階から実質的な城または要害の中枢部であったようで、あるいは氏家氏時代にも居館の置かれた場所であったかも知れない。

現状の岩出山城に中世期の遺構がどれだけ残されているか不明だが、家康の改修期間は一月余、政宗居城期間は一〇年余であるが朝鮮出兵や京滞在期間が多く、実質在城期間は極めて短期間であったらしい。以上からどちらも充分な城造りや大改修は困難だったと考えられる。また、近世には岩出山要害として幕府から城に準ずる取扱いを受け、既存の施設の修復などは許可されても、施設などの増設や新設は難しかっ

●―Ⅰ地区（本丸）中央部から東端部を望む．正面後方は伝中門と両側の土塁

●―Ⅰ地区（本丸）から外郭（左後方）を望む．中間の低地は土取されたⅢ地区，グラウンド面から二段目以上は現状を保つ

たと見られる。そうしてみると意外に中世期の遺構が残されている可能性が高い。ただし、池田誠によって確認された馬《うま》出《だし》は言われるように家康による縄張であることは疑いない。城の南西側を区画する大規模な横堀も家康による可能性が高い。

【氏家氏の動向】　入部以後大崎氏執事として、あるいは大崎家取次《とりつぎ》などとしての活動が各種資料によって確認できる。しかしその主従関係は決して円満なものではなく、早くも一五世紀後半ころから両者の対立は始まっていたらしく、一六世紀前半には「大崎天文の内乱」で象徴されるように対立が深まっていた。天正十四年（一五八六）ころ大崎家当主義隆《よしたか》の小姓《こしょう》間の相論に始まった紛争は、いっぽうが氏家氏を頼ることにより大崎氏と氏家氏の内乱に発展した。しかし劣勢となった氏家側が伊達政宗に再三の「御助勢」を頼み、天正十六年二月、政宗は氏家氏助勢のため重臣の留守政景、泉田重光を両将として差し向けた。しかし結果的にこの「大崎合戦」は伊達方の敗北に終った。天正十七年二月、氏家氏当主吉継は米沢の政宗のもとに出仕し、大崎家を離れ伊達配下となった。

氏家氏は執事として大崎家を支える立場にありながら、大崎家内の一族、家臣等を糾合し氏家党として結束し、主家大崎氏をしのぐ実力を蓄積し、主家と対立し、大崎氏の戦国大名化に大きなブレーキとなった。岩出山城最後の当主吉継は、前年に伊達氏家臣となった翌天正十八年五月頃、新時代の幕開けを目前にして病没した。自分の城が新主人政宗の居城になるとは露知らずに。

【参考文献】池田誠「徳川家康築城技巧の一考察」『中世城郭研究』第一〇号（一九九六）、岩出山町史編さん委員会『岩出山町史』通史編・上巻（二〇〇九）

（佐藤信行）

お城アラカルト

震災復興調査で明らかになった居館——新井田館跡の全体像

田中則和

●—新井田館跡（南三陸町教育委員会提供）

平成二十三年（二〇一一）三月十一日の東日本大震災の復興事業に伴い多数の城館跡が調査された。その中でも南三陸町の新井田館跡（以下「新井田館」）は、復興拠点整備（中央地区）に伴いほぼ全域が調査され、昨年、三月に刊行された報告書によって一五世紀の山城の全体像が明らかになったことで特筆される。

新井田館は、一・九《ヘクタール》という広大な面積と標高約六七《メートル》の丘陵という早期の調査終了に困難な状況が予測されたため、平成二十五年度の本調査は長野県、秋田県、埼玉県、山梨県、福井県、新潟県、徳島県、京都府および宮城県の調査員の指揮のもと、四月から翌年の三月まで真冬も休むことなく続けられた。発掘には被災されて仮設住宅に住む近隣沿岸地域の住民など七一人が参加した。調査が進むと、固い岩盤を穿ち、堀や土塁で守られた山上の生活の跡が顕れてきて、調査指導に来跡した奈良大学の千田嘉博の調査の意義についての軽妙な説明に調査スタッフは感銘を受けたと聞いている。十一月二十三日の現地説明会には町民など三一八人の参加があった。二度と見ることはできない新井田館を発掘調査報告書と筆者の調査参加経験を基に私見を交えて概要を紹介する。

新井田館は一五世紀初めに、急峻な東側地形を活かし、さらに、大規模な土塁と空堀により主郭、副郭の居住域を防御する姿で築城されている。Ⅲ期にわたる変遷があり、二度の改修により主要な建物や門が整備され、拠点性が高まるが、一六世紀には二棟の建物が確認されるのみとなり、領主が立て籠もるという目的は失われている。

築城に際しては、弧状に伸びる尾根の中央部を遮断、最高位の主郭とその南側下段に副郭一を造成して、主郭の北側下段に郭一を配置し、主郭の東西斜面と副郭の東斜面に帯郭を設け、横堀と土塁で囲む。また、尾根の北部は堀切で二ヵ所遮断し、間に郭一を配している。堀跡は八条、土塁跡は一一条である。土塁は急傾斜の東斜面以外は二重の土塁で囲む。沢筋に向っては四本の竪堀《たてぼり》状の堀を設け、館下からの通路としている。

虎口は主郭、副郭の東斜面に設けられ、Ⅰ期の主郭では主郭東側の横堀に谷側に向かって凸形の張出が造りだされ、「虎口受けの小郭」からの横矢掛《よこやがか》りの機能が推定される。そして、櫓門のある虎口をへて北側の郭から主郭に達する急斜面から曲折したルートをとる。各郭間の通行は堀底を利用している。

主郭、副郭を中心として二九棟の建物跡が確認された。Ⅰ期の主郭には、囲炉裏《いろり》跡を伴う建物がある。一五世紀後半（第Ⅱ期）に建物跡規模や虎口の櫓門が大型化するなど大改修されている。

主郭には二×五間の四面に庇《ひさし》の付く最も大型（九一平方メートル）で規格性の高い建物（一部床張りか）があり館主の居宅と考えられる。

横堀は最大幅八メートル、深さ四メートルに達するものがあり、副郭西側では横堀とその外側の土塁との高低差は五メートルに達する。横堀の断面形はⅡ期に逆台形からV字状に変化し、防御性を高めている。これらのことから、Ⅰ・Ⅱ期の本城館の機能としては、「居館」的性格が考えられるが、遺物の少なさからすれば、比較的短期間立て籠った山城としておきたい。

出土遺物は中国産青磁（碗）・陶器（天目《てんもく》茶碗）、古瀬戸（天目茶碗・平碗）・常滑・在地産陶器、瓦質土器、土師質土器、羽口、鉄滓《てっさい》（碗形滓含む）、石鉢、砥石《といし》、磨石、銭貨など一〇三点（ほとんどが細片）である。この中では銭貨が二五枚と比較的多い。銭種は北宋銭が一四枚と多いが明銭の永楽通宝（一四〇八年初鋳）、洪武通宝（一三六八年初鋳）が各二枚含まれる。投石用の可能性が

●—現地説明会

ある磨石が二一点出土している。横堀でみられた礫《れき》（長さ二〇センチ前後）の集中は報告書では縁辺補強用とされたが投石用に関わるものを含むかもしれない。

平場の在り方からすれば階層性が不明確で並立的な平場構成が認められる。報告書では、居城主体は葛西氏の勢力拡大時の「複数の村落を包括する村落領主級」とする。郭・土塁・堀遺構群の組み合わされた空間の範囲は東西約一〇〇メートル、南北一五〇メートルほどの範囲であり、城館規模としては中規模であるが防御性を高めるため岩盤を削り、大規模な土塁を造るなどの計画性と土木技術を尽くしていることは、上位勢力の出現を示しており、本吉《もとよし》氏の勢力下（七海雅人説）故に大規模な労働力の投入が可能となったと解しておきたい。

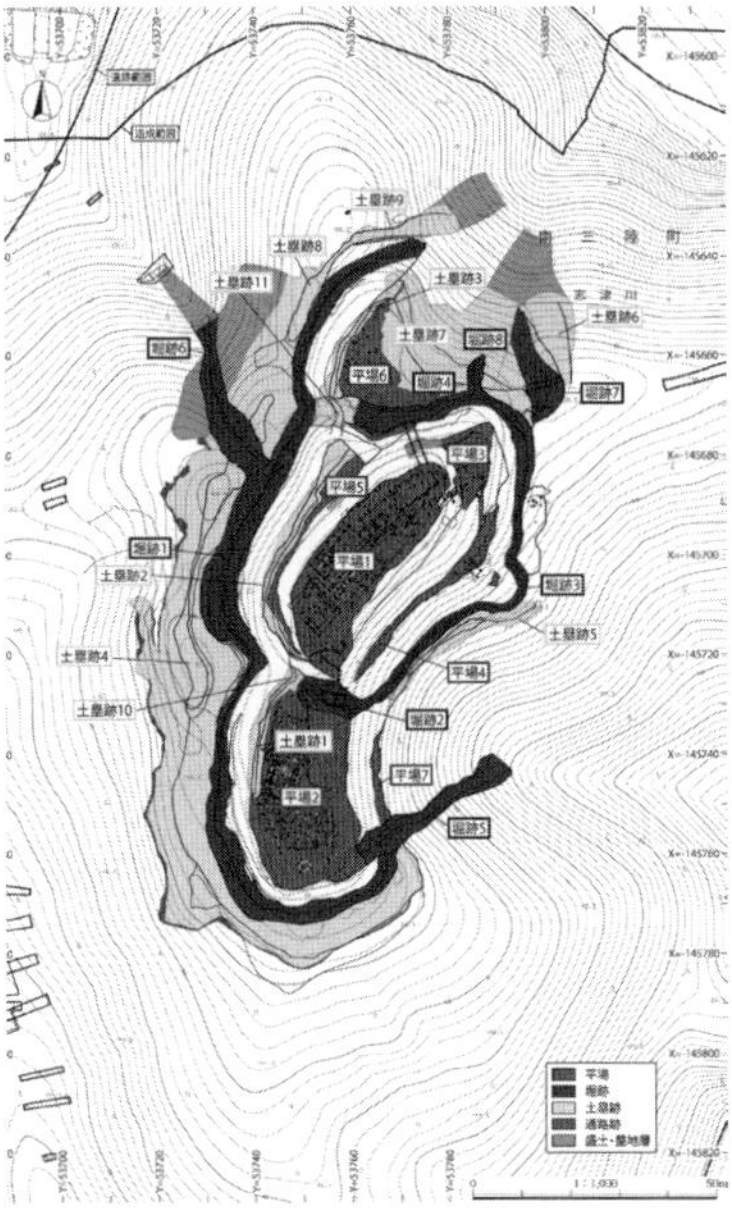

●—新井田館の全体図
（南三陸町教育委員会提供）

本館からは志津川《しづがわ》湾が眺望できるとともに、三陸沿岸への街道を制約しうる位置にある。一五世紀には沿岸部の国人領主相互の権益争いの激化に伴い防御性の高い山城を構築する必要性が高まったと考えられる。そして一六世紀には葛西氏支配の進展の中で、本吉郡南部の支配権を強めた本吉氏により、三陸沿岸部の「海の領主」との競合や北上川を通じての物資輸送権益をめぐって、軍事的再編成が行われ、新井田館の機能も変化したのではないだろうか。

宮城県考古学会では、「南三陸の中世社会——新井田館跡を中心に」として発掘成果を整理しているので参照されたい。南三陸町では、郷土への歴史文化への関心が徐々に高まり、自主的な研究会も活動を始め、朝日館（志津川城）など戦国の城も注目されはじめている。新生南三陸町を目指す中で、郷土の先人の歴史を語る城館群（三二ヶ城）が保護され、活用されていくことを願う。

【参考文献】『新井田館跡——津波復興拠点整備事業（志津川中央地区）に係る発掘調査報告書』（南三陸町教育委員会、二〇一六・三）、『宮城考古学』第一九号（宮城県考古学会、二〇一七・五）

●奥州探題大崎氏盛期の城

小《こ》野《の》城《じょう》

〈所在地〉大崎市古川小野西館他
〈比　高〉一三メートル
〈分　類〉平山城
〈年　代〉一五世紀、一部一六世紀～一七世紀前半
〈城　主〉大崎氏
〈交通アクセス〉東北新幹線「古川駅」下車、車で約一五分。駐車場有

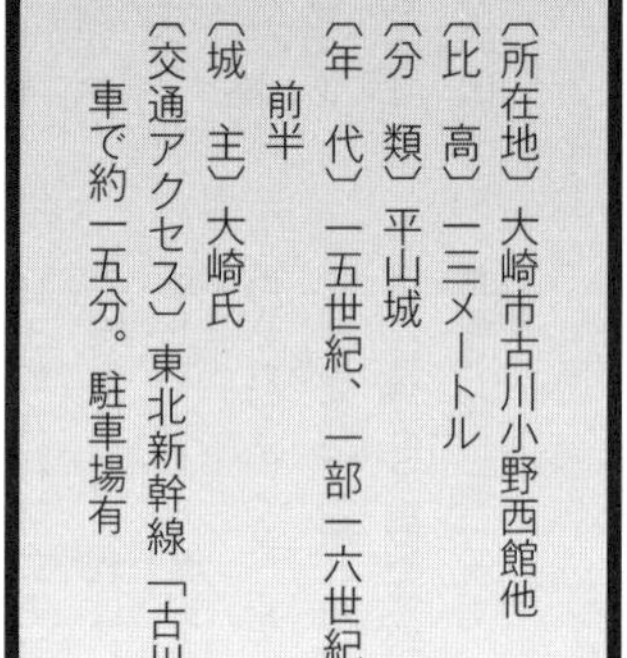

【大崎氏実在の痕跡】　中世後期に奥州《おうしゅう》探題《たんだい》として君臨した大崎氏の居城は、従来名生城、中新田城に比定されることが多かった。近年、両城はいずれも一六世紀後半の大崎氏凋落のころの居城であることが知られてきた。代わって大崎氏全盛のころ、つまり一五世紀代の居城は旧古川北部に所在する小野城とする見解が一般化しつつある。

斯波《しば》氏（後の大崎氏）が奥州に下向し、奥州河内（現在の大崎地方）に本拠を置いたのは三代詮持《あきもち》の時代で、まもなく小野に拠点を移したとされている。それを裏づける地名、寺院跡が小野城周辺に分布する。四代満持《みつもち》の法名は『奥州《おうしゅう》余《あまる》目《め》記録』に「続灯《そくとう》寺」と有り、小野城と沢を挟んだ南側に存在した竜門山続燈寺跡が満持の菩提寺に比定される。いっぽう、城の北方に伝龍谷寺跡と伝わる宗教施設かと見られる遺構がある。「龍谷寺」は七代教兼《のりかね》の法名であり、同じく教兼の菩提寺であった可能性が高い。また『奥州余目記録』に教兼を「洲賀《すが》御事」とし、五代満詮を「大洲賀さま向上院殿」と記す。後述するが城内Ⅱ郭付近は小字須賀で満詮、教兼にとってゆかりの地であったことは疑いない。

【地理的・歴史的環境】　小野城は四キロ北の高清水から延々と続く低い丘陵地帯の南縁部に位置し、これより南には広大な大崎平野がひろがる。丘陵裾を大崎広域農道が通り、小野城は農道にそって東西七〇〇メートル、北へは最大四〇〇メートルに渉って展開する。小野城の東南北三方を囲む水田は、江戸初期まで千枝湖《ちえのうみ》または大崎沼と呼ばれる沼地であった。Ⅶ郭南方に

●—小野城縄張図（『古川市史 第１巻』より転載）

「舟着」の地名が残り、当時の舟着場があったと伝承される。

小野城の東方一キロに新田柵擬定地、西方二キロには宮沢遺跡や権現山《ごんげんやま》・三輪田《みわた》遺跡などの古代官衙《かんが》遺跡が密集し、下って鎌倉後期の板碑《いたび》が、隣接する小松地区を中心に多数分布するなどの歴史的環境下にあった。

【小野城の構造】 小野城は内館城、大崎城、小野木古館、小野御所などの別称があり、城主については大崎義宣《よしのぶ》（伊達稙《たね》宗《むね》息）説が多く、家兼《いえかね》、義隆《よしたか》、川熊美濃《かわくまみの》とするものもあり、複雑な城の歴史を物語る。

小野城の構造について『古川市史Ⅰ』掲載図ではⅠ〜Ⅺの郭に区分したが、ここでは四地区に収斂して述べる。まず、Ⅰ、Ⅱ郭を中心とする地区。Ⅱ郭は新幹線建設によりほぼ失われたがⅠ郭との間は幅四メートルの土塁《どるい》道で連絡し、Ⅲ、Ⅳ郭との間には沢が入る。なお、この地域は小字「須賀」である。次は丘陵部のⅢ、Ⅳ、Ⅵ郭でコの字状に低地部のⅪ郭を囲む地区、Ⅵ郭は大半が土取りで消滅したが、丘陵部では最も大きな空間であった。Ⅺ郭は平坦で広く居館が置かれた場所と推定される。㋣は櫓台《やぐらだい》状に突出し、舟着場からⅦ郭を経て城内に入る道を監視する施設か。(c)はⅪ郭の防塁、城路として機能し、北端部で虎口《こぐち》㋷が開く。一部の郭縁に土塁が残る。このように本地区は居館と思われる部分を大きな丘陵性

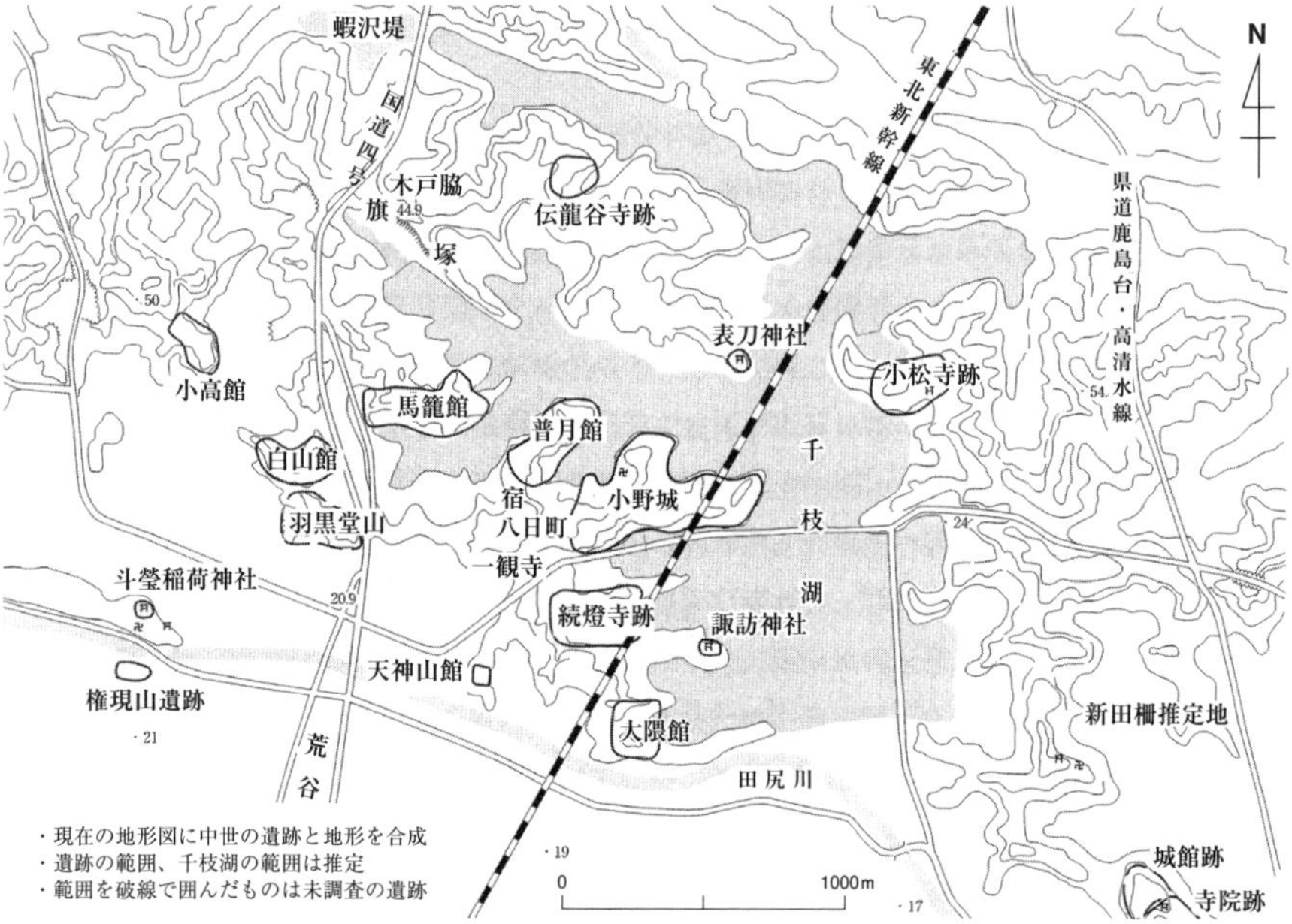

●—小野城周辺の中世的景観（板碑を除く）（『古川市史 第１巻』より転載）

の郭群で囲い込むなど、小野城の中枢部であろう。Ⅻ、Ⅹ郭はⅣ、Ⅷより一段低く、Ⅹ郭が若干低いが一体で運用されたと思われる。Ⅷ郭は幅二〇メートルと本城最大の堀切ⓝでⅦ郭と遮断するが、いっぽう土橋《どばし》で連絡する。塁線は直線的でしっかりしており、他の郭との時代差を感じる。『安永風土記』に〝川熊美濃住〟とある部分に該当するか。

【小野城周辺の中世的景観】 小野城を中心に半径一・五キロの範囲には、城館跡6、寺院跡4、神社（跡）3、集落跡1などの中世遺跡が分布する。城館には大崎一家高泉氏の居城と見られる普月《ふげつ》館の他は、館主伝承を持たない。寺院跡には大崎氏当主の菩提寺と見られるものの他、古代からの歴史を持つ小松寺跡がある。権現山遺跡は溝で区画された空間に多数の掘立柱建物、井戸が検出され、出土遺物から一五世紀中葉〜一七世紀初頭にかけての四時期の変遷がある。出土遺物には国産陶器の他、青磁、青花など中国産を含む陶磁器主体であることから大崎氏に関わる有力者層の屋敷跡と考えられている。

また、Ⅷ郭の西に隣接して「宿」「八日町」の地名が現存し、城の北西部に「木戸脇」「旗塚」の地名が残る。

【普月館の発掘調査】 普月館は小野城の西に隣接する大崎一家高泉氏の館とされ、その南端部の郭が大崎市文化財課によって発掘調査された。桁行《けたゆき》九間、梁行《はりゆき》五間で四面に廂《ひさし》または縁の付く総柱建物を初めとする建物群、井戸や古瀬戸、染付磁器など若干の遺物が出土した。出土遺物の年代はおおむね一五〜一六世紀である（「文化財年報Ⅳ」大崎氏教育委員会二〇一一）。

●—南からⅣ郭（杉林部分）を望む．人家左はⅦ郭，右人家と道路の中間に舟着場があったという

【大崎氏の栄光】

四代満持は、応永七年（一四〇〇）鎌倉府との闘争で自刃した三代詮持《あきもち》の後をついだ。満持《みつもち》の時代は幕府や伊達氏等と結んで鎌倉方との合戦に明け暮れしたようだが、奥州探題に補任《ぶにん》された時期でもあった。五代満詮《みつあき》の代はいわゆる河内五郡をほぼ領国化し、大崎氏を自他ともに称されるようになった。六代持兼《もちかね》は奥州探題として主に中奥、北奥の地域で職権を行使した。ことに留守氏、和賀氏、黒川氏など有力国人の内紛に強力に介入した。七代教兼《のりかね》は九男四女を河内諸郡に配し、領国の支配強化を図った。また、現存する発給文書が大崎氏歴代では最も多く、奥州探題としての職権行使は陸奥一円におよんだ。しかし領内では紛乱が相次ぎ、大崎氏は栄光の時代から弱体化へ向かう時代であった。

小野城における大崎氏の事跡は七代教兼《のりかね》以降とだえる。九代義兼《よしかね》のころの大崎氏の本拠は加美郡に移っていたらしい。

小野城は大崎領内屈指の規模で、城内および周辺に大崎氏四〜七代に関わる地名、寺院跡が分布し、加えて当時の千枝《ちえ》の湖《うみ》に守られた城を取り巻く遺構群、関連地名を含めた中世的景観は大崎地方では他に例を見ない。大崎氏栄光の時代の拠点であり、大崎御所でもあった。

【参考文献】古川市史編さん委員会『古川市史　第一巻　通史Ⅰ』（二〇〇八）

（佐藤信行）

●鳴瀬川と陸路を抑さえる城

桑《こ》折《おり》城《じょう》

〔所在地〕大崎市三本木桑折字蛇沼山
〔比　高〕三五メートル
〔分　類〕平山城
〔年　代〕一六世紀〜慶長八年（一六〇三）
〔城　主〕桑折・郡氏（渋谷氏一族）・新発田氏
〔交通アクセス〕宮城交通バス三本木線「三本木小学校前」下車、徒歩四分。

【大崎合戦に重要な役割を果たした城】　天正十六年（一五八八）二月、松山千石城に集結した留守《るす》政景《まさかげ》、泉田《いずみだ》重光《しげみつ》を両将とする伊達軍は、大崎氏の居城中新田城を攻撃した。しかし厳寒の時期と地の利を得た大崎勢の反撃に遭い、退却を余儀なくされた。千石城との中間地点にあって伊達勢の向軍を許した桑折城は、師山《もろやま》城と呼応して鳴瀬《なるせ》川の両岸から防御を固め退却を許さず、ために伊達勢は付近の新沼城に籠城を余儀なくされた。俗に「大崎合戦」と称される政宗唯一の負け戦に重要な役割を果した。

【立地と構造】　南の吉岡方面から続いてきた低い丘陵地帯は、東流する鳴瀬川によって画される。その北方には三本木の市街や、少し離れて大崎の中心地古川市街の所在する大崎平野がひろがる。桑折城は丘陵北端部に位置し、鳴瀬川に沿って東西に長く展開する。

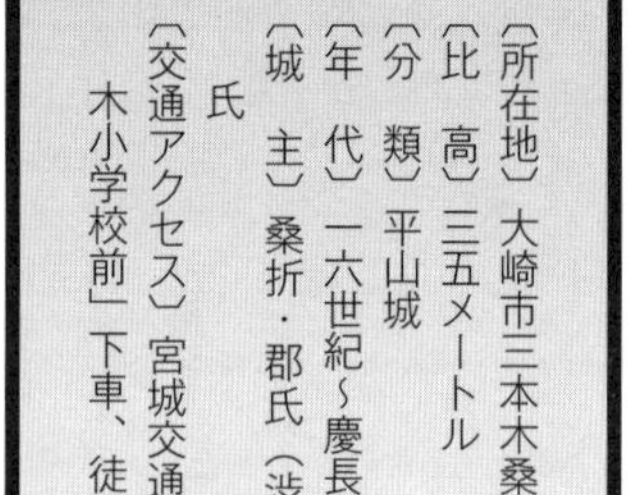

城は深い沢を挟んで相対する、南郭と北郭からなる。北郭は鶴館と別称されるように、主郭と思われる三角形の郭を中心に三方に延びる尾根上に展開する。西方尾根は副郭《ふくかく》的な郭で、西端部と南に張り出した部分は幅一〇㍍以上の堀切で遮断されていた。現在は環境整備で埋められ痕跡のみである。西の堀切から西へは、堀切、段差などで区画された郭が一七〇㍍続き平地に至る。北に向う尾根は中途に段を設けた長い郭で、先端は鳴瀬川に直接落ちていたという。主郭南東側は高さ約二〇㍍の切岸《きりぎし》で、中間に犬走《いぬばし》り状の通路が残る。北郭から南郭へは尾根道が通じ、途中に不整形の平場や小規模な

堀切などが配される。南郭は尾根道を堀切で遮断した細長い二段の郭と、若干の腰郭で構成される。

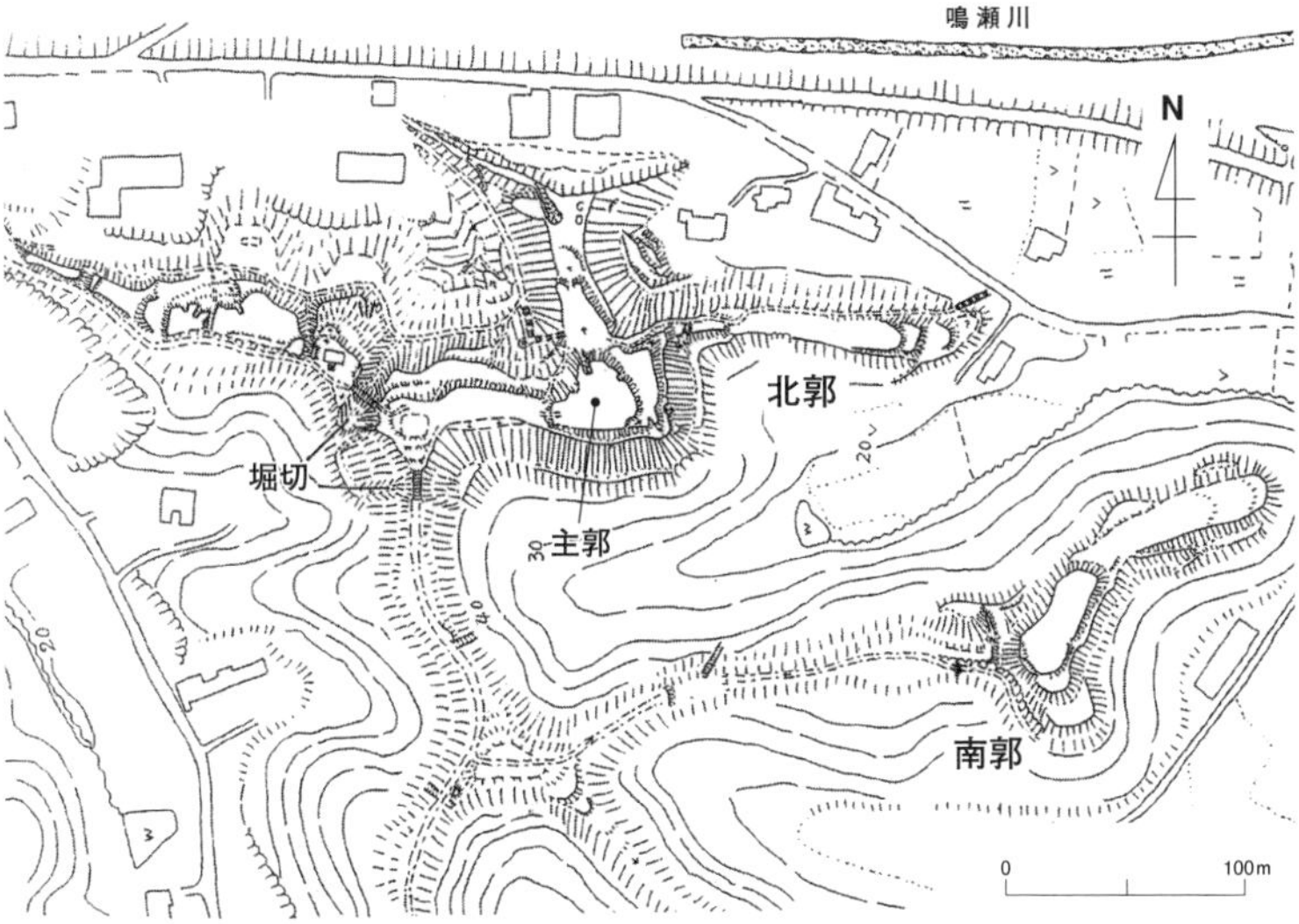

●―桑折城縄張図（調査・作図：佐藤信行，参考文献掲載図を参考にした）

【渋谷氏一族の城】　城主について近世地誌や文献にさまざまな名が記されるが、桑折・郡氏が一般的で名称の下に「渋谷」と記されるものが多く、鳴瀬川上流域に蟠踞《ばんきょ》した渋谷氏一族であろう。郡氏の系譜は伊賀守→中務丞→相模守と続いたとされ、天文五年（一五三六）の大崎天文の乱の時、大崎本宗家に味方する武将の中に郡伊賀守と『古川状』にあるのが初見で、下って天正十六年の大崎合戦で重要拠点となった時の城主は「相模《さがみ》」であった。

郡氏の文書における事跡は一六世紀代にとどまるが、城のすぐ北・西に三本木の市街が拡がり「宿」「舟場」地名も付近に残る。また、奥州街道、旧国道も城のすぐ西側を通過しており、鳴瀬川の存在と併せ、この地域は水陸交通の重要な結節点であった。この事から鎌倉時代以降志田郡地頭職にあったと考えられる渋谷氏一族により、早くから重要拠点としての運用が始まっていたと想定することは充分可能である。

昭和五十四年（一九七九）、道路改良にかかわる発掘調査が北郭北尾根北端部で実施され、遺物は出土しないが多数の柱穴と見られるピットが検出され、複数時期の運用が推定された。

（佐藤信行）

【参考文献】　宮城県教育委員会「桑折城跡」『宮城県文化財調査報告書』五七集（一九七九）

●伊達氏の大崎領出撃拠点

千《せん》石《ごく》城《じょう》

〈所在地〉大崎市松山千石字本丸
〈比　高〉五〇メートル
〈分　類〉山城
〈年　代〉一五世紀～明暦三年（一六五七）
〈城　主〉遠藤氏、茂庭氏
〈交通アクセス〉ＪＲ東北本線「松山町駅」下車、徒歩二五分。駐車場有

【伊達氏北の境目の城】　旧松山町域の北半分は、鳴瀬《なるせ》川流域に沿った広大な水田地帯で、南半分は標高一〇〇メートル前後の丘陵地帯が続く。千石城はこの大松沢丘陵の北端近くに所在し、鳴瀬川が北方約二・五キロの距離にある。

戦国期の千石郷（ほぼ旧松山町の範囲）は、東に長江氏、西に大崎氏、北に葛西氏といった強大な勢力に囲まれた地域で、伊達氏の領国から突出した地域であった。千石郷に遠藤氏が入るのは一五世紀初めのころとされ、一六世紀中ごろの『御段銭古帳《ごたんせんこちょう》』（伊達家文書）により、そのころすでに伊達氏家臣であったことが確認できる。しかし、この時点で千石郷は遠藤氏他三氏が分有していたが、伊達氏天文の乱の終結後、遠藤氏が千石郷を一円支配する。

【千石城の構造】　南北に拡がる丘陵尾根上に主要郭群が並列し、そこから西方に延びる幾筋かの支尾根は段差による大小の平場が連続し、現松山市街に向って下る。郭Ⅳ東側には八～一〇段におよぶ帯状郭が取り巻く。主要郭Ⅰ～Ⅲの各郭間は幅約一二メートルの箱薬研堀《はこやげんぼり》の堀切で遮断し、南端の堀切F、Gは中間に土塁《どるい》を置く幅約三〇メートルの二重堀切で尾根続きを厳重に遮断する。郭Ⅳ東側の帯状郭は幅二～八メートル、段差二・七～五メートルで、途中で交差する部分もある。類例は葛西氏の城とされる登米《とめ》・保呂羽《ほろわ》館にみるが県北西部ではほとんど見られない。

なお、各郭の虎口については、天正後半の伊達氏境目の城に特徴的な虎口《こぐち》は確認されていない。また、公園整備のため

郭Ⅰが発掘調査され、多数の中小規模の掘立柱建物が検出されている。出土した陶磁器は一六～七世紀のもので、近世初期まで使われていたことが確認された。

【地域支配に過ぎた城】 千石城は東西約四五〇メートル、南北約七五〇メートルの規模を有する。千石郷の領主遠藤氏の地域支配の拠点としては規模が巨大すぎる。これは天文後半ごろからたびたび伊達氏の軍事拠点として運用されていることから、軍勢集結の駐屯地として伊達方の主導によって改修された結果とされている。天文年間以前の千石城は、郭Ⅰ～Ⅲを中心とした地域で桃源院のある地域に居館が置かれたと推定されている。

一九九〇年の史跡整備計画に基づき、城内の環境整備は良好で、軽装でも周遊できる。

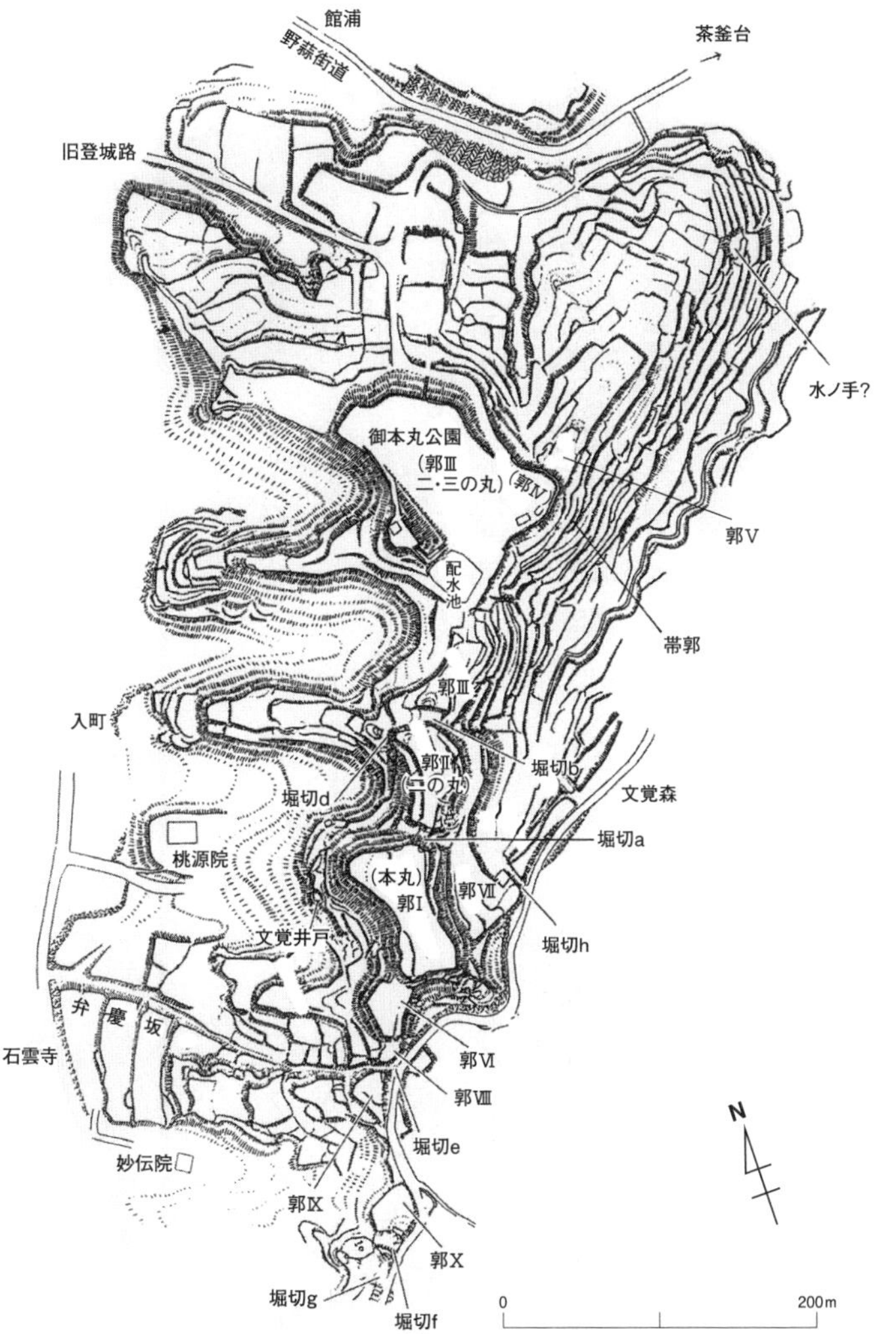

●—千石城縄張図（藤本正行：作図）（藤本正行『千石城の構造』1990より転載，加筆）

【参考文献】松山町教育委員会『千石城跡保存整備基本計画』（一九九〇）

（佐藤信行）

●七ツ森を望む丘の上の城

八《はち》谷《や》館《だて》

〔所在地〕大和町落合蒜袋字新田
〔比　高〕約二七メートル
〔分　類〕平山城
〔年　代〕一五～一六世紀
〔城　主〕八谷氏か
〔交通アクセス〕ＪＲ「仙台駅」から宮城交通高速バス「ＪＡグリーンあさひな前」下車、徒歩三〇分。

【きれいに整備された城跡】　東北自動車道大和インターチェンジのすぐ脇に、八谷館緑地公園がある。ここが、八谷館である。車さえあれば、非常に訪れやすい城である。

八谷館は、厳密にいうと城域が大きく北側と南側に分かれているが、公園化されているのは南側のみである。北側は、自動車道建設のため消滅してしまい、今は跡形もない。なお、紫桃正隆は、江戸時代成立の「仙台領古城書上《かきあげ》」などの記述をもとに、北側を「八谷城」、南側を「八谷古城」と呼び、別の城として扱っている。実際、北側と南側は、谷を隔てるなどしてやや離れて存在しており、どのように考えればいいのか難しい。

南側は、公園としてかなり整備されてしまっているが、城跡としての雰囲気は十分残っている。公園の東側は自動車道で見通しが悪いが、西側の眺望は素晴らしく、麓を流れる吉田川越しに、七ツ森の山々を望むことができる。

【発掘された北側、公園化された南側】　消滅してしまった北側の遺構は、自動車道建設にともない全面発掘調査が行われ、報告書が刊行されている。それによると、大きく三つの郭から成っており、主として西側を土《ど》塁《るい》と横堀で固めていた。城内へ

●―八谷館堀切

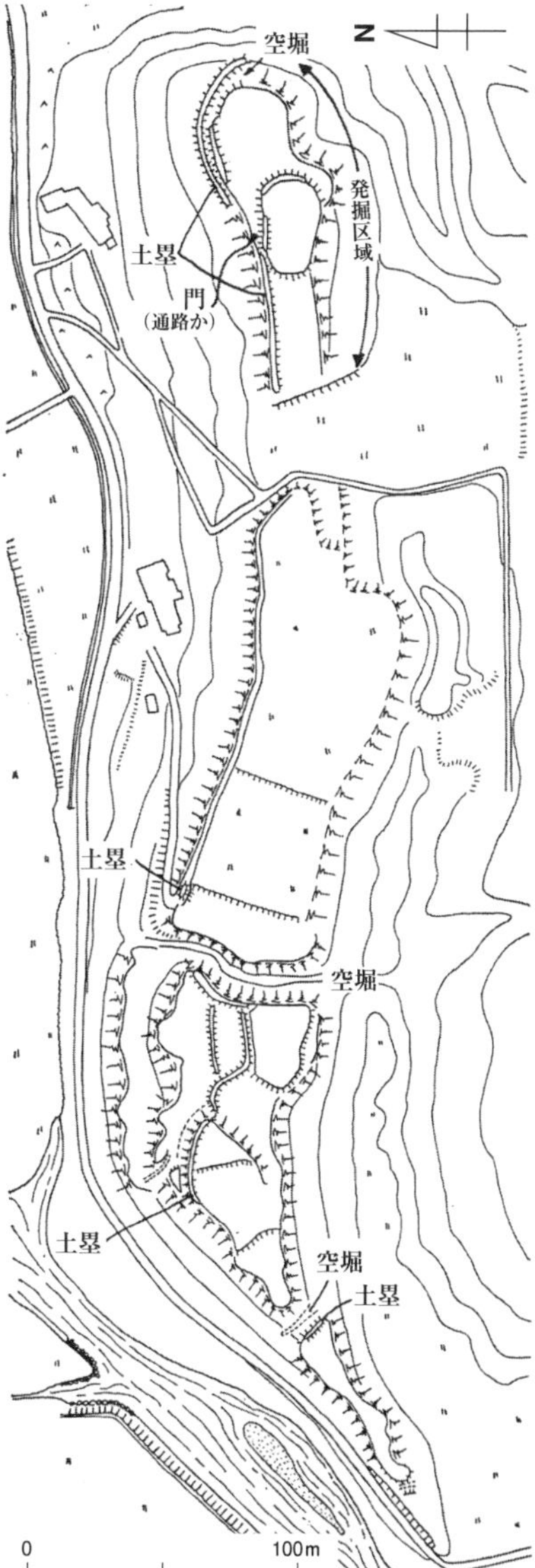

●―八谷館実測図（参考文献『日本城郭大系』より引用）

は、西麓から登る道によって入り、郭の入口にあたる箇所から四本柱の門跡が発掘調査で検出された。遺物としては、国産陶磁器、貿易陶磁、火鉢、石臼、古銭、鉄製品などが出土しており、年代観としては一五世紀前後とされている。

南側の遺構では、発掘調査は行われず、そのまま公園化されている。自動車道開通前の図の南端の郭、およびその北側を区切る土塁・堀切は消滅し、現在は公園の入り口・駐車スペースとなっている。その他の部分は、台地上に広く郭を取り、土塁で区画していたようである。腰郭《こしくるわ》状の削平地は西側に複数あり、北側に続く長方形の広い郭との間は大きな堀切で区切っている。北側・南側の遺構ともに、西側を意識した造りといえる。

【謎多き八谷館の歴史】 八谷館の歴史は、ほとんど不明である。「仙台領古城書上」などには、黒川《くろかわ》安芸守《あきのかみ》の弟八谷冠者《かじゃ》なる者が永禄年中まで、あるいは八谷越前守なる者が天正年中まで居住していたという伝承が記されている。しかし、一次史料で八谷館の存在は今のところ確認できない。ただ、すぐ北側に黒川氏の居城御所館があることから、黒川氏に関係する城である可能性はすこぶる高いだろう。御所館の年代観は一五・一六世紀とされており、八谷館も同時期に存在した可能性が高いといえる。

【参考文献】 紫桃正隆「八谷城」「八谷古城」（『史料 仙台領内古城・館』三、宝文堂、一九七三）、「八谷館跡」（『東北自動車道遺跡調査報告書Ⅷ』宮城県教育委員会他、一九八三）、「八谷館」『日本城郭大系』三（新人物往來社、一九八一）

（竹井英文）

●伊達政宗の築いた山城

仙《せん》台《だい》城《じょう》

〔国指定史跡〕

〔所在地〕仙台市青葉区川内、荒巻字青葉
〔比　高〕約八〇メートル
〔分　類〕山城
〔年　代〕慶長六年（一六〇一）～幕末
〔城　主〕伊達氏
〔交通アクセス〕本丸跡は、地下鉄東西線「国際センター駅」下車、徒歩三〇分。

【築城の経緯】　慶長五年（一六〇〇）、伊達政宗は縄張始めを行い、翌慶長六年より普請を開始した。慶長八年には移徙《わたまし》の儀式を行ったといわれる。城地は、国分氏の千代城があった地といわれ、伊達政宗が「仙台」と地名を改めた。中国唐代の漢詩を集めた『三体詩』にある漢詩より、「仙人の住む台」という理想郷として、まちづくりの夢を託したものと考えられる。築城期の城は、山上の郭（本丸）と山下の郭（現在の三の丸）から構成された山城だった。政宗は、寛永五年（一六二八）以降は若林城を日常の居所としているので、仙台城を本拠とした期間は二五年ほどだった。寛永十三年に伊達政宗は亡くなるが、その後、二代藩主忠宗《ただむね》は幕府の許可を得て、寛永十五年から二の丸の普請《ふしん》を開始する。以後幕末まで、二の丸が藩政の中心となり、本丸は主として儀式の場として維持された。

【城に至る】　平成二十七年（二〇一五）十二月に開通した地下鉄東西線に乗ると、仙台城の近辺に行ける。最寄駅は「国際センター駅」だが、そのひとつ前の「大町西公園駅」で降りると、また別の風景を感じられる。

駅から西に下り坂を歩くと、遠くに仙台城が望める。城の東には広瀬川が流れており、大橋を渡る。江戸時代の大橋は現在地よりやや上流寄りにあり、川底に橋脚の痕跡とみられる大きな穴を見ることができる。城寄りの岸には石垣が長く残っている。大橋からは小高い丘陵が望め、頂部に本丸が位置している。大橋から西へまっすぐ進むと大手門跡をへて二

●—東から見た仙台城跡（仙台市教育員会提供）

の丸跡へ至る。現在は東北大学の敷地となっている。大手門跡の手前には堀と土塁に囲まれた三の丸跡がある。

【三の丸（東丸）跡】　江戸時代には主に「東丸」と呼ばれていた場所である。北と東に堀と土塁《どるい》をめぐらせており、出入り口は二ヵ所設けられている。南にある巽《たつみ》門は、正面から右に折れた場所に門を設けている。現在は埋まっているが、かつては、出入り口の手前にも鉤《かぎ》型の堀があり、防御性の高い構造であったようだ。江戸時代を通して「米蔵」があった場所だが、仙台市博物館の改築工事に伴う発掘調査で、意外な発見があった。小規模な建物跡、池状遺構、大型の穴などが見つかり、江戸時代初期の瀬戸・美濃産や中国産などの陶磁器や、「元和《げんな》」と記された木簡が出土した。これらの遺構は、伊達政宗在世中のものの可能性が高いことから、米蔵とされる以前には、たとえば、政宗の「下屋敷」が置かれていた可能性があるのではないかと考えられている。

【巽門からの登城路】　巽門から清水門・沢門をへて本丸へ至る登城路は屈曲が多く、石垣や郭が配置される、防御性に富んだ構造の登城路である。多くの方は大手門跡から本丸へ至る車道を通られることが多いだろうが、仙台城の雰囲気を感じられるのは、こちらの登城路であり、ぜひとも通ってみていただきたい。

途中にある平場の一つでは、かつて酒造りを行っていた。史料では「御酒屋」「御酒蔵」などと記されており、伊達政宗が大和国から職人を呼び寄せて酒を造らせた、といわれている。発掘調査の結果、井戸跡から文献にある職人の名前を記した木簡が出土し、また、建物跡やカマド跡なども発見されたことから、この場所で酒造りを行っていたことが検証された。

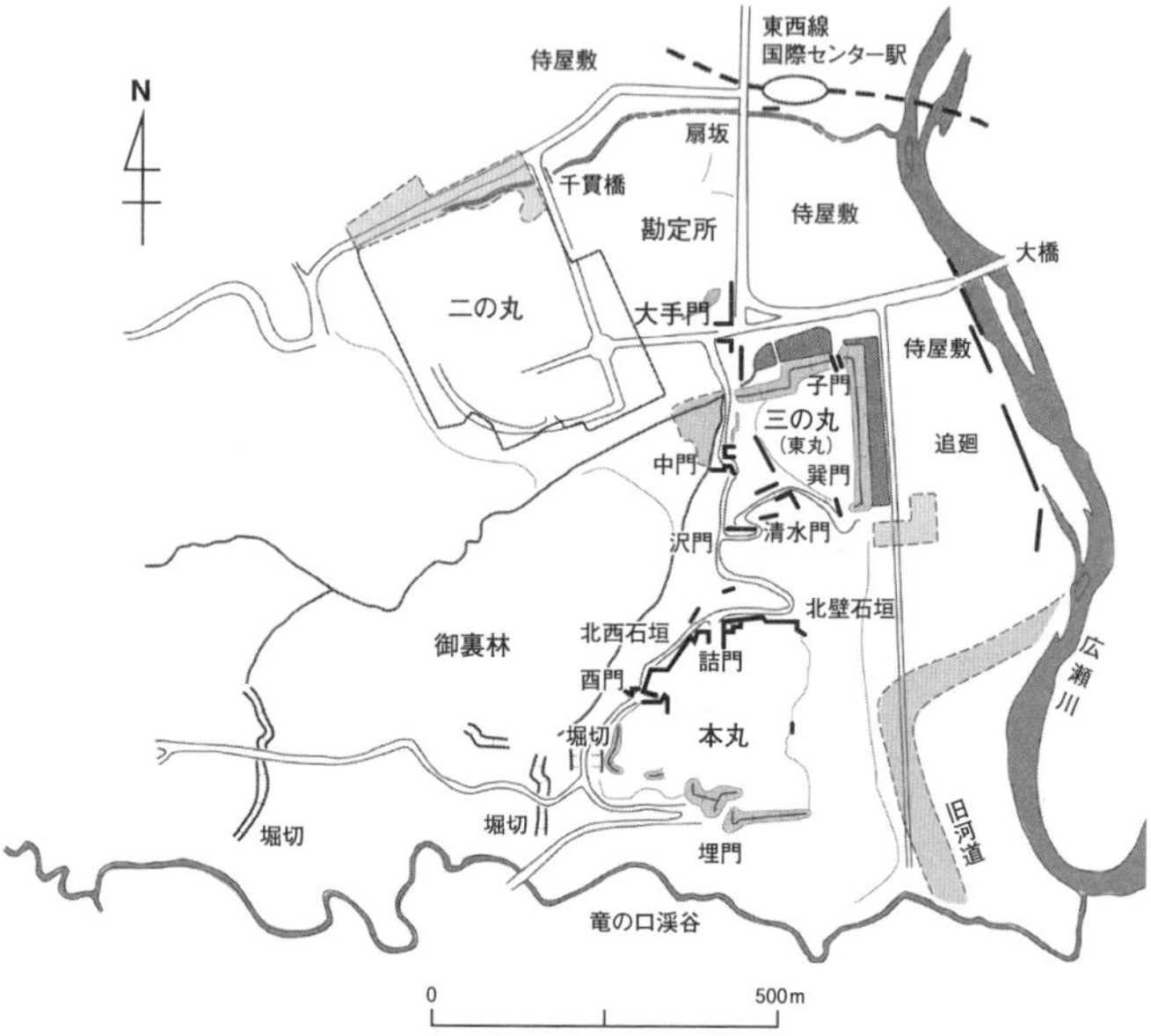

●—仙台城の現在の遺構（━は石垣）

清水門跡付近

巽門跡付近　土塁に沿って右に折れると門がある

大きく屈曲する道

登城路沿いの石垣

●—巽門からの登城路

【本丸跡】 本丸跡は、丘陵頂部にある郭で北から北西部にかけては石垣が巡っている。石垣は、北東隅部が一番高く、約

●—石垣背後から発見された山城虎口（仙台市教育委員会所蔵）

●—本丸北壁石垣　高さ 17m の切石布積石垣

一七メートルの高さがある。石積の様相はさまざまである。北側の石垣は、四角く整形した切石を使用した布積で、隅角部は長方形に加工した石材を算木積にし、反りをもつ勾配である。北西部の石垣は、切石布積の部分もあるが、一部には野面石《のづら》や割石を使用した乱積の部分があったり、粗雑な加工の石を使用した乱積や谷落し積の部分もある。北西部の石垣からは、部分的な修理が繰り返されてきたことが読み取れる。

　本丸跡には、現在は当時をしのぶ建物は一切ない。明治初年に破却されたといわれている。殿舎の内、「大広間」については、発掘調査の結果、遺構が残っていることが確認された。明治以降の削平などにより礎石はほとんど残っていないが、礎石の根固めが規則的に並び、建物の外周には雨落ち溝が巡っていた。これらの遺構と、大広間の平面を描いた絵図を比較検討し、失われた礎石を再配置して、遺構表示整備を行い、現在公開している。

【本丸北壁石垣の変遷】　平成九年から十七年にかけて、本丸詰門から東にのびる本丸北壁石垣の解体修復工事が行われ、現在見ることができる石垣の内部から古い石垣が発見され、三時期の変遷をたどったことが分かった。築城期とみられる石垣は、野面石を使用した布崩し積みもしくは乱積の石垣で、一部では小段が確認されている。これらは元和二年（一六一六）の地震で被災したとみられ、修復された石垣は、割石も混じえた乱積の石垣である。この石垣も、寛文八年（一六六八）の地震で大部分が崩落したため修復された。四角く加工した切石を使用した布積の石垣である。

【千代城の痕跡】　仙台城跡の遺構よりも古い虎口《こぐち》、竪堀《たてぼり》などが発見されている。虎口跡では、掘立柱跡が発見され、櫓《やぐら》

●―東日本大震災の被害から復旧された本丸北西石垣・大手門北側土塀

門の可能性が考えられる。また、御裏林の現況調査では、切《きり》岸《ぎし》の可能性がある遺構が確認されている。

【東日本大震災による被害】　平成二十三年三月十一日に発生した東日本大震災では、城の各所で被害が生じた。本丸では、北西部の石垣が三ヵ所で崩れた。中門跡・清水門跡では石垣が変形し、大手門跡の北側にある土塀は、約四分の一が崩れた。その後、平成二十四年から修復工事を開始し、平成二十七年には石垣の修復を終えた。

　大手門跡北側にある土塀は、崩れた軀体部を観察したところ、外壁はモルタルを使用していたものの、内部は瓦を水平に敷き込んだ粘土で構築されていることが分かった。大手門と脇櫓は昭和二十年の空襲で焼失し、脇櫓は昭和四十二年に再建されている。脇櫓再建以前の写真によると、土塀だけ写っていることが分かるので、土塀は空襲の被害は受けなかったようだ。内部構造については、江戸時代にさかのぼる可能性が高いと考えられる。仙台城跡には、建物は残っていないので、この土塀が唯一の建造物といえよう。

【参考文献】『仙台市史　特別編七城館』（仙台市、二〇〇六）、『仙台城ポケットガイド』（仙台市博物館、二〇一五）

（渡部　紀）

●在地の有力者長命別当の居城か

長命館《ちょうめいだて》

〔所在地〕仙台市泉区加茂二丁目
〔比　高〕約二〇メートル
〔分　類〕平山城
〔年　代〕一三世紀〜一六世紀
〔城　主〕長命氏
〔交通アクセス〕仙台市地下鉄南北線「八乙女駅」下車、宮城交通バス「加茂四丁目南」「加茂四丁目」下車、徒歩五分。

【堀に囲まれた城】　長命館は、七北田《ななきた》川南岸に向かって東北方向へと突き出る台地先端にある。現在は、泉区加茂の住宅街の真ん中に位置しており、長命館公園となっているが、自然を豊かに残した形で整備されており、交通の便もよく、市内でも見学しやすい城の一つである。

城は、南東側の郭「Ⅴ区」が破壊されてしまったものの、その他の部分に関してはほぼ残されている。現状の遺構は、大きく四つの郭から成り立っており、C字型に展開している。中央に位置する一番高い郭「Ⅲ区」が主郭《しゅかく》と思われるが、一番広い郭は南側の郭「Ⅳ区」であり、居住スペースとしてはこちらの方が適していると思われる。「Ⅳ区」北西下には窪みがあるが、今も水が湧いているという。

それぞれの郭の周囲には堀が巡らされているが、これらの堀は連結しており、東側では帯郭《おびくるわ》状になりながらも城域全体を囲う形となっている。虎口《こぐち》は明瞭ではないが、堀を通路として各郭に入れる形になっていたものと思われる。いわゆる「群郭式城郭」といえようか。

土塁《どるい》は、主として城域の西側と南側に見られ、特に「Ⅱ」の土塁は分厚く見応えがある。城域東側・北側は断崖で、東側には大きな谷も入るが、西側・南側は開けており、その方面の防御を意識した造りになっているといえる。

【文献からみた長命館の歴史】　長命館の歴史も、不明瞭な部分があまりに多い。江戸時代成立の「仙台領古城書上《かきあげ》」などでは、『吾妻鏡』に登場する源頼朝の陣所《じんしょ》「物見岡《ものみがおか》」との関

●—長命館　遺構配置図（参考文献『長命館跡』より引用）

●―長命館　「Ⅲ区」と「Ⅳ区」の間の堀

係を記しているものが多い。錦戸《にしきど》太郎《たろう》国英《くにひで》なる人物の城という説もある。いずれも伝承に過ぎず、長命館の確実な歴史を物語るものではない。

そのなかで注目されるのが、永正三年（一五〇六）の留守《るす》景宗《かげむね》判物写《はんもつうつし》と天文十八年（一五四八）の留守政景《まさかげ》判物写に登場する「国分《こくぶん》勇者《ゆうじゃ》 長命《ちょうめい》別当《べっとう》」なる人物である。岩切《いわきり》城主留守氏と争っている国分氏側の武将だが、その名からして長命館と深い関係があるように思われる。しかし、両史料とも形式・文言からして検討の余地があると言わざるを得ず、その歴史を確実に物語るものとは言いがたい。

【発掘調査から】 昭和五十九・六十年（一九八四・八五）に、「Ⅰ区」の大部分と「Ⅱ区」「Ⅲ区」の一部が発掘されている。出土遺物は、常滑・瀬戸産の陶磁器、中国産の貿易陶磁、土師質土器、瓦質火鉢などである。一三世紀後半～一六世紀の年代観が与えられているが、主体となるのは一五世紀という。遺物の消費年代を念頭に置くと、右記の「長命別当」が登場する時期まで使用されていたことも考えられる。

【参考文献】 紫桃正隆「長命城」『史料　仙台領内古城・館』三（宝文堂、一九七三）、泉市教育委員会『長命館跡』（一九八六）、「長命館」『仙台市史』特別編七城館（二〇〇六）

（竹井英文）

●国分領の境目の城

松《まつ》森《もり》城《じょう》

〔所在地〕仙台市泉区松森字内町ほか
〔比　高〕約七〇メートル
〔分　類〕平山城
〔年　代〕一六世紀
〔城　主〕国分氏、石母田氏、粟野氏ほか
〔交通アクセス〕仙台市地下鉄南北線「泉中央駅」または「八乙女駅」下車後、宮城交通バス「松森市民センター前」下車、徒歩五分。

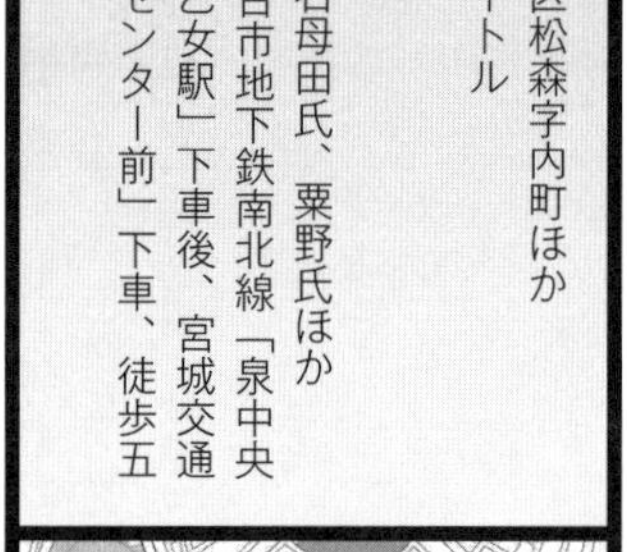

【城下の様子も残る城跡】 泉中央駅の東約三キロ、住宅街に囲まれた小高い丘が松森城である。城跡は、大きく西郭群と東郭群に分かれており、東郭群の一部が鶴ヶ城《つるがじょう》公園として整備されている。すぐ近くにある岩切城とともに、この地域の拠点城郭として有名である。

大手は南側であり、南麓には東西に街道が走っている。東は留守氏の居城岩切城方面へ、西は七北田《ななきた》・根白石《ねのしろいし》方面へと通じており、中世にはこの地域の主要道だったようである。この街道沿いに町場が存在するが、戦国期の国分氏時代にできた城下町とされる。町場の外側にはかつて水堀があり、町場を防御するための町構であった可能性が指摘されている。

東郭群は「Ⅰ」を主郭とし、その南西下には虎口《こぐち》受けの外《そと》桝形《ますがた》状の小郭「Ⅱ」を配している。南西側・南東側の尾根に多くの郭を配しているが、南東側の郭「Ⅲ」周辺は整備されており、見晴らしがよく岩切城を目の前に見ることができる。その奥の藪の中には、堀切も残存している。西郭群は、「Ⅳ」を中心として尾根上にいくつかの郭を配し、一部堀切で区切っている。西郭群は藪で覆われており、残念ながら見学は困難である。

【戦国期の松森城】 松森城は、一般的には国分氏の居城とされている。国分氏は、中世にこの地域を治めた有力領主で、仙台城の前身である千代城や、その東南に位置する小泉城を居城としていたとされるが、近世成立の諸書によると、戦国期は松森城が居城であったという。ただし、伝承の範囲といわざるをえない。なお、天文十一年（一五四二）七月の史料に、当時の当主国分宗政とともに松森金内正久なる人物が登場している。この人物の詳細は不明であるが、松森城と何らかの関係があるかもしれない。

松森城自体が確実な文献史料に登場するのは、天文六年が最初であり、同十一年に再度登場する。いずれも、国分氏と留守氏との争いの舞台として登場している。その後、天正十五年（一五八七）の二度にわたる「国分内乱」を機に、伊達政宗が国分領を直轄領化すると、松森城は頻繁に史料に登場するようになり、北側の黒川方面へ通じる「松森口」を押さえる伊達氏の「境目《さかいめ》の城」と化していった。そのため在番制が敷かれ、石母田《いしもだ》景頼や粟野大膳兄弟などが在番していることが確認される。

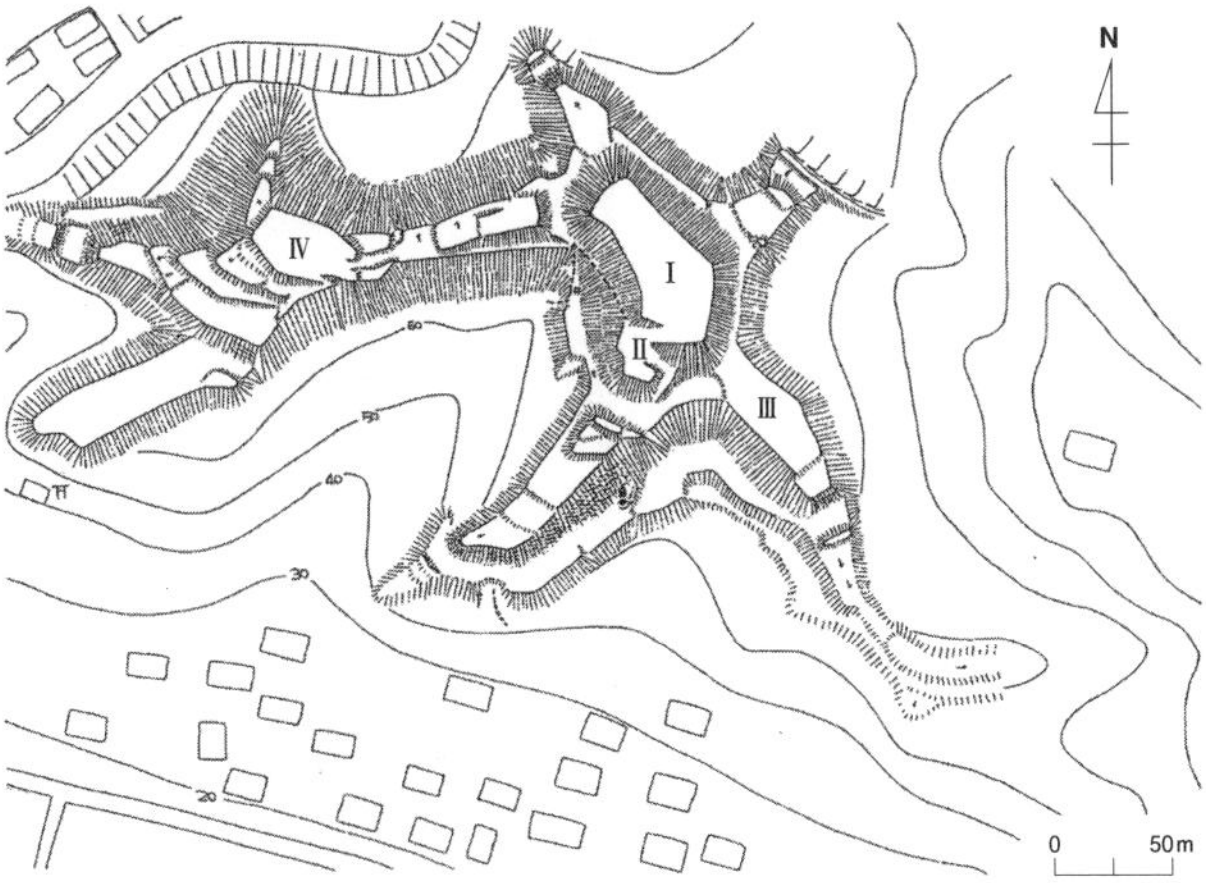

●—松森城縄張図（松岡進『戦国期城館群の景観』（校倉書房, 2002年）より引用）

●—松森城　主郭から南東方向を望む

【近世初期の松森城】　天正十八年の奥羽《おうう》仕置《しおき》の際には、蒲生《がもう》氏郷《うじさと》が松森に着陣し、さらに黒川の下草（鶴巣城か）に向かったという。これが事実だとすれば、松森城は少なくとも天正十八年までは使用されていたことになる。その後、文禄・慶長年間の伝馬関係史料まで松森の名は登場するが、そのころまで城が存在していたのかどうかは不明である。

【参考文献】　紫桃正隆「松森古城」『史料仙台領内古城・館』三（宝文堂、一九七三）、「松森城」『仙台市史』特別編七城館（二〇〇六）

（竹井英文）

●陸奥府中を押さえる巨大山城

岩《いわ》切《きり》城《じょう》

〔国指定史跡〕

〔所在地〕仙台市宮城野区岩切字入山・字台屋敷ほか
〔比　高〕約一〇〇メートル
〔分　類〕山城
〔年　代〕一四世紀～一六世紀
〔城　主〕留守氏
〔交通アクセス〕ＪＲ東北本線「岩切駅」下車、徒歩四〇分。

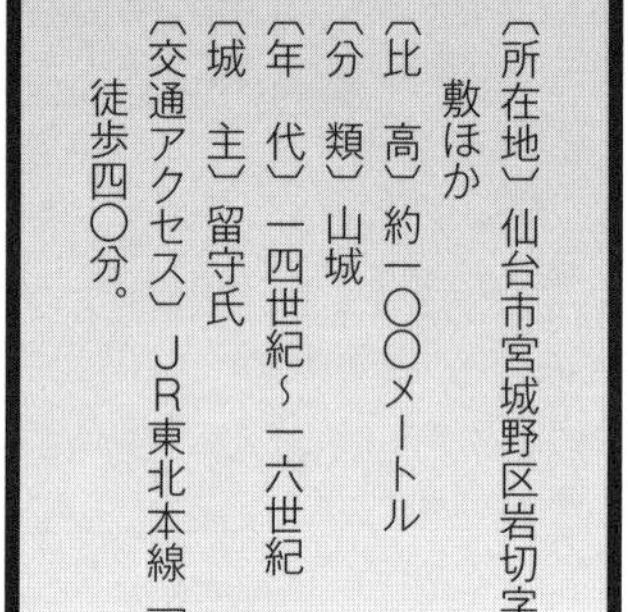

【仙台平野を一望】　岩切城は、宮城県を代表する山城の一つであり、国史跡に指定されている。現在は、高森山公園として整備され、桜の名所としても有名である。東日本大震災の影響で、遺構の一部が崩落し見学不能になった時期もあったが、近年再整備され、現在では見学することが可能となっている。比高一〇〇メートルほどの山城だが、健脚であればＪＲ岩切駅から歩いても十分行くことができる。舗装された車道も通っているので、自家用車があると、なおさら手軽に訪れることができる。城域西側からは、山城の雰囲気を醸し出す郭群越しに仙台平野・仙台市街地が一望でき、まさに絶景である。

【西郭群を歩く】　岩切城の城域は、大きく西郭群と東郭群に分かれている。ＪＲ岩切駅からは、高森山公園に通じる車道を登っていくが、公園の入り口は西郭群下となる。入口付近からは、右側に大きい谷を隔てて主郭《しゅかく》を中心とした尾根上に展開する郭群を望むことができ、その規模に圧倒される。

　西郭群は、「Ⅰ」を主郭とし、その周囲に多数の郭を配する形になっている。公園入口側に向かって南に延びる尾根上には、山城らしい段々状に築かれた郭群（「Ⅸ」の上下）があり、その一番上の郭「Ⅷ」は、隣の郭「Ⅵ」「Ⅶ」との間に堀切「オ」を設けて遮断している。また、「Ⅷ」の直下には堀切「ク」が、「Ⅵ」の北側には堀切「カ」がある。さらに、「Ⅵ」「Ⅶ」と「Ⅰ」の間には、城内最大と思われる堀切「ウ」もある。このあたりは、いかにも山城という雰囲気を醸し出しており、ぜひ見学してほしい箇所である。

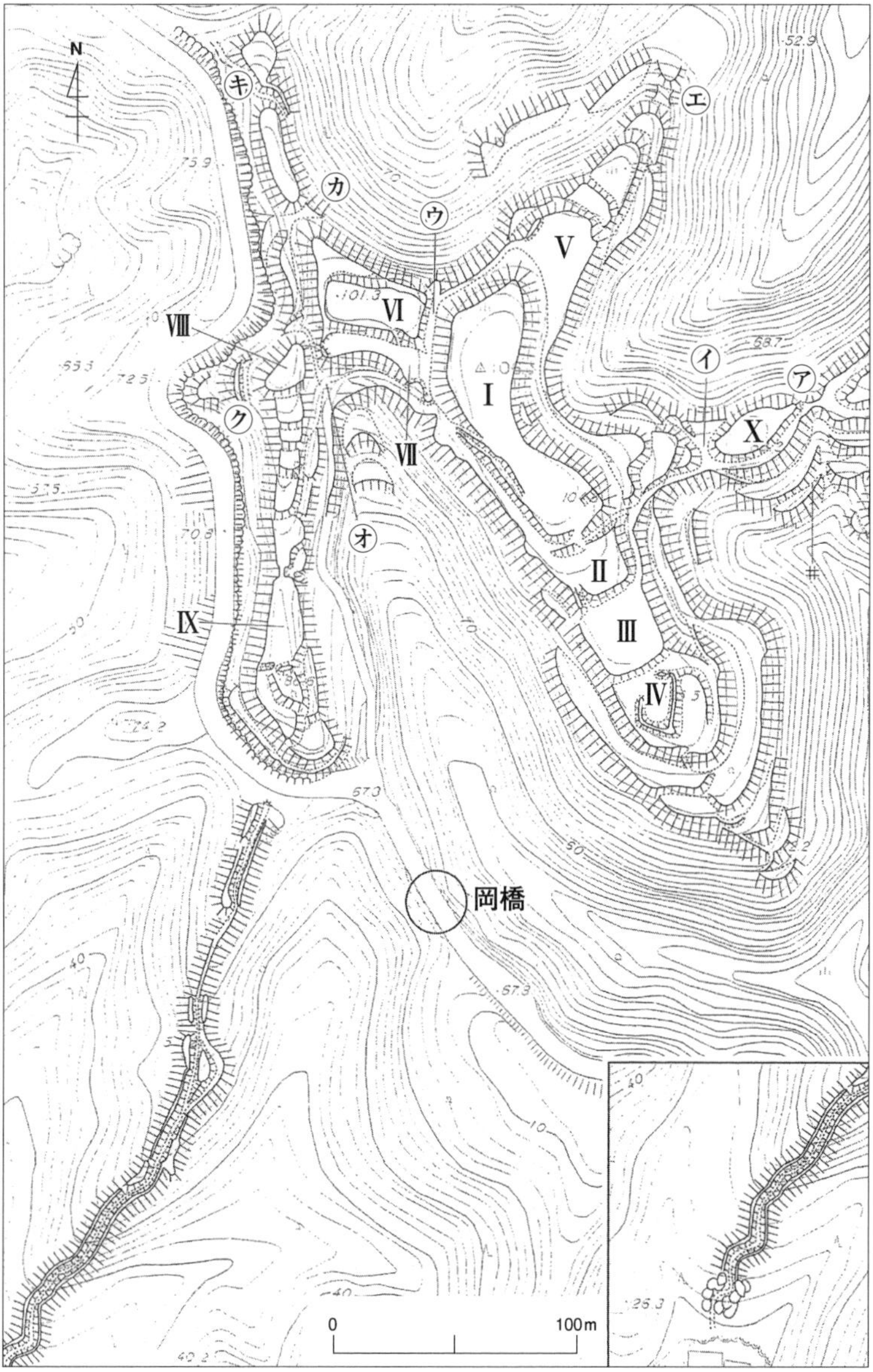

●―岩切城　西郭群の遺構配置図（参考文献『仙台市史』特別編七城館より引用）

「Ⅰ」は南北に細長い郭となっており、現在は西側斜面と南側から入れるようになっている。「Ⅰ」の北東と南東にも段々状にやや規模の大きい郭が続くが、特に南東側は公園整備などにより大きく改変されているようである。その先端の方にある郭「Ⅳ」は、低い土塁《どるい》で囲まれていて特徴的だが、この土塁は陸軍大演習の際に造られたものだという。そこか

●—岩切城　郭群をつなぐ土橋

●—岩切城　西郭群の堀切

ら東側に降りていくと、郭「X」を経て、堀切・土橋《どばし》「ア」に至る。堀切は南側に向かって竪堀《たてぼり》となり、その下に井戸跡があるという。この堀切・土橋も山城の雰囲気があり、見どころの一つである。改変箇所が多く、虎口《こぐち》もはっきりしないが、全体的には遺構はよく残っているといえよう。

なお、岩切城は、昭和十年（一九三五）に発掘調査が行われている。場所は、西郭群の「Ⅰ」と「Ⅳ」で、多数の柱穴が発見されている。この発掘は、中世城館跡の発掘調査では最初期のものであり、特に柱穴が検出された初例であるという。そのため、中世考古学の研究史上において、岩切城は画期的な城となっている。

【東郭群を歩く】　土橋を渡ると、東郭群に入る。全体的に広い郭が多数配されているが、やはり改変が激しいせいか、非常に複雑で多数の段差がある地形となっており、郭と郭との関係や虎口なども不明瞭である。郭「Ⅲ」は、戦前に小学校の運動場として活用されていたというから、周囲も含め、それ相当の改変がなされていると考えられる。堀切や横堀などもほとんどみられない。そのため、残念ながら西郭群に比べると山城の雰囲気を感じることはできない。そのようななかでも、堀切・竪堀「イ」や虎口「ウ」などは比較的わかりやすい遺構といえる。

そんな東郭群だが、東端に非常に特徴的な遺構が残っている。それが「カ」である。規模はそれほど大きくないが、馬《うま》出《だし》とも外桝形《そとますがた》とも考えられる。現在は、真ん中を道が通っているため一部破壊されてしまっているが、それでも北側の土塁と横堀が明瞭に残っている。南側斜面にも横堀状のものが残っており、土塁と堀によって方形に囲まれていたことを予想させる。象徴性のある虎口と考えられることから、少なくともこの遺構が築かれた時期（戦国期だろう）には、東側が大手であったと考えられている。

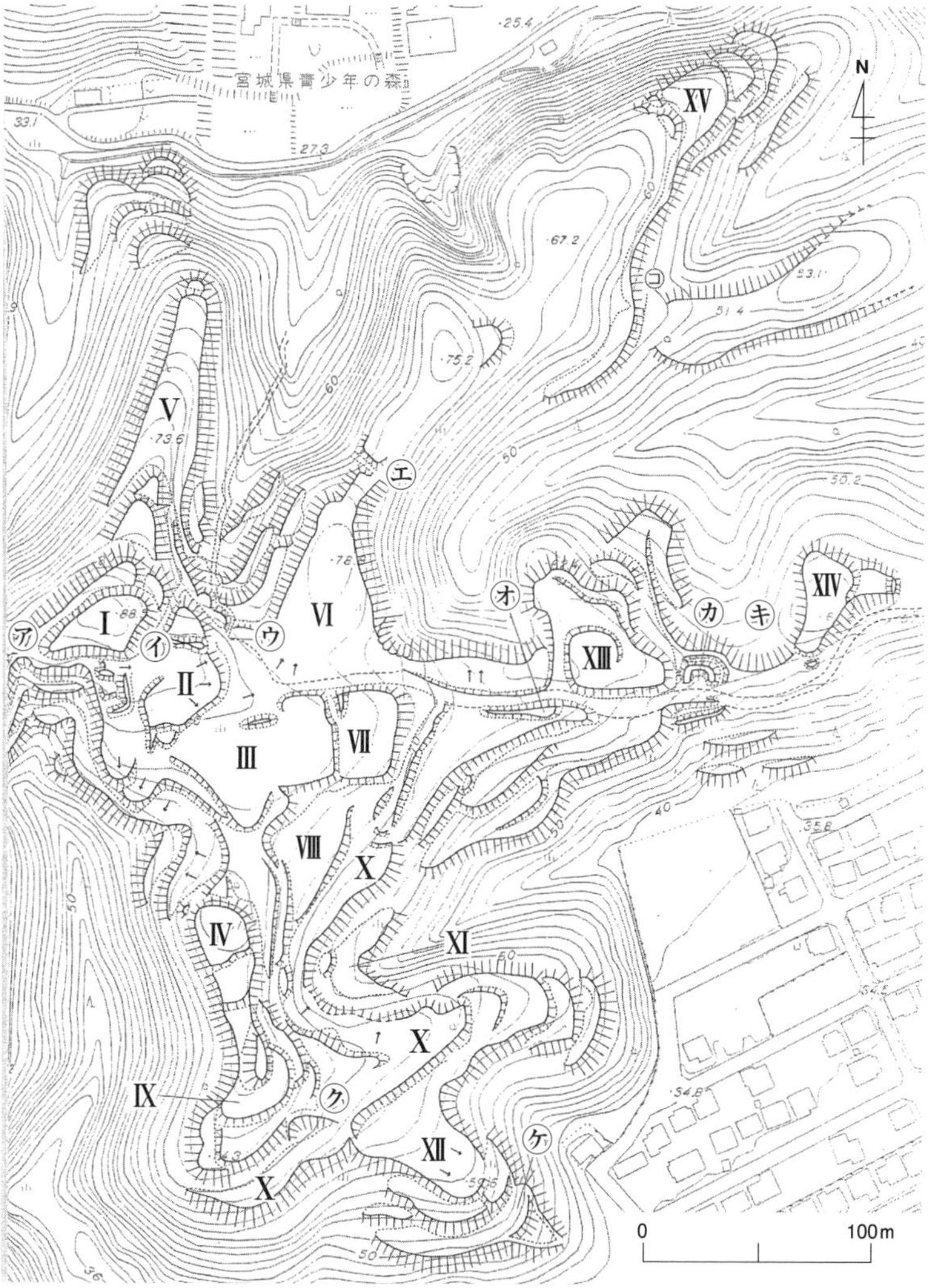

●—岩切城東郭群の遺構配置図（参考文献『仙台市史』特別編七城館より引用）

【城下を歩く】　岩切城は、陸奥府中に隣接する山に築かれており、都市府中と密接な関係にある。中世の府中は、陸奥国の南北を貫く奥大道《おくだいどう》と塩釜・松島方面へと通じる東西道、および七北田川が交わる場所であり、政治的にも経済的にもこの地域の中心となっていた。現在のJR岩切駅の西北側、国道八号線付近がそうである。

岩切城は、戦国期の留守氏の居城として知られているが、城下の府中の町は当時多賀国府町《たがのこう》と呼ばれていた。一六世紀半ばに成立したとされる「留守分限帳《るすぶげんちょう》」には、留守氏の家臣や商工業者が多賀国府町に「在家」（屋敷地・知行地）を所有していたことが記されている。多賀国府町は、もともとは国府に付属し交通路上にできた町だったが、戦国期になり岩切城の城下町として位置づけられたといえよう。

これに関連して、多賀国府町に隣接する岩切駅前の洞ノ口《どうのくち》遺跡では、一二～一六世紀にかけての居館跡・寺院跡が発見されている。この居館の主郭虎口は、最終段階には内桝形虎口となっており、注目される。その周囲には、「大町」「あら町」などの地名が残る。その規模、出土遺物・遺構などから、この遺跡は留守氏とその一族関係の居館ではないかと考えられている。洞ノ口遺跡は、山城の岩切城に対する根小屋《ねごや》的な場だったのかもしれない。

岩切城の南麓、都市府中の西端には東光寺《とうこうじ》があるが、その境内には磨崖仏《まがいぶつ》や板碑《いたび》など、数多くの石造物が現在でも多数残されている。この一帯には寺社が集中していたようで、陸奥府中における宗教的空間、一種の聖地となっていたようである。

【岩切城合戦】 岩切城は、南北朝時代になって初めて登場する。現在確認される初見は、観応二年（一三五一）である。それより以前、足利尊氏によって吉良貞家と畠山国氏が奥州管領《かんれい》として奥州に派遣されていたが、観応《かんのう》の擾乱《じょうらん》の影響を受け両者は対立関係になってしまった。府中周辺を支配していた留守氏は、畠山方についた者が多かったようである。同年一月には、吉良方の軍勢が畠山方の軍勢を各地で撃破していくと、畠山方は陸奥府中の岩切城と新田城（留守城）に籠城した。なかでも激しい合戦が行われたのが、岩切城であった。この合戦については、関連史料が数点残っており、その様子が具体的に分かる点で面白い。

吉良方の軍勢に加わっていた和賀氏の軍勢は、陸奥府中に着陣した後、ほどなく岩切城の「搦手太田口《からめておおたぐち》」を警固し、十二日からの総攻撃に参加している。この時、和賀氏の軍勢は「大仏南脇壁岸」より攻め上って城内へ侵入し、「畠山殿」の「陣」へ切り入って首を取るなどの活躍をしている。結城《ゆうき》顕朝《あきとも》の軍勢も加わっていたこの攻撃により、岩切城は落城してしまった。籠城していた畠山高国・国氏父子は切腹し、その他の侍たち一〇〇名余りも討死、あるいは切腹したという。

当時の岩切城は、状況から考えても、現在の山城である岩切城と同じ場所と考えて問題なかろう。その構造だが、当時の岩切城の「搦手」口が、「太田口」と呼ばれていたことは注目される。「太田」は、岩切城の北方に位置する現大和町鶴巣太田を指すといわれている。ということは、当時は北東方面に搦手口があったことになる。

次に、「大仏南脇岸壁」である。「大仏」が何を指すのかが問題となるが、これは先述した城跡南麓にある東光寺の磨崖仏のことを指すと考えて問題ないだろう。「岸壁」は、自然の岩盤を利用した切岸のようなものを意味するのか、それとも塀や柵など人工的な防御施設を意味するのか、判然としない。いずれにせよ、山上のみならず、南麓の東光寺付近にも防御施設が設けられていたと考えてよいだろう。そうなると、和賀氏の軍勢は、北東方面から南側に回り込んで攻撃したことになる。あるいは、こちら側が当時の大手なのかもしれない。

【留守氏と岩切城】　南北朝内乱により勢力を大きく削がれた留守氏だが、一四世紀後半以降、大崎氏と伊達氏という大勢力の狭間で、徐々に勢力を回復していくことになる。戦国期には、伊達氏の強い影響のもと、岩切城を居城とする有力領主へと成長し、「高森殿」と呼称されるようになっていた。現在みられる遺構は、このころに整備されていったものと思われる。

留守氏は、隣の国分氏としばしば争っており、岩切城からほど近い松森城や小鶴などで合戦が行われている。また、家中の争いもたびたび発生している。永禄十年（一五六七）に伊達晴宗《はるむね》の三男政景《まさかげ》が留守氏へ養子入りすると、それをめぐって留守家中は分裂し、家臣の村岡《むらおか》右《う》兵衛《ひょうえ》らが反乱を起こした。元亀元年（一五七〇）、その反乱を鎮圧すると、政景は岩切城を廃城とし、村岡氏の居城であった村岡城に移り、名を利府城に改めたという。ただし、当時の一次史料で確認できるものではないため、岩切城の廃城、利府城への本拠地移転の時期については、なお検討の余地があろう。

【参考文献】　大石直正「陸奥国の戦国都市」大石直正・小林清治編『陸奥国の戦国社会』（高志書院、二〇〇四）、「岩切城」『仙台市史　特別編七城館』（二〇〇六）、齋藤慎一「古城をゆく　岩切城」『本郷』一〇四（吉川弘文館、二〇一三）

（竹井英文）

●伊達政宗の築いた平城

若《わか》林《ばやし》城《じょう》

〔所在地〕仙台市若林区古城二丁目
〔比　高〕周囲とほぼ同じ
〔分　類〕平城
〔年　代〕寛永四年（一六二七）～寛永十三年（一六三六）
〔城　主〕伊達氏
〔交通アクセス〕地下鉄南北線「河原町駅」下車、徒歩二〇分。

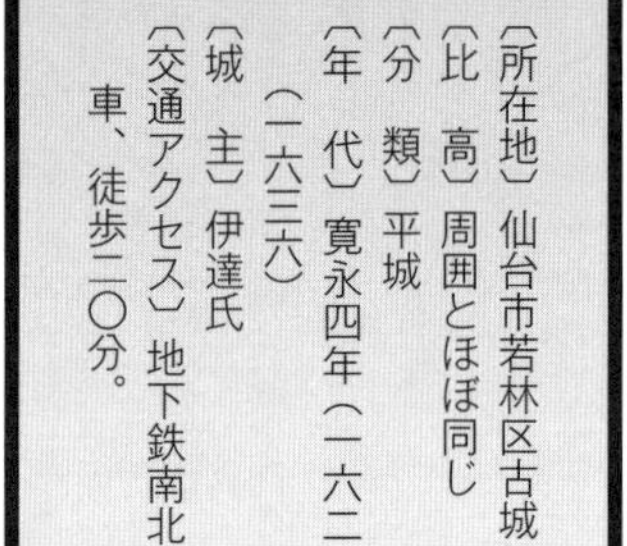

【城へ至る】 若林城跡は、ＪＲ仙台駅の南東約三キロの住宅地に位置している。地下鉄南北線河原町駅で下車し東へ向かい、踏切を渡って市立古城小学校を通り過ぎると、道路が直角に折れ曲がるところに宮城刑務所が見えてくる。ここが、若林城跡である。刑務所なので城内の見学は困難だが、周囲を巡ると、四方を囲む土塁《どるい》と、南東隅部に堀跡を観察することができる。城跡の周囲は、刑務所関係施設や住宅に囲まれている。城の東側から北側にかけては江戸時代に開かれた六郷堀があり、現在も農業用水として利用されている。

【城の沿革】 伊達政宗は、寛永四年（一六二七）に幕府の許可を得て、「屋敷」の普請《ふしん》を開始した。寛永五年に、政宗は若林城に入り、移徙《わたまし》の儀式を行っている。その後は、国元にいる際の日常の居所としていた。寛永十三年、政宗は若林城を発って最後の参勤に江戸へ向かうが、その際に、堀一重を残して廃城とするよう言い残したといわれている。仙台城では、寛永十五年から二の丸の造営が開始されるが、その際に、若林城の建物が移築された。

廃城後は、藩営の薬草園として維持されていた。明治維新後、明治十二年（一八七九）西南戦争国事犯の収容を目的とした宮城集治監が設置され、現在の宮城刑務所に至る。明治時代に建てられた房舎は、中央に監視のための塔があり、収容棟が六方向に放射状に延びる建物で、「六角塔」とも呼ばれていたものだったが、昭和四十年代に解体された。

【城の規模】 城は、東西に長い長方形で、堀跡を含めると東

西約四二〇メートル、南北約三五〇メートル、城内の規模は、東西約二五〇メートル、南北約二〇〇メートルある。外郭は、堀と土塁《どるい》で囲まれており、現存する土塁の高さは約五メートル、残存する堀の規模は、幅約二五メートル、深さ約一メートルで、現在は水は溜まっていない。政宗の重臣である伊達成実が記した『政宗記』には、土塁の高さが二丈（約六メートル）、堀幅が三〇間（約六〇メートル）とある。また、政宗は「堀一重」を残して廃城せよ、と言い残しているので、現在確認される堀跡のさらに外側にも区画施設があった可能性は考えられる。

【城の構造】　土塁は、北西隅部、西辺南端部、東辺北端部、南辺中央部の四ヵ所に張出しが配置されており、きわめて防御性に富む構造となっているが、ここに櫓《やぐら》が配置されていたかどうかは不明である。出入り口は南辺をのぞく三方のほぼ中央に設けられている。そのうち、街道方向に面した西側が

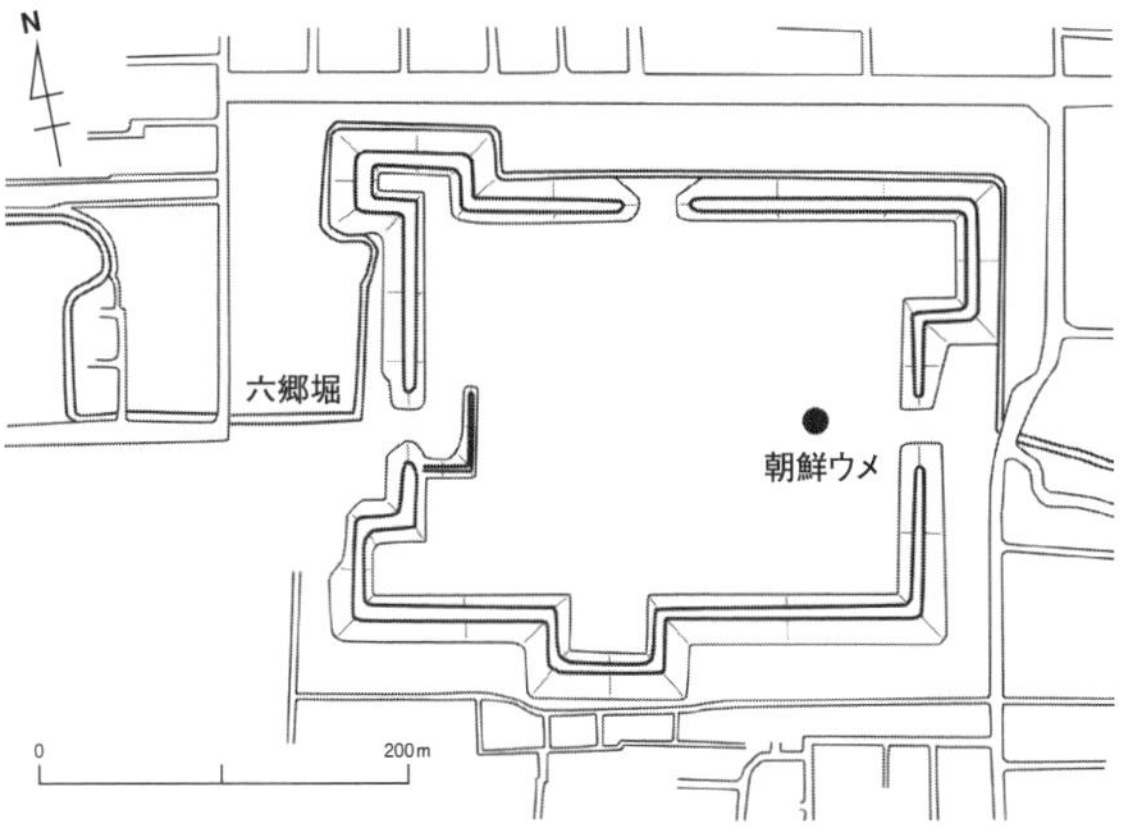

●—若林城跡現況図

●—南辺の土塁と堀　奥に張出が見える

●—南東角部から東辺の土塁と堀

大手と考えられている。西側の出入り口から入ると、正面に鉤《かぎ》型に折れる高さ約二メートルの土塁が配置されており、内桝形《うちますがた》を形成している。江戸時代の絵図によると、他の出入り口も内側に鉤型の土塁が設けられていたようだが、現在は残っていない。

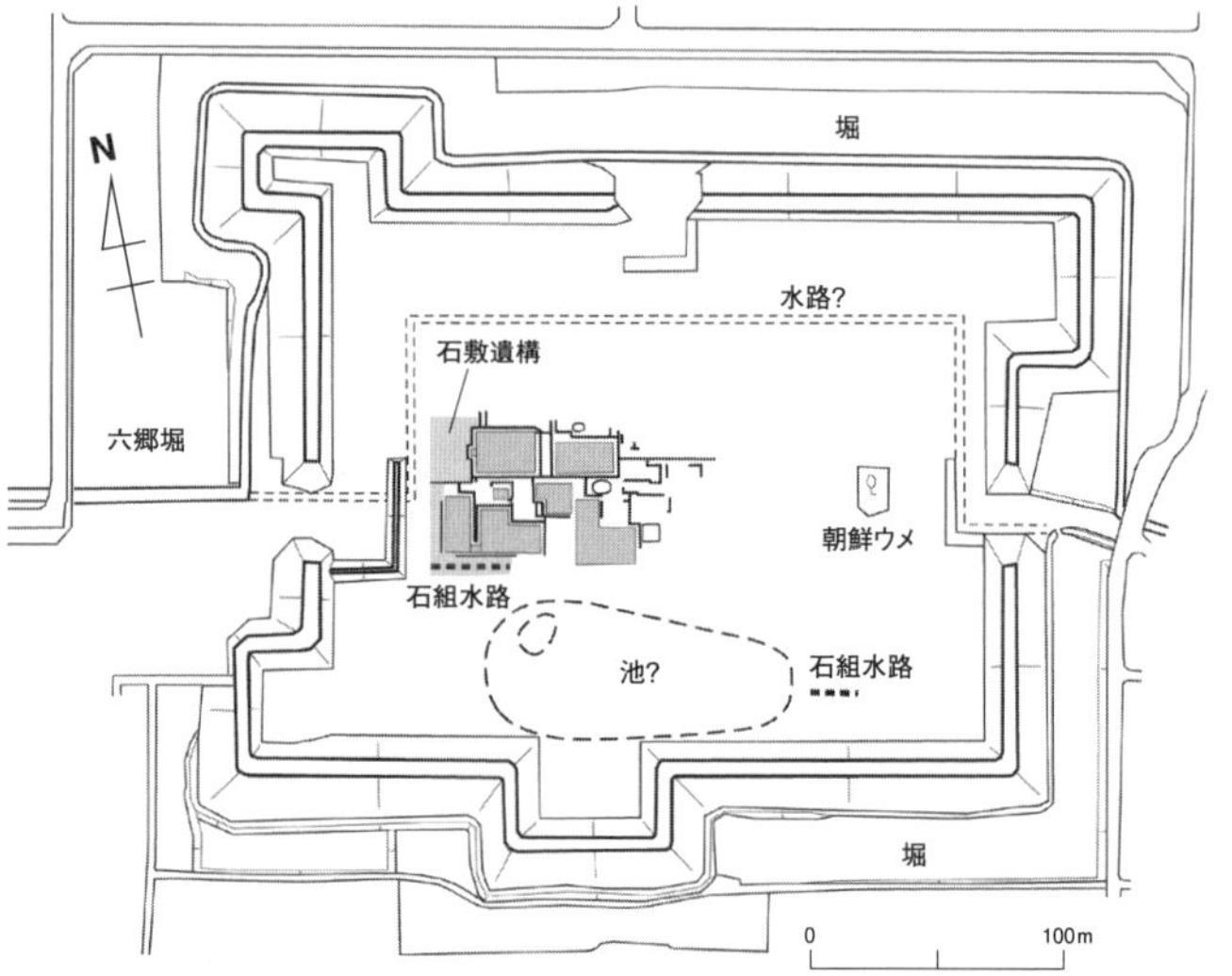

●—遺構模式図（網掛け：建物跡　線：溝跡）（若林城跡第８次・９次発掘調査報告所収の図を改変）

【内部の建物跡】　若林城の建物配置を描いた絵図は現在のところ未発見であるため、城の内部の様子は不明である。しかし、刑務所の建物の建て替えに伴う発掘調査の結果、少しずつ、分かってきた。

平成十七年（二〇〇五）に行われた第五次調査で、御殿の一画と推定される建物群が初めて確認され、その後の調査でもこれに続く建物群が発見されている。

主な遺構は、礎石建物、石敷遺構、溝などである。礎石建物は、礎石は残っておらず、根固め石のみ残っている。建物の方向は、真北より東に約一一度傾いており、この方向は、城の土塁や、城周囲の道路の方向とも一致しており、城と城下を造成する際に基準軸を設定していたことが分かった。仙台城下全体の町割を見ると、基準となる方向性に二種類あることが分かる。

柱の配置は、六尺五寸を一間とする基準で構成されている。また、礎石建物はいずれも雨落溝で囲まれている。礎石建物の前面には石敷遺構が確認されており、建物の周囲を玉砂利で覆ったいわゆる「白州」と推定される。若林城の廃城後、建物は仙台城二の丸へ移築されたが、二の丸殿舎を描いた絵図と比較すると、二の丸の「大台所」や「焼火間《たきびのま》」にほぼ一致する礎石建物があることが分かっている。建物の他

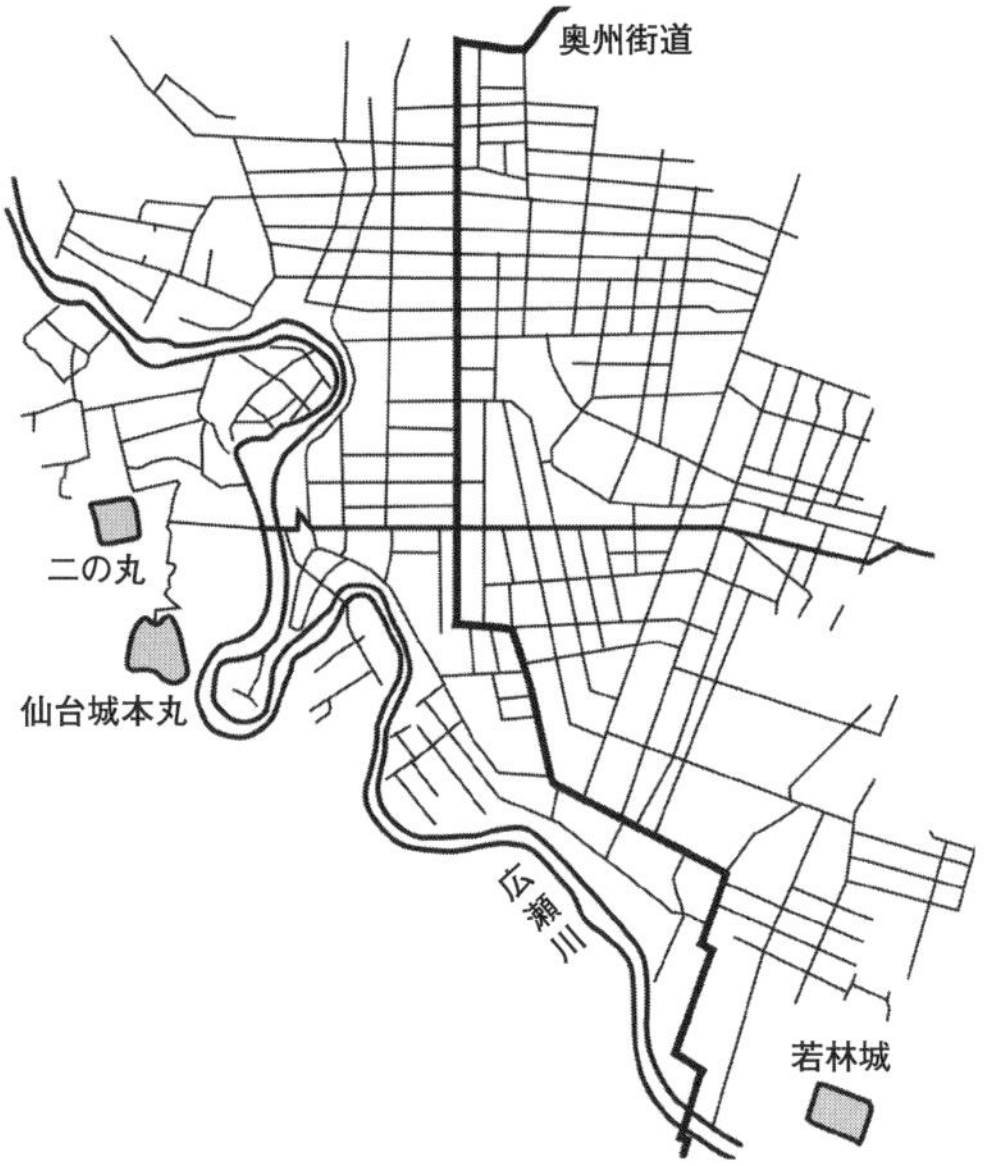

●―仙台城下略図　２つの城の周囲の道に大きく２つの方向性がある（『仙台市博物館ポケットガイド』（2010）所収の図を改変）

に、塀、溝、導水路（木樋）、池なども発見されており、さまざまな施設があった豪華な殿舎であったことが窺われる。これらの遺構は刑務所建物の建て替えに伴う発掘調査により発見されたものだが、非常に重要な遺構であることから関係者との協議の結果、建物基礎が遺構を検出した深さに達しないように設計変更をすることになり、現在遺構は保存されている。

　城内の東部には、「朝鮮ウメ」または「臥龍梅《がりゅうばい》」と呼ばれる梅の古木がある。伊達政宗が朝鮮へ出兵（文禄の役）した際に持ち帰ったと伝えられており、国指定の天然記念物となっている。

●―大手へ至る道　左手には六郷堀が流れる

　発掘調査では、若林城普請以前の遺構も多数発見されている。古墳や古代の住居跡なども発見されている。若林城の位置する地域には、弥生時代から古代にかけての大規模な遺跡、南小泉遺跡があり、古くから人々の生活の拠点となった地域であった。また、埋められた大規模な堀跡が発見されており、戦国時代にこの地域を支配していた「国分氏」に関わる城館か屋敷を区画する堀の可能性が推定されている。

【参考文献】『仙台市史　特別編七城館』（仙台市、二〇〇六）、仙台市教育委員会『仙台市文化財調査報告書第三七集　若林城跡―第八次・第九次発掘調査報告書』（二〇一〇）

（渡部　紀）

●石積虎口を残す境目の城

豊《ぶん》後《ご》館《だて》

〔所在地〕仙台市太白区秋保町馬場字町南
〔比　高〕馬場集落からマイナス約五メートル
〔分　類〕平城
〔年　代〕一六世紀
〔城　主〕秋保定重
〔交通アクセス〕ＪＲ仙山線「愛子駅」または「陸前白沢駅」下車後、仙台市営バス「馬場」下車、徒歩五分。

【秋保温泉の奥に位置】　仙台の奥座敷・秋保《あきう》温泉から、二口街道をさらに山形方面へ向かうと馬場の集落に至る。その南側、名取川と小滝沢に挟まれた台地の突端に豊後館（馬場城）はある。

城跡の南側は名取《なとり》川の渓谷となっており、特に見どころである石積み虎口《こぐち》周辺は崩落が激しく、大変危険である。フェンスなどもないので、見学の際にはくれぐれも注意して頂きたい。

【広い主郭と石積み虎口】　二口街道沿いに案内板があり、南の狭い道路を進むと再び案内板がある。その奥の林の中に入っていくと、ほどなく主郭《しゅかく》西側の土塁《どるい》・堀にぶつかる。正面に開口部があるが、後世の造成によるものと考えられている。そのまま塁線に沿って南へ降りていくと、主郭南西隅の虎口㋐へ至る。この虎口は、小規模ながら喰《く》い違《ちが》い虎口（または桝形《ますがた》状虎口）となっており、周囲を低い石積みで固めている。大変特徴的な遺構である。

虎口を抜け、主郭南側の帯郭《おびくるわ》を東へ進むと坂虎口があり、その上が主郭「Ⅰ」となる。主郭は広大だが、極めて低く長い土塁（石列？）が東西方向に二ヵ所ほど走っている（図では一ヵ所）。内部を区画しているようにもみえるが、後世のものだろうか。東端部付近には低い土塁と下の郭「Ⅴ」に降りるための虎口・通路らしき部分があり、その周囲にも石がみられる。主郭東側下だけでなく、北側下にも「Ⅲ」「Ⅳ」などがあり、㋕は水の手の可能性が指摘されている。

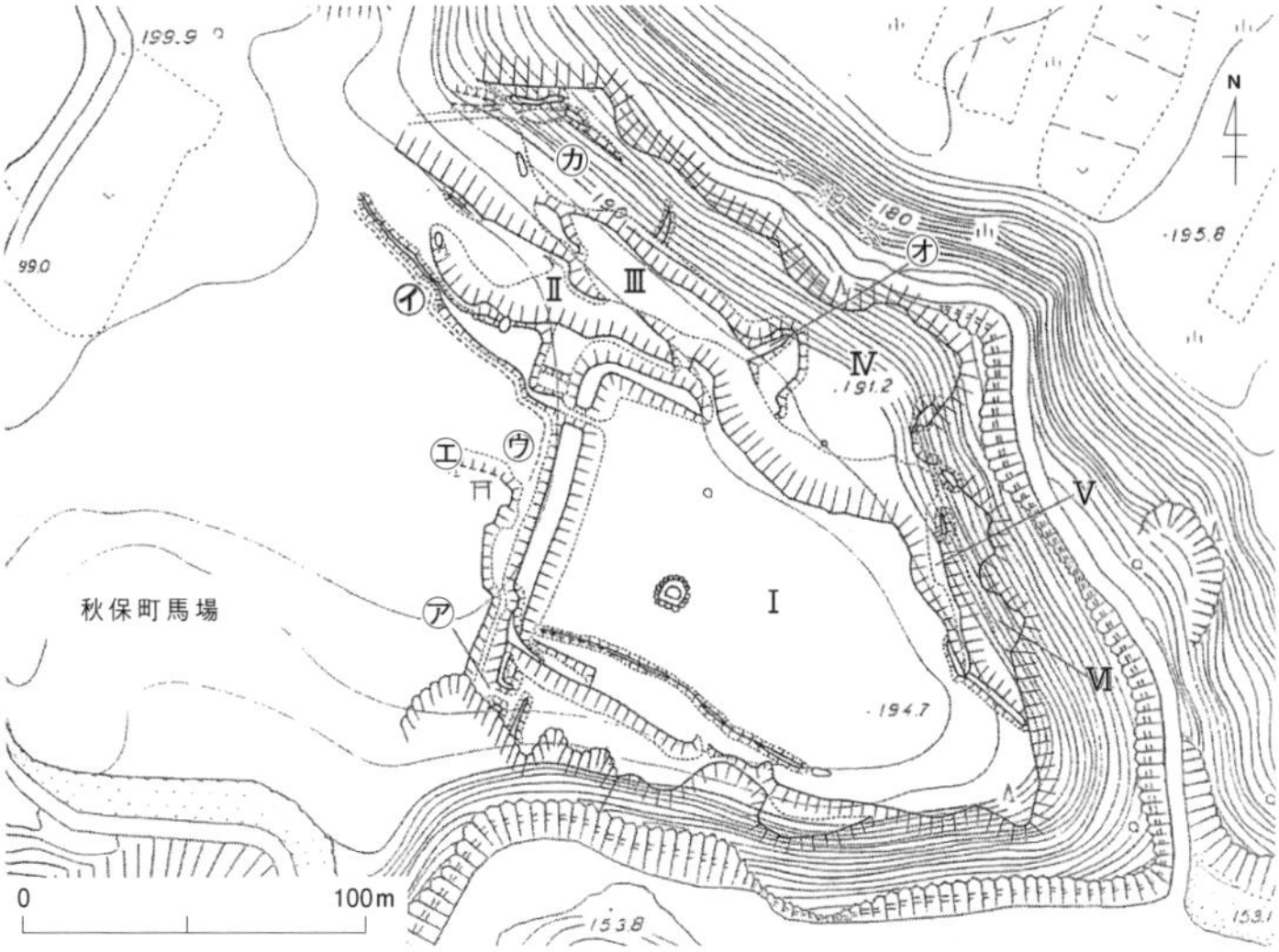

●―豊後館縄張図（参考文献『仙台市史』特別編七城館より引用）

【文献史料から見た豊後館】 江戸時代成立の「仙台領古城書上」などによると、豊後館はこの地域の領主秋保《あきう》氏の一族・秋保摂津守定重《さだしげ》の居城として、永禄年間（一五五八～六九）に築城されたという。戦国期の一時期、本宗家の秋保弾正忠直盛と定重は対立していたようで、直盛《なおもり》が「馬場」と手切れをしたと記す留守政景《まさかげ》書状が残っている。

●―豊後館　石積虎口

その後は、慶長四年（一五九九）の秋保定重宛て伊達政宗黒印状《こくいんじょう》写に「馬場ノ城」として再び登場する。それによると、定重は、伊達氏家臣中島宗求《むねもと》以下一〇名が秋保地域に所有している知行地の百姓を豊後館の防衛のために動員する権限、およびその百姓たちを春・秋に一度ずつ豊後館の普請《ふしん》に動員する権限を与えられていることがわかる。慶長四年は、関ヶ原の戦いの前年にあたるが、最上方面の「境目の城」として整備・改修されたことがうかがわれよう。石積み虎口も、このころに構築された可能性が指摘されている。ただし、規模・縄張からして、交通管理の役割が主だったと思われる。定重は、慶長八年に所替えとなっていることから、それにともなって豊後館も廃城になったと考えられる。

【参考文献】「豊後館」『仙台市史』特別編七城館（二〇〇六）

（竹井英文）

●戦国期の面影を残す仙台藩の「所」

村《むら》田《た》城《じょう》

〔村田町指定史跡〕

〔所在地〕村田町大字村田字迫
〔比　高〕約二五メートル
〔分　類〕平山城
〔年　代〕一五世紀～幕末
〔城　主〕村田氏、芝多氏ほか
〔交通アクセス〕JR「仙台駅」から宮城交通高速バス「村田町役場前」下車、徒歩五分。またはJR東北本線「大河原駅」下車後、宮城交通バス「村田中央」下車、徒歩一〇分。

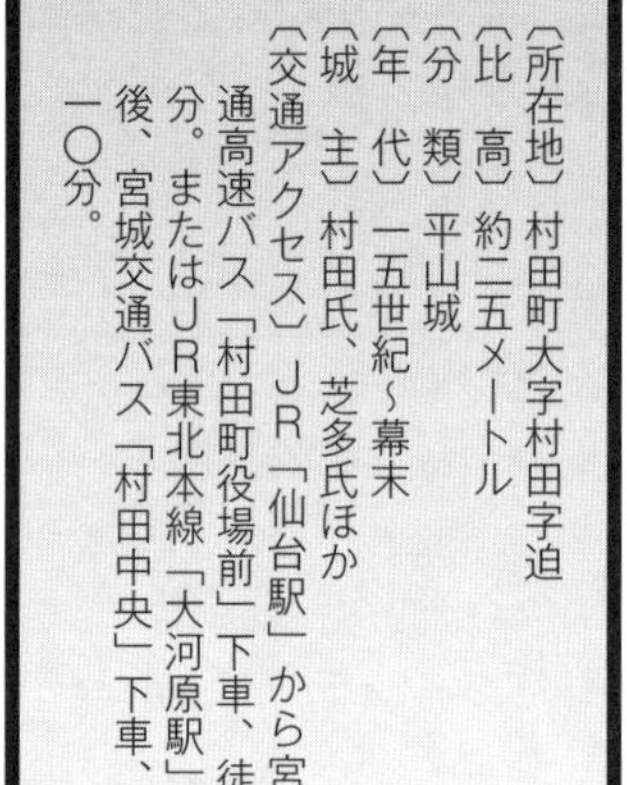

【町役場の裏山が城跡】　蔵の街並み・紅花《べにばな》・雛飾りで有名な村田町の町役場の裏山が、村田城である。現在は、城山公園として整備されている。登り口はいくつかあるが、東麓の町役場とは城跡を挟んで反対側、西麓にある道の駅村田・村田町歴史みらい館側からのルートが最近整備され、傾斜も少なく訪れやすい。東北自動車道村田インターの目の前でもあることから、自家用車の場合は特に便利である。

【意外と残る遺構】　村田城は、仙台市・岩沼市・大河原町方面から川崎町方面へ至る街道を抑える場所に位置する。城跡自体は、公園化されながらも遺構はよく残っている方である。江戸時代の大手《おおて》は東側で、大手門および政庁は町役場隣の村田小学校にあった。大手門は、城下の願勝寺《がんしょうじ》に山門として移築され、町指定文化財となっている。大手道は、小学校脇から城山へ登る道で、主郭南東尾根の郭、主郭《しゅかく》へと続く。搦手《からめて》方面である西側はかなり整備されてしまい、面影が失われているが、堀切《ほりきり》が園路の一部として残っている。それを過ぎると左側に乾八幡神社が、右側に主郭が見える。

主郭は広大で、西南側に巨大な土塁《どるい》状の段がある。その下には横堀が残っており、一番の見どころとなっている。主郭内部は一部発掘調査が行われ、中世の遺構として中央部に掘立柱建物跡が、南東側に堀跡が発見されている。また、主郭東側尾根にも郭が配されている。

【村田城の歴史】　幕末まで存続した村田城だが、その始まりはやはりはっきりしない。一説には、室町時代の嘉吉年間

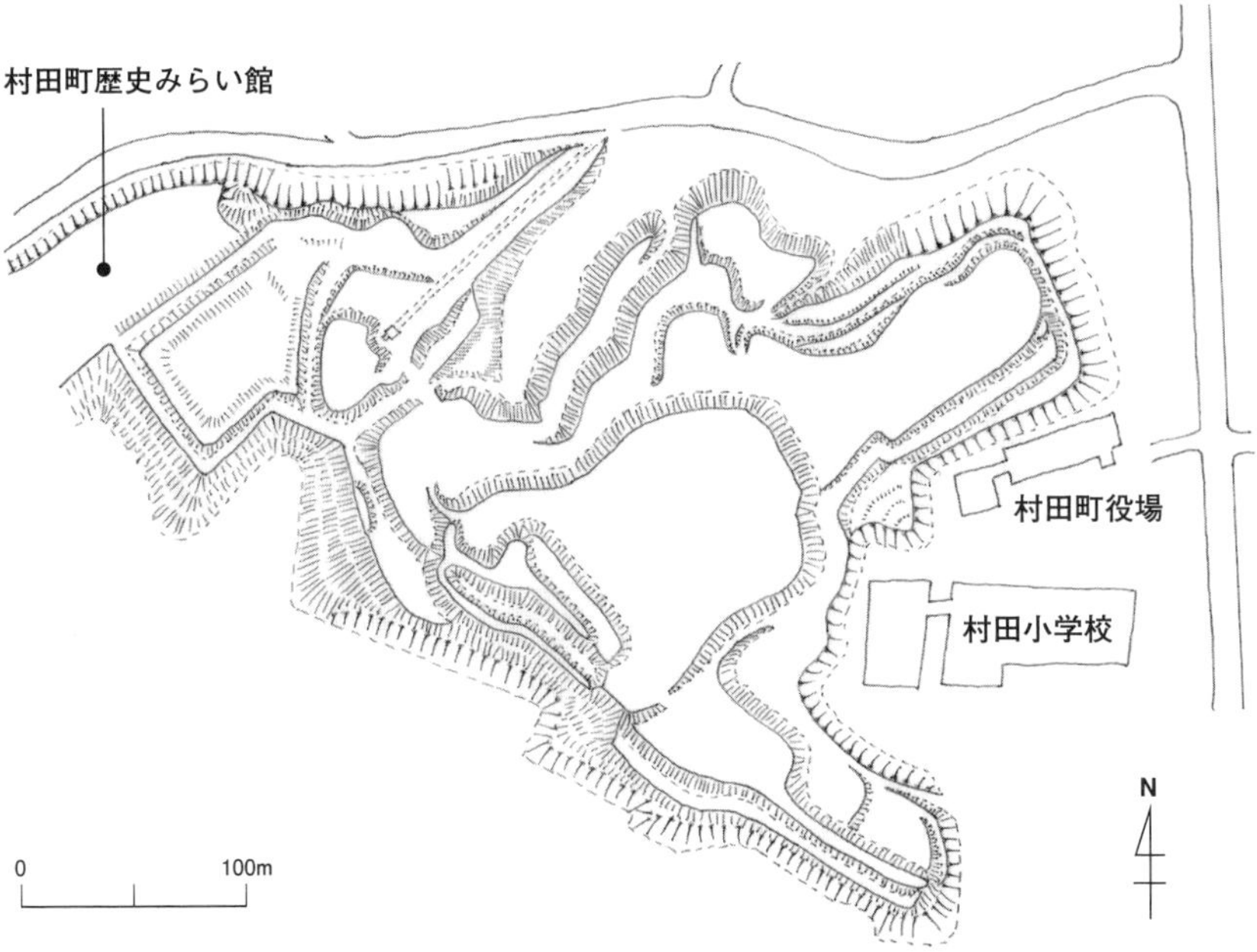

●─村田城縄張図（「平成三年村田城跡発掘調査現地説明会資料」所収の測量図をもとに，竹井作図）

（一四四一〜四四）に、下野の有力領主小山氏の一族・小山業《おやまなり》朝《とも》がこの地に移住して村田氏を名乗り、居館を造ったのが始まりだという。

村田氏は、戦国期になると伊達氏家臣団に組み込まれていく。六代村田近重《ちかしげ》の時に、伊達稙宗の九男が養子入りし、村田宗殖《むねふゆ》（後に入道して万好斎）と名乗った。宗殖は、輝宗・政宗と仕えて各方面で活躍したが、天正十九年（一五九一）十二月に領地没収、桃生《ものう》郡に所替えとなり、村田を去った。

その後、村田城主は目まぐるしく変わり、貞享元年（一六八四）に芝多《しばた》氏が入ると、幕末まで代々治めた。江戸時代の村田城は、仙台藩の地域支配制度のなかでは「所」と位置づけられ、「城」「要害《ようがい》」ではなかった。当時、城山には建物がなく、ほとんど使用されていなかったようであり、東麓の町役場・小学校の敷地に政庁が置かれていた。

（竹井英文）

【参考文献】「村田城」紫桃正隆『史料　仙台領内古城・館』四（宝文堂出版、一九七七）、『村田町史』（一九七七）、「村田館」『日本城郭大系』三（新人物往来社、一九八一）

前《ま》川《かわ》本《もと》城《しろ》

●町場集落と巨大な堀を伴う謎の城

〔所在地〕川崎町前川
〔比　高〕六〇メートル
〔分　類〕丘城
〔年　代〕一六世紀
〔城　主〕砂金氏
〔交通アクセス〕山形自動車道、宮城川崎ＩＣから車で一〇分。

【本屋敷遺跡の町場集落】　仙台平野と山形盆地を結ぶ主要街道である笹谷《ささや》街道に沿った川崎の地は、いくつかの道が結節する交通の要衝であった。戦国時代にこの地を治めた砂金《いさご》氏の居城である前川本城（中ノ内城、錦ケ館の別称あり）は、宮城県と山形県を結ぶ山形自動車道の宮城川崎インターチェンジから一キロほど東の丘陵上に立地する。

一九八五年から八六年にかけて、山形自動車道の建設に先立って、前川本城の北に隣接する本屋敷遺跡で発掘調査が行われた。縄文時代の遺跡と認識されていたこの遺跡から見つかったのは、予想されなかった戦国時代の集落跡であった。東西四〇〇メートルの長さで幅八メートルの側溝を伴う直線道路と、その両側に向きを同じにする建物が検出され、奥行き三〇メートル前後の屋敷が道路の両側に整然と並ぶ町場集落が存在することが確認された。この集落の東端と西端には空堀《からぼり》が設けられ、その外側には建物が展開していなかった。発掘調査は道路敷部分に限られたため、北側への集落の広がりは確認できなかったが、集落の東辺と西辺を堀で区画している以上、北辺にも堀などが存在して、集落全体が防御施設で囲まれていたことは容易に想像されるところである。

この本屋敷遺跡の南には、立野川を挟んで前川本城が存在することから、この町場集落は前川本城に付属する城下集落であると推定された。

東北地方の戦国城館に関する史料には、しばしば「町構《まちがまえ》」「町曲輪《まちくるわ》」「外曲輪《そとくるわ》」などと称される施設が「本城」「実城《みじょう》」

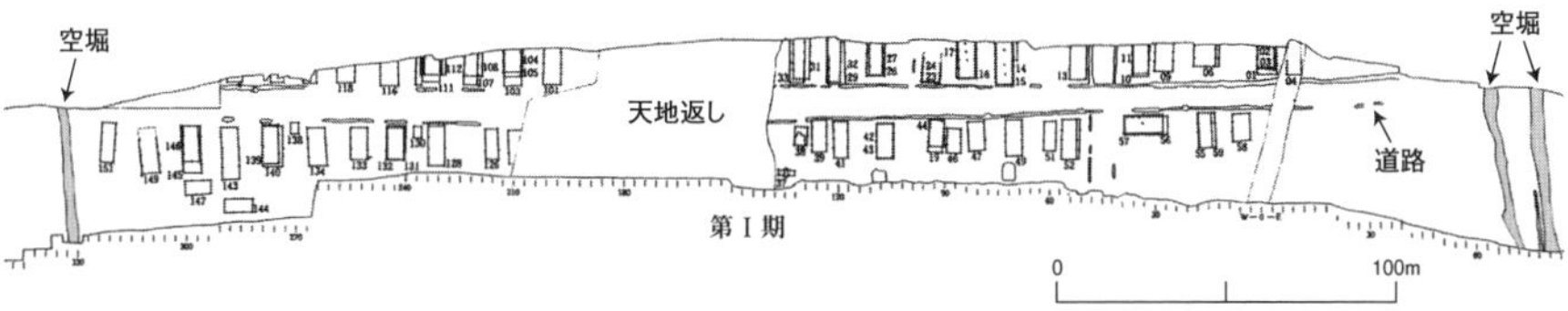

●—本屋敷遺跡で検出された16世紀後半の集落遺構

などと呼ばれる城郭中枢部分の外側にあり、戦時には城の一部として機能していることが知られていた。この本屋敷遺跡で見つかった集落跡は、単なる町場集落ではなく、前川本城と一体で存在する「町曲輪」である可能性が高まったのである。

【巨大な空堀と厳重な虎口】　本屋敷遺跡の南に位置する前川本城は、立野川と前川の合流点の西側、西から東に向かって伸びる丘陵の突端部の標高二二〇メートルの場所に築かれている。

城の北側は立野川に向かう急崖となって本屋敷遺跡と相対し、南側も北側ほどではないが前川に落ち込む斜面となっている。したがって、城の施設は、丘陵上に展開する郭《くるわ》と、西に続く尾根を分断する防御施設、緩斜面が続く東に配された郭が主となる。

丘陵上には、主郭《しゅかく》とみなされる東西七〇メートル、南北六〇メートルほどの方形の平場があり、崖となっている北辺を除く東西南の三方向には土塁と空堀が巡らされている。この主郭の西と南は一段低く広々とした平坦面が取り囲んでいる（主郭の南には南北方向の土塁状の高まりがあるが、これは近年に造作されたものという）。

この平坦面の西はしだいに高さを増していく尾根へと続くが、この尾根を分断するように空堀が設けられている。この堀切は西辺全体にわたって二重に設けられた厳重なものであるが、注目されるのはその規模である。二重の空堀はいずれも幅一五メートル以上におよぶもので、なかには幅二〇メートル、現在の高低差も一〇メートル以上に達する所がある。空堀と空堀の間は土塁状になっているが、その北端は次第に高さを増し、櫓台《やぐらだい》と思われるような施設も確認できる。

いっぽう、緩斜面が続く主郭の東側には小規模な郭が作りだされ、要所には急な切岸《きりぎし》や空堀が設けられ、東側からの侵入に対する防御施設を形成している。

丘陵の東斜面が収束し、立野川と前川の合流地点に至る一帯は東西幅が最長で二〇〇メートルに達する平坦面が広がっている。現在、字名《あざ》が「本城《もとしろ》」となっているこの平坦面も城郭の一部である可能性があるが、現状では明確な遺構は確認できない。

前川本城の大手筋は、この「本城」から緩斜面を登って行く経路と考えられ、この部分には前述のように郭や空堀が配されてしっかりと防御されている。とくに、馬出《うまだし》状の郭を設け、その内側に桝形《ますがた》を設けた虎口《こぐち》は非常に厳重である。いっぽう、搦手《からめて》筋は城域の西南部と推定される。前述した二重の空堀の南西部に、斜面を下る土塁や小平場、屈曲した導線を確認することができる。また、主郭の北西隅で土塁と空堀の屈曲が見られるが、これも虎口と思われる。

なお、土塁の内側斜面などで円礫が点在する状況が散見される。高さ、幅が各一㍍ほどの石積遺構も確認できることから、城内の要所要所には石積が設けられていた可能性が高い。

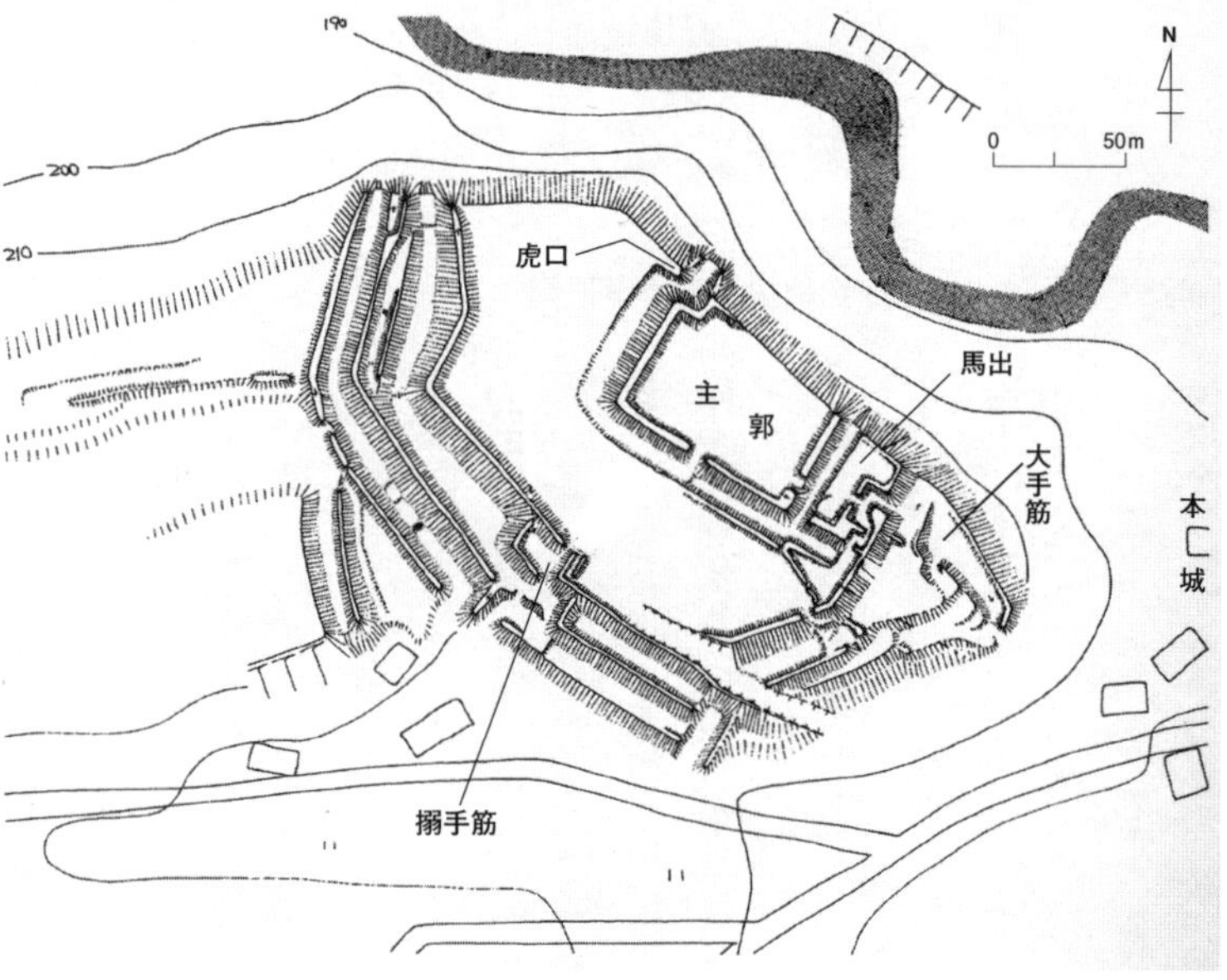

●—前川本城縄張図（作図：松岡進「伊達氏系城館論序説」『戦国期城館群の景観』所収の図に一部加筆修正）

【前川本城と「北の関ヶ原」】　この前川本城は、現在の宮城県川崎町西部に勢力を有した砂金氏の居城とされる。戦国時代に伊達氏の家臣となった砂金氏は、出羽・最上《もがみ》氏との境目を警固する重要な役割を果たした。しかし、その勢力範囲は、前川本城付近の二、三ヵ村に過ぎず、主郭周囲の広大な平場や巨大な二重の空堀、精緻な虎口等の施設を、砂金氏が独力で造営、維持したとは想定しにくい面がある。

そうした中で注目したいのが、慶長五年（一六〇〇）秋に発生し、「北の関ヶ原」とも称される慶長出羽合戦である。東軍側に付いた伊達政宗と最上義光《よしあき》は西軍側の上杉景勝《かげかつ》と対峙し、上杉勢の攻撃を受けた最上氏に対して、伊達政宗は援軍を派遣した。その際に伊達側の援軍の拠点となったのが「砂金」の地であった。この「砂金」こそ、砂金氏の本拠があった川崎一帯を指すものと思われる。前川本城の巨大な空堀や厳重な虎口と石積み、主郭の周囲に広がる広大な平場

●—西辺の二重の空堀

●—主郭の東に展開する小平場に見られる石積み遺構

は、最上への援軍の拠点としてこの前川本城が用いられ、その際に手を加えられた可能性を想定すべきと思われる。

この前川本城の北東四キロに小野城という山城があり、砂金氏の支族である小野氏の居城とされるが、ここも大きな空堀があり、その外側に広大な緩斜面が続いている。小野氏も所領の規模は一〜二カ村程度であり、やはり城の規模と小野氏の分限のアンバランスが目立っている。この小野城も前川本城と同様に慶長五年に最上への援軍のベースキャンプの一つとして手が加えられた可能性が考えられる。

（菅野正道）

【参考文献】宮城県教育委員会『東北横断自動車道遺跡調査報告書Ⅰ』（日本道路公団、一九八六）、宮城県教育委員会『中ノ内A遺跡・本屋敷遺跡他―東北横断自動車道遺跡調査報告書Ⅱ』（日本道路公団、一九八七）、鈴木真一郎「仙台領『要害』の近世以前」『帝京大学山梨文化財研究所研究報告 第三集』（帝京大学山梨文化財研究所、一九九〇）、松岡進「伊達氏系城館論序説」『戦国期城館群の景観』（校倉書房、二〇〇二）

小《こ》斎《さい》城《じょう》

●相馬氏が伊具郡に打ち込んだくさび

〔所在地〕丸森町小斎字北町場
〔比　高〕六〇メートル
〔分　類〕山城
〔年　代〕一六世紀
〔城　主〕小斎氏、佐藤氏
〔アクセス〕宮城交通バス「小斎」下車、徒歩二〇分。

【相馬氏のくさび】　柴《しば》小《こ》屋《や》館《たて》（城）とも呼ばれる小斎城は、丸森町東部の小斎に所在する。小斎は、伊《い》具《ぐ》郡南部の中心である丸森の約六キロ東方に位置し、東へは亘《わた》理《り》郡坂本、南東へは宇《う》多《だ》郡新地方面へ通じる交通の要衝である。小斎城は、この小斎集落の北側の比高六〇メートルほどの丘陵上に築かれている。

この小斎を含む伊具郡南東部は、伊達・亘理・相《そう》馬《ま》の諸氏の勢力が接する枢要の地であり、伊具郡の大部分を手中にした伊達氏も、一六世紀前期時点でまだ完全に掌握しきれたわけではなかったが、小斎については天文七年（一五三八）の伊達氏段銭帳に「こさい」と記載されていることから、伊達氏の支配下にあったことが確認される。

天文十二年、伊達氏当主の稙《たね》宗《むね》とその嫡子である晴《はる》宗《むね》が争う天文の乱が勃発し、家中や周囲の領主を巻き込んで数年間の騒乱が続いた。数年後、この乱は晴宗方の勝利に終わり、敗れた稙宗は隠居して伊具郡丸森に隠棲することになる。

伊具郡の南東に接する宇多郡などを所領とした相馬氏は天文の乱時には稙宗方であり、隠居後の稙宗を支えたのも相馬氏であった。稙宗を隠居に追い込んだ伊達晴宗との対立を深めた相馬氏は、稙宗が死去した永禄八年（一五六五）前後から次第に伊具郡南部へ勢力を広げ、数年のうちに小斎、金山、丸森といった要所も相馬氏の手中に帰した。元亀元年（一五七〇）、小斎には相馬氏家臣の佐藤氏が城代《じょうだい》として派遣された。こうして小斎は、丸森・金山と並んで、相馬氏が伊具郡南部に打ち込んだくさびに転化したのである。

【相馬と伊達の抗争】　天正四年（一五七六）、伊達輝宗《てるむね》は伊具郡南部の奪還を図って、大規模な軍事行動を起こした。現在の宮城県域を本拠とする家臣をほぼ総動員し、伊具郡北部の要所である角田方面から南下しようとした。伊達勢と相馬勢は、小斎の東に広がる平野部の矢ノ目《やのめ》で大規模な合戦におよんだと伝える。相馬側の軍記物（『奥相茶話記』など）は、この矢ノ目の合戦は相馬方の大勝になり伊達側の武将が数多く戦死したと記す。しかし、伊達氏家臣の系譜類を見る限り、この矢ノ目合戦で先祖が戦死したとする記録や伝承はほとんど残されていないことから、相馬側の軍記物の記述の信憑性については疑問が残るところである。

ただ、伊達輝宗の伊具郡南部奪還戦が失敗に終わったことは間違いないようで、以後、伊達氏は連年のように小斎や丸森付近に出兵している。伊達方には同盟関係にあった葛西氏や蘆名氏からの援軍が加わることもあったが、相馬氏の抵抗は頑強で、伊具郡南部は依然として相馬氏が押さえ続けた。

天正九年、伊達氏は当主輝宗の嫡子・政宗も出陣し、大規模な軍事行動を伊具郡南部で始めたが、その直前に、相馬方では内部紛争が勃発していた。それは小斎城代であった佐藤為信《ためのぶ》の離反である。この事変によって形勢は一変し、伊達側は丸森、金山を次々に手中にし、ついに伊具郡南部の奪還を果たすことになった。

この功により佐藤為信は引き続き小斎を与えられ、金山に配された中島宗求《むねもと》と共に相馬との境目を固める役を担うことになる。天正十九年、伊達政宗は豊臣秀吉の命により長井郡米沢から玉造郡岩出山《いわでやま》に移封《いほう》された。この領地替えに伴い、伊達氏家臣の大部分も知行《ちぎょう》替えになったが、その数少ない例外が相馬領との境目《さかいめ》で、小斎の佐藤氏と金山の中島氏は、

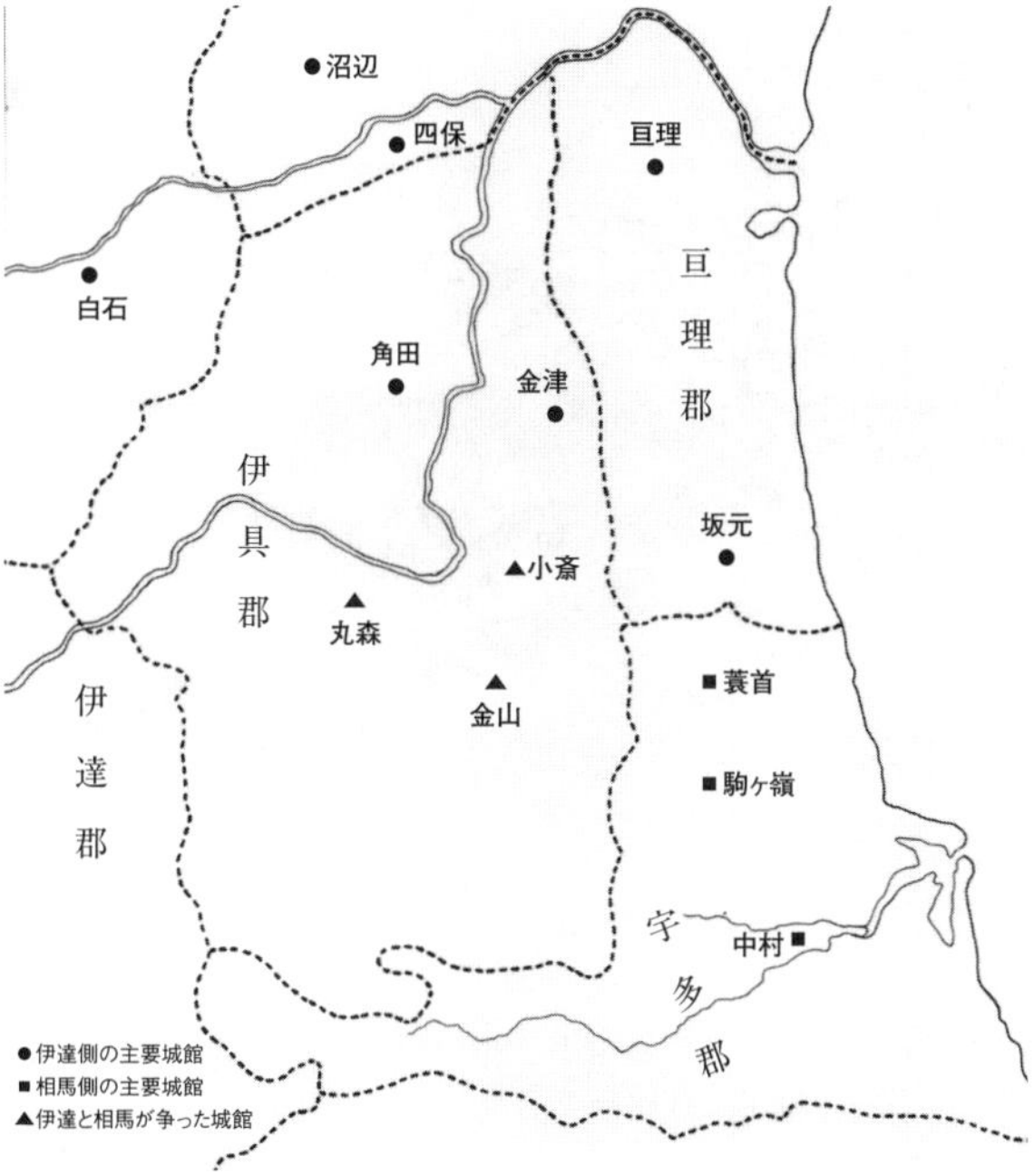

●—周辺図

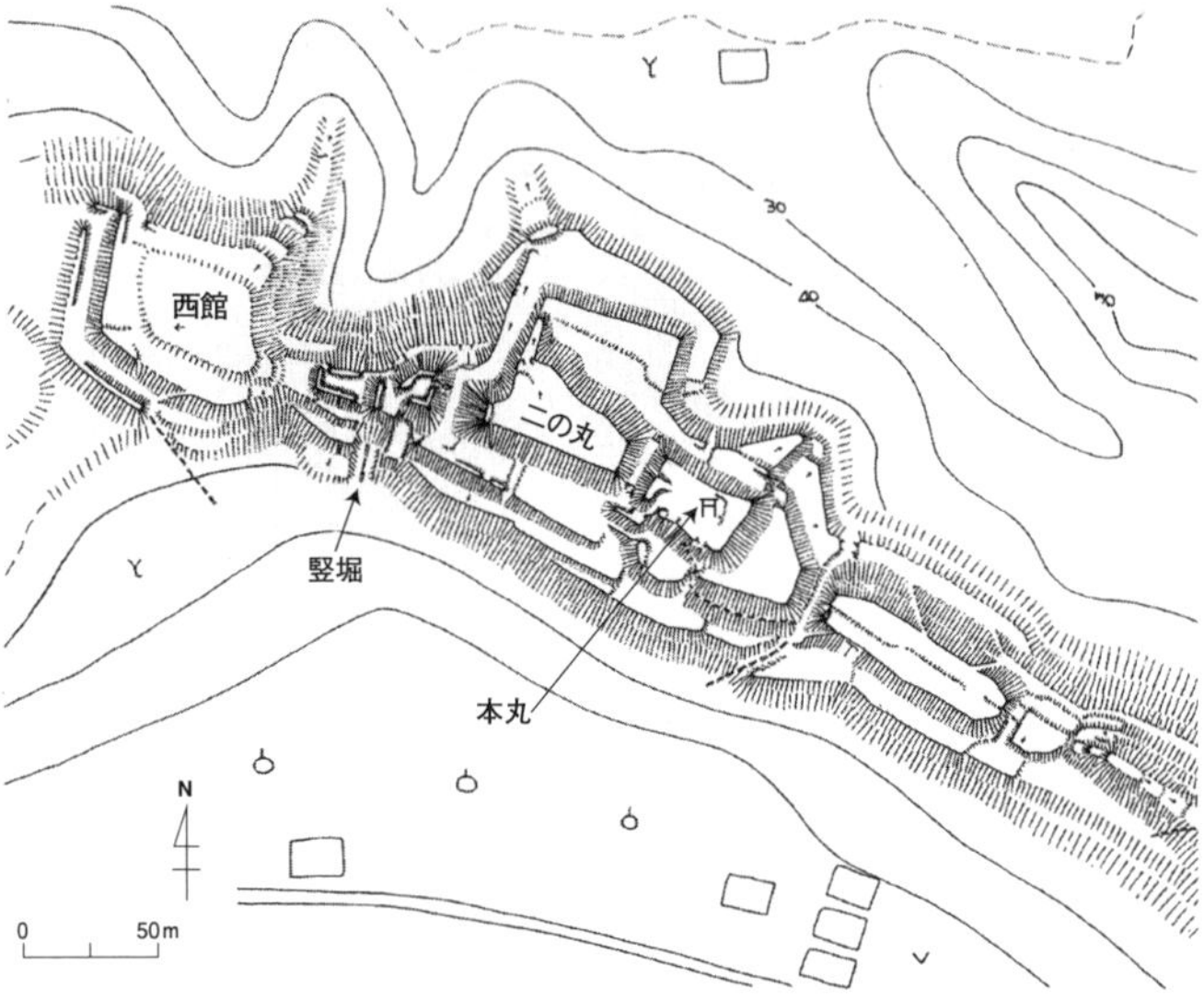

●—小斎城の縄張図（作図：松岡進「伊達氏系城館論序説」『戦国期城館群の景観』所収の図に一部加筆）

所領替えになることなく幕末に至っている。

【境目の城】 相馬氏と伊達氏の争奪戦の舞台であった小斎城は、境目の城にふさわしい厳重な防御施設が施されている。

小斎城は東西に細長く続く尾根を成形して構築されているが、その中で主郭《しゅかく》（本丸）となるのは、八重垣神社が立つ東西約五〇㍍、南北約三〇㍍の長方形の平場で、この主郭を挟み込むように東西の尾根上に郭《くるわ》が展開する。主郭の入口は西南部にあったようで、小さい窪地が郭の下へ伸び、主郭の西に続く平場（二の丸）との間にある堀切に接続している。

二の丸は本丸とほぼ同じ高さで、もともとは連続した地形であったものを、堀切で人為的に分断したものであろう。東西の長さは八〇㍍に達し、その西端は短い土塁《どるい》状の高まりとなった後、深さ一〇㍍におよぶ大堀切《おおほりきり》となっている。この二の丸の南辺も急峻で高い切岸《きりぎし》になっており、その切岸の下には東西方向に長く伸びる腰郭《こしぐるわ》状の平場があり、その南辺には土塁も設けられている。

二の丸の西に設けられた大堀切の対岸は、尾根幅が狭くなり、その狭い尾根上に複雑に土塁を設けた馬出《うまだし》状の遺構が連続して配されている。またこの場所の南斜面には大きな竪堀《たてぼり》が設けられ、敵兵が南斜面を移動するのを制限し、馬出の防御陣地としての突出性を一層高めている。

この連続馬出の西に続く尾根は大きく広がり、一〇〇㍍四方の平場となっている。その周囲には切岸や土塁、腰郭などが確認されるが、連続馬出より東側の防御施設とは厳しさが全く異なっている。地元郷土史家によると、この平場は、永禄・元亀年間（一五五八～七三）に小斎城が作られる以前から存在した「西館」と称する山城の遺構であるという。

いっぽう、本丸より東は、本来は尾根が緩く高さを減じていたようで、本丸の東の切岸の下には台形を呈する平場があり、その東には幅はあるものの深さはあまりない堀切を挟んで細長い平場が続く。この堀切の南に接続するように八重垣神社の参道が下の集落へと続いているが、この道は後世のものであろうか。

●―本丸と二の丸を分断する堀切

こうした本丸東側にのびる平場周辺の状況は、急峻な切岸と大堀切、連続馬出が続く西側を見た後は、やや緩慢な雰囲気さえ感じさせる。

全体に小斎城の遺構は主郭から西および南方面への備えが厳重となっており、北側は自然斜面が比較的急峻であること、また東側は尾根がやせていることもあってあまり手を加えない様子が明らかである。おそらく「西館」の平場などは、兵力に余裕のある場合は確保を図るが、仮にここを失っても連続馬出や堀切によって主要部分をしっかりと防御しようという意識で防御施設が整備されたものと思われる。

【その後の小斎城】 江戸時代、小斎城は境目の要衝にありながら仙台藩の要害へと転化することなく廃城となった。仙台藩の『古城書上』は既に用いられなくなった城を村ごとにまとめた記録であるが、そこには「柴小屋城」として「東西二十九間、南北十五間、（中略）右城主佐藤紀伊と申者罷在、政宗一族ニテ佐藤右衛門先祖（以下略）」と記されている。ここに記された規模は、本丸のみを記したもののようである。いずれ、小斎城は境目の城として技巧をこらしたものではあったが、全体的には規模が狭小であったため、近世初期に行われた支城整理の際に廃城となったものであろう。

【参考文献】 窪田文夫『ふるさと小斎の歴史　上』（私家版、一九八八）、松岡進「伊達氏系城館論序説」『戦国期城館群の景観』（校倉書房、二〇〇二）、丸森町教育委員会『丸森町の城と館』（二〇〇九）

（菅野正道）

●片倉家ゆかりの白亜の名城

白《しろ》石《いし》城《じょう》

〔白石市指定史跡〕

〔所在地〕白石市益岡町益岡公園
〔比　高〕約二〇メートル
〔分　類〕平山城
〔年　代〕一六世紀〜幕末
〔城　主〕白石氏、蒲生氏、甘糟氏、片倉氏
〔交通アクセス〕ＪＲ東北本線「白石駅」下車、徒歩一五分。

【白亜の木造復元三階櫓】　ＪＲ白石駅から西へまっすぐ歩き、商店街を過ぎると正面に小高い丘が見えてくる。そこが白石城である。木造で復元された三階櫓《さんがいやぐら》（天守）があることで有名である。東北本線や東北新幹線の車窓からも見え、蔵《ざ》王《おう》の山々を背景に白く輝くその姿は大変美しい。

白石市のシンボルである三階櫓は、平成七年（一九九五）に木造復元された。東北では、平成三年に復元された福島県の白河小峰城についで二番目である。最上階からは、城下町から蔵王連峰まで見渡すことができ、絶景の一言である。三階櫓のほかにも、大手一の門、二の門、土塀、本丸周囲の石垣も合わせて復元・整備され、往時の雰囲気を味わうことができる。

隣接する白石城歴史探訪ミュージアムでは、白石城や片倉家関係資料が展示されている。また、城下には一部武家屋敷が残り、当時の街並みを感じることができる。合わせて見学したい。

【白石氏と白石城】　白石城は、白石氏の居城として造られたのが始まりらしい。白石氏は、鎌倉時代の武士刈田《かった》氏を祖とし、五代秀信《ひでのぶ》の時に白石氏を名乗り始めたという。その後、戦国期になると伊達氏家臣として白石氏が史料上に登場するようになり、このころには白石城も築かれていたものと思われる。なかでも、伊達政宗に仕えた白石宗実《むねざね》は有名であろう。宗実は天正十四年（一五八六）に福島県の宮森城へ移っているので、変わって屋代景頼《やしろかげより》が城主になったとされる。

●―白石城　復元三階櫓

白石氏時代の白石城の場所は、よくわかっておらず、縄張構造も不明である。本丸の発掘調査によると、一部中世の遺構と思われるものが出土しているという。そのため、現在の城跡と同じ場所にあった可能性も高いが、そこから数百㍍南に位置する傑山寺の裏山に比定する説もある。いずれにせよ、近世の白石城からそう遠くない場所に築かれていたものと思われる。

【蒲生氏と白石城】　天正十九年、秀吉による奥羽《おうう》再仕置《さいしおき》が行われると、白石は蒲生氏郷《がもううじさと》の領地となった。そして、白石城には一族の蒲生源左衛門尉郷成《げんざえもんのじょうさとなり》が入部し、その名を益岡《ますおか》城に改めた。

蒲生氏の入城により、白石城は大きく変貌を遂げた。上方の築城技術が導入され、いわゆる織豊系城郭としての白石城が誕生したのである。

近年の調査によって、本丸石垣の一部は、石の形や積み方などからして、蒲生氏によって文禄年間に築かれた可能性が高いことがわかった。蒲生氏は、本拠の若松城を始め、三春城や守山城、二本松城など、各地の支城に織豊系の石垣を築いていることが知られており、白石城も同様だったことになる。

また、本丸の三階櫓の発掘調査では、三時期の遺構が検出

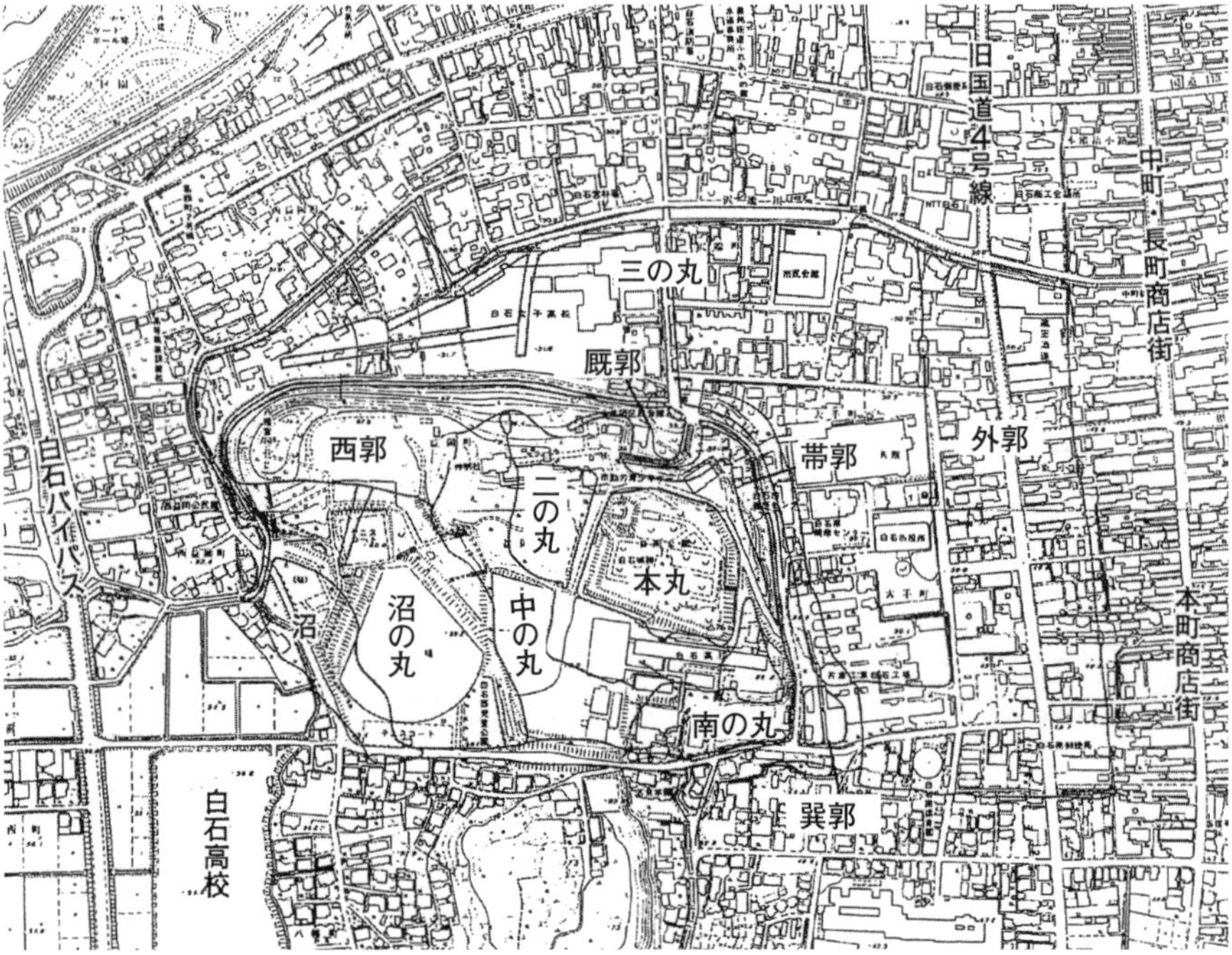

●―白石城と市街地図（『第七回北日本近世城郭検討会』レジュメ集より引用）

されたが、もっとも古い柱穴は、蒲生氏時代のものと考えられるという。江戸初期の「正保城絵図」を見ると、三階櫓の部分が二階櫓として描かれていることが知られる。そのため、蒲生氏時代も二階櫓だった可能性が指摘されているが、正保段階ではすでに三階櫓だったという説もあり、上杉氏時代との関係など、なお不明な点が多い。

【上杉氏と白石城】 蒲生氏郷の死後、後を継いだ蒲生秀行は、慶長三年（一五九八）に下野宇都宮に転封となった。変わって移ってきたのが、越後の上杉景勝《かげかつ》であった。上杉氏は、白石城に重臣の甘粕景継を城主に据え、白石城の改修を行った。慶長五年の関ヶ原の戦いの時に、白石城は上杉氏と伊達氏との壮絶な攻防戦の舞台となったが、「貞山公治家記《ていざんこうじけき》録《ろく》」によると、「本丸」「二の丸」「中の丸」「厩郭《うまやくるわ》」「帯郭《おび》」「三の丸」「外郭」などの諸郭があったことが確認できる。これは、江戸時代の白石城の縄張構造と基本的に一致しており、少なくとも上杉氏時代には江戸時代の白石城の原型がほぼ完成していたことがうかがわれる。

【仙台藩・片倉氏と白石城】 関ヶ原の戦い後、慶長七年に白石城に入城したのが、片倉小十郎景綱《かげつな》である。白石城は、仙台藩のなかで仙台城以外に「城」と幕府に公式に認められた城として有名である。以後、幕末まで代々片倉氏が城主であ

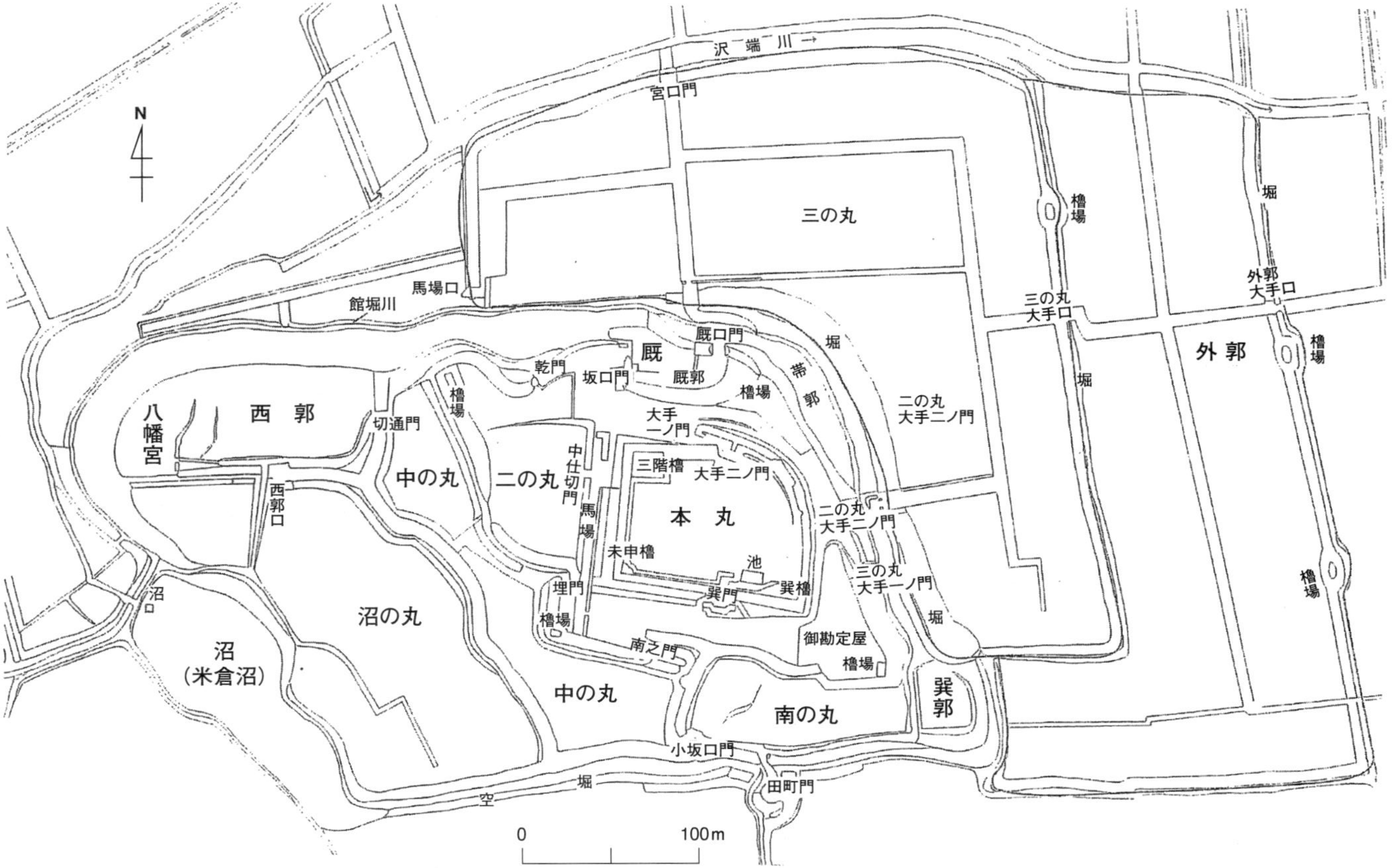

●—白石城の郭配置図（『第七回北日本近世城郭検討会』レジュメ集より引用）

った。

江戸時代の白石城は、当初は北側に大手門が設けられていたことが、「正保城絵図」などからわかっている。関ヶ原の戦い時の白石城攻防戦の時も、「大手口」は北側だったというので、おそらく、蒲生・上杉氏時代からそうだったのだろう。

しかし、天和三年（一六八三）に描かれた「天和絵図」では、東側にあった従来の卯之方門が改修されて大手門（二の丸大手門）となり、従来の大手門は廐口門に改称されているのである。さらに、城下町と接する南側の田野口門も、正保絵図では埋門だったのが、天和絵図では半円形の土塁《どるい》と三日月堀《みかづきぼり》を持つ丸《まる》馬出《うまだし》に改修されている。

●―白石城本丸東側　文禄期と考えられる石垣

こうした縄張構造の変化の理由であるが、まず大手門の変更については、北側は仙台方面であり、伊達氏に対して弓を引く形になってしまうため失礼にあたるので改修した、という説がある。それに対して、近年の研究では、この時期の白石城大改修と城下町設計との関係や、仙台藩主伊達氏の意向によるものではないかとされている。

次に、馬出へ改修した背景としては、家格や要害性とともに、馬出の存在自体が仙台藩においてステータスシンボルとなっており、白石城も藩内唯一の「城」としての格式を内外に示すために、仙台藩主伊達氏の意向で造られたのではないかとされている。

白石城を見学する際には、復元された三階櫓のみならず、石垣や縄張構造、城下町も合わせてじっくり見学することをおすすめしたい。なお、市内の延命寺に廐口門が、当信寺に二の丸大手二の門が移築現存している。ほかにも市内外に移築建物が現存している。

【参考文献】読売新聞東北総局編『白石城物語』（（財）白石市文化体育振興財団、一九九五）、白石市教育委員会編『片倉小十郎の城　白石城跡発掘調査報告書』（一九九八）、太田秀春「城郭にみる象徴性　伊達氏による虎口の改修をめぐって」安達宏昭・河西晃祐編『講座東北の歴史』一（清文堂、二〇一二）

（竹井英文）

お城アラカルト

仙台藩の要害

菅野正道

江戸時代、仙台藩では藩主の居城として仙台城、そして支城として藩領南部の要衝に白石《しろいし》城の所有を幕府から公認されていた。そしてその他にも仙台藩内には戦国城郭の系譜をひく「要害《ようがい》」と呼ばれる施設が二〇近くもあることも広く知られている。しかし、この「要害」については、その経緯や性格などの点でいくつかの誤解を持たれている。

例えば、そうした誤解の一つとして、「仙台藩初代藩主伊達政宗は、天下への野望を持っていたため、領内各所に城を存続させた」といった考えがある。また、白石城の存在も含めて「仙台藩は一国一城令の例外として、特別に白石城や要害の所有を幕府から認められた」と言われることもある。こうした認識の是非、そして「要害」はどのような経緯で存続を許されたのか、概観してみたい。

「要害」の性格を知るには、やはり豊臣政権下における「城割《しろわり》」の状況を確認する必要がある。天正十八年（一五九〇）から十九年にかけて行われた奥羽仕置では、奥羽の諸大名も領内の城郭の整理を豊臣政権から命じられた。南部氏のように居城の他はわずかな数しか存続を許されなかった例もあるいっぽうで、伊達氏と最上氏の領内では相当数の城郭が存続したことが確認されている。ただ、伊達領においても無条件に城郭の存続が認められたわけではなく、とくに旧葛西領・大崎領については、仕置を実施した豊臣政権側が存続する城郭を選定し、一部は修築を加えたうえで伊達氏側に引き渡されている。そうしたものも含めて、江戸時代初期の時点で伊達領内に存続した支城は、三〇以上におよんだと推定される。

ちなみに、最上領内では、元和八年（一六二二）の改易時に居城である山形城のほかに二〇以上の支城が残り、また関ヶ原合戦後に三〇万石に減封された米沢藩でも江戸時代初期には一〇近い支城が維持されていたことが知られている。近年においては、東北地方では一国一城令は発令されなかったという見解が有力となっている。仙台藩だけが特別な「例外」ではなかったことは確かである。

白石城も含めて、江戸時代前期に存続した支城を仙台藩内では「城」と呼んでいたようである。仙台市博物館には、正保年間に幕府が諸藩に提出させた城絵図とほぼ同時のものと推定される、後に要害となる岩出山や佐沼、岩沼などの城絵図が一三点残っているが、それぞれの絵図には「――城」と明確に記されている。藩内限りとは思われるが、「城」の名称が一七世紀半ばまで継続していたことをうかがわせる。

しかし、このような仙台藩における支城の存続状況を、江戸幕府も次第に問題視するようになる。天和二年（一六八二）に仙台藩は家臣が居住する領内の屋敷を「居館付」「居所付」「居所付相除」に分類した。これは幕府の指令により、領内に残存する戦国城郭の系譜をひく支城を整理し、幕府との関係で制度的に位置づけようとしたものであった。

さらに貞享四年（一六八七）に至って、先に「居館付」に分類された上口内《かみくちない》・人首《ひとかべ》・岩谷堂・金ケ崎・水沢・岩出山・宮沢・佐沼・登米《とよま》・不動堂・涌谷《わくや》・師山《もろやま》・岩沼・川崎・平沢・角田《かくだ》・亘理《わたり》・坂元の一八ヵ所の支城が「要害屋敷」として幕府に公認され、その修築に関しては幕府への届け出や認可を受けながら仙台藩が管理をして実施する要害制が成立したのである。したがって、要害の配置を「政宗の野望云々」と解するのは、歴史的事実に反することは明白である。

この後、仙台藩の要害は、若干の増減はあるが、約二〇ヵ所が幕末まで存続することになる。その分布は、藩領北部および南部の、他領とのいわゆる「境目」に近い場所に配されたほか、岩出山や登米・佐沼・岩沼などのように、古くから要衝と認識された所に存在した。

それぞれの要害の立地や規模、施設の状況はさまざまであるが、石垣や小規模な櫓《やぐら》、発達した虎口や桝形などを備え、一部には総構的な城下の防御施設を有するものもあり、基本的には城郭として一定の機能は維持されたものであった。しかし、本質的には戦国時代の城郭の一部に手を加えたものであり、近世城郭としては見劣りする点が多いことは否定できない。要害の基本的性格は、軍事要塞と見るよりは、地域支配の拠点ととらえるのがより適切と言えよう。

福島県

陣が峯城(東から)と出土貿易陶磁器(会津坂下町教育委員会提供)

旧越後街道に隣接し，二重の堀と土塁が巡る城で，中国産白磁・高麗青磁が出土

●現在の会津若松城

黒《くろ》川《かわ》城《じょう》

〔国指定史跡〕

〔所在地〕会津若松市追手町
〔比　高〕二〇メートル
〔分　類〕平山城
〔年　代〕至徳元年（一三八四）～幕末
〔城　主〕葦名氏・伊達氏・蒲生氏・上杉氏・加藤氏・松平（保科）氏
〔交通アクセス〕ＪＲ磐越西線「会津若松駅」下車、徒歩三〇分。

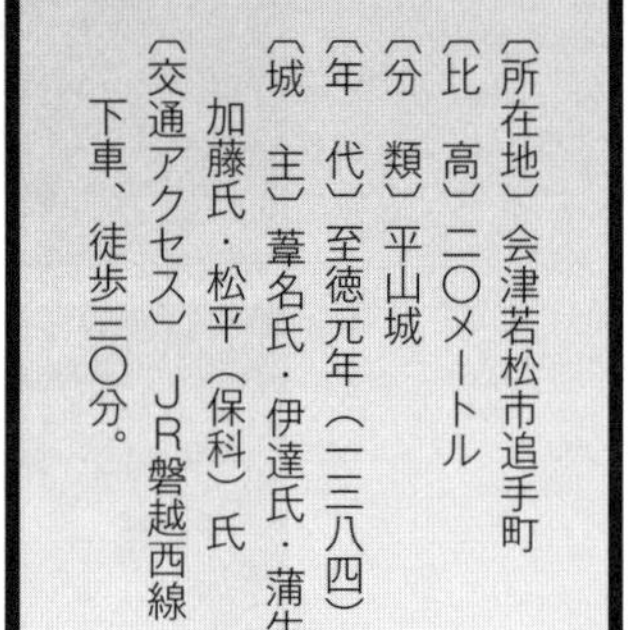

【立　地】　会津若松市のある会津若松市は、会津盆地の南東隅に位置している。市街地の東側には背炙山《せあぶりやま》山系が走り、その扇状地から西に延びる独立丘陵の端部に若松城が立地している。

　また、城の南側には、この背炙山山系から流れ出た湯川（羽黒川・黒川）が流れ、二重の堀の役目を果たしている。蒲生氏の町割り以前には、湯川は途中で車川と二手に分かれ、この河川の間に城下が作られていた。

【会津の基礎をつくった葦名氏】　若松城の前身である黒川城を築城した葦名《あしな》氏は、神奈川県の三浦半島を本拠地としていた三浦氏から興った一族で、三浦半島西岸のほぼ中央に位置する相模国《さがみのくに》芦名（現在横須賀市芦名）の地名に由来するとされる。

　会津へは、文治五年（一一八九）の奥州合戦の戦功により三浦義明の七男である佐原義連《よしつら》が会津を与えられたと伝えられていたが、現在では鎌倉時代の中期以降に北条氏との関わりから会津を治めるようになったと考えられている。

　この佐原義連を初代とするが、義連の子の盛連《もりつら》は四男光盛《みつもり》に惣領を譲り、この時期から葦名氏を名乗るようになる。

　また、義連は長男経連《つねつら》に耶麻郡猪苗代、次男広盛《ひろもり》に河沼郡北田を、三男盛泰《もりやす》に河沼郡藤倉を、五男盛時《もりとき》に耶麻郡加納を、六男時連《ときつら》に耶麻郡新宮をそれぞれ与えた。

　しかし、実際に会津に下るのが七代直盛《なおもり》の時代とされ、この時に初めて館が築かれ、これが会津若松城の初現とされる。

●—若松城跡空撮（西から）（会津若松市教育委員会蔵）

●—若松城の牛沼

その後、この同族の中での争いは続くが、葦名氏が次第に勢力をもつようになり、一五代盛舜《もりきよ》の時代に勢力拡大の基盤が築かれ、次の盛氏《もりうじ》の時に全盛期を迎え、領土を会津地方から中通り地域や越後まで広げ、近隣の伊達氏、上杉氏、佐竹氏などの有力大名と肩を並べるようになった。

この盛氏が、若松城南西の現在の会津美里町に隠居城として向羽黒山城を築城したとされる。

近年、発掘調査が行われその全体像や土塁《どるい》や石積、虎口《こぐち》などについても明らかになってきた。

盛氏の死後、後継者問題や相次ぐ当主の交代などで家中が乱れるなど勢力が弱まり、天正十七年（一五八九）二〇代葦名義広《よしひろ》はついに摺上原《すりあげはら》の戦いで伊達政宗に敗れ、黒川城に退却するも常陸へ逃走し、約四〇〇年の葦名氏の時代は終わり伊達政宗が入城した。

【葦名時代の黒川城とその城下】　黒川城の初源については、はっきりしないが、一般的には至徳元年（一三八四）、葦名氏七代の直盛が築いた東黒川館

●—葦名盛氏墓

●—御薬園

（小高木館）とされる。

この館については、江戸時代に書かれた『新編会津風土記』では、「旧《ふる》くは黒川東館と記せしものあり。葦名氏昔は父子東西に分居し、小高木、今の小田垣の館を称し、幕内或は小館を西館と称せしなるべしあり。然《しかる》は至徳元年築城の前は、今の小田垣より此辺までなべて東館と称し、天正のころ（一五七三〜一五九一）まで其《その》遺《い》称《しょう》ありしにや」とある。

このことから、当初は、若松城の近辺に東館、若松城の西側の幕内や小館に西館があり、葦名父子が東館と西館の二ヵ所に住んでいたことが知られる。東館が地名から小高木・小田垣の館や東黒川館で、その後居館の拡大拡充がなされ黒川城となったと考えられる。

●—佐原義連墓

城下についても詳しいことは不明であるが、諏方神社は永仁二年（一二九四）に葦名盛宗が信州の諏訪大神を勧請し創建されたと伝えられ、文明四年（一四七二）と天文七年（一五三八）に大火の記録があり、特に天文七年の記録では葦名氏の居館や重臣屋敷、寺社が焼失しており、この頃にはすでに本格的な城下が成立していたと考えられる。

この館の位置については、若松城跡本丸の地や三の丸の県立博物館付近、その東側の小田垣などに存在したと考えられているが、これまでの若松城やその周辺の発掘調査においても明確な遺構は確認されておらず、不明と言わざるを得ない。

しかし、若松城の東側や北東側の一帯には、葦名家の墓所や若松城と同じ時期直盛によって築庭されたと伝えられる御《お》薬園《やくえん》（会津松平氏庭園）があり、その中には鎌倉時代の石製三層塔や大永五年（一五二五）銘のある宝篋印塔《ほうきょういんとう》などのこの時代の遺跡も多く、この周辺も有力な候補地でもある。

この時代の城と城下を描いたとされる「伝葦名時代の黒川城図」があり、現在の若松城の所に黒川城があったように書かれているが、城や城下の姿は蒲生《がもう》時代の絵図とほぼ同様であることから、文献等を基に近世になってから描かれた可能性が考えられ、資料の信憑性には疑問も残る。

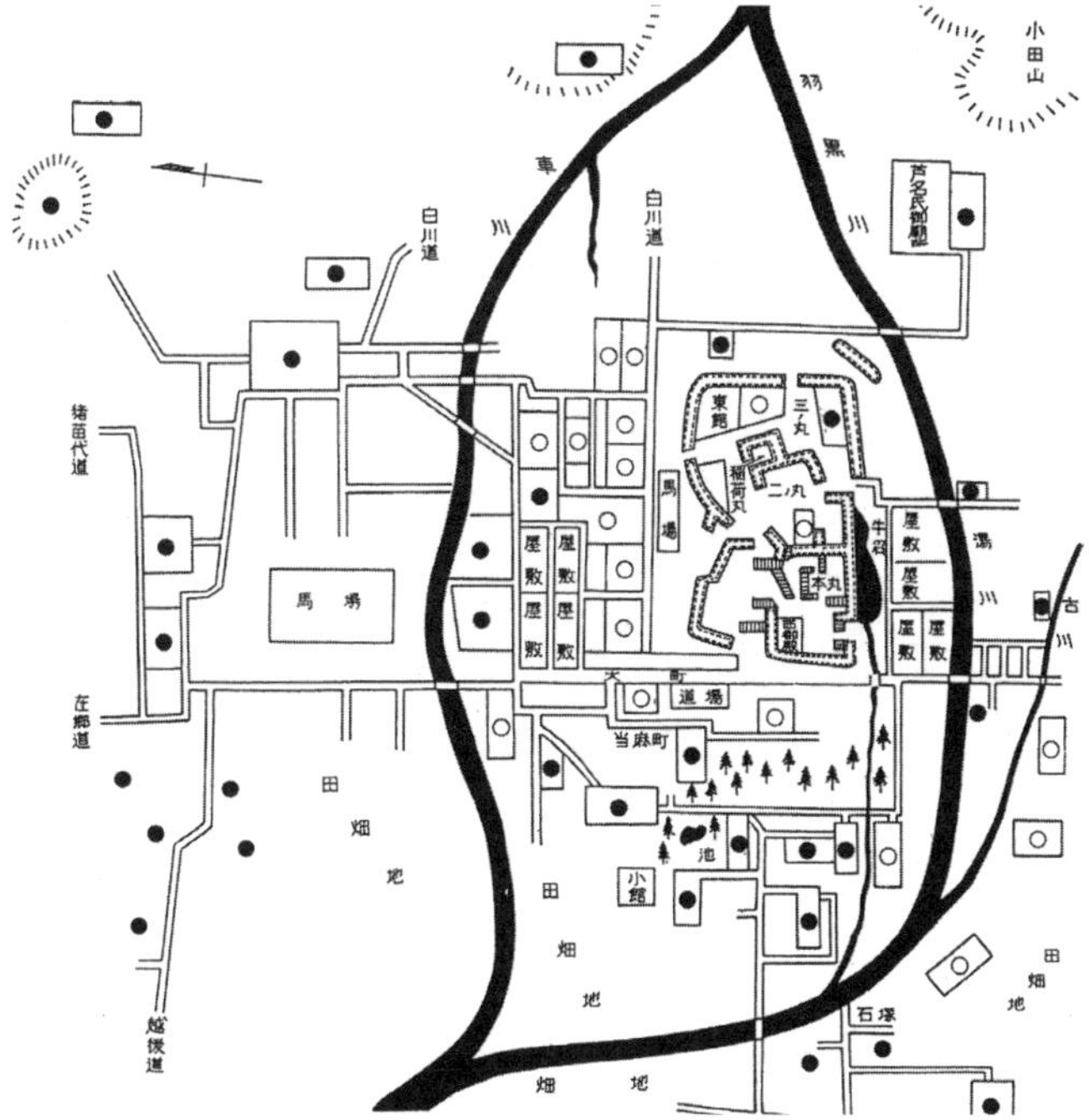

●―伝葦名時代の絵図（『会津若松史 2』より転載）

【伊達時代の黒川城】　葦名時代と同様に、黒川城については不明な部分が多い。

天正十七年六月に黒川城に入った伊達政宗は、翌日には米沢から母の最上氏と妻の田村氏を呼び寄せていることから残された葦名氏の城を用いたものと考えられる。

城の改修では、文献から石垣普請《ふしん》などの整備を行っていることが知られるものの、家臣からの城の大規模な改築についての進言を却下している。このことから、伊達氏が入った葦名時代の黒川城は、すぐに大規模な改築を行わなくても使用出来るものが造られていたことがわかる。

近年、葦名氏や伊達氏の築いた城の発掘調査が行われ、その状況が明らかにされつつあり、虎口部分などに石積などが確認されるなど築城技術の高さが知られるようになった。

伊達氏の在城は、わずか一年に過ぎないため蒲生氏郷《うじさと》の城や城下建設を見ることにより、伊達氏さらには葦名氏の黒川城と城下の姿を見ることができる。

城下は、城をとりまくように流れる羽黒川と車川の間に作られており、氏郷の町割の際に車川を外堀に変え、河川の間を物構《そうがまえ》の範囲としたものと考えられる。

氏郷の城下建設の際に、大きく五つの命令が出されているが、その一つに侍屋敷と諸職人・商人の屋敷を区別し割り出すこととされている。このことからそれまでは諸職のものが混在して居住していたことが窺われる。

その実証として、蒲生時代になって上級武士の屋敷となっていた場所から寺院跡、若松城のすぐ西側の場所からも工房跡などが確認されており、これを裏付けている。

現在の大町や馬場町は、蒲生氏郷の町割り前には城に近い場所にあった職人や商人の町が移されたと伝えられている。多くの寺社も城に近い場所から惣構の外に移されたものであった。

【蒲生氏郷の改修】 葦名氏から続く黒川城を改修したのが、天正十八年に会津へ入る蒲生氏郷で、石垣、天守、金箔瓦や桐文《きりもん》の瓦という織豊系の特徴をもつ城郭に大改修された。その姿は奥羽地方における大坂城であり、それまでの黒川城から一変したものとなったと考えられる。

文禄元年（一五九二）に黒川を若松と改め、翌年天守が完成したとされる。その後、蒲生秀行《ひでゆき》、その後三年ほど上杉景勝、ふたたび蒲生秀行、蒲生忠郷と続く。上杉景勝は、会津に入るとすぐに神指《こうざし》城の築城を開始するため若松城の改修はほとんどなかったと考えられる。

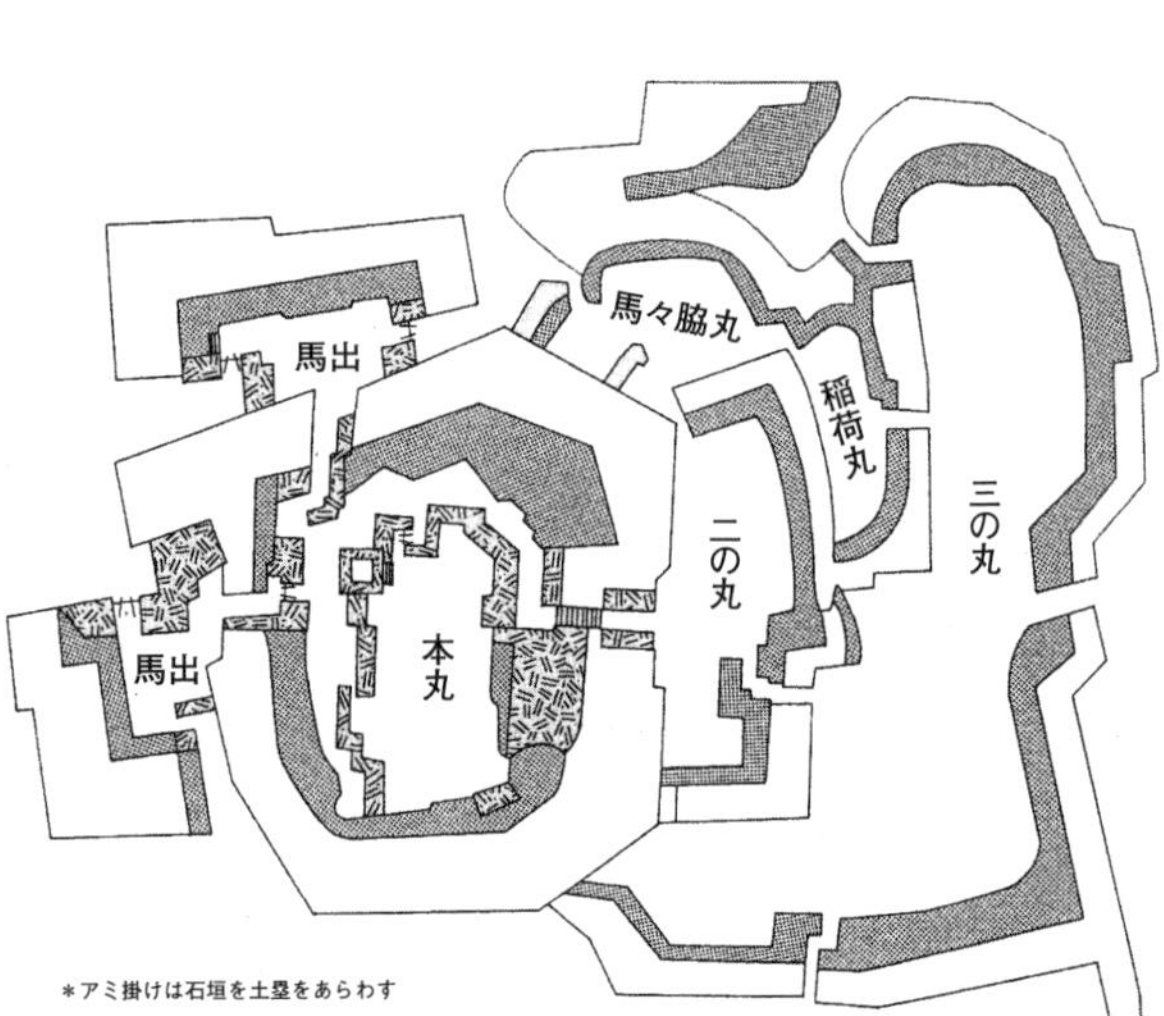

●—蒲生時代の若松城（上が北）

若松城の構造を知ることができる絵図のうち、蒲生氏郷の改修に近い姿を知ることができる絵図が数点知られている。左記に示すものは、それをわかりやすいようにトレースしたもので、その構造から元和年間前半の蒲生忠郷《たださと》の時期のものと推察される。図から城の構造を見ると、本丸の東側に二の丸とその外側に稲荷丸や馬々脇《ばばわき》丸などの小郭の連続する郭群があり、さらにその東側を取り囲むように三の丸がある。本丸の北側と西側には馬出《うまだし》が置かれ防御を固めている。

当時は、二の丸と小郭群さらに三の丸には、侍屋敷が置かれていた。本丸は、南東側を天守及び多聞櫓で区画した内に本丸御殿が置かれ、その外側に帯郭《おびくるわ》が配されている。

石垣は、本丸の天守台と本丸を囲むように配置された多聞《たもん》櫓台《やぐらだい》、本丸および北と西の馬出の門台など部分的に築かれていることがわかる。近年の発掘調査においても、石垣や堀はこの絵図とほぼ同様な場所から確認されており、当時はこの絵図のような姿であったと考えられる。

●—若松城蒲生時代の石垣（会津若松市教育委員会蔵）

【近世の若松城】

蒲生氏郷による大改修以降、蒲生忠郷により石垣の積み替えや二の丸の小郭群を壊して大形の郭にするなど部分的な改修は行われているが、城全体の構造におよぶ大規模な改修は寛永十六年（一六三九）に加藤明成《あきなり》により行われている。

この加藤氏による改修は、慶長十六年（一六一一）に起こった地震で傾いた天守を修復し、北と西にある馬出を大きな出丸として整備した。また、芝土居であったものを石垣に変えたのもこの時期であった。この改修により現在見られるような城の姿になったと考えられる。

これ以後、保科・松平の時代には、城全体に関わるような整備は行われず、明治元年（一八六八）の戊辰《ぼしん》戦争（会津戦争）、そして開城を迎える。

この会津戦争では、文禄元年、寛永十六年に大改修された城が、近代兵器と実戦を行い一ヵ月間もの籠城し、大砲等で攻撃を受けて大破したものの火災なども起きず敵兵を一兵の城内に入れることなく守り抜いた。

蒲生氏郷、加藤明成の築城の優れた技術や力を、二百年以上後に示したものであった。

【参考文献】近藤真佐夫「若松城の発掘」『会津若松城』歴史群像・名城シリーズ一五（学習研究社、一九九七）

（近藤真佐夫）

●未完の上杉景勝の居城

神《こう》指《ざし》城《じょう》

〈所在地〉会津若松市神指町
〈比　高〉五メートル
〈分　類〉平城
〈年　代〉慶長五年（一六〇〇）
〈城　主〉上杉景勝
〈交通アクセス〉ＪＲ只見線「七日町駅」下車、徒歩六〇分。磐越道会津若松インターから二〇分。

【位　置】会津若松城の北西四キロにあたる会津若松市神指町に所在する。この地は、会津盆地の南側中央部に位置し、盆地中央を流れる阿賀川と接し、その氾濫原の平坦地に立地する。

【現在の城跡】城に訪れると、そこには石垣や堀などはなく、水田の中に何ヵ所かの小山状の高まりが見られるに過ぎない。この高まりこそが、かつての神指城の本丸や二の丸の土塁《どるい》であり、多くの観光客が訪れている樹齢六〇〇年とされる国指定天然記念物の「高瀬のケヤキ」がある高まりは、二の丸北東隅の土塁である。

この二の丸北東隅土塁に立つと、西側に二の丸北西隅土塁、南側に二の丸南東隅土塁、さらに南西側には本丸の土塁を望むことができ、往時の広大な城域を目にすることができる。このように土塁が所々に残るようになったのは、昭和四十二年（一九六七）に行われた圃場整備によるものである。

【築城にいたる経緯】慶長三年（一五九八）一月に、豊臣秀吉は上杉景勝を一二〇万石で会津に移封した。八月に秀吉が没するものの、景勝は翌年八月の帰国を機に領内の整備に取り掛かり、その中心が神指城の築城であった。

景勝は、蒲生氏郷《がもううじさと》により文禄元年（一五九二）に大改修された若松城が存在するのにもかかわらず、すでに慶長四年二月には築城の構想が明らかで、国替え当初からその考えがあったと思われる。理由として若松城または城下が狭かったためとされている。当初は、北西約七キロの阿賀川と日橋川が合流する現在の湯川村北田の地に計画されたが、その後現在の神指（香指）に変更されている。

【工事の開始から中断】　経過を見ると、慶長五年二月十日に築城が命じられ、三月に城の範囲となる周辺一三ヵ村を移転させることからはじまる。

●—神指城二の丸北東隅土塁

本格的な工事は、本丸が三月十八日から、二の丸は五月十日から越後、福島県中通り地方、米沢および会津四郡の人夫八万人または一二万人を動員して行われた。

しかし、六月一日または六月九日に完成に至らないまま土用の間の休息という理由で中断され、そのまま中止された。

【形態と規模】　往時の状況を示す絵図や文献は少なく、残された資料も近現代のものが大部分を占める。そのため、これまで二回行われた発掘調査の成果に頼る部分が多いが、得られた資料は完成した姿ではなく、工事が中断された慶長五年六月までに造られていた状況と考える必要がある。

城は、「回」字状の方形二重の輪郭《りんかく》式の平城であるが、本丸と二の丸は鬼門にあたる北東隅がやや欠けた形状をしている。中央に本丸を置き、その外側に二の丸がある。

規模は、本丸が東西二〇〇メートル、南北二三五メートルのやや南北方向が長い方形で、その外側に幅五七メートル程の堀がめぐる。二の丸は、東西五九〇メートル、南北六七〇メートルの南北方向が長い方形であり、その周囲に四五～五〇メートル程度の堀がめぐる。このため面積は堀を入れて約五〇ヘクタールにもおよぶ。

【発掘調査で確認された遺構】　圃場《ほじょう》整備により、土塁は壊されてしまったが、水田の下には、土塁や堀、石垣などの遺構が良好に残っていた。

本丸では、北辺と東辺の堀跡、石垣跡、土橋《どばし》が確認されている。堀跡は、幅が五七メートルであるが深さは一三〇～一六〇センチと浅く堀底はほぼ平坦であった。石垣跡は、北東隅にあり、北辺約八メートル、東辺約五メートルで、基底部の一または二段が遺存し

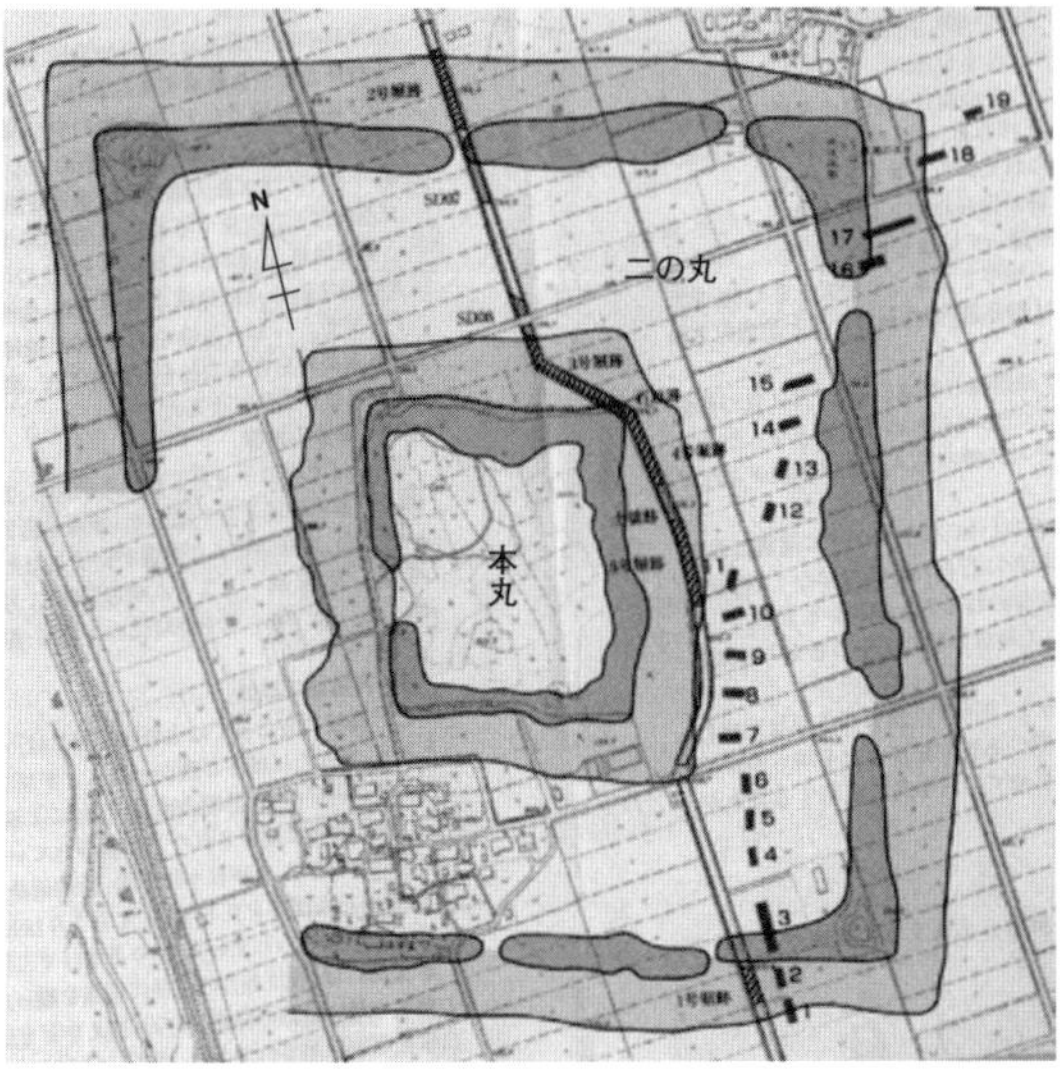

●—神指城推定平面図（濃い色が土塁，薄い色が堀）
（「国道118号整備事業試掘調査の概要」に加筆）

た。石材は石英安山岩質凝灰岩で、自然石を主体に使用した布積み崩しである。土橋は、本丸と二の丸を結ぶように上幅三二メートルのものが本丸堀を横断するように掘り残されていた。

二の丸では土塁の四隅にあたる北東隅、南東隅、北西隅、南西隅部分のみが現存している。土塁の規模は下幅で二三〜三〇メートル、上幅一五メートル、高さ六〜七メートルである。壊される前の土塁には、横矢掛《よこやがけ》や虎口《こぐち》などを推察させるような所も見られた。

発掘調査では、堀跡と土塁を確認した。堀跡は幅が四五メートル前後で、その深さは全体が同じ深さで掘られておらず、城内側、城外側、さらに中央部で起伏の差があり、深さが違っていた。特に東辺堀跡では、中央部が二五〇センチ程ともっとも深く、次に城外側の東壁側で深さ二メートル程、城内側は堀の壁に沿って八〜一〇メートルの幅で、一メートル程の深さと浅くなっており、堀が三段の深さで掘られていた。

土塁の造りには二種類あり、北辺と南辺の土塁では地山《じやま》を掘り込んだ版築《はんちく》などの基礎構造は確認されなかったが、東辺土塁では地山を一メートル程掘り下げ、そこに黒色土および黄褐色土を一〇〜四〇センチの層厚に、ほぼ水平に版築しながら土塁を積み上げていた。土塁の基礎の掘り込みの深さが、その東側の堀跡と同じであることから、堀の掘削と土塁構築が並行して行われていたと考えられた。

また、版築に使用された土砂は、阿賀川の氾濫原にある堀を掘削した際の土ではないことから、土塁の版築のために他の場所から運搬されてきたものであった。

【城造りの方法】　神指城は、慶長五年六月で工事が中止されたことから城造りの方法や工程を知ることができるとともに、その時代の技術を知ることができた。発掘調査の成果から堀の掘削は、堀幅全体を一回で掘削するのではなく、堀の中央部、次に城外側、最後に城内側の順に掘削していたと考えられた。

土塁の構築では、堀掘削の際に土塁の基礎となる部分も同時に掘り下げられており、堀と土塁が一連の作業で造られたことを示していた。また、土塁では、二の丸の東辺と南辺では基礎部分の構築方法に違いがあることから、場所ごとに工事集団が違う割普請《わりふしん》が行われた可能性が推定された。

●—神指城跡空撮（南から）（会津若松市教育委員会蔵）

【築城の順序】

築城が命じられた翌月に、工事範囲内にある村々が移転され、すぐに本丸の工事が開始された。これは工事範囲の中心にあり、次に御殿建築などの作事があるためと思われ、二ヵ月半で堀が掘られ土塁が築かれ、石垣が築かれた。

その約二ヵ月後から二の丸の工事が始められ、本丸同様に堀が掘られ土塁が築かれていた。

しかし、この時点では、二の丸内にはまだ盛土などの造成が行われていなかった。そのため二の丸では土塁や堀などの築造と、内部の造成や建物などの建設が当初から同時に行われていないと考えられた。

【上杉景勝の町づくり】 景勝が当初目した城造りは、村々の移転が二の丸の外側にもおよび、さらに城の東門と西門にあたる位置が現在の東城戸と西城戸であり、そのための二の丸の外側に三の丸が想定されていたことは明らかである。

景勝の築城は、本丸と二の丸だけの計画ではなく、その外側の武家屋敷となる三の丸まで含む、壮大な都市建設であっことがわかり、徳川家康の上杉征伐に備えるためのものではなく、長い期間の居城とするための都市建設であった。

【参考文献】 会津若松市教育委員会『神指城跡試掘調査報告書』（二〇一〇）、会津若松市教育員会ほか『国道一一八号整備事業試掘調査の概要』（二〇一〇）

（近藤真佐夫）

●会津蘆名氏石積の山城

柏《かしわ》木《ぎ》城《じょう》

〔北塩原村指定史跡〕

〔所在地〕北塩原村大塩字柏木城
〔比　高〕約一〇〇メートル
〔分　類〕山城
〔年　代〕一六世紀後葉
〔城　主〕蘆名氏
〔交通アクセス〕磐越自動車道会津若松ICから国道一二一号バイパス喜多方ICをへて、国道四五九を裏磐梯方面に向かい車で約一五分。大塩の北塩原村活性化センター駐車場が登り口。

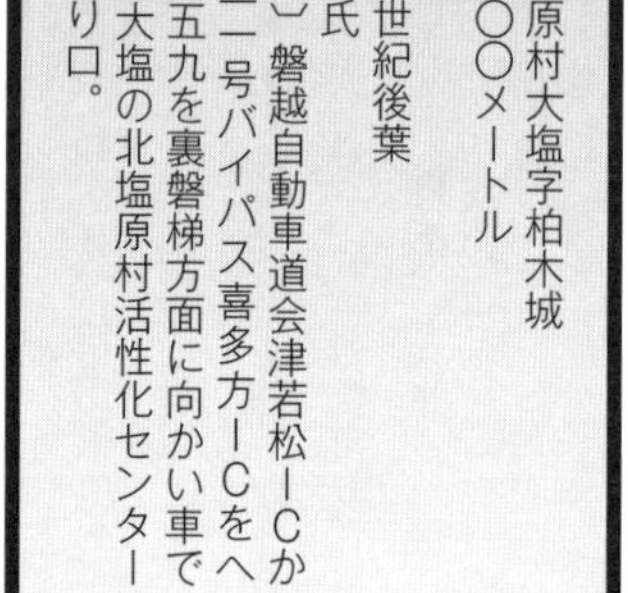

【会津蘆名氏】　中世会津の雄、蘆名（葦名）氏は、もとは相模国三浦郡葦名を領していた三浦一族に連なるとされる。黒川（現会津若松市）に住し、一五世紀後半の盛滋《もりしげ》の頃に会津一円での支配を確立した。一六世紀中頃の蘆名盛氏《もりうじ》の代にはその支配領域も最大となり、室町幕府からは奥羽において蘆名家と伊達家が大名格（永禄六年諸役人附）とされていた。盛氏は、永禄四年（一五六一）に東北最大級の山城と評される向《むかい》羽黒山《はぐろやま》城（岩崎城）を築き、北に領国を接する伊達家とも永禄九年に和睦して以降良好な関係を結ぶようになる。

ところが盛氏、盛興に続き家督を継いだ盛隆《もりたか》が、天正十二年（一五八四）に家臣により殺害され、後を継いだ亀若丸も幼少で没すると家中が大きく揺らいだ。蘆名家は常陸佐竹家との関係を強め、米沢の伊達家とは急速に関係を悪化させる。おりしも天正十二年は、伊達政宗が伊達家家督を継いだ年でもあった。

【会津と米沢】　会津（黒川）からは大塩と桧原《ひばら》（現北塩原村）、綱木と関（現米沢市）をへて米沢へ至る道が最短ルートである。この道は後の江戸時代には街道として整備され、会津では米沢街道と称される。天正六年とおもわれる伊達輝宗書状（伊達家文書）には、輝宗が蘆名盛氏に送った使者が大塩にとどまったことが記され、中世においてもこの道筋が使われていたことがわかる。

天正十三年五月三日、伊達勢はこの往来《おうらい》から会津蘆名領の桧原を攻め、略取した。伊達政宗による会津侵攻の始まりで

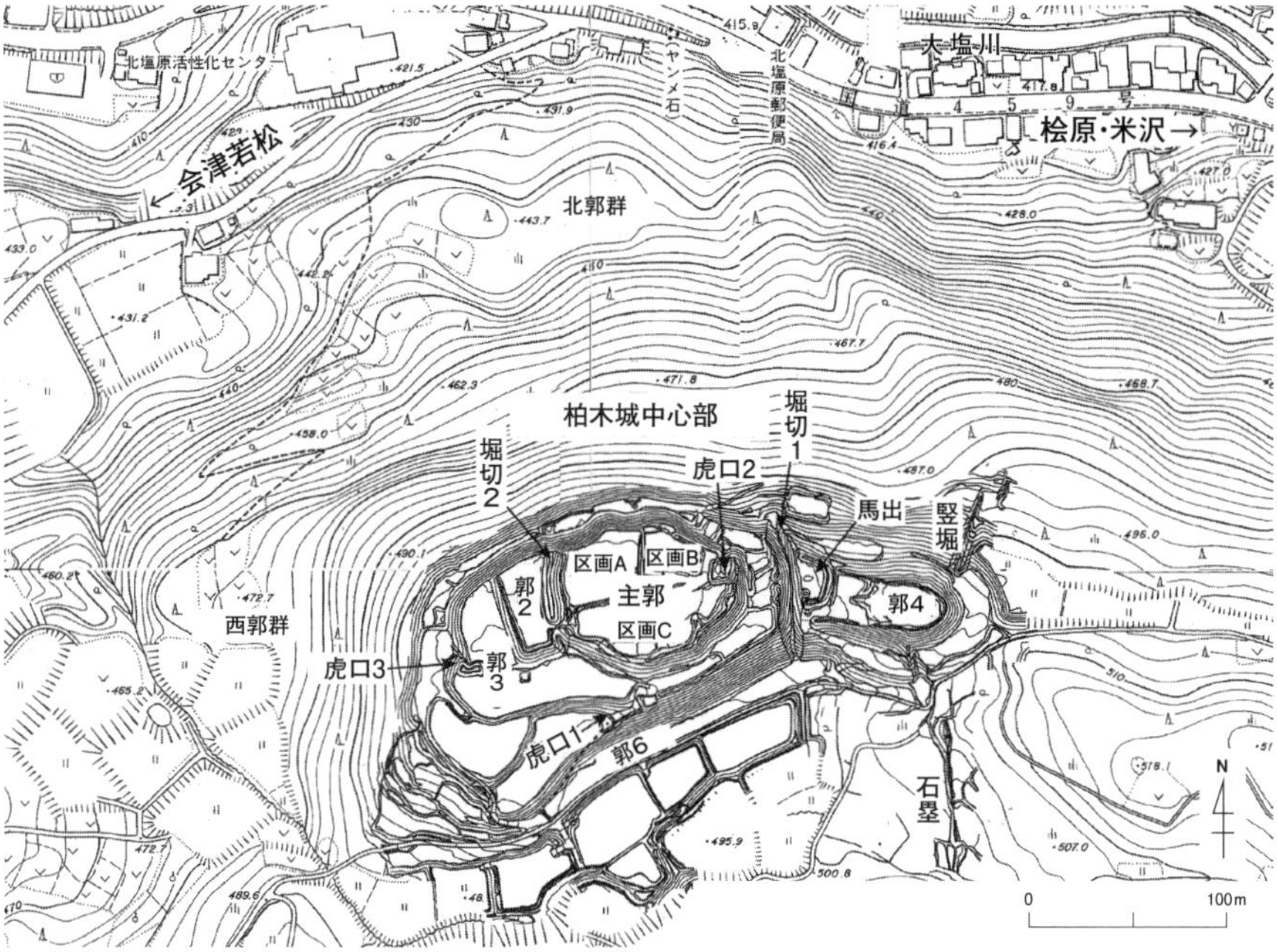

●—柏木城跡・中心部測量図（北塩原村教育委員会提供）

あった。政宗軍は総軍の到着を待って米沢道の萱《かや》峠を経て大塩へ向かうが、その間に、桧原を奪われた蘆名方が柏木城（伊達勢は大塩ノ城と呼んだ）へ入り守りを固めていた。道筋も「山中にて道一筋なれば備《そなえ》を立べき地形なし」（『政宗記』）のため、五月八日には桧原に引き返しており、柏木城を守る蘆名勢との合戦にはいたらなかった。以後、天正十七年六月五日、蘆名義広《よしひろ》と伊達政宗が会戦する摺上原《すりあげはら》（猪苗代町磨上）での合戦にいたるまで、米沢道では、蘆名勢が陣した大塩柏木城と、伊達勢の入る桧原城（地元では小谷山城と呼ぶ）との間で小競合いやにらみ合いが続くこととなる。その間、柏木城は地域領主の住する城ではなく、蘆名氏直轄の城であり蘆名氏配下の武将である三瓶大蔵・種橋大蔵大輔などが守りに当たった番城《ばんじょう》という位置づけであったことが後の編纂物（『旧事雑考』『新編会津風土記』）に記される。

　柏木城が廃された時期ははっきりしないが、摺上合戦の翌日に伊達家臣原田佐馬介宗時が大塩へ来たところ「大塩あけかたに引申候」（『伊達家日記』）と記されており、すでに柏木城は自落した後であったことがわかる。

【柏木城の構造】　柏木城は、北塩原村大塩の大塩川を望む山の上に立地する。大塩川に沿うように会津と米沢を結ぶ道が通じており、山裾で登城口と米沢道が接していたものと推測される。大塩川は周辺の谷や小河川が集まる基幹河川であり、大塩は周囲にのびる小道や山路が集まる結節点でもある。会津からみると、大塩こそが、迫りくる伊達勢に対し谷あいでの迎撃を可能とする場所であり、その地に築かれた柏木城は、伊達政宗の会津盆地への侵入を阻止する会津北方防衛の要《かなめ》となる山城であったと理解する必要があろう。

柏木城は、主郭を擁する中心部地区と周囲の山麓に広がる平場群（北郭群、西郭群など）からなる。中心部地区は主郭、郭2、郭3が東西に連なり、周囲を帯郭《おびくるわ》が取り巻いている。主郭は大きく三区画（A・B・C）に分けられる。区画Aが最も標高の高い平場となっており、周囲を石積で囲われることからも最も格の高い空間と思われる。主郭の北以外は土塁《どるい》で画して帯郭側の切岸《きりぎし》とともに高さを確保し、郭2との間には堀切2を配して、周囲からの侵入に対する備えとする。主郭への出入口は、北東の虎口《こぐち》2と、堀切2に対して郭2方面に掛けられた土橋《どばし》が現状で確認できる遺構である。

中心部地区への出入口は、南側の虎口1、西側に虎口3がある。会津黒川方面からは、山城西側の大久保集落をへて、中心部南側の谷に沿う細長い郭6に達する緩やかな登り道があり、そこから虎口1に接続する今は見ることができないスロープがあったとされる（大塩邑柏木森臼城之図）。

虎口1から帯郭1を通り虎口2をへて主郭に入るルートは、出入口（虎口1・2）がともに石積を伴う桝形《ますがた》虎口であり、柏木城ではもっとも重厚に作られている。間の通路も幅が広く直線的で延長約一〇〇メートルにもおよぶ土塁壁には石積が施される。他にも北東隅の区画施設をはじめ随所に石積があり、城内では最も手をかけて作られていることから、主郭へのメインルートであったと考えられる。

いっぽう、中心部地区の東側には堀切1、馬出《うまだし》と郭4が並ぶ。この部分は東から尾根伝いでくる攻め手に対する防御の意識を強く感じさせる構成となっており、橋頭保《きょうとうほ》となる郭4東側の切岸を中心に、北側と南側に竪堀《たてぼり》、その南に石塁が連なる長い遮断線がある。加えて馬出により複雑化された出入口、堀切1による強固な遮断線も形成され、主郭への侵入を難しくしている。

中心部地区の西や北の山裾に広がる広大な平場群は、地表面観察で平場とそれをつなぐ通路、石列などが確認されている。これらは柏木城で大規模な兵力を運用する際の駐屯地と理解されている。

【発掘調査】 平成二十六年（二〇一四）度から北塩原村教育委員会により、柏木城跡中心部において発掘調査が行われている。主郭区画Aからは竪穴や掘立柱建物跡、炉跡、石組と柱列による区画施設などが検出され、区画Ｃからは掘立柱建物跡、炉跡などが検出された。掘立柱建物跡周囲から出土した瀬戸美濃産陶器片などから得られる考古学的な年代は、一六世紀後半代と理解される。遺物にはほかに中国産青磁盤や染付磁器、瀬戸美濃産椀・皿、瓷器《しき》系陶器壺・甕《かめ》などの陶磁器片や、釘、締め金具などの金属器、硯などが出土しており四百数十年をへて、ようやく少しずつであるが当時の姿を知る手掛かりが得られ始めた。

【石　積】　柏木城跡の発掘調査で特筆されるのは多彩に施された石積である。主郭内では土塁壁や櫓台《やぐらだい》壁、区画Ａを囲む土塁などで確認された。虎口１では通路の両側に石積が認められ、南側土塁では平石を立てて貼りつけつつその上に石を重ねる積み方、北側では石の面を揃えて横方向に目地を整え気味に重ねる積み方が確認できる。虎口１の最初の折れに当たる部分には、大平石とよぶ長さ約一メートルほどの平石が鏡石のように配される。虎口２に至る通路壁には、二段に積まれた石積が土塁の壁を飾るとともに、周囲すべてが石積と想定できる北東隅の区画施設などさまざまな遺構で石積が姿を現した。

●—虎口１大平石

●—帯郭１北東隅区画施設の石積

【柏木城の特徴】　柏木城は天正十三年での機能が文献（『政宗記』）から確実視され、そこから廃絶までは、天正十七年摺上原の合戦までの期間が有力視される。以後は領国境ではなくなることや地域領主の城でもないと考えられることからその後の使用や改修を想定する必然性もない。城の始まる時期は今後検討がいるものの、中世蘆名氏による一六世紀後半の築城技術や領国防衛の考え方を知るうえで会津でも希な城跡であるといえよう。

【参考文献】　北塩原村史編さん委員会『北塩原村史通史編・資料編』（二〇〇七）、北塩原村教育委員会『柏木城跡』（二〇一四）、北塩原村教育委員会『戦国時代の終焉　伊達政宗の会津侵攻』（二〇一五）

（布尾和史）

●応永二十七年に落城した平地の方形居館

会津新宮城《あいづしんぐうじょう》

〔国指定史跡〕

【会津盆地の北西縁─中世遺跡の宝庫】　新宮城は会津盆地の北西縁の河岸段丘上に立地し、その主郭に立つと、東側正面に新宮荘の荘域であったと考えられる沖積地が一望でき、その奥に磐梯山《ばんだいさん》の山並みが遠望できる。

北には東北地方最古の経塚《きょうづか》である「松野千光寺《まつのせんこうじ》経塚」の丘陵を望み、その奥には新潟・山形県境の飯豊《いいで》連峰の山並みが聳えている。南には外堀である谷を隔てて、国指定重要文化財「長床《ながとこ》」のある新宮熊野神社と、中世以来の「新宮」の門前集落が展開している。西一キロの丘陵上には、新宮氏が籠城したとされる高館山城跡がある。

【新宮荘と新宮氏】　新宮荘は、応徳二年（一〇八五）に現在地に遷宮されたと伝えられる新宮熊野神社を中心とした地を荘園とされ、地頭職が新宮氏であったとされている。新宮氏は関東御家人佐原氏祖とする一族で、葦名《あしな》氏と同族とされ、建暦二年（一二一二）に新宮城を築いたと伝えられている。

〔所在地〕喜多方市慶徳町新宮字舘内・舘北・前田・神明道下・水上・道西・小山前ほか
〔比　高〕〇～三メートル
〔分　類〕平城
〔年　代〕一三世紀後半から一五世紀前葉
〔城　主〕新宮氏
〔交通アクセス〕ＪＲ磐越西線「喜多方駅」下車、徒歩五〇分。

【新宮氏と新宮城】　『会津旧事雑考』や『新編会津風土記』、『新宮雑葉記』などによると、新宮熊野神社に奉納されていた「御正体《みしょうたい》」に「(元亨)四年（一三二四）」と「大檀那《おおだんな》　右《う》衛門尉平時明《えもんのじょうたいらのときあき》」銘、「正中二年（一三二五）」と「為当荘惣地頭平時明《ときあき》并一族等」銘があったとされ、「平時明」が新宮氏と推定されている。

新宮熊野神社蔵の銅鐘銘には「貞和五年（一三四九）」、「(大檀那）同地頭平朝臣明継《あきつぐ》」があり、鰐口《わにぐち》銘には「康応二年（一三九〇）」、「大檀那沙弥正宗」があり、いずれも新宮氏と推定されている。以上の史料から、新宮氏は少なくとも一四世紀前半には新宮荘の荘地頭として、新宮熊野神社の「大檀那」であったことがわかる。

●―新宮城と新宮熊野神社，新宮集落（『会津新宮城跡発掘調査報告書』より転載．一部加筆）

『塔寺《とうでら》八幡宮《はちまんぐう》長帳《ながちょう》裏書《うらがき》』には応永二十一年（一四一四）から永享五年（一四三三）にかけて、新宮氏と葦名氏の抗争および越後国小河荘との関連を示す記事がある。そして、応永二十二年に「新宮城押寄取巻」、応永二十七年に「新宮城没落」の具体的な記事があり、永享五年には越後小河荘で新宮氏が滅亡した記事がある。

また、『会津旧事雑考』や『異本塔寺長帳』には応永九年に新宮盛俊《もりとし》が謀叛し、葦名氏攻めをうかがったとされ、応永十年には新宮時広・入道正宗が謀叛し、葦名盛政《もりまさ》に攻められ新宮城が落城し、時広が越後に逃げたとされている。一五世紀初めから新宮氏と葦名氏が攻防を繰り返し、新宮城が争奪された傍証となる。

【新宮城の構造】　新宮城の現況は基本的に、水田・畑の農地が主である。新宮城は内堀・土塁《どるい》で区画される台形の主郭と、外堀で区画された外郭で構成される二重の構造である。

南側外堀は天然の谷を整形したと推定される形で現存し、北側・東側外堀は昭和四十七年（一九七二）の圃場《ほじょう》整備まで遺存していたので、現況では水田となっているが、電気地下探査により堀の遺存を確認している。西側外堀は発掘調査で確認され、現況地形で推定されているが、門や道も調査で確認されている。

●—新宮城遺構配置図（『会津新宮城跡発掘調査報告書』より転載．一部加筆）

外郭は東西約四〇〇メートル、南北約三五〇〜四〇〇メートルで、北側外堀は幅三〇〜四〇メートルと推定され、自然の谷を利用したと考えられ、南側外堀も自然の谷を整形して利用し、幅三〇〜五〇メートル、深さ七〜九メートルとなる。東側外堀は幅約一五〜二〇メートルと推定され、西側外堀は幅三・四メートル、深さ約一・二メートルで、いずれも人工的に構築された堀である。外堀に土塁の存在は確認できていない。

主郭は東西約一一〇〜一三〇メートル、南北約一四〇メートルの不整台形を呈し、内堀幅は約一五〜二〇メートルで、内堀内側で東西約一二〇〜一〇〇メートル、南北約一二〇〜一三〇メートルとなる。内堀内側には土塁がほぼ全周し、西側で遺存状態がよく基底幅七〜八メートルであり、北西部の最高所で主郭内部との比高差約二・五メートルとなる。

土塁は、土塁基底部下層に一四世紀前半を下限とする遺構面があり、南東部での土塁で一回以上改修が確認できた。土塁は当初から存在したものではなく、一四世紀以降に段階的に整備されたものと考えられ、前述の文献史料や金石文、後述の出土遺物を考慮すると、現況の新宮城は一五世紀前葉の状況と示している可能性が高い。主郭虎口《こぐち》は未確認であるが、現況観察では東辺中央付近と推定される。

【発見された遺構】　発掘調査で発見された主な遺構は、礎石建物跡・溝跡・土坑・木組遺構・ピットなどである。

礎石建物跡は主郭北西隅で、LⅢ整地層上面で検出され、向拝が付く三間堂ないしは二間二間に三面に庇《ひさし》が付く建物と推定され、持仏堂ないしは社殿など宗教的な建物と考えられる。出土遺物はかわらけ・高麗青磁・瓦質土器などで、一四世紀末から一五世紀前葉とされている。

●—新宮城主郭（喜多方市教育委員会提供）

木組遺構は主郭南東部で発見され、主軸方向は主郭にほぼ一致する。一辺二・七㍍の隅柱横桟縦板組《よこさんたていた》の構造で、横桟は六段あり、中央付近に梁に相当する中桟が横桟に架けられている。縦板は幅二四〜三六㌢、厚さ二〜三㌢、長さ一〜一・一㍍の材を二段に組んでいる。隅柱は一〇㌢角で、打ち込みの据え方である。スギやコウヤマキが使われている。堆積土は最上層が人為堆積で、その下層は自然堆積であり、裏込めはほとんどない。

出土遺物はかわらけのほか、裏込めから青磁連弁文碗が出土した。このほかに、木組遺構近くのLⅣから象を模った青白磁が出土し、一四世紀と推定されている。新宮城が城郭化される以前の一四世紀代の遺構と考えられ、現在湧水《ゆうすい》はないが大型の井戸の可能性があり、「泉殿」のような儀礼的な空間の遺構の可能性が指摘されている。

外郭西側を区画する堀跡を検出し、幅三・七㍍、深さ〇・九五㍍で他に比して小規模である。主郭南辺の延長線上の西外郭堀跡と直交する部分で、両側側溝の道跡と門跡を検出した。この延長線上の外郭西側には、高舘城跡や新宮氏墓地あ

●—青白磁六牙象（騎象普賢菩薩像）
（飯村均　撮影・提供）

るいは新宮集落に向かう道も想定され、注目される。

出土遺物は瀬戸・かわらけ・瓦質土器・高麗《こうらい》青磁・宋銭・笄・漆器などで、一四世紀後半から一五世紀前葉である。

【発見された遺物】

発掘調査で出土した陶磁器は三一三点で、青磁・白磁・青白磁・高麗青磁など貿易陶磁器が一〇〇点で、古瀬戸三四点、瓷器《しき》系陶器四五点、須恵器《すえき》系陶器一一四点、瓦質土器一八点である。

かわらけはロクロ整形で主体であり、主郭からの出土がほとんどで、主郭からの出土総量は一九・六九三グラム以上で、推定個体数は約二六二個体を超える。主郭北西部の礎石建物跡の周辺で、多く出土する傾向がある。なお、昭和四十七年の調査では主郭東側トレンチで手づくねかわらけが出土している。ほかに土壁・鉄鏃《てつぞく》・笄《こうがい》・刀装具・石臼・銭貨などが出土している。

陶磁器では内面に梅花文のある青磁碗や青磁器台・托・筒形香炉、建窯系天目《けんようけいてんもく》茶碗、瓦質風炉、越前茶壺、高麗象嵌《ぞうがん》青磁など茶器類の奢侈品《しゃしひん》が多い。特に象を模った青白磁は国内では類例にない逸品であり、「騎象普賢菩薩像」の六牙象と推定され、一四世紀に比定されている。

出土遺物は一二～一五世紀前葉に比定できるが、出土量を見ると一四世紀～一五世紀前葉が最も豊富である。一三世紀前半の遺物が希薄であり、空白期とされる。したがって、新宮城が新宮氏とかかわって機能したのが一三世紀後半とされ、現在の大規模な土塁と堀が整備され城郭化されたのは、一四世紀から一五世紀前葉とされ、前述の応永二十七年を下限とする可能性は高い。

【新宮熊野神社と新宮集落】　前述のとおり新宮城と密接に関わる。新宮熊野神社は天喜三年（一〇五五）に源義家《よしいえ》により創建され、応徳二年に現在地に遷宮されたと伝えられている。近年、三社本殿にある御神像は一一世紀に遡る可能性が指摘され、拝殿である「長床」は放射性炭素年代測定法で一一～一二世紀に伐採された木材が使われていることが指摘され、基壇からの出土遺物を含めて一二世紀に遡る可能性が指摘されている。

長床の西側の中腹に三社本殿があり、その山奥には「阿弥陀堂」「一の寺」などの地名が残る。北側に「補陀落堂《ふだらく》」、南側に「神宮寺」の存在が指摘され、新宮集落には「大門」「馬場小路」「湯屋小路」「神明道」などの俗称地名のほかに、「北小路」「本小路」「高野（紺屋）町」「禰宜《ねぎ》町」などの記録がある。

集落内では「建武二年（一三三五）」「城永」の銘のある石製蔵骨器が出土しているほか、水上遺跡で一二〜一四世紀の陶磁器が出土している。新宮熊野神社は多くの寺社山門が並ぶ一山を形成し、新宮集落も門前町として一二世紀には成立したと考えられる。

【並立する新宮熊野神社と新宮城】 集落の四囲示には「大般《だいはん》若経転読札《にゃきょうてんどくふだ》」が現在でも懸けられ、転読された新宮熊野神社蔵の大般若経には建武三年（一三三六）銘があり、応永年間の補修銘が多数残る。新宮城はこの転読札が懸けられ四囲示の外にあり、一体的に存在していたとは言い難い。

しかしほぼ同時期に、新宮熊野神社という宗教権力の空間と新宮城という公権力の空間が並立して、一体となることなく存在したことが明らかである。新宮荘の中核である新宮熊野神社と、荘地頭である新宮氏の新宮城は並立する空間として相互に尊重され、前述のような金石文等の史資料から、新宮氏は新宮熊野神社を信奉し、保護したことは明らかである。

そして、新宮氏滅亡後は葦名氏が新宮熊野神社を保護するが、長床の北側に「駿河館」があり、葦名氏家臣の居館と考えられ、いわゆる境内域に館を持っている点で公権力が宗教権力を支配・管理する関係を読み取ることができる。

【室町時代の平地居館】 新宮城は新宮荘の荘地頭であった新宮氏の居館であり、一三世紀後半には成立し、一四世紀から堀・土塁が徐々に大規模に整備され、一五世紀前葉に廃絶したと考えられ、時期が限定できる国内でも希少な平地の方形居館である。

新宮荘の中核である新宮熊野神社と並立して立地し、土塁と堀に区画された主郭と、堀で区画された外郭の二重の構造である。

主郭の内部構造は不明確であるが、宗教施設と考えられる礎石建物跡や大規模な井戸様の遺構である木組遺構はいずれも注目され、特異な構造である。青白磁「騎象普賢菩薩像」や青銅製仏像の出土もあり、宗教性の強い居館と言うことができる。

（飯村　均）

【参考文献】 山中雄志ほか『会津新宮城跡発掘調査報告書』（喜多方市教育委員会、二〇〇八）

● 『玉葉』養和元年にある「藍津之城」

陣《じん》が峯《みね》城《じょう》

〔国指定史跡〕

〔所在地〕会津坂下町大字宇内字五目・樋ノ口甲
〔比　高〕二〇メートル
〔分　類〕平山城
〔年　代〕一二世紀
〔城　主〕—
〔交通アクセス〕ＪＲ只見線「会津坂下駅」下車、徒歩七〇分。

【会津の交通の要衝】　陣が峯城は会津盆地の北西部、川西地区の宇内《うない》集落の南にあり、現在は川西公民館等が建っている。南には旧・越後街道があり、慶長十六年（一六一一）会津大地震で勝負沢《しょうぶさわ》峠が崩落し、付け替えられているが、それまでは主要な街道とした機能した。

城は勝負沢で形成された標高一九五～一九七五・五メートル扇状地上に立地し、東側は旧・宮川の浸食を受け、比高差二〇メートルの断崖となっている。旧・宮川は阿賀川を合流し、越後平野を経て日本海に至る河川交通のルートでもある。扇状地は勝負沢の流路が何度も変わったためか、深い沢が幾筋も形成されている。会津盆地を一望できるような立地である。

城西側の雷神山《らいじんやま》古墳後円部に雷神山経塚《きょうづか》があり、一二世紀後半の渥美灰釉《あつみかいゆ》壺が出土している。南約四キロの杉集落にある薬王寺遺跡では、一二世紀の苑池《えんち》を伴う寺院が調査されている。

【「藍津之城」】　陣が峯城を含む地域は一一世紀に立荘されたとされる「蜷河荘《にながわのしょう》」とされ、三条天皇の皇女冷泉宮儇子《けんし》内親王領として成立し、関白藤原忠実《ただざね》領をへて、近衛家に伝領された。

九条兼実《かねざね》の日記『玉葉《ぎょくよう》』の養和元年（一一八一）七月一日の記事に、伝聞であるが、越後守である城《じょう》四郎長茂《ながもち》が横田河原で木曽義仲に敗れ、「藍津《あいづ》之城」に籠ろうとしたところ、陸奥守である藤原秀衡《ひでひら》が郎従を遣わしてこれを押領しようとし、城氏は越後の本城に籠ったとある。一二世紀の城である

●—陣が峯城（東から）（会津坂下町教育員会提供）

本城が、「藍津之城」であることが多く指摘されている。
文化六年（一八〇九）成立の『新編会津風土記』でも、城四郎長茂が築いた二八館の一つで、焼米が出土することや、二重の空堀があることが記されている。

【二重の堀と土塁】　城は隅丸の不整な五角形を呈する平場を中心に、北・西・南の三方に内堀・外堀の二重の堀があり、西側の内堀内側と外堀外側に土塁《どるい》があり、東は急峻な段丘崖となっている。

平場は公民館・ゲートボール場等以外は畑地であり、北・西側の堀に沿って雑木林・荒れ地となっている。東西約一一〇メートル、南北約一七五メートルで、約一万四〇〇〇平方メートルの面積があり、東に向かってやや傾斜する。

堀は杉や雑木が繁茂し、鬱蒼としている。外堀は上端幅七〜三〇メートル、底面幅二〜一〇メートルで、断面形は不整な逆台形となる。内堀は上端幅一〇〜二九メートル、底面幅一〜三メートルで、断面形は「V字形」となっている。堀は西側で狭小となり、南・北側で幅・深さとも大きくなっている。

西側の内堀内側の土塁は一部進入道路で削平されているが、幅六〜九メートル、高さ一〜二・五メートル、長さ約七〇メートル遺存している。西側外堀西側の土塁は杉と雑木の林で、幅約五メートル、高さ約二メートル、長さ約二五メートルが遺存している。虎口《こぐち》は確認できなかったが、堀の規模や形状や高低差等から、西側に存在した可や能性が高い。

不整形に二重に堀と土塁で区画した城館としては、平泉政庁である柳之御所《やなぎのごしょ》遺跡や後三年合戦に関連する秋田県大鳥《おおとり》井山《いやま》遺跡などがあり、安倍氏・清原氏・平泉藤原氏関連の遺跡で見ることができ、その系譜関係は注目される。

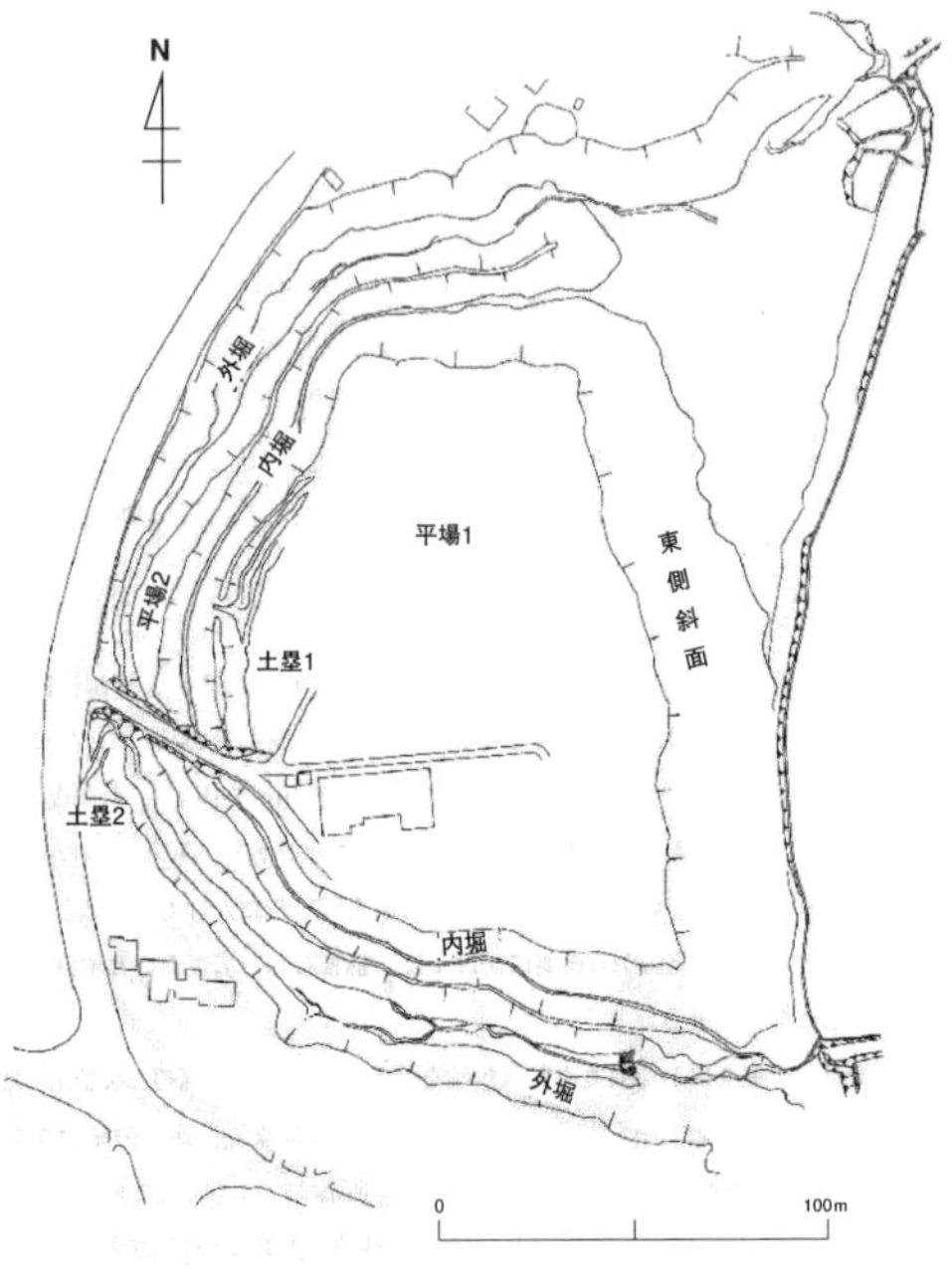

●―陣が峯城縄張図（『陣が峯城跡』より転載．一部加筆）

【平場の空間構成】 平場で調査された遺構は、掘立柱建物五棟、溝六条、土坑三七基、ピット群、鍛冶炉《かじろ》一基などである。掘立柱建物跡は平場北側にあり、二間五間の身舎《もや》に庇《ひさし》が付く構造で、柱間は七尺代で、重複関係から三時期の変遷が推定されている。政庁的な建物群である。

建物群南側の平場中央は遺構が希薄であり、広場とされている。平場東側には焼失した掘立柱建物跡の存在が推定され、炭化した壁材や板材、あるいは炭化した米・豆・漆器などが出土し、「厨《くりや》」の可能性が指摘されている。

西側の堀の調査では、内堀の断面が逆台形で東側にテラスがあることがわかり、深さは平場から約四・二㍍《メートル》であるが、南・北堀に比しては浅い。堀は自然地形の沢を最大限利用して構築した結果、堀・平場が不整系となったとされている。内堀の底面、土塁側からは飛礫《つぶて》と考えられる礫や鉄鏃《てつぞく》が出土しており、この付近で戦闘が行われたことを示している。

西側の土塁の調査では、積み土は西側が厚く東側が薄いことから、内堀の掘削土で積まれたと推定され、版築《はんちく》は行われていない。頂部は柱状の打ち込み痕跡があり、柵等の施設が推定される。

【豊かな貿易陶磁器】 出土遺物は貿易陶磁器約三割、須恵器《すえき》系・瓷器《しき》系陶器約一割、かわらけ約一割、漆器約一割、鉄製品約二割、銅製品・炭化米などである。政庁的な空間と考えられる建物群の周辺からは特に貿易陶磁器や国産陶器・かわらけが多く、「厨《くりや》」空間からはかわらけ・漆器・炭化米等が多い。
　貿易陶磁器は五八一片、七七個体あり、白磁が圧倒的で、四耳壺《しじこ》・水注《すいちゅう》・碗・皿が出土し、碗・皿の出土比率が高く、袋物の多い岩手県柳之御所遺跡の出土状況とは異なる。青白磁は碗と小皿、劃花《かくか》文青磁碗一点、初期高麗《こうらい》青磁碗一点が出土している。

●―陣が峯城　出土貿易陶磁器（会津坂下町教育委員会提供）

　陶器は六三二片、三四個体あり、甕《かめ》・壺・鉢が主体で、須恵器系陶器では在地産と思しきものが多く、瓷器系は常滑《とこなめ》・渥美等の東海地方産が多い。山茶碗・皿も出土し、渥美型碗・尾張型皿・東《ひがし》遠江《とおとうみ》型碗がある。かわらけは二三八片で、五〇個体が復元でき、ロクロ整形の皿および柱状高台《こうだい》皿が主体で、手づくねかわらけは出土していない。一二世紀前半から中頃に比定されている。

【生活感の高い出土遺物】　木製品は炭化したものが多く、椀・皿・盤・曲物《まげもの》・合子《ごうす》・下駄・鞍《くら》などがある。炭化した食料品も出土し、炭化した椀形飯・包飯《ほうはん》・加工大豆、炭化した穀物類としてコメ・マメ・ソバが多量に出土した。コメは総量九〇〇〇グラムを超え、ソバは少ない。生活している中で、戦乱により火災に遭ったことがうかがえる

　銅製品には和鏡と権衡《けんこう》があり、後者はその重さから大宝《たいほう》令《りょう》制の「大両《たいりょう》」とされ、度量衡《どりょうこう》の管理が行われていた可能性がある。いずれも政庁的な空間からの出土である。鉄製品には鉄鏃一三点、鉄斧・鉄鋌《てってい》・鉋《かんな》・鋸《のこぎり》・釘などがあり、鉄鏃の出土は戦闘の状況を示しているほか、番匠《ばんしょう》や木地師《きじし》など職人の存在をも示している。鍛冶炉《かじろ》や鉄滓から鍛冶師の存在も指摘できる。

　陣が峰城は一二世紀前半に成立し、一二世紀中頃にピークを迎え一二世紀のうちに戦乱に伴う火災によって廃絶したと考えられ、『玉葉』にある「藍津之城」の可能性は高い。

（飯村　均）

【参考文献】吉田博行ほか『陣が峰城跡』（会津坂下町教育委員会、二〇〇五）

●戦国大名葦名盛氏の本拠

向《むかい》羽《は》黒《ぐろ》山《やま》城《じょう》

〔国指定史跡〕

〔所在地〕会津美里町字船場・上町・三日町・三日町上など（白鳳山公園）
〔比　高〕一八五メートル
〔分　類〕山城
〔年　代〕一六世紀
〔城　主〕蘆名盛氏
〔交通アクセス〕ＪＲ只見線「会津本郷駅」下車、徒歩四〇分。

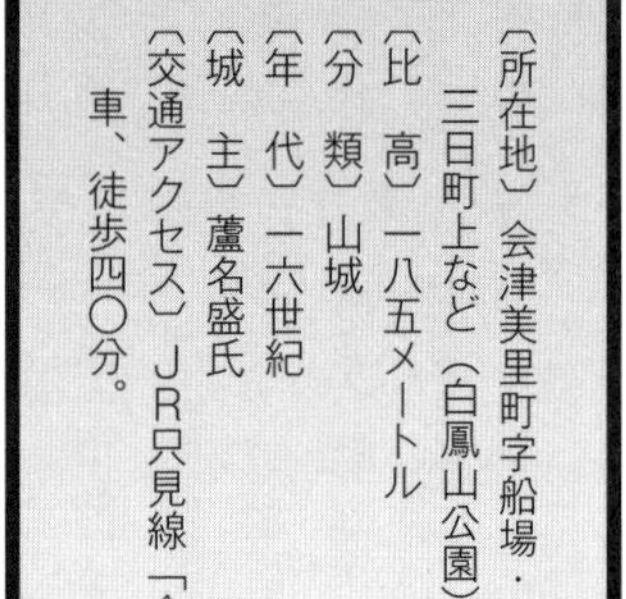

【会津盆地を一望】　会津盆地の南端、阿賀川（大川）が東を流れる、白鳳《はくほう》三山の標高四〇八㍍の岩崎山（向羽黒山）、羽黒山に立地する山城である。東西一・四㌔、南北一・五㌔におよぶ広大な城域である。岩崎山の頂部に立つと、会津若松市市街地をはじめ、会津盆地が一望できる。

　この山城のある地域は江戸時代以来、会津本郷焼の産地であり、岩崎山の西北傾斜面は陶器や赤瓦の原料が採掘され、東側の粗面岩は釉薬《ゆうやく》の原料にもされた。白鳳三山は現在、大川羽鳥県立自然公園として保護され、白鳳山公園として親しまれている。

【蘆名盛氏の築城】　『会津旧事雑考』によると永禄四年（一五六一）蘆名盛氏《あしなもりうじ》により築城されたとされる。天険の要害であり、関東に通じる下野道や大川を介して盆地北部通じ、水陸交通の要衝である。

　『新宮雑葉記』に永禄六年の熊野新葺替《くまのしんふきかえ》の棟札《むなふだ》に「当時屋《や》形《かた》盛氏」とあるが、翌七年の勝福寺《しょうふくじ》鐘銘《しょうめい》に「隠居《いんきょ》盛氏」とあることから、永禄七年には盛氏が子息盛興《もりおき》に家督を譲って隠居したとされ、それは新城・向羽黒山城への移転が契機とされている。このころ雪村が会津に来住し、盛氏に絵を進上し、城内を飾ったとされる。

　『新編会津風土記』に写されている「巌館銘《がんかんめい》」という漢詩文があり、河沼郡湯川村勝常寺の僧・覚成《かくぜい》が永禄十一年に向羽黒山城の素晴らしさを称えて詠んでいる。それによると、「実城《みじょう》」「中城」「外構《そとがまえ》」の構造で、堀と土塁《どるい》が何重にも巡

●―向羽黒山城（北西から）（会津本郷町教育委員会『向羽黒山城跡Ⅱ』2004 より転載）

り、門と垣根が斜面に並び立ち、櫛の歯を並べたようであると表現し、山の麓の「根小屋宿町」は軒を連ねる家の数が二〇〇〇余りと、山麓の町のようすも描写している。

隠居した盛氏は活発な軍事・外交活動を続け、北条・伊達氏との同盟、上杉・武田氏との友好を深め、佐竹義重《さたけよししげ》への牽制を強めた。天正二年（一五七四）盛興が死去し、二階堂盛《もり》隆《たか》を家督にすえ、盛隆は黒川城に、盛氏が向羽黒山城にいたと考えられ、北条氏政が蘆名盛氏に宛てた天正六年頃とされる文書の宛所に「岩崎江」とある。天正八年正月白川義親《よしちか》宛書状からは、政治・軍事・外交権を盛隆に譲ったと考えられている。

【関ヶ原前夜の大改修】　盛氏は天正八年六月に六〇歳の生涯を終え、盛隆も天正十二年に横死し、嗣子《しし》の葦名亀王丸も天正十四年に病死し、天正十五年佐竹義重の次男義広が名跡を継いだ。その後、伊達政宗との軍事的緊張関係が極度に高まり、天正十七年の摺上原《すりあげはら》合戦で蘆名氏は没落する。

その後天正十八年の奥羽仕置で蒲生氏郷《がもううじさと》が会津に入部し、文禄四年（一五九五）に秀吉が若松・米沢・白河・田村・二本松・白石・津川の七城を除く会津領内の諸城の破却を命じた朱印状を発している。

そして慶長三年（一五九八）上杉景勝《かげかつ》が会津に入部するが、

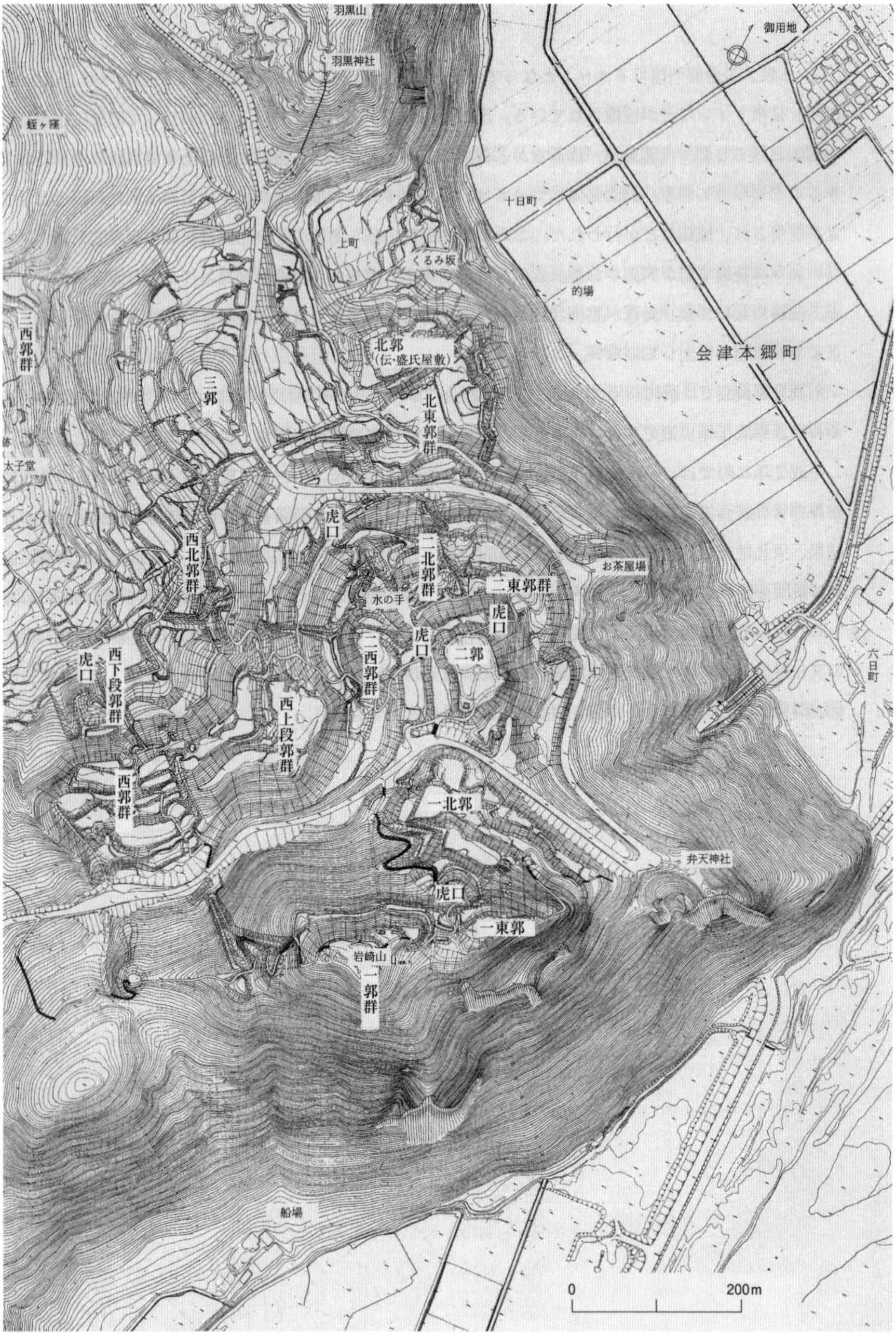

●—向羽黒山城縄張図（会津本郷町教育委員会『向羽黒山城跡Ⅱ』より転載，一部加筆）

関ヶ原合戦の前夜であり、極度に軍事的緊張関係が高まった時期であり、向羽黒山城が軍事的な拠点として、この時期に大規模な改修がなされた可能性が高い。慶長五年の関ヶ原合戦の終結により、すべての軍事的緊張関係が解消したことから、向羽黒山城の機能は停止したと考えられる。

【郭群の空間構成】 郭群は岩崎山山頂周辺の一郭群はじめとして、二・西・北・三郭群等に、横堀や竪堀《たてぼり》、土塁《どるい》、竪土塁等で大きく区画されている。伝・盛氏屋敷とされる北郭の北には「上町」「くるみ坂」「十日町」等の地名が残り、西郭群西側には「太子堂」が現存し、「三日町上」「三日町」等の地名が残り、「常勝寺跡」が推定されている。

北東郭群東側は土塁と堀で区画され、北東郭群から西北郭群にかけて大規模な横堀と土塁で三郭群と区画され、さらに西郭群北側で西下段郭群と横堀で区画されている。西郭群西側は竪土塁で区画され、それに連続するように一郭群西側は竪土塁と複数の竪堀で区画され、全体として「総囲み」的な空間を創出している。

西郭群と西上段郭群は竪堀と竪土塁で区画され、西上段・二西郭群と二北郭群との間も竪土塁と竪堀で区画されている。二西・二東郭群と二郭群との間はそれぞれ石積みの桝形《ますがた》虎口《こぐち》で接続し、さらに二郭群から一北郭群、さらに一東郭群へは複数の桝形虎口で接続している。さらに一郭の東西に桝形虎口が推定できる西郭群と西下段郭群の間、二北郭群と北東郭群の間には石積の内桝形《うちますがた》の虎口がある。特に郭群間の登城経路に沿って、石積みの内桝形の虎口を作っている。

以上の「総囲み」的な空間の外側に、大規模な外桝形様の平場である西下段郭群や、やはり大規模な平場・堀が造成されている北郭があり、平場の造成が不鮮明な三郭がある。「総囲み」的空間の中は一・一北・二・二北・二東・西・西上段・北東郭群など、大きく五〜八の郭群のまとまりがあることが理解でき、山城内の機能分担や家臣団編成との関係などとの関係を考える必要がある。

【発掘調査での発見】 最頂部の一郭では、西側と東側で石積の内桝形の虎口と、根石《ねいし》のある方形の柱穴群を確認している。二郭地区西側では蔵の可能性のある礎石建物を二棟検出し、染付皿が出土し、一五世紀後半〜一六世紀前半に比定できる。二郭群と二北郭群の間では堀・土橋《どばし》・内桝形の石積の虎口を確認している。

西郭群では西下段郭との間に内桝形の石積の虎口を検出し、虎口西側の郭縁に沿って石列の塀跡を確認した。この塀跡は西側竪土塁に接続して連続する。上段の平場で石積の地下倉を検出した。石積の積み手などを見ると、蘆名氏段階の

●—北郭群 虎口の石積

石積と考えられる。

伝・盛氏屋敷とされる北郭は急激で大規模な造成で平場を構築し、未完成で放棄された可能性が高い。また、三郭でも目立った遺構・遺物がなく、平場が造成途中で放棄された印象で、石が多量に出土し、石積に使われた可能性がある。いずれの郭も「総囲み」的空間の外側に位置し、大規模で急速な造成の途中で、未完成のまま放棄された印象であり、慶長五年の高度に軍事的な緊張状態で、上杉氏による急激で大規模な改修した結果と考えている。西下段郭も内桝形の虎口の外に、未完成の大規模な外桝形を造成しているように見え、やはり慶長五年頃の大改修の結果と考えている。

「三日町」では中世の遺構は確認できず、「十日町」では電気探査・地下レーダー探査・表面波探査で一部堀の可能性のある痕跡を確認しているが、「外構」の可能性も指摘されており、会津藩の軍事演習である「追鳥《おいとり》狩《がり》」に関連する遺構の可能性がある。

●—北郭群 石積遺構

「総囲み」的な空間の内部で検出された遺構は葦名氏段階の遺構で少なくとも二時期以上の変遷が推定され、前述の空間の外側は慶長五年以前の上杉氏の大改修が明らかになった。蒲生氏段階の改修は明確でないが、前述の空間の内側での改修の可能性は考えられる。

【参考文献】小林清治ほか『向羽黒山城跡保存管理計画書』（会津本郷町教育委員会、一九九五）、梶原圭介『史跡向羽黒山城跡整備計画書』（会津美里町教育委員会、二〇一二）

（飯村 均）

お城アラカルト

関ヶ原合戦と上杉氏の城

飯村　均

東北地方の中世城郭に大きな衝撃を与えたのは、天正十八年（一五九〇）の奥羽仕置とそれに伴う豊臣大名の入部である。いわゆる「織豊系城郭」技術の導入であり、瓦葺・石垣・礎石建物の導入に代表される。奥羽仕置により会津には蒲生氏《がもううじ》郷《さと》が入部し、若松城をはじめとして猪苗代町猪苗代城・須賀川市長沼城・郡山市守山城・二本松市二本松城・伊達市梁川城などの支城を本格的な織豊系城郭として整備した。

慶長三年（一五九八）に、会津には上杉景勝《かげかつ》が越後から移封されたが、豊臣秀吉の死後も五大老として政権運営に参画し、慶長四年に帰国し、領内の整備を図ったとされている。

慶長四年二月とされる「上杉景勝書状」には、上洛中の景勝が国元の三奉行に宛てに、領国内の普請・作事について、すでに前年にも指示した通りであり、実現させるように命じ、中通り方面の諸城の工事は今年春夏（六月）のうちに決着をつけ、「其地《そのち》」（若松城？）の工事を命ずる旨の書状を送ったので、それを支城主にも届け、三奉行も心得ておくようにと書かれている。

八月に景勝は帰国し、慶長五年二月に領国経営の拠点となる会津若松市神指《こうざし》城の築城に着手した。そして関ヶ原合戦の契機となった徳川家康の会津出兵となり、奥羽でも七〜十月にかけて抗争が行われた。

会津や「仙道《せんどう》」の城を調査すると、この時期の大改修の痕跡が確認でき、しかも改修途中で放棄されたと考えられる事例がある。会津では会津美里町向羽黒山城、南会津町久川《ひさかわ》城であり、「仙道」では伊達市梁川《やながわ》城、桑折《こおり》町桑折西山城、福島市上岡館・宮代館などがある。

久川城では本丸東西の大規模な曲輪の造成が未完成で、虎口や通路も不鮮明である。梁川城では北三の丸東側が造成途中で放棄された可能性がある。西山城は中館・西館の桝形虎口周辺がやはり築城途中で放棄された可能性が否定できない。

また、宮代館・上岡館は幅一〇《メートル》を超えるような堀や、高さ数《メートル》の土塁で区画しており、出土遺物も少なくないことから、居館を改修して城郭化したと考えられる。慶長五年の戦時体制下で、境目の城が大改修され、戦時体制の終結とともに放棄されたと考えている。

●奥州合戦最大の激戦地

阿津賀志山防塁《あつかしやまぼうるい》〔国指定史跡〕

〔所在地〕国見町石母田・大木戸・森山・西大枝
〔比　高〕二五〇メートル
〔分　類〕防塁
〔年　代〕一二世紀
〔城　主〕平泉藤原氏
〔交通アクセス〕ＪＲ東北本線「藤田駅」下車、徒歩三五分。東北自動車道国見インターから車で一〇分。

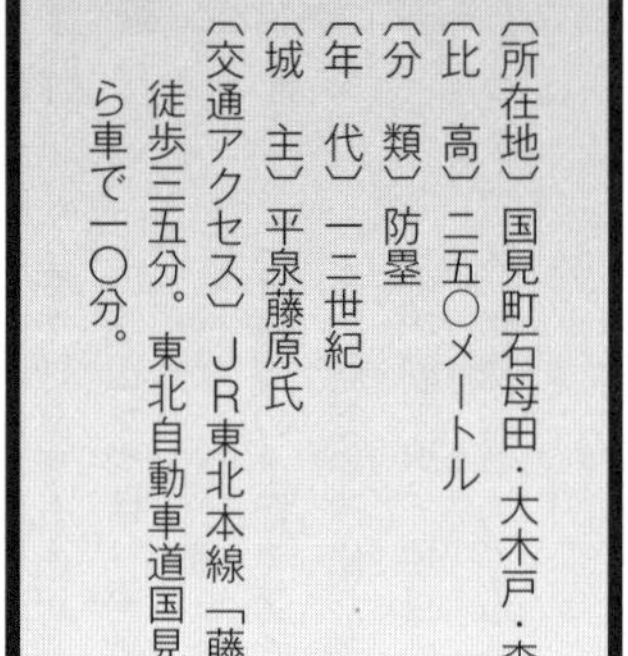

【福島盆地を望む】 阿津賀志山は、福島県国見町に所在する標高二八九メートルの丘陵である。この阿津賀志山の山頂からは、福島盆地を一望することができる。また、日が西に傾く頃には、西日を受けた阿武隈《あぶくま》川が水面を輝かせ、その先には、慈《じ》覚《かく》大師開山の伝承を持つ山岳寺院、霊山《りょうぜん》を望むこともできる。しかし、この美しい風景を望める阿津賀志山とその周辺は、奥州合戦の最大の戦地でもあった。

　その理由は、地理的要因に起因する。現在、阿津賀志山の麓には、国道四号線が通る。そして、阿津賀志山のある福島県から北へ向かう宮城県へ抜けるには、狭隘《きょうあい》な山間部を抜けることとなる。この境目とも言える地域に阿津賀志山は所在する。この阿津賀志山中腹に端を発する阿津賀志山防塁こそが平泉藤原氏が治めた北の世界との境界でもあったと考えられている。

【『吾妻鏡』に記された阿津賀志山防塁】 文治五年（一一八九）二月、源頼朝は、源義経および平泉藤原氏の追討を目的に地方の武士に対し軍事動員を促している。その内容は、七月十日までに鎌倉に参集せよとの内容であった。そして、同年七月、鎌倉には、多くの武士が参集していたと『吾妻鏡』は伝える。

　この年の四月、平泉の藤原泰衡《やすひら》は、源義経を襲撃し自害に追い込んでいた。京都の公家衆は、義経の死を持って事態の収拾を望む姿勢を見せる。これに対し、頼朝は、平泉藤原氏追討を強硬に押し進める姿勢を見せた。奥州という地を巡

●—国道4号北側地区空中写真（国見町教育委員会提供）

り、公家と頼朝の間には、その捉え方に大きな差が生じていた。

文治五年七月十七日、源頼朝は、朝廷からの追討命令がないまま、奥州へ兵を進める決断に至り、一万の兵を三軍に分け進軍したとされる。頼朝自身が、関東を抜ける頃には、合流する武士は、一万騎を越えていたとされる。その後、頼朝は、奥州街道を北上し、七月二十九日には、白河関《しらかわのせき》（現福島県白河市）を越え、八月七日には、阿津賀志山の麓、国見駅に陣を構えた。

この頼朝の動きに対し、平泉藤原氏は、「阿津賀志山に城壁を築き要害を固め、国見宿と彼の山との中間に、俄かに口五丈の堀を構えて、逢隈河の流れを堰《せき》入れて柵とした」と『吾妻鏡』は記し、その北側には、藤原国衡《くにひら》を大将軍とし、金剛別当秀綱《こんごうべっとうひでつな》とその子息である下須房《かすぼう》太郎秀方《ひでかた》のほか、二万の兵を配したと記している。

国見宿に陣を張った頼朝の眼前には、長大な阿津賀志山防塁がその異様な姿を露にしていたことであろう。この防塁は、頼朝の日に如何様に映ったであろうか。

【二重堀の構造】『吾妻鏡』に描かれた堀は、「口五丈」の幅を持ち、阿津賀志山の中腹から始まり、阿武隈川の水を堰き入れたと記されている。

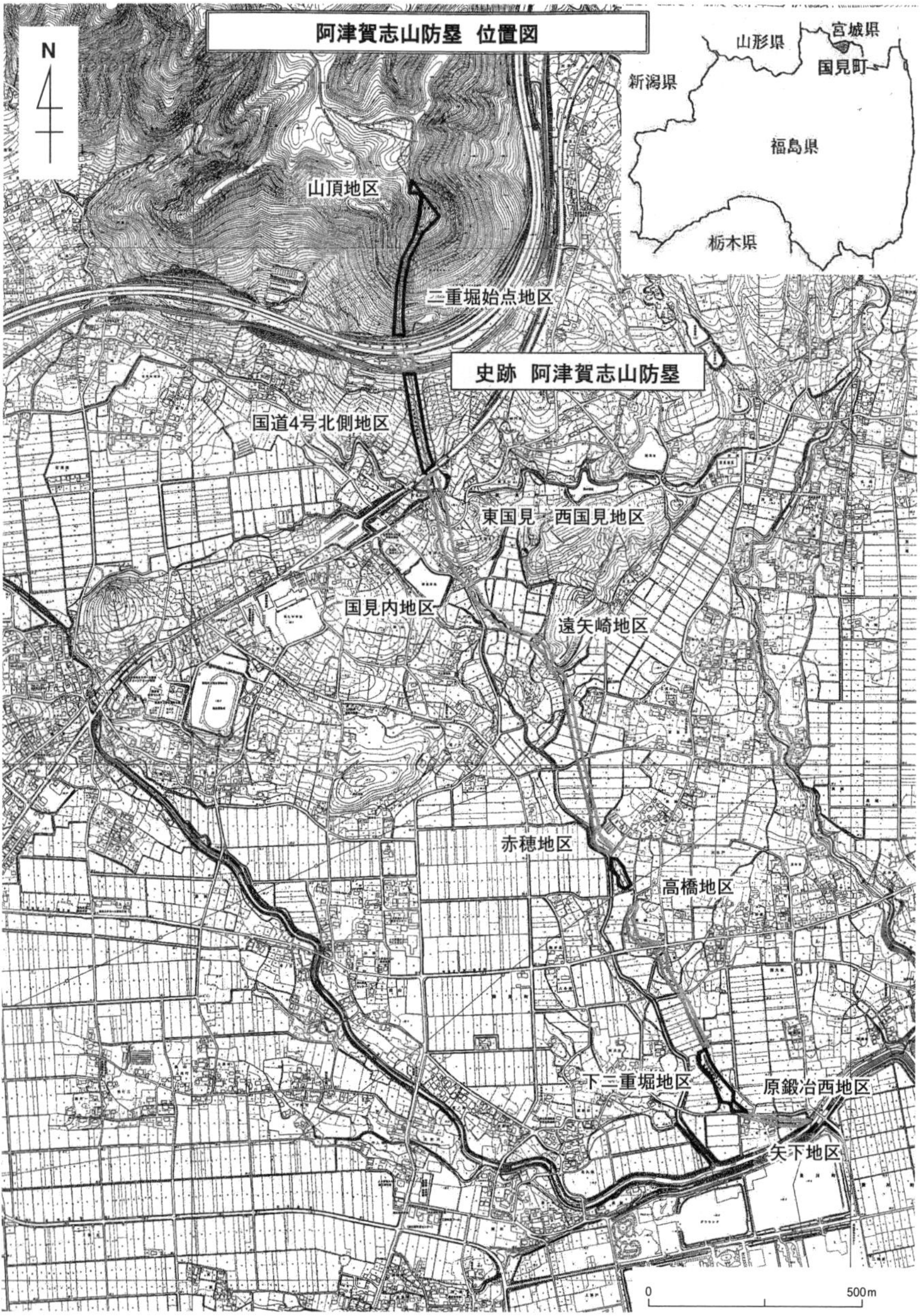

●—阿津賀志山防塁位置図（国見町教育委員会提供）

●—下二重堀地区（国見町教育委員会提供）

昭和四十六年（一九七一）に実施された阿津賀志山防塁の発掘調査では、その堀の姿が明らかとなっている。調査で確認された堀跡は、二重の堀と三重の土塁《どるい》から構成され、その幅は、二四〜二五メートルにもなる。堀の底面から土塁の頂部までの比高差は、四メートル程にもなる。この堀を阿津賀志山の中腹から阿武隈川までの三キロに渡り構築したこととなる。

調査により堀は、岩盤となる凝灰岩を刳り貫き構築されていることも明らかとなった。一本の堀の幅は、六メートル程、深さは、二メートル程にもなり、この堀の掘削土を土塁の構築土として利用している。

次に防塁のライン構成を見ていく。先にも述べたが、防塁は、阿津賀志山中腹から始まる。ここを基点に防塁は、現在の国道四号線付近まで（北から国道四号線北側地区—国見内地区）ほぼ直線的に構築されている。丘陵からの傾斜が緩やかとなる平野部に入ると滑川《なめかわ》により形成された河岸段丘を利用し防塁ラインは構築されていく。防塁ラインは、自然地形を利用し蛇行しながら構築され（北から遠矢崎《とおやさき》地区—大久保・手代田地区—赤穂地区—高橋地区—大橋地区—下入ノ内地区—下二重堀地区）旧阿武隈川河道へと至る。また、遠矢崎地区から大橋地区にかけては、一重の構造を取っている。この箇所は、前面に滑川やそれに伴う低湿地が存在し、この様な自然環境を利用した構造を取るため、一重となることが指摘されている。その後、南端部に近い下二重堀地区は、その名のとおり二重堀に戻る構造を取っている。

また、国見町大字大木戸《おおきど》周辺を奥大道《おくだいどう》が通過していたと考えられており、現在もこの地区内を青森から東京を結ぶ国道四号線が通過している。阿津賀志山防塁は、自然地形や環境を利用しながら構築され、防塁の北部には、奥大道が通過していた。この長大な防塁や大木戸の構築には、延べ四〇万人程の人員が導入されたとも推察されている。

【『吾妻鏡』に描かれた阿津賀志山合戦】 合戦前夜となる文治五年八月七日、鎌倉方となる畠山重忠《しげただ》率いる「疋夫《ひきふ》八十人」が鋤鍬《すきくわ》により堀の一部を埋め、人馬が通るための進軍路を築いていたと伝える。また、この重忠の働きに対し『吾妻鏡』は、「思慮すでに神に通づるか」と記している。

八月八日、箭合わせから合戦が始まる。平泉勢は、防塁の北東に大木戸を置き、泰衡《やすひら》の兄となる国衡《くにひら》を大将軍として配置した。また、金剛別当秀綱、その子息下須太郎秀方による二万騎の軍勢が配されたとされる。また、その北となる刈田郡（現宮城県白石市）には、泰衡が城郭を築いたとされる。この日、金剛別当秀綱は、防塁の前に陣を置いたとされ、鎌倉勢を押さえきれず大木戸に戻ったとされる。翌九日の夜、頼朝は、翌日阿津賀志山を攻めることを決断し、十日の早朝、大木戸へ迫ったとされる。戦局は五分であったとされるが、前日から迂回行動を計っていた小山朝光《おやまともみつ》、宇都宮朝綱《うつのみやともつな》などが国衡の背後に回りこみ、これにより平泉勢が総崩れとなり、国衡は、出羽方面に逃れるが、柴田郡大高宮付近で討たれたとされている。

【阿津賀志山防塁と平泉藤原氏】 東日本においてこれだけ長大な中世の防塁の構築は、稀有な例といえる。この防塁を築いた主こそが平泉藤原氏であった。

平安時代も末期になると、財政基盤が崩れた律令国家は、次第に崩壊の方向へ進んでいく。陸奥国府が置かれた多賀城もこの様な情勢の中、機能が停滞する状況となる。この中で台頭したのが、在地有力勢力であった安倍氏・清原氏であった。

この在地勢力の台頭は、国家の不安感を煽る形となり、国司源頼義《よりよし》と安倍氏との争いへと発展した。いわゆる前九年合戦である。安倍氏の敗北に終わった合戦の後、清原氏は、北東北一体を手中に収めたとされ、清原氏は広域支配のシステム構築を行っていくこととなる。この不安定な状況の中、一族内の紛争や国司源義家《よしいえ》の介入により後三年合戦へ進むこととなったと考えられている。戦に勝利した清衡《きよひら》は、租税の徴収権や、北方（蝦夷《えぞ》が島）との交易権を国司のもと代行することにより、自身の権限や権威を高めることに成功し、平泉藤原氏の礎《いしずえ》を築くことに成功した。

拠点を平泉に移した藤原清衡以降、基衡―秀衡―泰衡と平泉は藤原氏の拠点として機能していくこととなる。昭和六十三年から実施された、柳之御所《やなぎのごしょ》の発掘調査は、藤原氏の居館の様相を明らかにしてきた。注目すべきは、二重の堀に囲まれた堀内部地区である。幅五㍍、深さ三㍍にもおよぶ外堀の内部には、幅一〇㍍、深さ五㍍にもなる内堀が設けられている。発掘調査の成果によれば、一二世紀初頭に外堀が設けられ、一二世紀中葉には内堀が設けられたとされる。また、一二世紀中葉段階には、この二重の堀が同時に機能していたと考えられている。

平泉藤原氏の居館として機能した柳之御所遺跡は、二重の堀で区画された中に構成された平泉館とされる。それ以前の清原氏の居館と考えられている大鳥井山遺跡で二重堀が確認されており、柳之御所の系譜となると考えられている。堀により区画施設を設けることが、平泉藤原氏を中心とした北のつわものの特性であるとの指摘がある。この理解に基づけば、この様な背景の下、構築されたのが、阿津賀志山防塁であり、平泉藤原氏の南の境界ラインに設けられたとの理解は、非常に興味深い。これを裏付けるように、平泉で一二世紀後半、ロクロを使用しないで製作される手づくねかわらけが多用されるが、阿津賀志山防塁以南の地においては、この手づくねかわらけは、現在のところ確認されていない。信夫《しのぶ》庄司《しょうじ》佐藤氏の領域とされる伊達郡内において確認されるかわらけは、ロクロを使用し製作されている。

平泉を目指す、源頼朝の目には、北の世界の境界となる阿津賀志山防塁が如何様に映ったであろうか。防塁の陥落後、ほどなくして約九〇年にわたる平泉藤原氏の時代に幕が下りることとなる。

【参考文献】国見町教育委員会『国指定史跡　阿津賀志山防塁保存管理計画報告書』（一九九四）

（今野賀章）

●陸奥国守護職の城

桑《こ》折《おり》西《にし》山《やま》城《じょう》

〔国指定史跡〕

〔所在地〕桑折町大字万正寺・平沢
〔比　高〕一〇〇メートル
〔分　類〕山城
〔年　代〕鎌倉時代～近世
〔城　主〕伊達氏・上杉氏
〔交通アクセス〕東北本線「桑折駅」下車、徒歩一五分。

【伊達稙宗と西山城】 桑折西山城は、奥羽山脈山麓に築かれ、その眼下には、福島盆地が広がる。また盆地内を流れる阿武隈川を望むこともできる。

桑折西山城跡周辺には、天文元年（一五三二）に梁川《やながわ》から移されたとされる八幡宮跡（八幡阿部館跡が比定遺跡）や輪王寺跡、伊達家初代となる朝宗の菩提寺とされる満勝寺《まんしょうじ》（下万正寺遺跡が比定遺跡）など、中世伊達氏に関連する遺跡が多く所在している。

桑折西山の名が記録に現われるのは、天文五年（一五三六）に制定された伊達領国内の分国法となる『塵芥集《じんかいしゅう》』の中である。この中に「道のほとりにて見つけ候《そうろう》拾い物のこと、西山の橋本に札《ふだ》を立て」とあり、落し物は、西山城下、産ケ《うぶが》沢《さわ》の橋の袂《たもと》に置くことを定めている。また、仙台伊達藩により編纂された『伊達《だて》正統世辞考《せいとうせじこう》』には、天文元年に亀岡八幡宮が西山に遷ったことが記されており、これらの記録を基に桑折西山城の築城もこの頃と推定している。そしてこの時の当主が伊達稙宗《たねむね》であった。

伊達稙宗は、大永二年（一五二二）、陸奥国守護職に補任され、その後、精力的に領域経営の強化を図った人物である。天文四年（一五三五）には、税の徴収者を決め各家一軒ごとの税を取りまとめた『棟役《むなやく》日記』を制定し、翌年には、分国法となる『塵芥集』を制定している。また、天文七年には、田畑の面積を調べた『段銭帳《たんせんちょう》』の製作も行っている。

領内での法制度を整備し、税の徴収システムを整えるといった稙宗の意欲的な内政強化の政治姿勢を読み解くことが可能であろう。また、奥州探題《おうしゅうたんだい》である大崎氏や隣国の国人領主（相馬氏、蘆名氏、二階堂氏、田村氏、懸田《かけだ》氏、葛西氏など）と姻戚関係を結び外交政策の礎も築いている。このような時代背景の中、伊達稙宗により築かれた守護館が西山城であった。

【現存する景観】 現存する西山城は、どのような空間となるのか、次に城の空間構成を見ていく。桑折西山城は、東の平場・本丸・二の丸・中館・西館・山田の平場といった郭からなる。二の丸の西辺には大規模な堀切が認められる。また、中舘・西舘には、大規模な桝形虎口《ますがたこぐち》が認められ、近年の発掘調査では、これらの桝形虎口は、戦国末期に改修されたものであることが指摘されている。また、中舘・西舘の郭内部においてこの時期に大規模な造成工事が行われていることも明らかとなってきている。この様なことから、戦国末期に城館全体に改修が加わった可能性が考えられる。

では、改修は如何なる理由で、誰の手によって行われたものであろうか。西山城の発掘調査では、二つの可能性が提示されている。一つは、豊臣秀吉による小田原北条攻めおよび惣無事令《そうぶじれい》の発令による秀吉と伊達氏の緊張関係が増す中、この地域を支配していた伊達政宗により改修された可能性が考えられている。もう一つは、関ヶ原合戦前夜に改修が加えられた可能性である。関ヶ原合戦前後にこの地域は、上杉景勝の支配下に入る。この時、上杉氏が、上杉領と隣接した現在の宮城県域を治めた伊達政宗への対策として桑折西山城を改修し、境目の城として機能させようとした可能性が考えられているのである。

いずれにしても軍事的緊張関係が増す時代背景の下、守護館である桑折西山城が城館として改修された姿を物語るものと考えられる。

【中世桑折西山城の景観】 戦国末期から近世初頭に西山城には、改修が加えられていた。では、改修以前の桑折西山城の景観はいかなるものであったのだろうか。桑折町教育委員会により実施された発掘調査が、中世に機能した守護館の様子を次第に明らかなものとしてきている。

調査の成果では、本丸と称される郭こそが、中世伊達氏段階の主要な空間であったと位置づけている。本丸地区は、東西一六〇㍍、南北七〇㍍程の長方形に区画からなる。区画となる堀からは、一六世紀に位置づけられる遺物の出土も確認されている。また、本丸内部では、東西六間、南北五間の四面庇建物跡が確認されており、中世伊達氏段階の主要な建物と考えられている。本丸内の調査において確認された建物は、

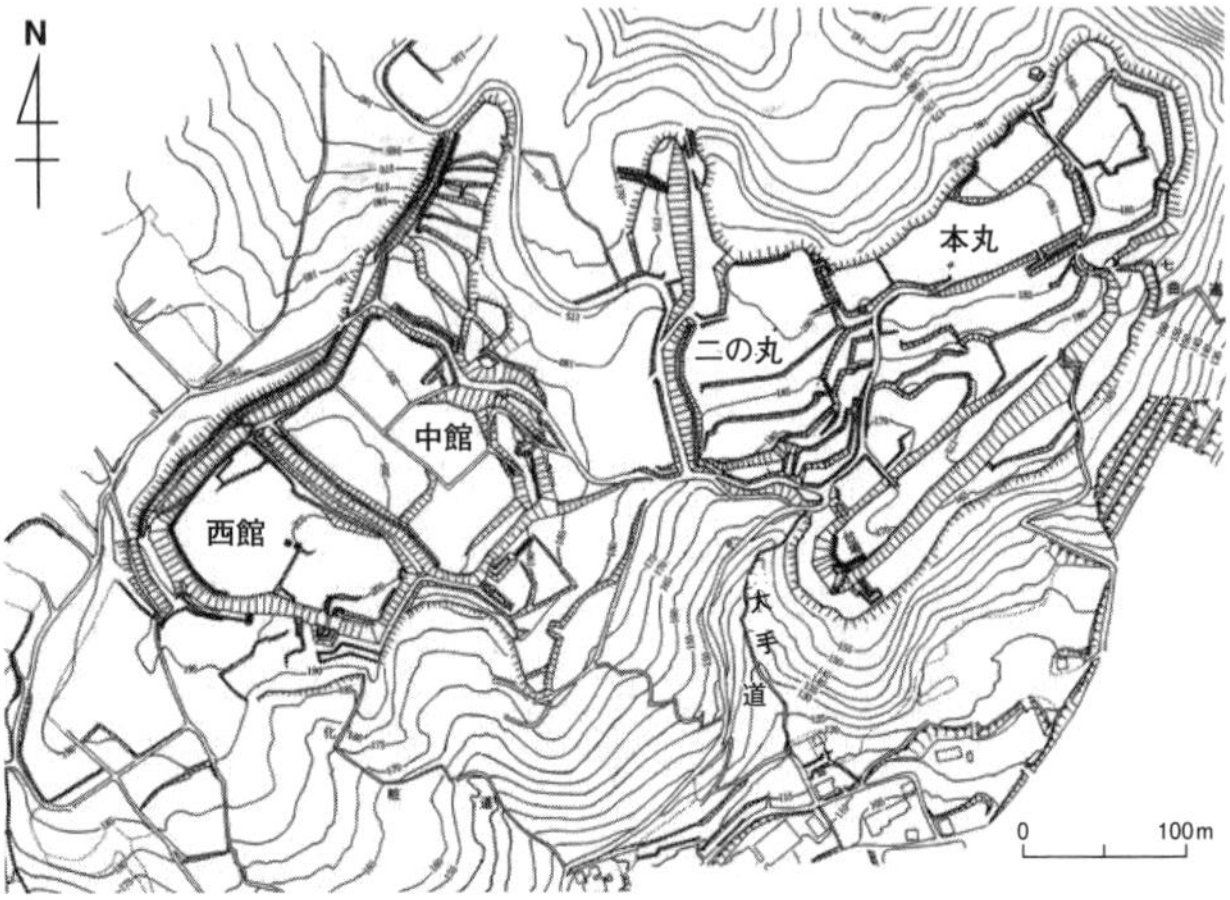

●—桑折西山城縄張図（桑折町教育委員会提供）

この建物のみであるが、この建物跡の南部には多数の柱穴が確認されており、新たな建物が確認される可能性も高いと考えられる。また、本丸地区の南西部では、門が確認されている。この門は、礎石と掘立柱を併用したもので、柱の両側は、石列により仕立てられていた。大手道と呼ばれる登城ルートを登っていくと真っ先にこの門が目に入ったはずである。伊達氏館を訪れた人々の目にはこの門は、象徴的に映ったことであろう。

中館の発掘調査では、多彩な出土品が確認された。青磁や青白磁といった貿易陶磁器、現在の愛知県で生産された瀬戸美濃陶器、かわらけといった土器類などは、本丸の出土品と比較しても遜色のないものであろう。この他、越前焼の大甕《おおがめ》が出土している。通常、越前焼は日本海側を中心に流通するものであり、西山城が位置する福島県中通り地方では、ほぼ出土しないと考えられていたものである。しかし、近年の調査では、伊達氏が深く関与した遺跡から極少量ではあるが越前焼の大甕が出土する傾向が見られることがわかってきている。この様に本丸と遜色の無い出土品の内容は、中館の特殊性と政治上の重要性を示す可能性が考えられる。

【西山城と城下町】　先に伊達稙宗の本拠とされる桑折西山城の状況を見てきた。次に西山城の周辺の景観を見ていきたい。西山城の周辺には、伊達氏に関連する興味深い遺跡や寺院が点在する。

これらの遺跡の配置などを見ると、そこに西山城を中心とした中世都市プランを考えることができそうである。ただし、発掘調査による情報が少ない現在では、考古学の成果のみで考えることは難しい。そこで、延宝年間（一六七三〜八一）に仙台伊達藩により製作されたと考えられる「伊達郡万正寺《ばんしょうじ》古図」を参考にしながら中世桑折西山城の都市空間の様子を考えてみたい。「伊達郡万正寺古図」には、北に八幡宮、南に満勝寺が記されている。西には、輪王寺・御隠居館・中館・大館・常陸館などの桑折西山城の郭郡、観音大仏（観音寺）、東昌寺《とうしょうじ》跡といった、伊達氏の主要寺院の名が刻まれ、東には桑折町屋の名が認められる。

「伊達郡万正寺古図」に描かれた満勝寺は、伊達家初代朝《とも》宗《むね》の菩提寺として四代政依《まさより》が建立したといわれる寺院であり、下万正寺遺跡がこれに比定されている。下万正寺遺跡の発掘調査では、鎌倉に源頼朝により建立された永福寺の瓦をモデルとした文様構成を持つ瓦が見つかっている。この瓦の年代から下万正寺遺跡が機能した時期は一三世紀から一四世紀にかけてと考えられている。このため満勝寺が西山城と同時に機能したとはいえない状況ではある。満正寺の機能時期の問題や成立が近世の絵図であることなどから、この絵図を素直に中世の景観として受け入れることは難しい。しかし、北端に八幡宮、南端に主要寺院を配する構成は、桑折西山に本拠を移す以前の梁川の都市景観とも類似する。また、桑折町屋と記された箇所に位置する本町遺跡では、一六世紀に機能した屋敷跡の姿が確認されている。この本町遺跡は、一六世紀頃から発達した屋敷であることが指摘され、一六世紀に至り町場が形成され始めた可能性も考えられる。また、この町屋は、近世には、奥州街道の宿場町（桑折宿）として発展を見せる。このような事実は、一六世紀以降、守護館と街道を中心に成長した都市の様相を想像させる。このように、桑折西山城を含む伊達稙宗が築いた中世都市プランを想像しながら歩くのも桑折西山城を歩く魅力となるかもしれない。

陸奥国守護職となった伊達稙宗の描いた都市プランが、桑折の地に刻まれている可能性は高い。今後、館構造のみならずその都市構造が明らかとなることに期待したい。

（今野賀章）

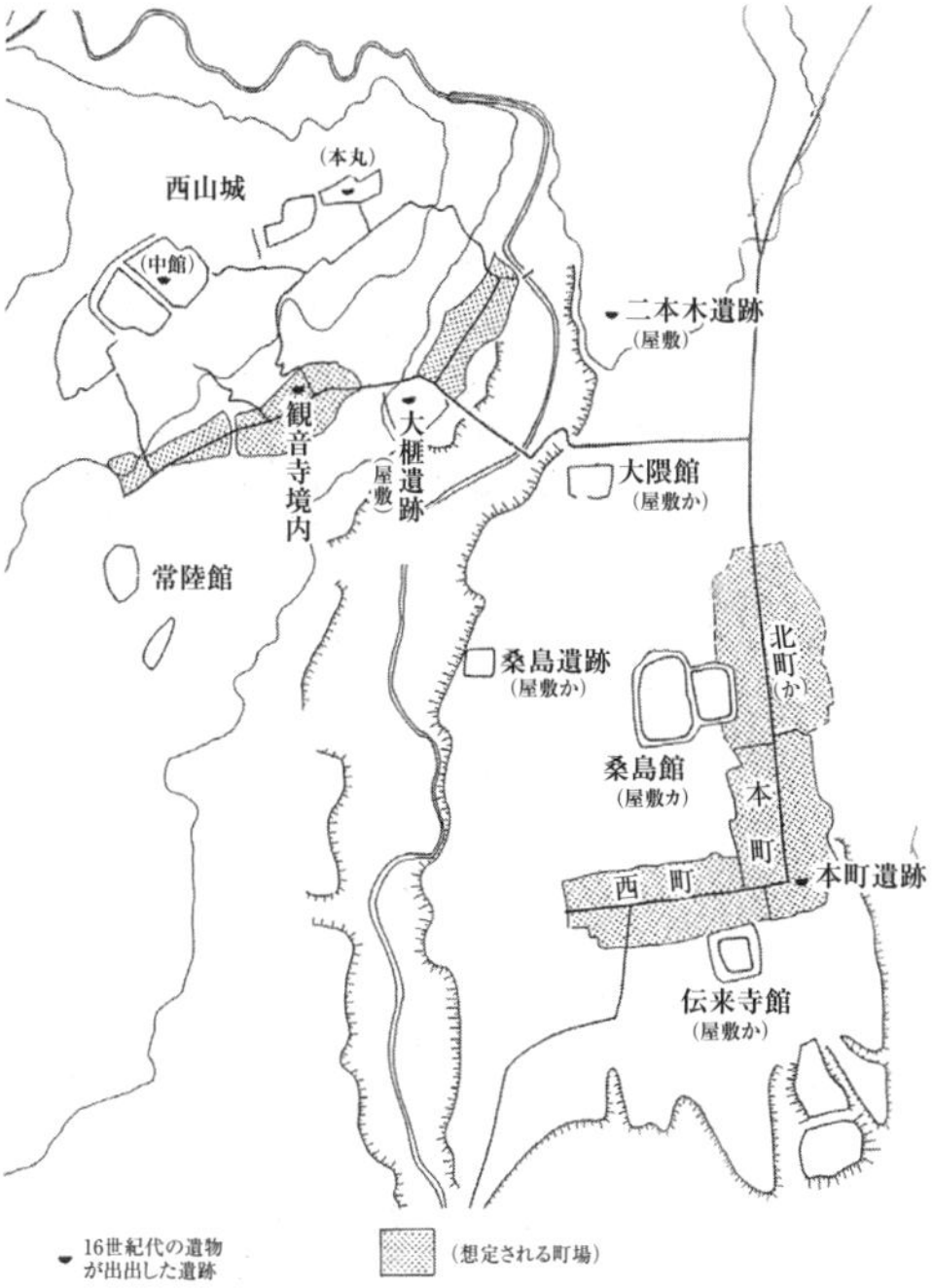

●—西山城周辺図（桑折町教育委員会提供）

【参考文献】桑折町教育委員会『史跡桑折西山城跡発掘調査総括報告書』（二〇一六）

●伊達氏の発展とともに歩んだ居館

梁《やな》川《がわ》城《じょう》

〔福島県指定史跡〕

〔所在地〕伊達市梁川町字桜岳・鶴ケ岡
〔比　高〕五メートル
〔分　類〕平山城
〔年　代〕鎌倉時代～近世
〔城　主〕伊達氏・蒲生氏・上杉氏・松前氏
〔交通アクセス〕阿武隈急行「やながわ希望の森公園前駅」下車、徒歩五分。

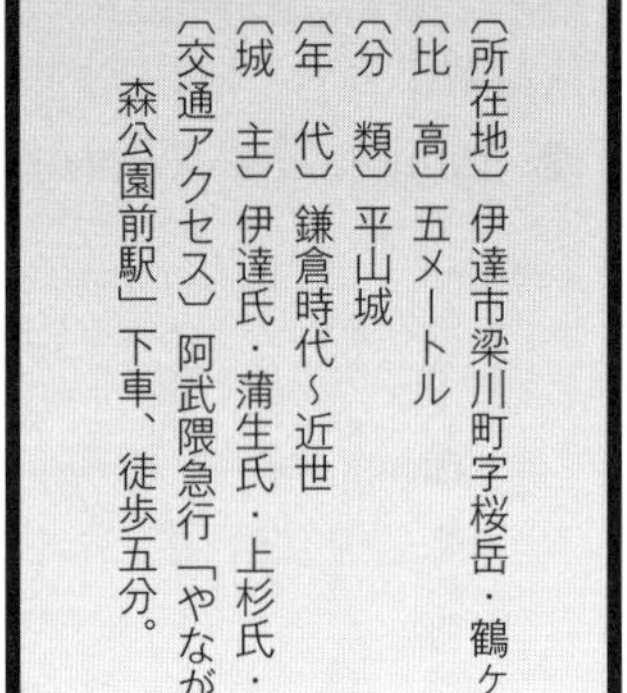

【中世都市梁川の形成】　梁川城は、福島盆地北東端の河岸段丘上に築かれている。梁川城の南端には広瀬川が流れ、城の北には塩ノ川が流れている。この二つの川は、東北地方でも有数の大河となる阿武隈川へ流れ込んでいる。城の西部は、河岸段丘崖の下に位置し、梁川城との比高差は、五メートル程である。この箇所は、現在は市街化が進んでいるが、発掘調査の成果によれば、梁川城西部に開発の手がおよんだのは近世以降と考えられており、ここに町場が形成されたのは近世初頭となる蒲生氏あるいは上杉氏の治世と考えられる。中世伊達氏が梁川城を築いた時期の梁川城下は、広瀬川による後背湿地が広がっていたものと想像される。

このように、河岸段丘や河川等の自然的要因を巧みに利用した城館のように見える梁川城であるが、今まで実施された発掘調査により明らかとなりつつある姿は、伊達氏館を中心に寺社などが配置された中世都市の姿である。

近世伊達藩により編纂された『伊《だ》達《て》正統《せいとう》世《せ》辞考《じこう》』は、伊達氏一一代当主持宗が、梁川亀岡八幡宮や輪王寺《りんのうじ》の造営を行ったと伝える。八幡宮は、梁川城の北方約二キロの地にあり、現在も梁川八幡神社として地域の人々により守り継承されてきている。また、神社に隣接して龍宝寺《りゅうほうじ》が所在し、中世に由来する神仏混淆《こんこう》の姿を今に伝えている。近年実施された梁川八幡宮及びその周辺の発掘調査では、一五世紀と考えられる参道跡が確認され、室町期に機能した八幡宮の様相の一端が明らかとなってきている。しかし、梁川八幡宮周辺では、鎌

倉時代に位置づけられるかわらけ等の出土も広く確認されていることから、八幡宮の創建は、鎌倉時代に遡る可能性も考えられる。いずれにしろ、梁川八幡宮は、伊達氏の守護神として伊達氏館の北方に配置されたことは明らかである。

輪王寺は、伊達氏館の北東にある輪王寺跡が比定地と考えられている。輪王寺は、伊達家一一第当主持宗《もちむね》の祖母にあたる蘭庭禅尼《らんていぜんに》の願いにより嘉吉元年（一四四一）に建立されたとされる。蘭庭禅尼は、伊達家九代当主政宗の夫人である。その出自は、岩清水善法寺通清法印《いわしみずぜんぽうじみちきよほういん》の娘であり、姉は将軍足利義満の生母であったと『輪王系譜』は記している。発掘調査では、一五世紀後半から一六世紀に機能した寺院の様子が明らかとなっている。東西一五〇メートル、南北一〇〇メートル程の区画の中に伽藍《がらん》が形成されていたものと考えられ、区画内には全体の規模は不明であるが礎石建物跡が確認されている。区画の規模は、現存する伊達氏館の規模とほぼ同規模であり、その区画には築地塀《ついじべい》が使用されていた。また、青磁盤などを含む多彩な出土品は、輪王寺の格式の高さをうかがい知るに十分な内容となっている。

●―梁川城航空写真（伊達市教育委員会提供）

また、伊達氏館の南東部には、東昌寺が存在し

●―梁川城周辺図（伊達市教育委員会提供）

たと考えられている。相国寺の僧、瑞渓周鳳が記した『臥《が》雲日件録《うんにちけんろく》』は、東昌寺が伊達家の筆頭寺院であったとし、また往時の繁栄ぶりを記している。この他、貞和四年（一三四八）と推定されている吉良貞家《さだいえ》の書状は、東昌寺が、陸奥国安国寺であったことを記している。安国寺は、夢窓疎石《むそうそせき》の助言のもと足利尊氏・直義により発願され、南北朝の動乱による戦没者慰霊や国家安寧などを願い一国に一寺・一塔を配置したものである。東昌寺がこの安国寺に位置づけられていることからもその寺格の高さがうかがい知れよう。

東昌寺跡に比定されている茶臼山《ちゃうすやま》西遺跡の調査では、礎石建物跡や茶毘《だび》遺構などといった寺院特有の遺構が確認されている。また出土遺物も、瓦・石塔類・花瓶など仏教色の強いものが見られる。この中で特筆すべきは、軒平瓦《のきひらがわら》である。出土した軒平瓦は、室町時代に位置づけられるもので、中央に半裁《はんさい》菊花を配した瓦であった。この瓦の祖形は、足利氏縁の寺院である相国寺や鹿苑寺《ろくおんじ》（金閣）などに見られ、基本的には、足利家に関連する寺院を中心に使用された瓦と考えられるものであろう。そして、東北において、この瓦を使用した国人領主は現在のところ伊達氏のみであると考えられる。将軍義満の叔母となる蘭庭禅尼の存在や、半裁菊花唐草文軒平瓦の存在は、伊達氏と室町将軍足利氏との深い関係性を示しており、室町将軍府との関係を梃子《てこ》に権力の形成を図っていった伊達氏の発展の様子を物語る。

このように、伊達氏館となる梁川城の周辺には、梁川八幡宮、輪王寺や東昌寺などの主要寺院が存在し、伊達氏が形成した中世都市の景観の片鱗を見ることができる。八幡宮を北に配し、これを機軸とした都市プランは、その後伊達氏の本拠となる桑折西山城にも採用された可能性も考えられる。こういった都市プランは、鎌倉の都市形成との類似点も考えられ、あるいは、東国武士団の一人であった伊達氏のアイデンティティの表れと考えられるかもしれない。

【庭園を配した館】 次に伊達氏館となる梁川城本丸の様子を見てみよう。

伊達氏館は、後世の改修により区画の施設の様相が不明である。このため、どの程度の規模を有する館となるのかは不明な点が多いが、現在残る地籍図などを基に見ると、東西一〇〇メートル《メートル》、南北一五〇メートル《メートル》程度の規模を測るものと考えられる。昭和五十三年（一九七八）より実施された発掘調査では、中世伊達氏の格式高い館の様子が明らかとなった。

伊達氏館となる本丸跡には、庭園が復元されている。この庭園は、伊達氏・蒲生氏・上杉氏・松前氏と当主が変わる中、その形を変えながらも湛《たた》える水を切らすことはなかったようである。昭和五十三年から五十五年にかけて実施された発掘調査により、この庭園は、中世伊達氏により造営されたものであることが明らかとなり、この他に、庭園と伴に機能した多くの建物跡が確認されるに至った。発掘調査の成果では、建物は、主殿《しゅでん》・会所《かいしょ》・厩《うまや》と推定される建物構成からなり、そこには、室町将軍邸などを意識した館の空間構成をとっていた可能性も考えられる。

出土品は、多様な中国産陶磁器や国産陶器、土器類などが見つかっており、館の空間構成とともに伊達氏の格式の高さをうかがわせるに十分な内容と考えられる。出土品から中世伊達氏館の機能した時期は、一三世紀後半から一六世紀の間と考えられる。特に南北朝の動乱以降、地域支配における勢力拡張を図ってきた伊達氏の動きと連動したものと見られる。現在、東北地方において国人《こくじん》クラスの館跡内部に庭園が造営された遺跡は認められない。奥州という地で室町将軍との関係を梃子《てこ》としながら自身の権威を高めていった伊達氏の様子を伊達氏館跡は、静かに物語っている。

【変貌する梁川城——伊達政宗対策としての城館】 関ヶ原合

●—伊達氏館　庭園（伊達市教育委員会提供）

戦前後、梁川の地を治めたのは上杉景勝であった。景勝は、会津を本拠とし、梁川には須田長義《ながよし》が配されることとなる。徳川家康との軍事的緊張関係が増す中、梁川城は、北の伊達政宗に対応する城館として大規模な改修が加えられた。

　広島市立図書館所蔵の「梁川城絵図」（「諸国当城之図」）によれば、伊達氏館であった場所は、本丸と記され、四方に堀がめぐらされている。東には櫓《やぐら》が描かれており、現在、この箇所には石垣が残っている。野面《のづら》積みの石垣で、蒲生氏あるいは上杉氏段階のものと考えられている。本丸東には、金沢堀と称される堀が南北方向に延びる。幅八メートル程の大規模な堀跡である。本丸北には、三の丸とされる郭が置かれている。東側には大規模な内桝形虎口《うちますがたこぐち》が描かれ、その外周には、堀跡が廻る。この堀は、地元では中井戸と呼ばれ、現在も水堀の様子を目にする事ができる。本丸南部には、櫻館《さくらだて》と記された郭が描かれている。南端部の金沢堀沿いには、大規模な土塁《どるい》を目にすることができる。本丸西部の段丘下部には、二の丸・三の丸と称される郭が配されている。この絵図から、理解されるのは、上杉氏の段階、金沢堀より東については、積極的な開発が行われなかったことである。この箇所には、伊達氏の時代、輪王寺や東昌寺などの主要寺院が置かれていた場所である。これに対し、伊達氏の時代積極的な開発が行われなかった本丸西側には町屋を形成している。この町屋は、現在の梁川町の市街化区域に当り、蒲生《がもう》・上杉氏の時代にその起源を見ることができる。

　このように、中世来伊達氏の本拠として機能した梁川城は、近世初頭、梁川の北に所領を得た伊達政宗に対応するための境目の城として大規模に改修された。

　その後、文化四年（一八〇七）より松前藩により陣屋が置かれ梁川城の整備が行われるが、松前藩の復領と伴に梁川城の歴史にも幕が閉じるのである。

（今野賀章）

【参考文献】梁川町教育委員会『梁川城本丸・庭園発掘調査復元整備報告書』（一九八九）

お城アラカルト

『奥相志』にみる城館

飯村 均

『奥相志《おうそうし》』とは相馬中村藩によって編纂された地誌であり、安政四年（一八五七）に編纂が始まり、宇多《うだ》・北・北標葉《しねは》郷が明治四年（一八七一）に完成し、さらに中・小高《おだか》郷が追加された。この『奥相志』には、おおむね現在の大字単位に「古館」「古塁」「古第《こてい》」等の記事があり、中世城館の存在を伝えている。

『奥相志』中郷泉村の条にある「古塁」の記述があり、「古塁高さ六尺、東西三十六間、南北三十四間」と記され、慶長二年（一五九七）に小高郷岡田塁より岡田氏が移り、慶長十六年（一六一一）に中村城内に移ったとされるが、現在も岡田姓の民家がある。

この「古塁」に比定されている南相馬市原町区泉平館《いずみひらだて》跡は圃場《ほじょう》整備に伴い発掘調査が行われ、郭内が約七四メートル四方の方形の館跡で、周囲を幅約一〇～一四メートルの障子堀が巡ることが確認でき、内側に土塁の存在が推定できる。南・東辺に土橋があり、土橋を渡った東側に幅四～六メートルの堀で区画された副郭が確認されている。

出土遺物は火縄銃の火皿・真鍮《しんちゅう》製印籠《いんろう》・笹塔婆《ささとうば》・曲物《まげもの》・桶・折敷《おしき》（まな板）・漆器椀・火鑽臼《ひきりうす》・板草履《いたぞうり》・下駄・刀子《とうす》などで生活感豊かである。陶磁器は少ないが、一四～一五世紀の龍《りゅう》泉窯《せんよう》系青磁碗と一六世紀末～一七世紀初頭の志野丸皿で、館の成立と下限の年代を示している。

既述のように発掘調査の結果は『奥相志』の記述にほぼ合致し、慶長二年（一五九七）は相馬氏が本拠を小高城から南相馬市原町区牛越《うしごえ》城へ移し、慶長八年にふたたび小高城に移し、慶長十六年は本拠を相馬中村城に移した時期であり、まさに岡田氏は相馬氏に従って移転していったと考えられる。最終的には相馬中村城・城下町への家臣団の掌握・集住という形で、中世の地域支配の拠点であった城館はその機能を終息したと考えられ、『奥相志』に伝えられた中世城館の典型例と考えている。

●古代山岳寺院に起源をもつ城

霊《りょう》山《ぜん》城《じょう》

〔国指定史跡〕

〔所在地〕伊達市霊山町大石字霊山ほか
〔比　高〕四〇〇メートル
〔分　類〕国司館
〔年　代〕平安時代～南北朝時代
〔城　主〕北畠氏
〔交通アクセス〕東北自動車道国見ICから、国道4号線、国道115号線を通り、約六〇分。

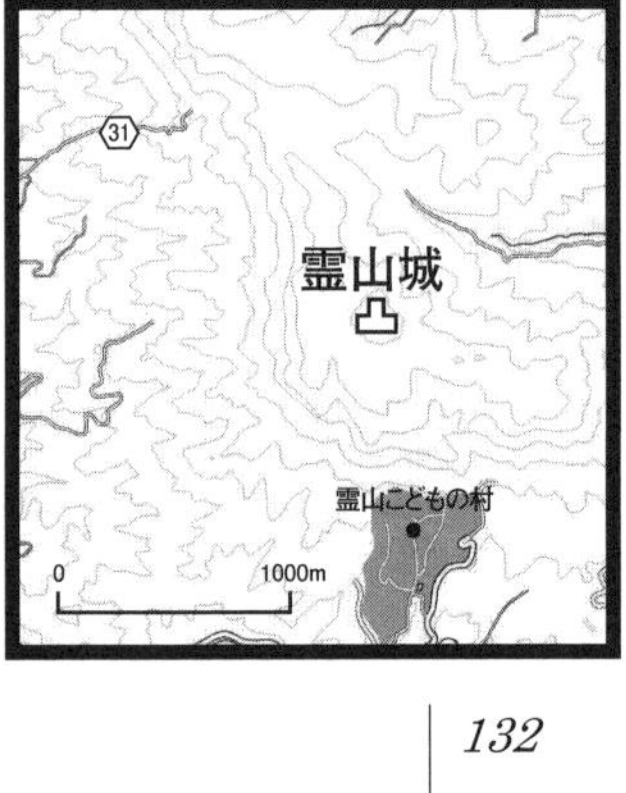

【国府霊山の歴史と地勢】　霊山は、阿武隈《あぶくま》高地上に位置している。霊山が位置する阿武隈高地の西部には、福島盆地が位置し、東部は、福島県浜通り地方へとつながる。

霊山寺に残る『奥州伊達郡東根南岳山霊山寺山王院縁起』（以下「霊山寺縁起」）によると霊山寺は、慈覚《じかく》大師を中興とし貞観元年（八五九）に創建されたと伝えられる。霊山の山上には、多数の平場や礎石建物跡が確認され、その一部を現在も見ることもできる。最高所となる東物見岩《ひがしものみいわ》（標高八二五メートル）からは、東に太平洋を望むことができる。また、西物見岩から西部を見ると眼下に福島盆地を望むことができる。

ハイキングルートとしても人気が高く、春の新緑や秋の紅葉シーズンには、多くの登山者に親しまれている山でもある。現在は、福島から相馬へ抜ける一一五号線（中村街道）側の登山口から登るのが一般的であるが、中世霊山寺に至るルートは、「霊山寺縁起」をもとに見ると霊山寺北側に位置する大石地区からのルートが中世来の主要ルートの一つであったようである。

霊山は、阿武隈高地上に位置し、最高所の標高は、八二五メートルを測る。「霊山寺縁起」によれば、慈覚大師により開山された霊山寺から始まるとされる。山中には、多数の平場や礎石建物跡が確認され、往時の山岳寺院の景観を良く残している。採集された考古資料の中には、九世紀後半の遺物も含まれ、平安時代より機能した山岳寺院の様相をうかがい知ることができる。その後、南北朝時代には、山頂にある霊山寺の主要伽藍を利用し霊山城として機能したとされる。霊山寺の主要仏殿となる箇所が、これに当たり、現在埋没しているが、東西五〇メートル、南北五五メートル程の方形に堀と土塁《どるい》により区画されていたと考えられている。また、この時、南朝方の拠点として陸奥国府が移転されたとされ、霊山城南下に位置する礎石建物跡がこれに当たるものと考えられている。国司館南方には、国司池（別名、松賀池）が所在し、この周辺に多くの平場や礎石建物跡が確認できる。霊山城は、このような立地条件の中に位置している。

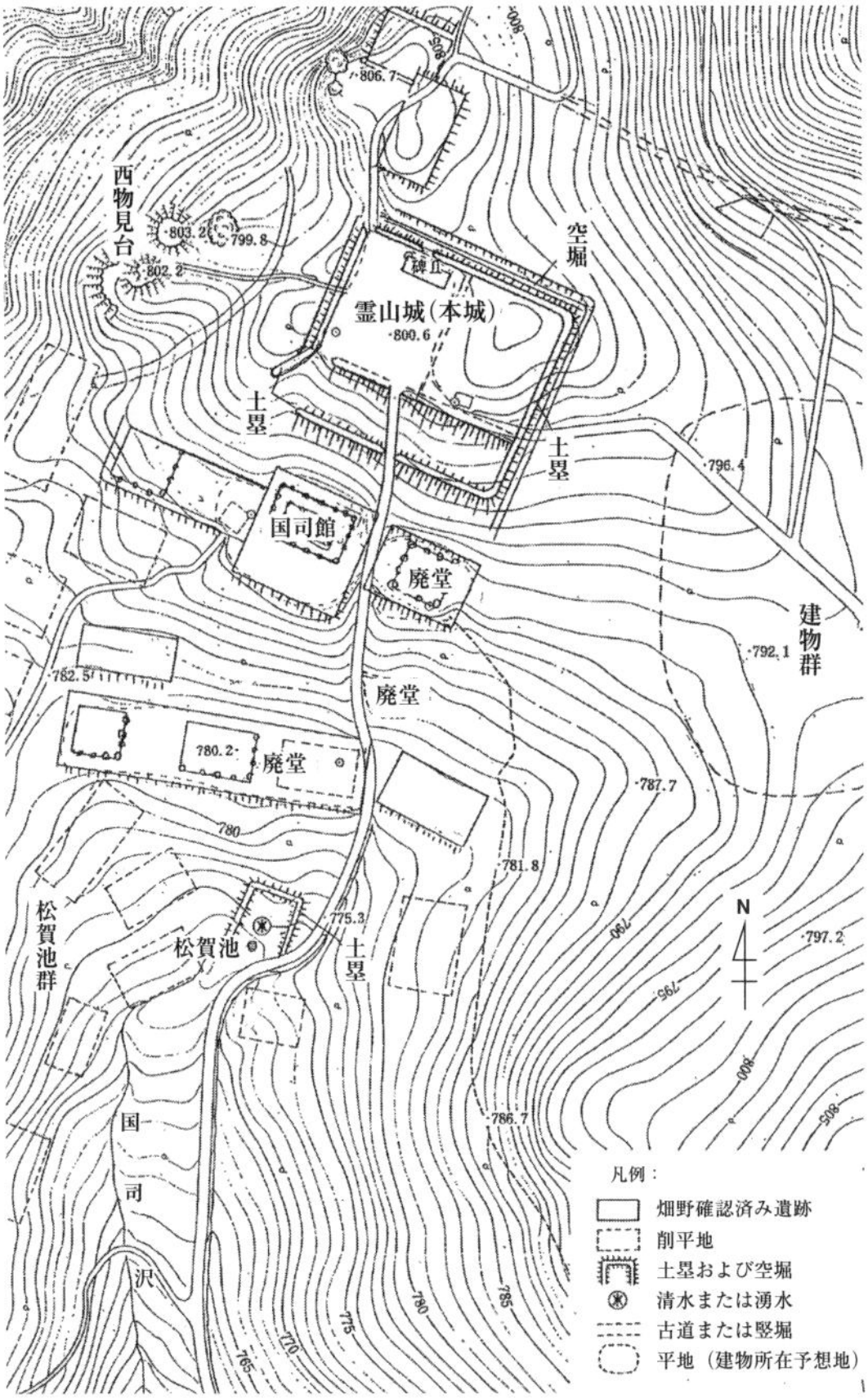

●—霊山寺伽藍配置図（伊達市教育委員会提供）

【陸奥国府霊山城の歴史的様相】　鎌倉時代末期、気候変動による飢饉、蒙古来襲などの影響は、鎌倉御家人たちの得宗《とくそう》専制《せんせい》に対する政治不信を増幅させ、ついには幕府の滅亡へとつながって行くこととなった。

その後、討幕の中心的役割を果たした後醍醐天皇は、中央集権的な国家の形成を目指していく。この際、東北の地には、後醍醐天皇の皇子である義良親王《のりよししんのう》が下向し、陸奥守として北畠顕家《あきいえ》が派遣されることとなる。また、これより先に、足利尊氏が鎮守府《ちんじゅふ》将軍、護良《もりよし》親王が征夷大将軍に任命されている。元弘三年（一三三三）十月、顕家は、後醍醐天皇の命を受け多賀国府（宮城県多賀城市）に入り、東北地方における統治システムの構築を図っていく。義良親王の下、陸奥守として、式評定衆《しきひょうじょうしゅう》・引付・諸奉行を配置し、政治的ブレーンとなる式評定衆には、結城宗広《むねひろ》・親朝《ちかとも》、伊達行朝《ゆきとも》などの在地有力国人が登用された。

しかし、後醍醐天皇による中央集権的な統治機構に対し、所領安堵や様々な問題解

●―伝国司館礎石建物

決に遅れが出始めると次第に後醍醐に対する不満を招く結果となり、旧北条氏勢力が挙兵する事態にまで発展することとなった。

建武三年（一三三六）七月には、北条時行《ときゆき》が信濃で挙兵し、鎌倉を手中にすると（中先代の乱）、足利尊氏は、後醍醐の命のないまま鎌倉を奪還し、建武政権からの離脱が明白なものとなっていた。この尊氏の動きは、東北の地にも大きな影響を与えることとなる。足利尊氏のこの動きに呼応するものが現われ、尊氏は、斯波《しば》家長《いえなが》を奥州総大将に命じ、東北支配の強化を行っていく。この混乱した情勢の中、顕家は、陸奥国府を霊山へ移すこととなる。

【霊山寺の様相と国司館】 陸奥国府を霊山へ移したのは、延元二年（一三三七）とされる。先にも述べたとおり、足利尊氏へ呼応するものが増える中での国府機能移転であった。霊山は、阿武隈高地上に立地し、周辺は、南朝の勢力で固める要害の地であったと考えられている。

西方は、評定衆の一人であった伊達氏の支配領域であり、霊山から伊達郡へルートも整備されていたと考えられる。梁川から大石へと続く道から霊山を概観する。大石から東方を見ると、霊山の異様ともいえる岩領を望むことができる。

この大石から霊山へ向かう。地元では祓川《はらいがわ》と呼ばれる大石川沿いに霊山へ向かうと山麓に登山口（霊山閣）が現れる。そこから古代霊山寺からの行場とされる紫明峰の岩領帯を抜けると大宮（山王社）へとたどり着く。ここから、南へ稜線伝いに歩くと国司館と伝えられる国司館遺構群へつながる。丘陵上には二〇以上の平場が確認されており、礎石建物も五棟確認されている。この内、南北二間、東西三間に四面庇が付く礎石建物が国司館とされる建物である。この北にある最大規模の平場は、根本中堂《こんぽんちゅうどう》と目されている。また国司館南部には、国司池とされる水場が所在している。東部は、切れ落ちた崖となり、前面には福島盆地北部にあたる伊達郡が見渡せる。また、西部には、奥深い阿武隈高地が広がることとなる。

この付近からは、陶器の破片や硯、太刀などが採集されている。また、国司館跡北東の二ツ岩からは、青磁盤や青磁花盆が採集されている。これらの青磁は、韓国全羅道沖で見つかった新安沈没船《しんあんちんぼっせん》に類例が認められ、一四世紀前半代に位置づけられるものである。陸奥国府移設および機能時期とも重なり、陸奥国府の文化面を考える上でも貴重な資料と言える。

また、大宮から東部へ向かうと寺屋敷遺構群などの伽藍群が認められる。丘陵斜面を雛壇上に削平し伽藍を構成している。現在でも三〇以上の平場が確認される。最頂部には、奥の院観音堂と目される三間堂、その直下には、六角堂などの礎石建物跡が確認されている。また、その東には、霊山寺別院と目される東寺屋敷遺構群が所在し、現在もその一部に礎石を目にすることができる。

このように霊山城は、古代より続く霊山寺の伽藍群および自然地形を活用したものであり、南朝方となる伊達氏や結城氏の領域を梃子《てこ》として機能した国府跡と考えられる。

●—紅葉の国司沢

●—青磁花盆（伊達市教育委員会提供）

【霊山城落城とその後】　足利方は、建武三年（一三三六）に川俣《かわまた》城（川俣町）・小高《おだか》城（南相馬市）を攻め、霊山の包囲網を構築していった。このように東北の情勢が不安定な中、北畠顕家は、後醍醐の上洛命令に随い、京へ向かうこととなる。延元二年鎌倉を攻めこれに勝利した顕家は、伊勢から奈良へと進むが、和泉国石津《いしづ》の戦いで命を落とすこととなった。

その後、結城宗広の働きかけもあり、顕家の弟である顕信《あきのぶ》が陸奥守兼鎮守府将軍となり、南朝勢力の回復を図るが、足利方に転ずるものが増えることとなる。この情勢の中、貞和三年（一三四七）頃、霊山も落城したと考えられている。

「霊山寺縁起」は、このことを「足利の軍勢当山に攻登《せめのぼり》、即時に踏落す、依《より》て神社仏閣一宇《いちう》も残らす焼払はれ、代々の重宝・御朱印・棟札《むなふだ》等皆焼失せり」と記している。その後、霊山寺は、霊山城の西方に伊達氏により応永八年（一四〇一）に再興されたとされ、その箇所が、宮脇廃寺跡として平成二十六年（二〇一四）に国の史跡指定を受けている。

調査により出土した半裁菊花唐草文軒平瓦は、室町幕府との深い関連性をうかがわせ、南北朝の動乱の中、足利氏との連携を急速に深めていく伊達氏の姿を物語っている。

【参考文献】『日本城郭大系三　山形・宮城・福島』（新人物往來社、一九八一）

（今野賀章）

●奥羽仕置の本陣

二《に》本《ほん》松《まつ》城《じょう》

〔国指定史跡〕

〔所在地〕二本松市郭内三丁目・四丁目
〔比　高〕一一五メートル
〔分　類〕平山城
〔年　代〕一五世紀前半～明治初頭
〔城主〕畠山氏—伊達氏—蒲生氏—上杉氏—加藤氏—丹羽氏
〔交通アクセス〕JR東北本線「二本松駅」下車、徒歩二〇分。

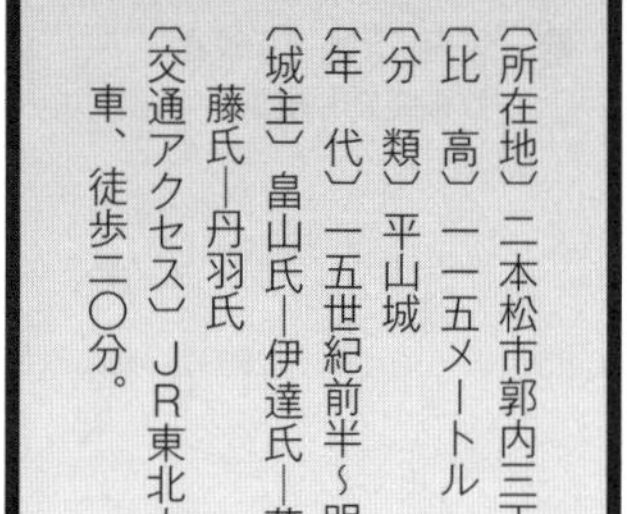

【二本松城の防衛線】　二本松城は、市街地北西約一キロ、安達《あだ》太良《たら》山系の裾野に位置する標高約三四五メートルの白旗ヶ峯を中心として、中世および近世に営まれた平山城である。本丸が置かれた独立峰を中心に、南・西・北方が丘陵で囲まれ東方がやや開口した、いわゆる馬蹄《ばてい》形《けい》城郭といわれる自然地形を大いに活用した要塞堅固な城郭を形成していた。本城防衛の要として、本丸直下の西方平場には新城館、東方平場には松《まつ》森館《もりだて》を配置し、新城館下方に本宮館《もとみや》、松森館下方に鹿子田館《かのこだ》(猪子館《いのこ》)、さらに市街地を二分して東西に延びる通称・観音丘陵上に箕輪《みのわ》館、栗ヶ柵《くりがさく》館を配置し、意識的な内郭防衛線を設定したことがうかがわれる。

近世に二本松城主となった丹羽氏もこの地形を大いに活用して町割を行ったとみられ、これまで城の直下を通過していた街道（奥州道中）を観音丘陵の外側（南）に付け替え、さらに城内を含む武家屋敷と社寺町家屋敷とを観音丘陵を境に完全に分離移設し、前者を郭内、後者を郭外とする城下・城下町整備を断行している。

このように当城跡の特徴は、町割りも含め中世の城と近世の城とがまったく同じ場所で営まれたことにある。

【中世二本松城の築城】　足利尊氏が畠山国氏《くにうじ》を奥州管領《おうしゅうかんれい》職に任じ、二本松に居を構えさせたとされ、その地は城跡北方一・七キロに位置する田地ヶ岡《でんちがおか》館といわれている。その後、畠山氏四代満泰が世情の不安定を考慮し、より攻防に優れた現在の本丸に居館を移した。その年代は諸説あるが、応永二十一年（一四一四）とされ、以後正式に二本松城と称するようになる。

城内にはこの時期の大手道の一部がそのまま残されている。城跡中腹の比高差約一三メートルの斜面につづら折れの通路が現況で確認できており、発掘調査の結果、約二・四メートルの幅で地面をたたき締め、急傾斜の部分には石段を用いた通路であることが確認された。また、本丸北側に延びる尾根に残された土塁や空堀、L字型の堀切も畠山期の遺構とみられ、厳重な防御施設を備えていたことがわかる。さらに、紀州に本拠地をもつ畠山氏は城内に熊野権現と八幡神を勧請したといわれ、平成十二年（二〇〇〇）の発掘調査では前者を遷宮《せんぐう》したとされる権現丸推定地より銅碗が出土し、文献や絵図の信憑性とともに畠山氏の存在が改めて確認された。

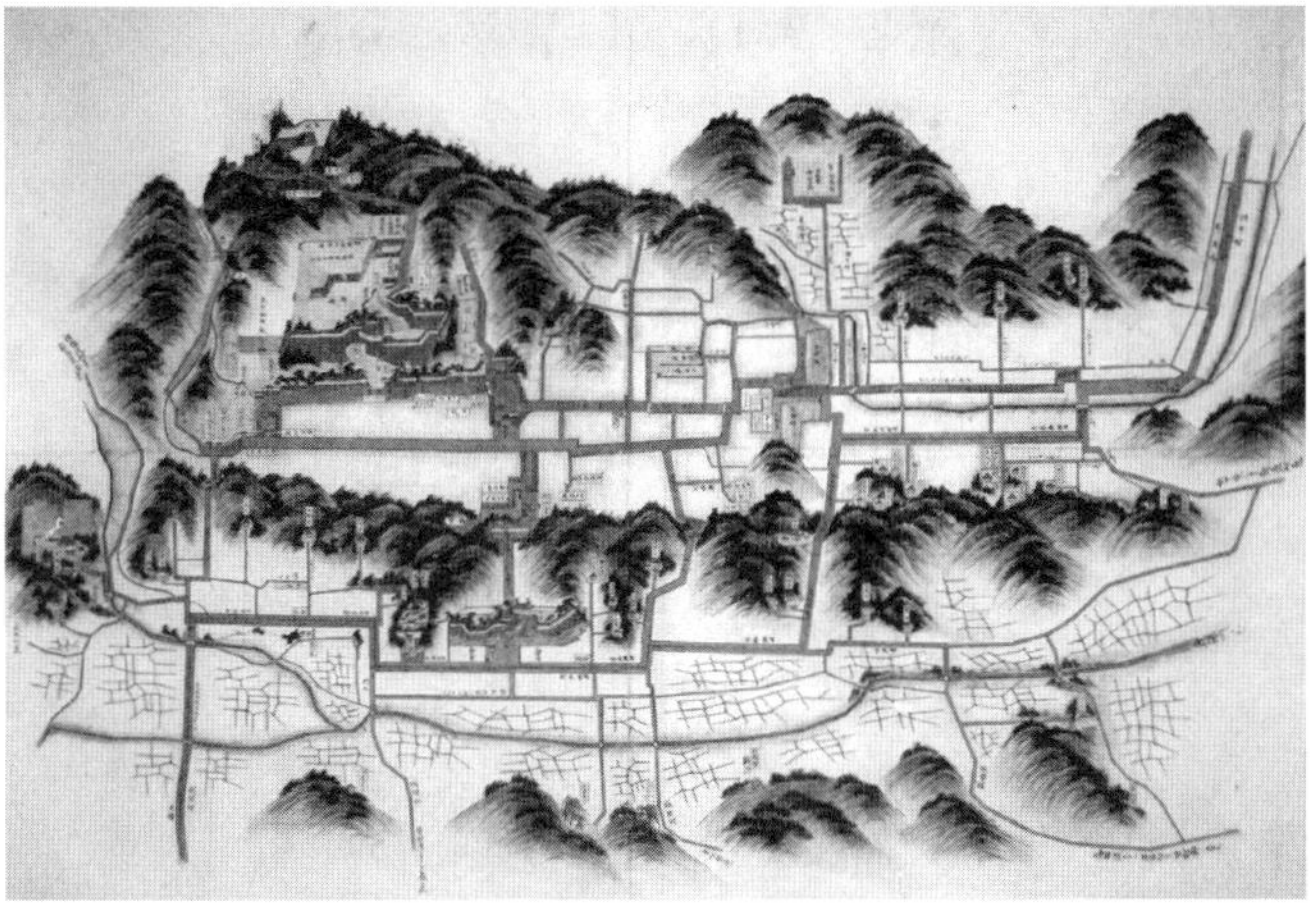

●—二本松御城郭全図［幕末期］（丹羽家蔵）（二本松市教育委員会提供）

●—L 字型の堀切（二本松市教育委員会提供）

【伊達氏の侵攻と二本松城】 天正十三年（一五八五）、伊達輝宗《てるむね》・政宗父子の侵攻によって小手森《おてのもり》・小浜・四本松の諸城が相次いで落ち、さらに畠山氏一一代義継《よしつぐ》が輝宗を宮森《みやもり》城から拉致《らち》し、追撃した政宗によって両名とも相果てるという粟《あわ》ノ須《す》の変が起こった。翌年、政宗の執拗な攻略により一二代義綱は本丸に自ら火を放って逃亡、難攻不落の二本松城はついに落城した。

発掘調査により本丸直下の平場（新城館）で検出された火災残渣廃棄土坑は、「本丸自焼」後に政宗家臣の伊達成実《しげざね》がその後片付けを行った痕跡とみられ、こ

●—三引両の施された漆塗椀蓋
（二本松市教育委員会提供）

の攻防を記録した文献史料を裏付けると同時に、本丸機能が新城館にあったことが判明した。また、藩庁門前の発掘調査で江戸期以前の整地層から出土した漆塗椀蓋は、伊達氏の家紋である三引両が朱彩され、わずか四年間ほどの伊達氏による二本松城支配を裏付ける物的証拠の発見となった。

なお、新城館には半円状の大きな花崗岩が二つ露頭している。これは牛石《うしいし》とよばれ、築城時に生贄とされた二頭の赤牛の伝説が残る。畠山期に本丸機能を有したとみられる平場にこうした築城伝説が残されていることも興味深い。現在では、詩人で彫刻家の高村光太郎とその妻である二本松出身の智恵子を偲んで、「樹下の二人」「あどけない話」の一節がはめ込まれた記念碑として整備されている。

【近世城郭への改変】 政宗が二本松を支配下に置いてわずか四年後の天正十八年（一五九〇）、豊臣秀吉は政宗を意識した奥羽仕置を断行、この時、二本松城には秀吉の命により浅野長政が奥州検地奉行兼奥州監察として本陣を張るとともに、蒲生氏郷・徳川家康・豊臣秀次など有力な戦国武将が相次いで入城した。これは、奥州道に面したその立地により、当城が奥羽仕置において重要な役割を果たしたことを受けたものと思われる。これを契機として二本松は会津領に組み入れられ蒲生・上杉・再蒲生・加藤氏らにより約五〇年間の支配を受けている。上杉景勝が慶長三年（一五九八）に会津若松城に入部した際には、二本松城内の東城（松森館）と西城（新城館）にそれぞれ城代がおかれ、会津領のなかでも重要な支城として位置づけられていたことがうかがえる。この二城代方式は次の蒲生氏（秀行＝再蒲生）にも引き継がれ、会津領時代を通して、街道沿いに位置する二本松城の重要性が高かったことがわかる。

近世城郭への改変は、この会津支城時代にそれぞれが中世城館の縄張を強く意識して城普請、城下町整備を手掛けたといわれる。発掘調査の結果、蒲生氏時代に初めて石垣が築かれたことや慶長期の城の姿が「会津郡二本松城之図」（奥州二本松城図）と一致することなどが確認された。また、中世の切岸《きりぎし》を石積で補強し近世的に改変し、搦手《からめて》門（裏門）を掘立柱による冠木《かぶき》門から礎石立の高麗門に作り変え、さらには高石垣を用いた大規模土木工事によって三の丸を造成するなど、中世城館を近世城郭に作り変えた痕跡が各所で確認されており、現在みられる二本松城の姿が寛永四〜二十年（一六二七〜四三）の加藤氏時代に改変されたことが判明した。

このように二本松城は中世城館と近世城郭が同一ヵ所で営まれ、かつその変貌がよくわかり、当時の政治および築城技術を知ることができることが大きな特徴である。中世から近世にかけて、戦いのための城が政治のための城へと変化したことにより、多くの城郭は近世になって生活に便利な場所へ移ることが多いなかで、当城の場合は山裾に三の丸を設けることで中世城館を近世城郭として変貌させた。

中世から近世にかけて奥州の要としての位置を占めた二本松城跡は、戊辰戦争においても重要な役割を果たしたが、慶応四年（一八六八）七月二十九日、二本松少年隊の悲話を残して落城する。その後、城跡には二本松製糸会社（後に双松館）が明治六年（一八七三）に創業し、当地域における産業の近代化に大きな役割を果たした。現在では、県立自然公園として市民の憩いの場となっている。

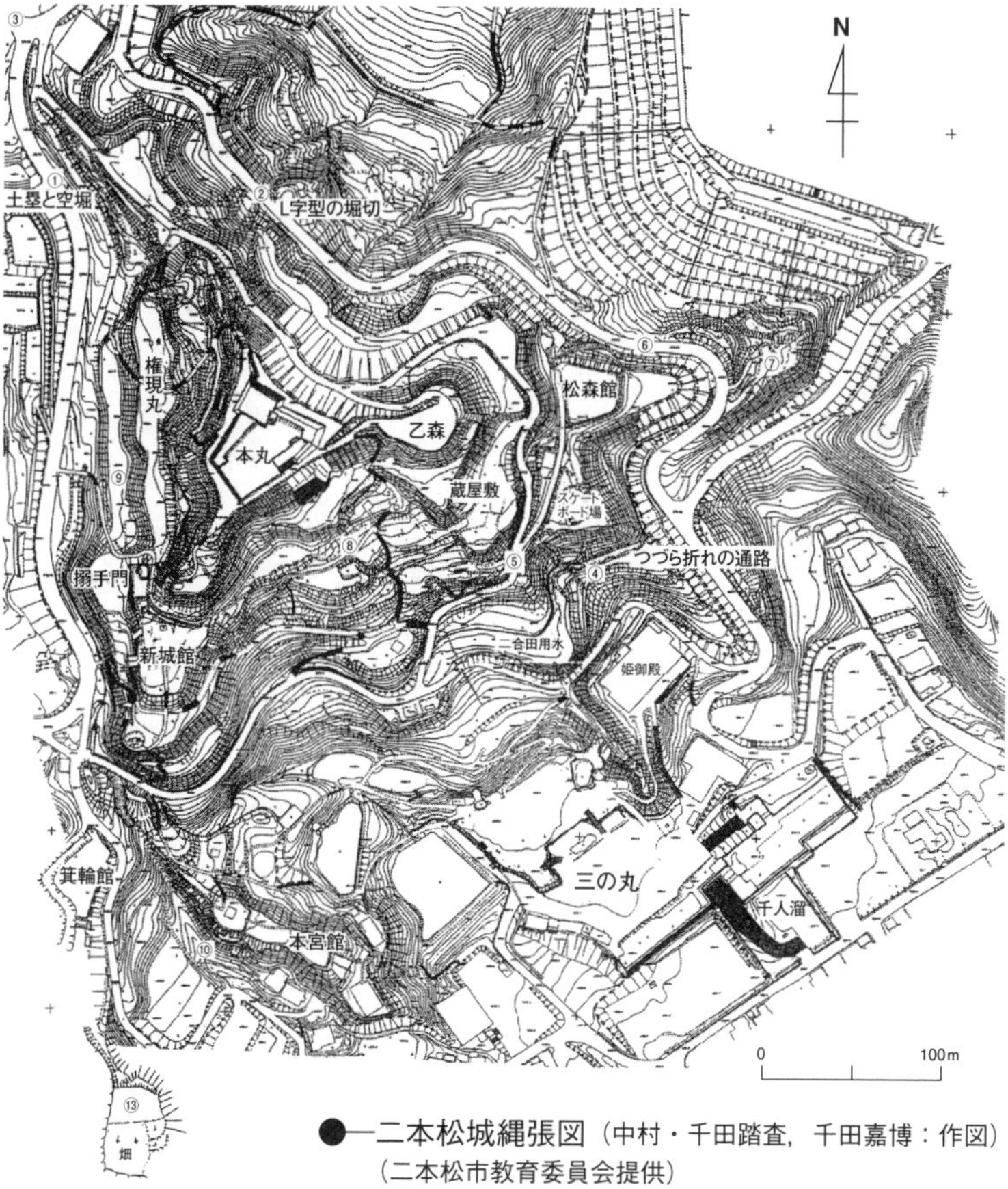

●—二本松城縄張図（中村・千田踏査，千田嘉博：作図）（二本松市教育委員会提供）

【参考文献】二本松市『二本松市史　三　原始・古代・中世　資料編一』（一九八一）、二本松市教育委員会『二本松城跡一〜二四』（一九九二〜二〇一五）

（佐藤真由美）

●重複する御所と城

稲《いな》村《むら》御《ご》所《しょ》

〈所在地〉須賀川市稲字御所館・徳玄
〈比　高〉一五メートル
〈分　類〉丘城
〈年　代〉南北朝〜戦国期
〈城　主〉二階堂氏・足利満貞
〈交通アクセス〉ＪＲ「須賀川駅」から福島交通バス「稲村」下車、徒歩一〇分。

【位置と概要】　陸奥国南部の岩瀬《いわせ》郡稲村、現在の福島県須賀《すか》川《がわ》市稲《いね》に、稲村御所は所在する。阿武隈《あぶくま》川の支流である釈迦《しゃか》堂《どう》川の下流西岸に位置する独立丘陵とその周辺に、遺構群が広がるとみられる。平成二十五年度と翌二十六年度の二回、道路の改良工事に伴って南端域の一部が発掘調査され、多くの遺構・遺物がみつかっている。稲村御所の立地する場所は、須賀川から長沼をへて会津に通じる街道上にあたり、この東西の交通路との関連も理由の一つとして、御所の位置は選ばれたと考えられる。

　稲村御所の主である足利満貞《みつさだ》は、鎌倉公方足利満兼《みつかね》の弟で、応永六年（一三九九）に岩瀬郡稲村に下向したとされる。陸奥国安積《あさか》郡に下向した弟の満直《みつなお》とともに、一五世紀前半の陸奥国南部では、国人《こくじん》層の上位に立つ存在として一定の権力を行使した。当時の鎌倉府は幕府と対立傾向にあり、満貞は終始鎌倉府方として行動するが、安積郡篠川《ささがわ》に拠点を構えた満直は幕府方に転じ、鎌倉公方足利持氏や満貞と対立する。この対立などを契機の一つとして、応永三十一年には、満貞は鎌倉に帰還して稲村御所は事実上消滅する。

　満貞が稲村に居住していた時期、稲村御所の周辺には満貞に従う国人等の館《やかた》などが存在したとみられるが、現況の遺構にその様子をうかがうことはできない。丘陵上に現存する遺構は、遺存状態は良好であるものの、土塁《どるい》に横矢《よこや》掛《が》かりを意図した屈曲などが採用されており、満貞の時代の遺構とは考え難い。後の戦国期に、城として取り立てられたさいに大き

●—南上空より望む稲村御所（「発掘された日本列島2016　新発見考古速報」より　須賀川市文化スポーツ部文化振興課提供）

く改修されていると考えられる。

【遺構の現況】　現況の遺構を図化したのが、次頁の縄張図である。独立丘陵の南側三分の二ほどが平坦に整地され、その縁辺には土塁が築かれている。このⅠとした区画は、現況で確認できる唯一の郭《くるわ》であり、主郭《しゅかく》と評価できる。土塁は西辺と北辺では良好に遺存するものの、東辺と南辺は部分的にしか確認できない。北辺土塁の北側には長大な横堀が設けられ、その中ほどには土橋《どばし》がある。横堀の北に位置するⅡとした部分には普請《ふしん》の痕跡は認められず、自然地形の状態である。北辺のaとbの二ヵ所で土塁が途切れている。このうちaは、横堀を渡る土橋と接続し、この土橋に対して西側から横矢が掛かるように土塁が屈曲しており、虎口《こぐち》であることは間違いない。そのいっぽうでbは、横堀の底へと繋がっており、導線として不自然なことから、後世の破壊道の可能性がある。Ⅰの南側斜面は腰郭《こしぐるわ》状に二段ほどの平場に普請されている。この平場の一部を通りながら、cとした場所からdまで農作業用の現代の道が敷設されている。このままではないにしても、同じような場所にⅠへ上がるためのルートが存在していた可能性がある。丘陵南側の平地には、圃場《ほじょう》整備が実施されるまではⅢの場所に方形の区画が存在したとされ、発掘調査によってその一部が確認されている。

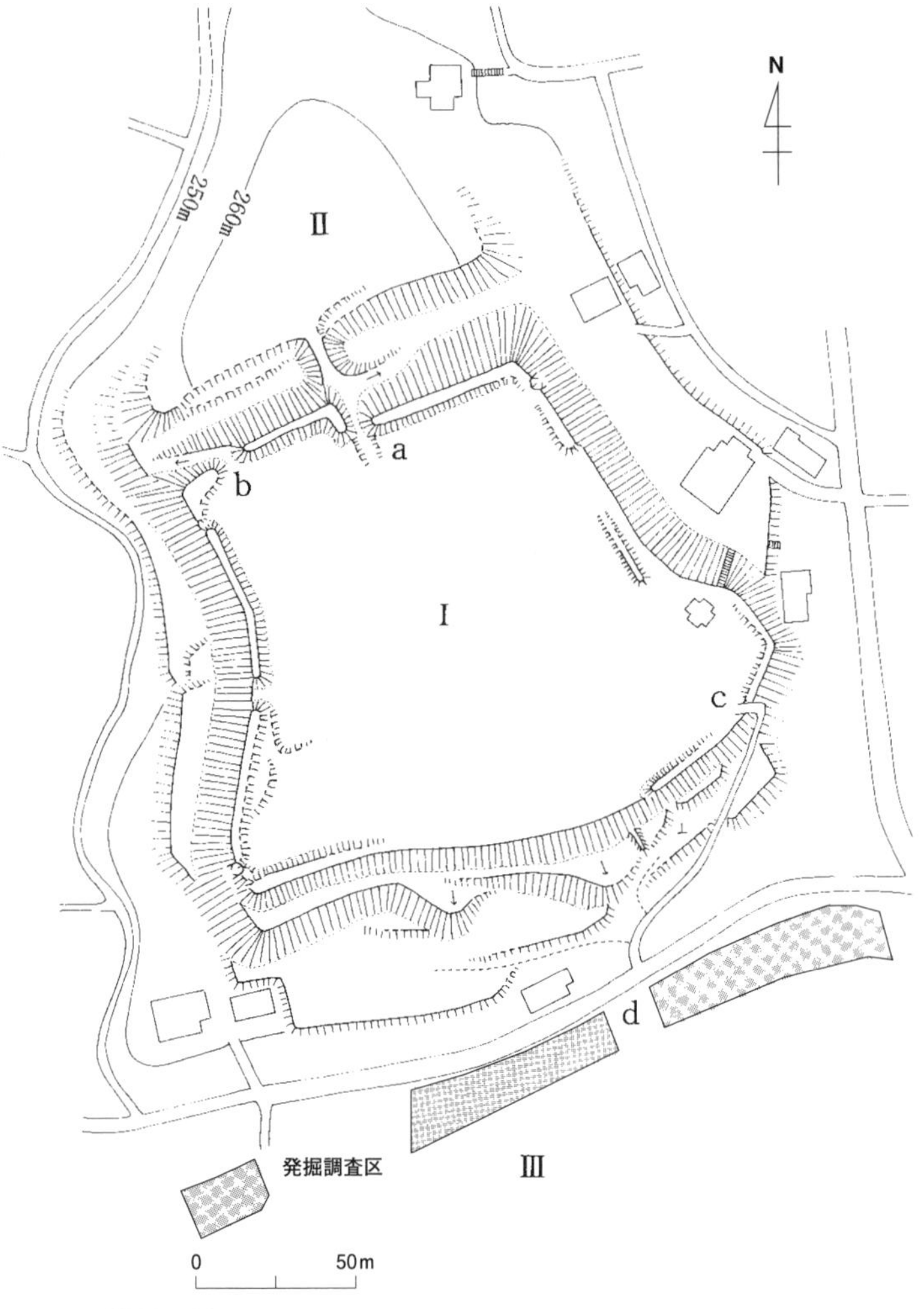

●—稲村御所縄張図（垣内和孝：作図）

単純な構造ながらも、北に開く虎口aには横矢掛かりが用いられており、現況の遺構は室町期の満貞の時代のものとは考え難い。広大な規模を有するⅠは、兵員の駐屯に適した区画のように感じられ、南から北へと侵攻する勢力が、戦国期に築城した陣城《じんじろ》と評価するのが適当と考えられる。

【発掘調査の成果と課題】　発掘調査されたのは、丘陵の南側に位置する縄張図のグレーの部分三〇〇〇平方メートルである。調査の結果、堀・掘立柱建物・井戸・橋状遺構などが確認され、主に堀から多量のかわらけや陶磁器・木製品・鉄製品などが出土した。出土遺物のうち、土器類はかわらけが最も多く、古瀬戸や常滑《とこなめ》といった国産陶器、青磁・白磁などの輸入陶磁器、火鉢・風炉《ふろ》などの瓦質《がしつ》土器がある。これらの大半は一四世紀後半から一五世紀代のもので、一六世紀代のものは少ないとされている。

調査の内容で特筆すべき成果は、「徳玄《とくげん》の館《たて》」と通称されるⅢの場所の区画の存在が確かめられたこと、丘陵上に存在したと想定される稲村御所に伴う「堀」がみつかったこと、両者には新旧関係があり、稲村御所の「堀」を埋めて整地した後に、Ⅲの堀が掘削されているのが判明したこと、である。稲村御所の「堀」が埋められたのは、満貞が永享《えいきょう》の乱に伴い自害した永享十一年（一四三九）を前後する時期の可能性が高く、Ⅲの場所の区画はその後に造営され、遅くとも一六世紀には廃絶したと考えられている。

以上の発掘調査の成果とその所見によって、稲村御所とⅢの場所の区画とは併存しないと評価されたのであるが、若干の疑問点もある。丘陵上に存在したと想定できる稲村御所に伴う堀が、一〇《メートル》以上も比高差のある丘陵の下に掘削されることがあるのか、という点である。この「堀」は南側が浅く、北側に向かって深くなっている。「堀」の北側上端は調査区外のため把握されていないが、丘陵の裾まで広がっていたとすると、その幅は四〇《メートル》近くになる。そのような長大な堀が、満貞の時代に存在していたか検証が必要であろう。人為的な掘削ではなく、湿地などといった自然地形の可能性もあるのではないだろうか。その場合、Ⅲの場所の区画の造営は、稲村御所の廃絶後ではなく、その成立に伴う可能性もでてくるであろう。稲村御所の周辺には、満貞に従う国人等の館が併存していたと想定でき、大規模な造成の契機としてはよりふさわしいように思われる。

【稲村御所以前】　観応《かんのう》の擾乱《じょうらん》は、陸奥国においては尊氏党の畠山国氏《くにうじ》と直義党の吉良貞家《さだいえ》という二人の奥州管領《おうしゅうかんれい》の争いとして現れる。観応二年（一三五一）二月には、貞家が国氏を攻め滅ぼす。このような北朝方の分裂に乗じて南朝方は、北朝方におさえられていた陸奥国府の奪還を敢行し、同年十一月に成功する。南朝方に敗れた吉良貞家は、海道《かいどう》（福島県浜通り地方）をへて陸奥国岩瀬郡の稲村城に入った。稲村を含む岩瀬郡西方《しにかた》は当時、直義党の二階堂時藤《ときふじ》の所領であったため、貞家の入城になったと思われる。この南北朝期の稲村城の確かな位置は不明ながら、稲村御所が普請される以前に、同じ場所に存在していた可能性もあるであろう。奥州管領という高い格式を持つ人物が、一時的にせよ入城するだけの施設が、稲村城には備わっていたと考えられ、そうであるからこそ、後に足利満貞は、岩瀬郡に下向するにあたって、稲村の地を選んだのではないだろうか。

【参考文献】須賀川市教育委員会『稲村御所館跡発掘調査現地説明会資料』（二〇一三）、須賀川市教育委員会『稲村御所館跡（二次調査）発掘調査現地説明会資料』（二〇一四）

（垣内和孝）

●南北朝合戦の最後の舞台

宇《う》津《つ》峰《みね》城《じょう》

〔国指定史跡〕

〔所在地〕須賀川市塩田字雲水峰・郡山市田村町谷田川字樋ノ口
〔比　高〕三〇〇メートル
〔分　類〕山城
〔年　代〕南北朝期（一四世紀前半）
〔城　主〕田村荘司・北畠顕信
〔交通アクセス〕ＪＲ「郡山駅」から福島交通バスで「鈴ガ内」下車、徒歩一時間一〇分。

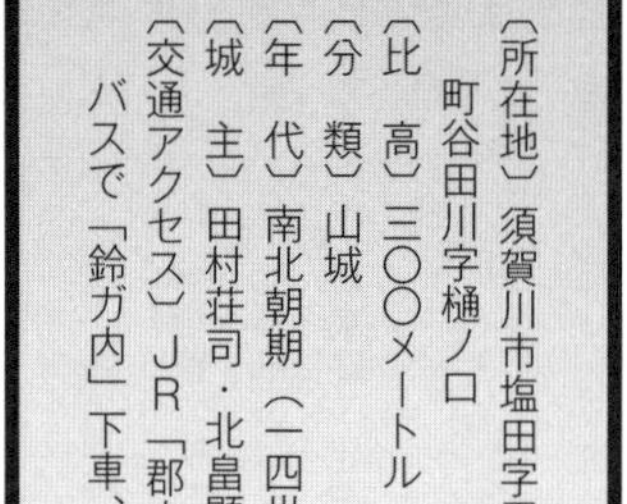

【位置と概要】　福島県須賀川市と郡山市の境界に聳える標高六七九《メートル》の宇津峰山頂に築かれたのが、宇津峰城である。周囲の平地からの比高、およそ三〇〇《メートル》の山上に築かれた山城である。宇津峰は、阿武隈《あぶくま》山地の西端に位置する独立峰である。そのため、山頂の木々の間からは、阿武隈川流域の広い範囲を見渡すことができる。南北朝期に南朝方として活動した田村 荘司《たむらのしょうじ》によって築かれたと伝えられ、たびたび合戦の舞台となった。

観応《かんのう》三年（南朝・正平七、一三五二）、陸奥介《むつのすけ》兼鎮守府《ちんじゅふ》将軍の北畠顕信《あきのぶ》が、後醍醐天皇の孫である守永王《もりながおう》を奉じて宇津峰城に拠り、翌文和《ぶんな》二年（南朝・正平八）に落城するまで展開した北朝軍との攻防は、陸奥国南部における最後の南北朝合戦として知られている。山頂を含む稜線上や主となる尾根上に郭《くるわ》が存在する。一部の例外を除き、全体的に普請《ふしん》の程度は低く粗放な感じを受けるが、その点を南北朝期の山城の特徴と評価することもできる。昭和六年（一九三一）に、南北朝期の代表的な山城として国史跡に指定されている。

【遺構の現況】　縄張図に示したように、宇津峰城は大きく四つの郭群から構成されている。山頂とそこから北に伸びる尾根上に展開する「星ヶ城《ほしがじょう》」と呼ばれる郭群、その西側に隣接し、現在は宇津峰神社の鎮座する「千人溜《せんにんだまり》」、その北西に位置する小ピークを中心とした「鐘突堂《かねつきどう》」、「星ヶ城」の東側に位置するやや広い稜線と、そこから派生した尾根上に展開する「長平城」である。「星ヶ城」以下の名称は、もとより

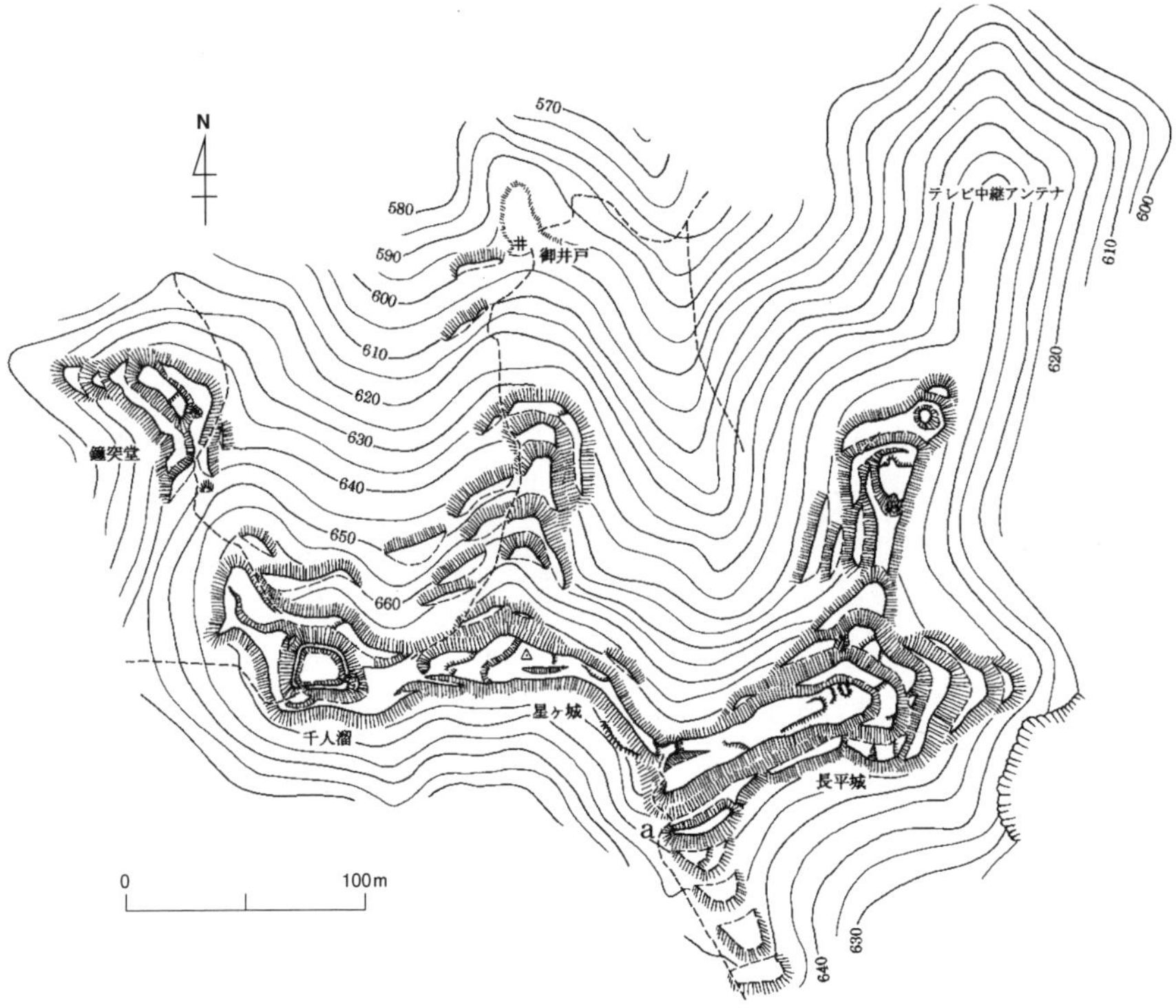

●―宇津峰城縄張図（須賀川市教育委員会『史跡宇津峰保存管理計画書』（平成元年）掲載の図を一部改変トレース）

後世のものであり、当時の呼称ではないが、便宜的に用いることにする。

「星ヶ城」の中心となる郭は狭い山頂部分に位置し、普請の程度は低い。それに対して「千人溜」には、方形を基調とした土塁《どるい》囲みの区画が存在しており、非常に対照的である。かりにこの区画が当時の遺構とすれば、宇津峰城の中枢と評価できるであろう。ただしこの区画内には宇津峰神社が鎮座しており、神社の創建と土塁囲みの構築とが関連することも考えられる。「鐘突堂」は、他の三つの郭群とはやや離れた場所に独立し、西方の稜線を警戒する配置となっている。小規模ながらも普請の程度は比較的丁寧なように見受けられる。「長平城」は、四つの郭群の中で最も広い範囲を占めるのが特徴である。北に伸びる尾根にはテレビの中継アンテナが建設されており、郭の普請状況は明確には把握できない。そのいっぽうで、南に伸びる尾根には、不明瞭ながらも郭群が確認できる。それにもかかわらず、aの部分には堀切《ほりきり》が設けられており、尾根上に展開する郭群との関係が整合しない。よってこの堀切の存在を重視すれば、戦国期になってから、宇津峰城が再利

●―郡山市田村町大善寺から望む宇津峰

用された可能性もありそうである。

【合戦の舞台】　文和二年四月、宇津峰城をめぐる攻防は最終段階をむかえていた。五日には、北朝軍が「柴塚」から攻め上がり、「埋峰東乙森」において「矢軍」が戦われるとともに、「石森下」に陣が置かれている。十五日には「切岸《きりぎし》」「壁際《かべぎわ》」で合戦が行われ、「石森峯」に攻め上がった北朝軍が「一木戸」を破っている。「柴塚」「埋峰東乙森」「石森下」の確かな位置は不明ながら、宇津峰城の周辺とみられ、四月五日から宇津峰城に対する総攻撃が始まったと考えられる。「切岸」「壁際」は、城域の際を削り落とした人工急斜面であろう。「石森峯」の「一木戸」については不明だが、「責口」との表現もみられ、十五日には宇津峰城そのものを舞台とした合戦が始まった模様である。そのおよそ半月後の五月四日、宇津峰城は落城する（「相馬文書」「飯野文書」「国魂文書」「白川文書」「小荒居文書」）。

【参考文献】『郡山市史』第八巻（郡山市、一九七三）、須賀川市教育委員会『史跡宇津峰保存管理計画書』（一九八九）
（垣内和孝）

お城アラカルト

豊臣大名・蒲生氏の支城と整備

平田禎文

天正十八年（一五九〇）、奥羽仕置により奥羽南部を拝領した蒲生氏郷《がもううじさと》は、翌年の再仕置をへて、九二万石の大大名に躍進した。広大な領内には、時期により変動はあるが、おおよそ郡単位で一五程度の支城が置かれた。本来は、城割《しろわり》を進めて、支城を少数に留めたかったのだろうが、旧勢力による一揆の経験と、大身の重臣を大勢抱えた蒲生家の特性から、多くの支城が乱立することとなった。特に与力大名の関一政《せきかずまさ》（白河）、田丸直昌《たまるなおまさ》（三春）、木村吉清《きむらよしきよ》（福島）は五万石程度を領し、他の一二名の城代も六〇〇〇石から四万石程度を領したと伝わる。

現在、白石城（宮城県白石市）、梁川《やながわ》城（福島県伊達市）、二本松城・小浜《おばま》城（二本松市）、三春《みはる》城（三春町）、守山城（郡山市）、長沼城（須賀川市）、猪苗代城（猪苗代町）、南山城（鴨山城・南会津町）、中山城（山形県上山市）などに、大きな粗《あら》割《わり》石を緩やかな傾斜で積み上げた当時の石垣を見ることができる。また、伊南《いな》城（久川城・南会津町）で天守状の大型の礎石建物跡、守山城で倉庫状の礎石建物跡が発見されているほか、白石城や二本松城など櫓台となる石垣に当時の石垣が残されている城も少なくない。しかし、支城の発掘調査では、当時の瓦は出土しておらず、壁土は守山城で少量出土しているほかに出土例がない。こうしたことから、支城には石垣が築かれ、櫓も建設されるが、板葺、板壁のような建物であったと推測される。また、守山城では高さ五メートルの石垣の上に、三メートルの土塁が盛られており、白壁の築地塀の代用品と考えられる。

このように本城の若松城が、織豊系城郭の特徴である石垣・瓦・礎石建物（天守）で構成されるのに対して、支城には石垣が築かれ、礎石の櫓も建てられるが、瓦や漆喰壁は用いられなかった。これは、軍事面での費用対効果を考慮したものか、あるいは大名の居城と家臣の居城の区別を図った二つの可能性が考えられる。

●足利満直の野望の跡

篠《ささ》川《がわ》御《ご》所《しょ》

〈所在地〉郡山市安積町笹川字東館
〈比　高〉二メートル
〈分　類〉平城
〈年　代〉鎌倉〜戦国期
〈城　主〉北条国時・足利満直・須田佐渡守
〈交通アクセス〉ＪＲ「郡山駅」から福島交通バス「笹川」下車、徒歩五分。ＪＲ「安積永盛駅」から徒歩一〇分。

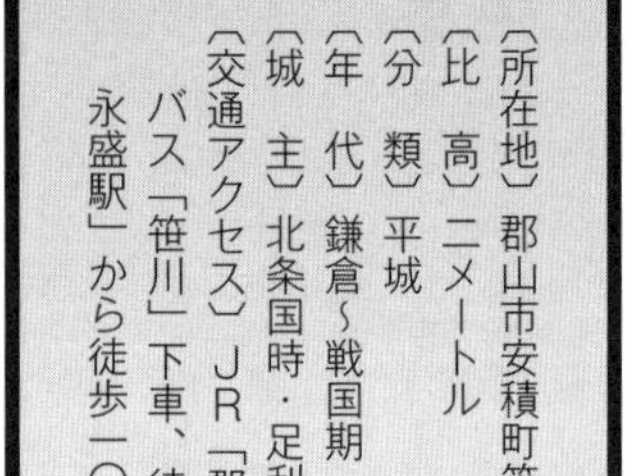

【位置と概要】　陸奥国南部の安積《あさか》郡篠川、現在の福島県郡山市安積町笹川に、篠川御所は所在する。北流する阿武隈《あぶくま》川西岸の微高地上に立地し、西側には丘陵が迫っている。現代と異なり、交通路が地形に大きく制約された近代以前においては、阿武隈川沿いに南方から郡山盆地へ入るには、篠川御所の周辺を通過しなければならなかった。江戸期の奥州街道や明治期の鉄道は、いずれも篠川御所の範囲内に敷設されている。さらに、笹川にはかつて、阿武隈川対岸の御代田《みよた》への渡しが存在していた。つまり篠川御所は、郡山盆地の南の入口で交通の要衝に立地していたといえる。

　篠川御所の主である足利満直《みつなお》は、鎌倉公方足利満兼《みつかね》の弟である。陸奥国岩瀬《いわせ》郡に下向した兄の満貞《みつさだ》とともに、一五世紀前半の陸奥国南部では、国人《こくじん》層の上位に立つ存在として一定の権力を行使した。満直が篠川に下向した年代について、『余目氏旧記《あまるめしきゅうき》』は応永《おうえい》六年（一三九九）と記し、長らくこれが支持されてきたが、近年では、鎌倉府の奥州政策の推移や満貞と満直の活動時期の検討などから、応永十年代以降とする見解が有力である。満直は、後に鎌倉公方と敵対し、室町幕府将軍と結んで鎌倉公方たらんとする野望を抱くが、永《えい》享《きょう》十二年（一四四〇）、結城《ゆうき》合戦に関連した抗争のさい、石川氏等の周辺国人に攻められ滅亡する。

　室町期の篠川御所は、戦国期の篠川城や江戸期の笹川集落と重複しているため、遺存状態は良好とはいえない。しかし地割や微地形、先学の研究成果などから、往時の様子をある

●—篠川御所の故地とみられる笹川地区（郡山市教育委員会提供）

程度までは復元することが可能である。現在確認・復元できる中世の区画は、次頁の縄張図に示したように八ヵ所あり、それらは主軸の違いによって二つのグループに分けることができる。一つは、区画の主軸が方位より一五度前後傾くⅠ〜Ⅴで、もう一つは主軸が方位とほぼ一致するⅥ〜Ⅷである。両者のうち、前者のⅠ〜Ⅴが室町期の篠川御所に関わる区画で、東西約一二〇メートル、南北約一八〇メートルの南北に長いⅠが、篠川御所の本体と思われる。後者のⅥ〜Ⅷは、篠川御所の滅亡後、戦国期に取り立てられた篠川城に関わると考えられる。

【遺構の現況】　室町期の篠川御所の本体とみられるⅠは、北西のコーナー付近や東辺の北側半分ほどで明確な段差を確認できる。南側については区画の痕跡を捉えることは難しいが、江戸期の奥州街道を継承した県道が屈曲し始める場所の辺りが、南端になると想定できる。道筋の変化は、既存の区画に規制された結果と考えられるからである。Ⅱ・Ⅲ・Ⅳ・Ⅴとした区画の中には、範囲の不明確なものも含まれるが、想定した区画群の一帯は微高地となっており、御所を中心として、その周辺に満直に従う国人等の館《やかた》や寺院などの併存する景観が復元できる。

　Ⅲとした区画内には、後に集められたものも含まれるが、南北朝期を中心とした時期の板碑《いたび》が多数あり、Ⅲが宗教的な

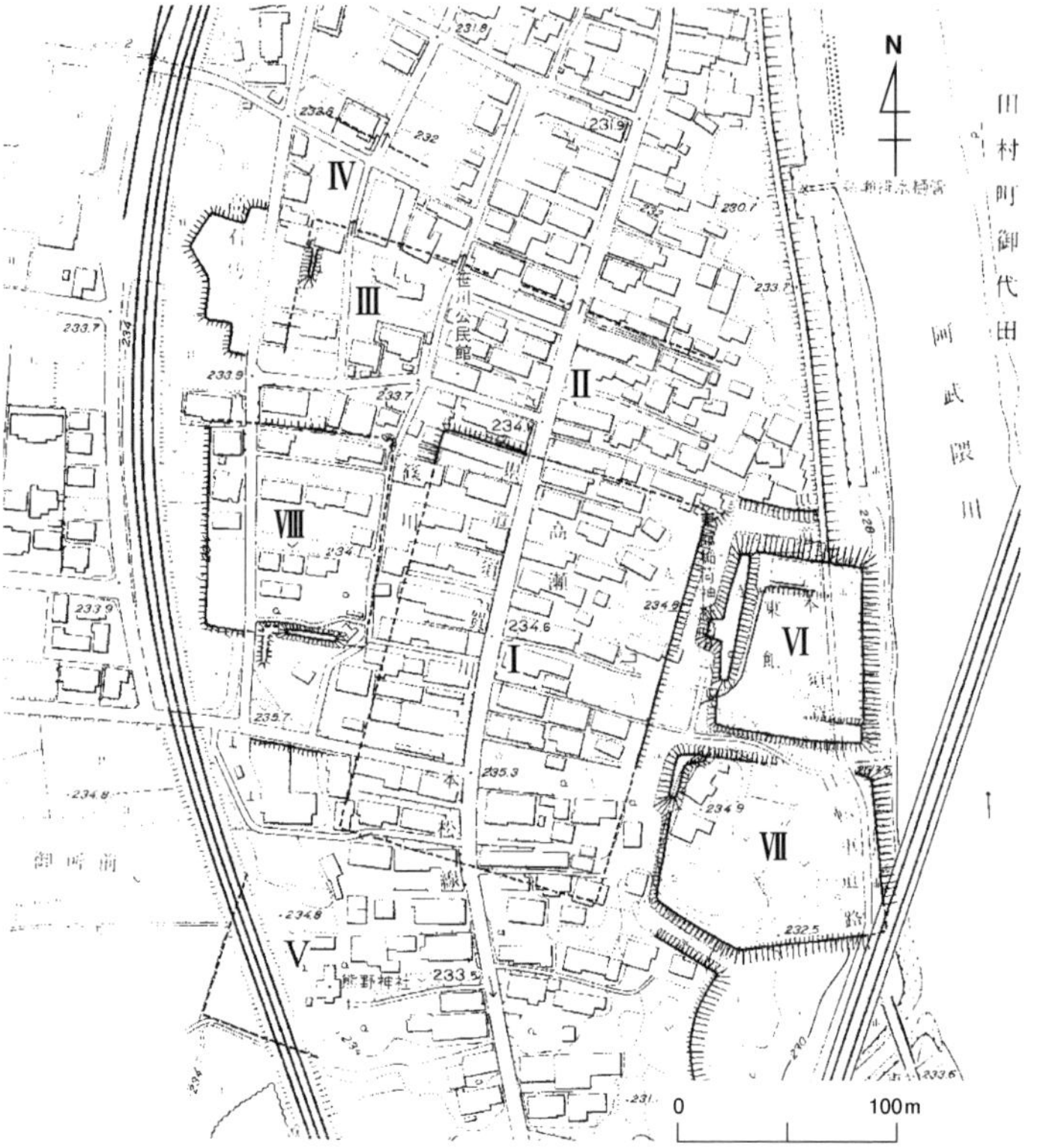

●―篠川御所縄張図（垣内和孝：作図）

区画であった可能性をうかがわせる。現在は熊野神社が鎮座するⅤとした区画も、満直と関係した天性寺《てんしょうじ》の旧寺地と伝えられている。後世のものではあるが、満直の供養塔も建つ。ただし、このような御所を中心に整然と整備された復元案については、満直の持つ経済力の弱さや、堀越《ほりごえ》公方足利政知《まさとも》の事例との比較などから批判もある。すなわち、満直は既存の寺院などに居住し、大きな普請《ふしん》や作事《さくじ》を伴う御所は造営していなかったとする見解が提示されている。

区画群の西側には、御所前や西宿といった字《あざ》が存在する。御所前の地名は篠川御所の存在を示すものであり、西宿の地名は、御所に隣接した宿の存在をうかがわせる。宿が存在したとなれば、当然街道が通過していたはずである。また、御所前の字の西側丘陵は、経坦という字であり、現在その地には御所明神と通称される神社が鎮座している。経坦の地名は経塚《きょうづか》の存在をうかがわせ、御所明神の鎮座と併せ考えると、この周辺が宗教的な空間であったことが予想できる。

室町期のⅠ～Ⅴとした区画に対して、戦国期のⅥ～Ⅷとした区画は、部分的にではあるものの、いずれも縁辺に土塁《どるい》が残存している。特に、Ⅵとした区画の土塁は規模が大きい。Ⅵの土塁は、北・南辺は削平され基底部のみの残存であるが、阿武隈川に面した東辺を除く北・西・南辺に存在が想定できる。Ⅵの南辺に土塁が存在することは、

Ⅵの南に隣接するⅦとした区画が、Ⅵに従属する存在であることを示している。Ⅶとした区画の土塁は北西コーナー付近のみの存在で、この部分は西方に張り出して横矢掛《よこやが》かりを形成する。Ⅵの西辺土塁の中央も、西方に大きく張り出しており、横矢掛かりの櫓台《やぐらだい》であったと考えられる。このような張出《はりだし》を二つも西側に構えていることから、Ⅵ・Ⅶの西側に位置するⅧとした区画が、ⅥやⅦに従属する存在であることは明白である。戦国期のものとみられるⅥ～Ⅷの区画の関係は、Ⅵが主郭《しゅかく》で、Ⅶがそれに次ぐ副郭《ふくかく》のような存在、Ⅷはその下位に位置する郭と評価できる。Ⅵ・ⅦとⅧの間には、室町期の篠川御所と想定した区画Ⅰが存在しており、戦国期においても、郭として利用されていた可能性が高い。

　これらの戦国期の遺構は、岩瀬郡の須賀川城を本拠とする二階堂氏が、北に隣接する安積郡に侵攻する過程で築かれたものと考えられる。天正期には、篠川城主として二階堂家中の須田佐渡守がたびたび史料に登場する。須田佐渡守は、後に二階堂家中を離れ、天正十六年（一五八八）までには敵対する伊達政宗に従属したことが確認できる。その後、同十八年の奥羽《おうう》仕置《しおき》までの間、篠川城は伊達方の城として機能したと考えられる。

【篠川御所以前】　鎌倉幕府が滅亡した元弘三年（一三三三）五月、石川氏などの国人に攻撃され、「佐々河城」が落城している（「秋田藩家蔵文書」）。この「佐々河城」には、幕府の重鎮である北条国時《くにとき》の子息や家人等が籠城していた。「佐々河城」が、塩田陸奥禅門と呼ばれた国時の陸奥国南部における拠点の一つであったことがわかる。鎌倉の幕府や京都の六波羅などとならんで、「佐々河城」は倒幕の攻撃目標となっていたのである。鎌倉期の「佐々河城」の位置については必ずしも明確ではないものの、室町期に足利満直が拠点とした場所が、「佐々河城」の跡地であった可能性は高い。また、南朝方の宇津峰城をめぐる観応三年（南朝・正平七、一三五二）から翌文和二年にかけての攻防のさい、北朝軍を率いる吉良貞家《さだいえ》が、一時期篠川に陣を置いたことも確認できる。

（垣内和孝）

【参考文献】『福島県史』第一巻（福島県、一九六九）、広長秀典「篠川御所と東館」『郡山地方史研究』三二（郡山地方史研究会、二〇〇二）、垣内和孝「篠川御所の現況報告と復元試案」『室町期南奥の政治秩序と抗争』（岩田書院、二〇〇六）、杉山一弥「篠川公方と室町幕府」『室町幕府の東国政策』（思文閣出版、二〇一四）

●仙道の猛将田村氏の居城

三《み》春《はる》城《じょう》

〔三春町指定史跡〕

〔所在地〕三春町字大町ほか
〔比　高〕約九〇メートル
〔分　類〕山城（平山城）
〔年　代〕永正元年（一五〇四）〜明治四年（一八七一）
〔城　主〕田村氏、伊達政宗、蒲生氏、加藤明利、松下長綱、秋田氏
〔交通アクセス〕ＪＲ磐越東線「三春駅」下車、徒歩三〇分。

【城の立地】　戦国時代の仙道（福島県中通《なかどお》り地方）に勇名を馳せた田村《たむら》氏の居城である三春城は、奥羽仕置後、会津藩の支城からその与力大名の居城をへて、正保二年（一六四五）から明治維新まで秋田《あきた》氏が居城とした。このため、本丸周辺とそこへ通じる通路沿いは近世の改変を受けているが、それ以外の部分は、中世の面影を比較的よく残している。

城は、阿武隈高地西縁の大志多山《おおしだ》（城山）に所在し、標高三六〇メートル前後の丘陵が周囲に乱立する中で、標高約四〇八メートルの城山は頭ひとつ抜き出している。このため、近世に三階櫓《やぐら》があった本丸西端からは、郡山市街地や安達太良山《あだたら》、那須連山が望め、本丸御殿があった東側からは片曽根山《かたそね》、鎌倉岳、移ヶ岳《うつしがたけ》など田村地方の峰々を見渡すことができ、これが城地に選ばれた理由であろう。また、三春の地名が「見張る」から転じたのではないかという説も頷ける。これに対して城下は、城山を囲む谷から派生する狭隘《きょうあい》な谷地がうねりながら伸び、谷の中央を走る街道に沿って町が形成されているため、谷筋の要所要所からランドマークとして城山や寺社が望めるほかは、見通しが効かない中世のままの町である。

【本丸の様相】　三春城には、秋田氏時代の呼び名で、本丸、二の丸、三の丸のほか、多数の平場が存在する。本丸は標高四〇〇メートル以上の山頂部分で、南北に長い東の平場（上段）と東西に長い西の平場（下段）が鉤《かぎ》の手《て》形になり、結節部北西に南北に細長い平場（杉の丸）がある。近世には、上段に御殿、杉の丸に風呂屋や土蔵、下段には三階櫓と表門、長屋か

ら多門《たもん》櫓状に続く裏門などが置かれるが、秋田氏が入部すると、西側の麓（現在の三春小学校）に新たに御殿（居屋敷《いやしき》）を建設した。そして、天明五年（一七八五）の大火で城の大半を焼失すると、将軍から拝領した朱印状《しゅいんじょう》を納める三階櫓だけを再建しており、本丸は城下から見上げる藩主と幕府権力の象徴でしかなくなる。

●—三春城全景（三春町教育委員会提供）上が北東

　この本丸裾の標高三六〇㍍前後の部分を、一周約八五〇㍍の帯郭《おびくるわ》状の通路が周回しており、秋田氏時代にはこの内側を本城と呼んでいる。このうち、近世の利用が少なかった南東部には、戦国時代に在地の技術で築かれた高さ一㍍程度の石積が数ヵ所に残されており、秋田氏時代の絵図に古屋敷と記される平場が点在している。

【周囲の構成】　本城からは北西と南東方向に尾根が派生しているが、周回通路が堀切になり、北西が二の丸、南東が三の丸の郭群となる。二の丸は、秋田氏時代には中心平場とその北から西側を廻る下の段に限って郭として認識されているが、さらに西側の尾根筋に小さな平場が連続している。また、三の丸周辺では、中心平場の東から南側に土塁《どるい》や堀切を伴う小さな平場が配され、西側には複数の竪堀《たてぼり》が確認できる。

　このほか、三の丸と居屋敷の間には、秋田氏時代に重臣屋敷となる大きな平場があるほか、北側には秋田家祈願寺宝来《ほうらい》寺《じ》を核とする中級藩士屋敷の平場群があり、さらに国道を挟んだ北側に、田村月斎《げっさい》の屋敷と伝わる月斎館がある。このように三春城は、本丸、二の丸といった核となる平場を中心と

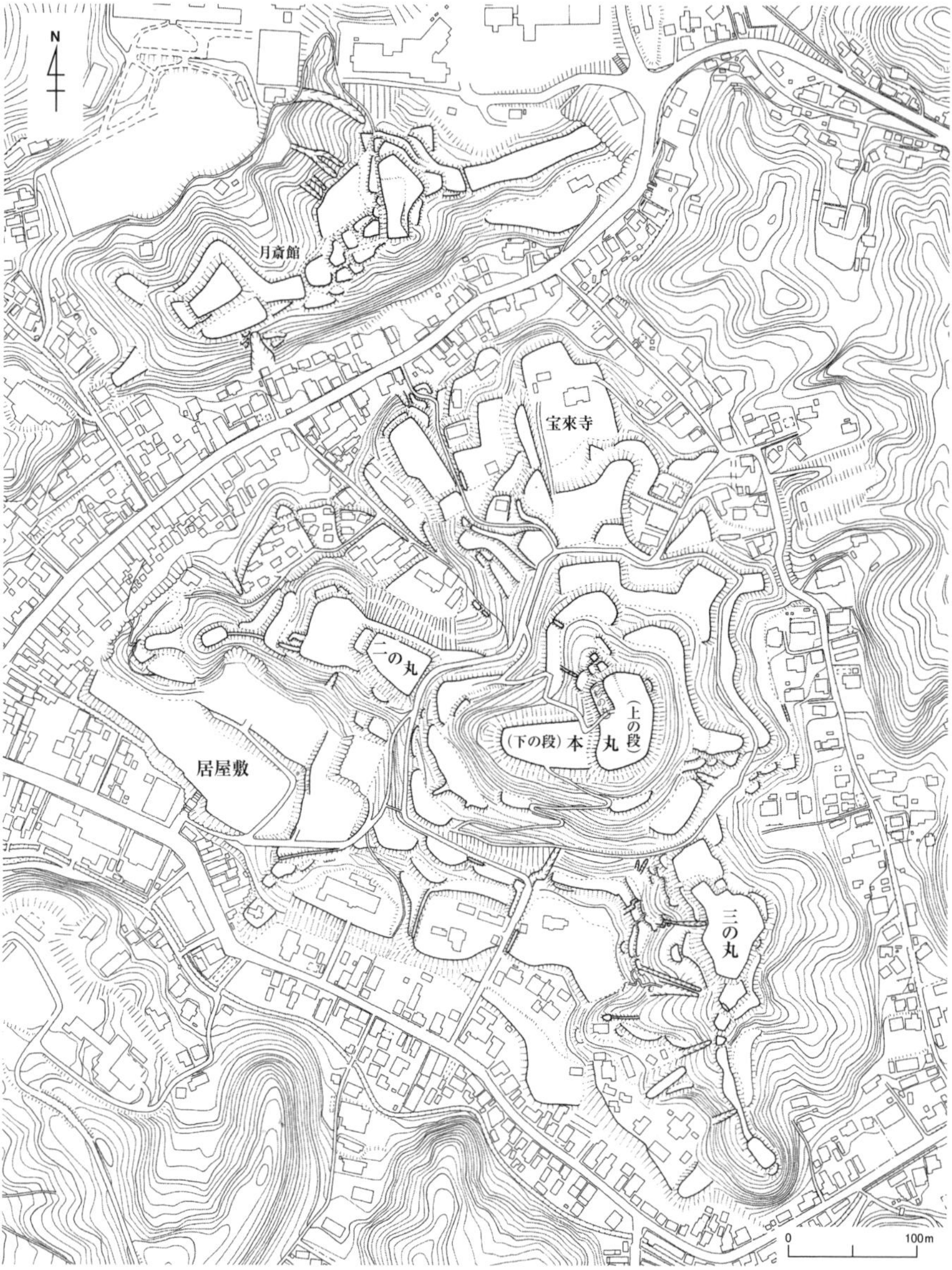

●—三春城縄張図（三春町教育委員会提供）

した複数の郭群から形成され、各郭群が独立した縄張を持っている。一見並立しているように見える郭群だが、中心となる平場の標高差が家中での序列を示しており、また、本城の裾にだけ石積を築くような差別も行われている。

【田村氏の築城】　三春城は永正元年（一五〇四）に、田村義《よし》顕《あき》が大志多山に居城を移し築城したと伝わる。この時、義顕がどこから移って来たのかは不明だが、田村地方は田《た》村荘《むらのしょう》と呼ばれた紀伊熊野新宮の荘園で、その拠点が守山《もりやま》（郡山市田村町）であったため、守山から移った可能性が高い。本丸跡の発掘調査では、一五世紀末頃の遺物を含む焼土を主体とした厚い整地層で現在の地形が形成されており、その下からは痩せ尾根に沿ってひな壇状に削り出された狭い平場が検出されている。このことから、小規模な山城だった三春城が、一六世紀初頭頃に火災に遭い、その後、大規模に改修されたと推定される。また、この焼土層からは、大量のかわらけや青白磁梅瓶《めいぴん》など中国産の磁器が出土しており、そのような財を持ち得る人物がほかに考えにくいことから、三春城は元々田村氏の居城で、義顕が田村荘の権益をほぼ掌握したため、大改修工事を行って田村地方の主城とした可能性もある。

●―本城東側裾部に残る石積
（三春町教育委員会提供）

【田村氏の時代】　田村氏は、義顕、隆顕《たかあき》、清顕《きよあき》と三代続く。義顕は、永正期までに白川氏との同盟や岩城常隆《いわきつねたか》の娘を正室に迎えるなどの調整により、田村地方での基盤を固め、その後、安積《あさか》、岩瀬《いわせ》方面へ勢力拡大を図るが、白川氏が弱体化し、代って伊達《だて》氏と蘆名《あしな》氏が力を増した。そこで、隆顕の正室には伊達稙宗《たねむね》の娘を迎えるが、安積へ進出する度に伊達・蘆名両氏に挫かれている。そして、天文十一年（一五四二）に伊達稙宗と晴宗《はるむね》父子の争いから天文の乱が起こると、隆顕は稙宗方として勢力を拡大する。しかし、これを嫌った蘆名盛氏《もりうじ》が晴宗方へ寝返った結果、同十七年に晴宗方が勝利し、この機に晴宗は居城を米沢へ移し、仙道から一歩退いた。田村氏はこの時、相馬顕胤《あきたね》の娘を清顕の正室に迎えることで標《しね》葉《は》郡の一部を獲得するが、蘆名氏との講和で安積郡から撤退させられた。その後、隆顕は永禄二年（一五五九）に岩瀬へ攻め込んで今泉城（須賀川市）を落とし、義顕の弟・月斎を城代として岩瀬・安積への橋頭堡《きょうとうほ》とすると、安積の大槻《おおつき》城や片平《かたひら》城を攻め、天正四年（一五七六）には安積伊東氏を追い落した。また、常陸から仙道をうかがう佐竹氏に対しては、蘆名氏と連合して戦い、同五年にはこれを破った。

【伊達氏との同盟】 しかし、翌年の佐竹・白川氏の和睦を契機に蘆名氏は佐竹氏と協調し、岩瀬の二階堂《にかいどう》家出身の盛隆《もりたか》が蘆名家の実権を握ると、田村氏の孤立が深まった。こうした中、嫡男がなかった清顕は、天正七年に一人娘の愛《めご》を伊達輝《てる》宗《むね》嫡子・政宗《まさむね》に嫁がせ、男子誕生の際は田村家の家督を約し、伊達・田村同盟を成立させた。しかし同九年に、田村郡南西の拠点・御代田《みよた》城が蘆名・二階堂軍に包囲されると、翌年、輝宗の調停で和睦し、今泉など岩瀬・安積の占領地を始め、田村郡南西部も二階堂氏に割譲することとなる。追い討ちをかけるように、伊達・田村氏の旗下にあった安達郡東部・塩松《しおのまつ》の大内定綱《おおうちさだつな》が反旗を翻したため、清顕は何度も遠征するが連敗を喫し、さらに岩城常隆《つねたか》も南から侵攻を開始した。このため清顕は同一三年、伊達家を家督した婿の政宗に、大内征伐を依頼する。政宗は小手森《おでもり》城を攻め落とし、定綱は畠山義継《はたけやまよしつぐ》の二本松城へ逃れるが、突発的な戦闘で、父・輝宗と義継が戦死したため、蘆名・佐竹氏を中心とする連合軍と伊達・田村氏との戦闘に発展する。そして、翌年、政宗は二本松城を落として畠山氏を亡ぼすが、清顕も急死する。

【相馬義胤の三春城乗り入れ】 当主を失った田村家は、清顕後室相馬氏と田村月斎、隆顕の弟・梅雪斎《ばいせっさい》、梅雪斎の子・顕憲《あきのり》、一族の橋本刑部《はしもとぎょうぶ》という四宿老により運営されたが、実際には伊達派と相馬派の家中抗争となる。そんな中の天正十六年閏五月、相馬義胤《よしたね》が叔母である清顕後室との面会を理由に三春城入城を企てる。義胤は、三春城入口の橋を渡り、坂を上って二の丸あるいは要害へ入るが、「あけつち（揚土）」に至ったところで阻まれ、東の小口あるいは搦手《からめて》へ出たところで、弓・鉄砲を撃ちかけられて船引城へ逃れ、その後、伊達勢の追撃をかわしながら小高《おだか》へ帰還したという。これらの施設がどこに当たるのかは不明であるが、義胤は大手から入城し、中腹の周回路からは進入を拒まれ、東側から搦手を出たようで、こうした守城の様子からも二の丸・三の丸といった郭群と共有する周回路までと本城部分とでは、同じ城内でも意味合いが違ったのではないかと考えられる。

【政宗の田村仕置】 その後、郡山合戦に勝利した政宗は、八月に三春城に入城した。これに伴い清顕後室が船引城へ、田村梅雪斎・顕憲らが小野城へ退出し、代って清顕の甥・宗顕《むねあき》が政宗を後見に三春城主となった。政宗は一ヵ月余りの在城中に、三春城と周囲の要害の整備、相馬派家臣の城館の破却を行い、田村家中や城下および周辺の宗教者や有力町人、在郷衆らと謁見し、大叔母で「東」と呼ばれた隆顕後室の元へ度々通い、大元明王《たいげんみょうおう》やその門前町、金の座、月斎の屋敷などを訪ねている。政宗のこうした行動から、三春城と周辺には、田村氏一族や重臣たちの屋敷があるほか、寺社やその門前町、町屋があったことがわかる。

【奥羽仕置と会津領時代】　天正十七年になると、相馬・岩城・佐竹勢が田村領内になだれ込み、田村領は三春城周辺を残すばかりとなった。こうした中、伊達政宗は摺上原《すりあげはら》で蘆名氏を破って南奥羽を制覇するが、翌年には豊臣秀吉の小田原攻めに心ならずも参陣し、その軍門に降った。その結果、田村氏は改易され、伊達領に組み込まれた。政宗は占領地の大半を召し上げられ、さらに、新たに会津に入った蒲生氏郷《がもううじさと》に葛西《かさい》・大崎《おおさき》一揆での動向を疑われ、翌年の九戸《くのへ》の乱鎮圧後、出羽置賜や旧田村領を含めた仙道諸郡を氏郷へ引き渡し、葛西・大崎氏の旧領へ移された。三春城には、蒲生家与力の田《た》丸直昌《まるなおまさ》が城代として入るが、いつからか守山へ移り、慶長三年（一五九八）に会津領主が上杉景勝《うえすぎかげかつ》に換わっても、守山城が使用された。同六年に景勝が米沢に減封され、氏郷の子・蒲生秀行《ひでゆき》が会津に戻ると、最初の城代・蒲生郷成《さとなり》が慶長十四年に出奔するまでには三春城に戻っている。その後、蒲生郷《さと》治《はる》、郷成の子の郷喜《さとよし》・郷舎《さといえ》兄弟、さらに郷治と、蒲生家中トップの大名級の重臣が三春城代を歴任している。

【近世城郭への変貌】　三春城は明治維新後、木材や石材に至るまで払い下げられたため、ほとんど石垣はないが、本丸の北東部や裏門下などに大型の粗割石を緩やかな傾斜で積んだ石垣が残っている。守山城の石垣とも似ているため、これらは蒲生氏時代に築かれた可能性が高い。なお、この時期の瓦は出土しないため、瓦葺の建物はなかったと考えられる。

寛永四年（一六二七）に秀行の子蒲生忠郷《たださと》が亡くなると、加藤嘉明《かとうよしあき》が会津を拝領し、三春には嘉明の三男・明利が三万石で入るが、同時に二本松を拝領した嘉明の娘婿・松下重綱《まつしたしげつな》の急死により、翌年には明利が二本松へ移り、三春には重綱の嫡子長綱《ながつな》が入った。本丸からは松下氏の家紋を刻んだ鬼瓦が出土しており、この時代になると瓦葺建物が築かれている。その後、正保元年（一六四四）に松下氏が改易されると、翌年、常陸宍戸から秋田俊季《としすえ》が五万五〇〇〇石で三春に入り、後の分知で五万石となるが、秋田家十一代の安定した治世を迎えた。そして、戊辰戦争では無血開城を果たし、明治維新後に廃城となった。

【参考文献】　三春町教育委員会『三春城総合調査報告書』（一九九一）

（平田禎文）

●東北の抑えの城

小《こ》峰《みね》城《じょう》

〔国指定史跡〕

〔所在地〕白河市郭内
〔比　高〕約二〇メートル
〔分　類〕平山城
〔年　代〕南北朝期～近世
〔城　主〕結城親朝ほか
〔交通アクセス〕ＪＲ東北本線「白河駅」下車、徒歩五分。

【中世から戦国期の小峰城】　ＪＲ東北本線白河駅のホームに立ち、北側を見ると木立の向こうには、石垣と平成三年（一九九一）に木造で復元された「三重櫓」の優美な姿が目に飛び込んでくる。

小峰城の成立は、文化二年（一八〇五）に編纂された『白河風土記』によれば、南北朝時代の興国～正平年間（一三四〇～六九）頃、白河荘を治めていた結城宗広の嫡男親朝《ちかとも》（別家小峰家を興す）が築城したことに始まるとされる。

結城氏の本拠は、市街地より東へ三㌔の所に位置する白川城であったが、文献史の研究成果から、結城《ゆうき》氏一族の内紛のあった永正年間（一五〇四～二〇）頃以降は、本拠が小峰城に移ったと推定される。

天正十八年（一五九〇）、豊臣秀吉による奥羽仕置《おうしおき》により結城氏は改易され、白河結城氏の支配は終焉を迎える。

江戸時代に大改修され、現状で江戸期以前の城館の姿を確認することはできないが、これまで実施された発掘調査において、断片的ながら一五・一六世紀代の遺物や一六世紀代の遺構の存在が確認されている。さらに、近年の東日本大震災による本丸や竹の丸の石垣修復において、断片的ながら中世の遺構・遺物が発見され、この場所は中世においては谷地形で、少なくとも一六世紀前半以降にいっきに盛土がなされ平坦面を造成していることが明らかとなった。

【近世城郭の歴史とその姿】　近世城郭は、東西に延びる標高三七〇㍍ほどの独立丘陵と、阿武隈《あぶくま》川や谷津田《やんた》川により形成

●—小峰城全景

された標高三五七メートルほどの河岸段丘上に立地する。本丸が丘陵上、二の丸・三の丸は河岸段丘上に位置し、外堀より内側の範囲は、東西八五〇メートル、南北六五〇メートルほどで、このうち本丸・二の丸を中心とした範囲一六・三ヘクタールが国史跡指定範囲となっている。

奥羽仕置の後、蒲生氏郷《がもううじさと》・上杉景勝《かげかつ》・蒲生秀行《ひでゆき》が会津を治めることとなり、白河には、各時代に城代が置かれ、会津の支城時代を迎える。

　寛永四年（一六二七）、丹羽長重が棚倉より一〇万余石で入封し、白河藩が成立する。長重は幕命により同六年から約四年の歳月をかけて城郭の大改修を行った。

　阿武隈川の河道の変更と屋敷地の確保、本丸・二の丸を総石垣、三の丸や外郭の主要な部分に石垣を多用した城郭として改修されたことが、長重による大改修の大きな特徴である。石垣を多用した城郭への変貌は、長重の白河移封に際し将軍徳川秀忠が奥州の警備を命じたことに代表されるように、伊達、上杉、佐竹といった北奥羽の外様大名への、抑えの城との位置づけがあったことが大きな要因と考えられる。この丹羽《にわ》長重《ながしげ》の大改修により、近世城郭としての小峰城が完成をみた。

　丹羽家や松平（榊原）・本多・松平（奥平）・松平（結城）・松平（久松）・阿部といった徳川譜代・親藩の七家二一代の居城として経過したが、慶応四年（一八六八）の戊辰戦争白河口の戦いにより焼失落城した。

【現存する石垣】　小峰城の石垣は、現在本丸、竹の丸、二の丸、帯郭《おびくるわ》、搦手《からめて》門、藤門、三の丸丘陵部に残存しており、

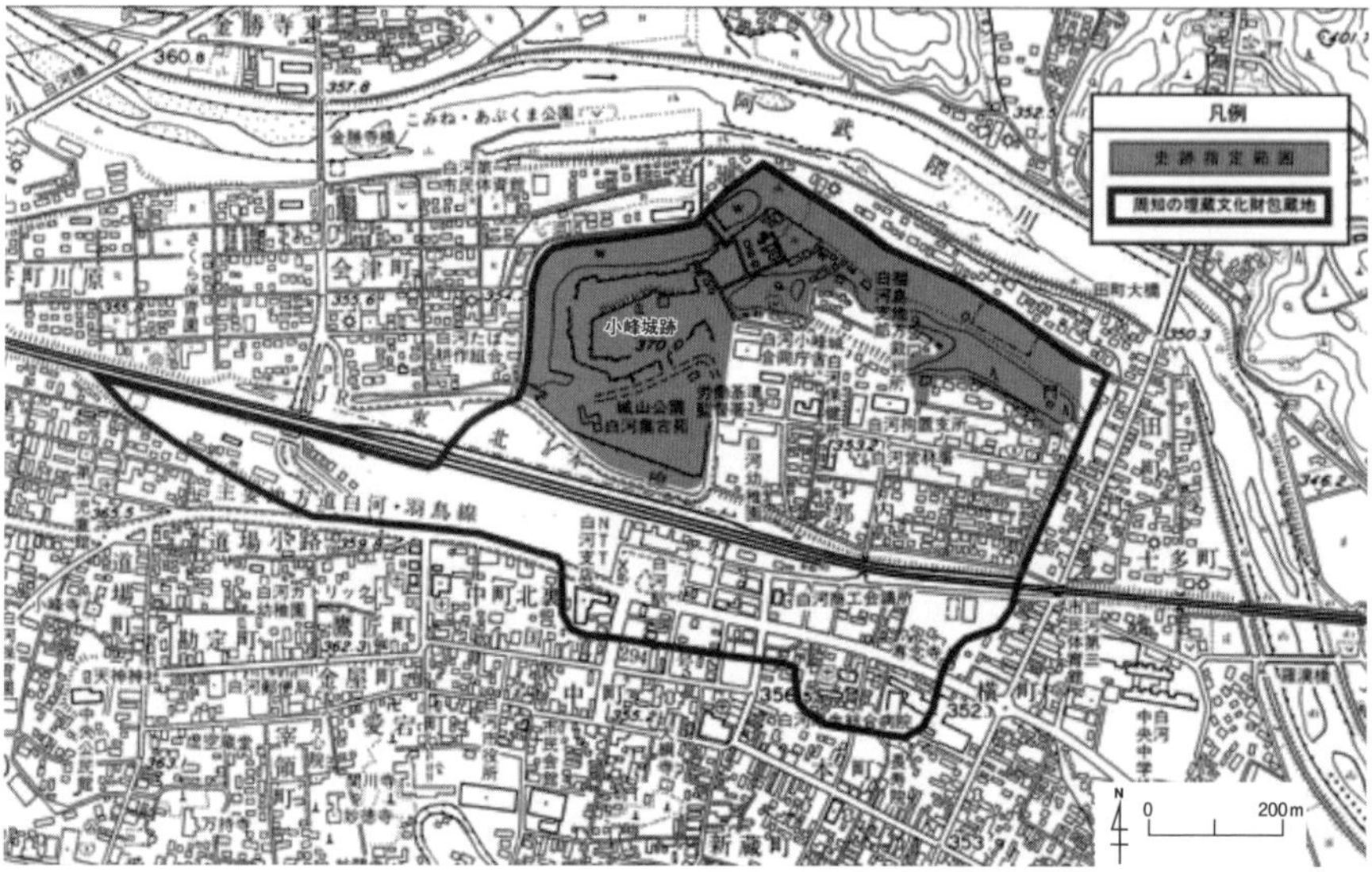

●—小峰城範囲図

総延長約二キロ、面積では約一万五〇〇〇平方メートルを測る。

石垣の構築が始まった時期については、現段階では明確にできないが、絵図の記載では会津領時代の慶長年間に遡る可能性が考えられている。蒲生《がもう》秀行時代の「白河城之図」には、本丸北東に三重の櫓が存在し、この櫓周辺部に石垣が存在することが描かれている。三重櫓《やぐら》北面の一部には、不定形の石材を乱積した箇所が残されており、ここが慶長年間頃の石垣と考えられる。

寛永六年からの丹羽長重による城郭の大改修により、本丸・二の丸はもとより、三の丸の門周辺、本丸東側丘陵部に石垣が構築された。

文献や絵図の確認から、江戸期においてもこれらの石垣は崩落などがあったようで、現在残る石垣にも修復の痕跡を確認することができる。全体的な石垣の観察と比較検証を踏まえ、石垣編年の構築と石垣構築技術の解明が今後の課題となっている。

【復元された櫓・門】 本丸の北東高台に三重櫓（平成三年）本丸東正面に前御門（平成六年）が木造で復元され、往時の姿を偲ばせている。復元の際に根拠資料となったのが、「白河城御櫓絵図」（福島県指定重要文化財）である。

白河城御櫓絵図は、小峰城の櫓・門・高札場《こうさつば》・屋敷・勘《かん》

●―三重櫓北面石垣

●―本丸南面方面（法面）

定所《じょうしょ》・学校・蔵・鐘楼堂・厩《くりや》・水懸口・元作事等を、合計五八枚の図面に描き、二巻の巻物としたものである。本図は、新築ならば必要なかったと思われる側壁補強の腰板や、寛政三年（一七九一）に創設された藩校立教館まで描いているところをみると、当時実在した建物を実測したものと位置づけられる。

【東日本大震災からの復興】 平成二十三年（二〇一一）三月十一日、白河市を震度六強の地震が襲った。この地震において九ヵ所、さらに四月十一日の余震（震度五強）で一ヵ所の、合計一〇ヵ所の石垣が崩落した。崩落範囲は、総延長で約一六〇メートル、面積約一五〇〇平方メートルを測る。

修復は、石垣の崩落箇所のみならず、石垣の歪みが著しい箇所も含め、計一六ヵ所が対象となり、平成二十三年十二月より、文化財災害復旧事業として開始した。

文化財石垣の修復として、元の石材を元の位置に戻すことを基本として進めている。また、石垣上面や背面（法面）の考古学的調査も併せて行い、中世から近世に至る土地利用の変遷の確認・記録をしている。

【中世から近世への変遷】 現状においては、近世以前の小峰城の姿を把握するには至っていない。しかし、これまで実施された発掘調査の成果、現在進めている災害復旧事業に伴う発掘調査において、新たな発見が相次いでいる。

こうした調査成果を手掛かりに、中世における小峰城の姿を少しでも明らかにすることにより、白川城との関係性を検証することができるものと考える。

（鈴木　功）

【参考文献】 白河市教育委員会『白河市の文化財』（二〇一一）

●南奥の雄白河結城氏の本拠

白《しら》川《かわ》城《じょう》

〔国指定史跡〕

〔所在地〕白河市藤沢ほか
〔比　高〕約六〇メートル
〔分　類〕山城
〔年　代〕南北朝期～戦国期
〔城　主〕結城祐広、宗広ほか
〔交通アクセス〕ＪＲ「白河駅」下車、中循環バス「八竜神」下車。徒歩一五分。

【白河結城氏の本城】 白河市街地より東へ三キロ、阿武《あぶ》隈《くま》川右岸に標高四〇〇メートルほどの丘陵が連なる。その丘陵地を利用して、白川城は築かれている。その広さ、約三六・六ヘクタールにおよぶ。

下総国結城郡（茨城県結城市）を本拠とする結城朝光《ともみつ》は、文治五年（一一八九）に源頼朝の「奥州合戦」において戦功をあげ、白河荘を与えられる。朝光の孫で、白河結城氏の祖とされる祐広《すけひろ》は、一三世紀後半に白河に下向し、白川城を本拠としたといわれる。

祐広の子宗広《むねひろ》は、後醍醐天皇の鎌倉幕府倒幕の命に従い、新田義貞らと鎌倉幕府を滅亡に追い込んだ。後醍醐天皇の信頼を得た宗広は、結城家の「惣領」に命じられ、のち天皇に反旗を翻した足利尊氏を破り、天皇から「公家の宝」とまで賞賛されている。

南北朝内乱期をへて、白河結城氏は白河荘全体を掌握・領有し、福島県中通り一帯の軍事警察権を行使する検断職《けんだんしき》に任じられ、その職権を背景に、室町時代には奥州南部から北関東にまで勢力を伸ばし、室町幕府から南奥の雄と認識されるに至った。

【近世・近代の認識】 現在の地が、白河結城氏の本拠であることは、すでに江戸時代から認識されていたようで、文化二年（一八〇五）編纂の『白河風土記』の記載や、城館の北東部の断崖に結城宗広・朝光の忠烈を刻んだ「感忠銘」碑の存在から伺うことができる。

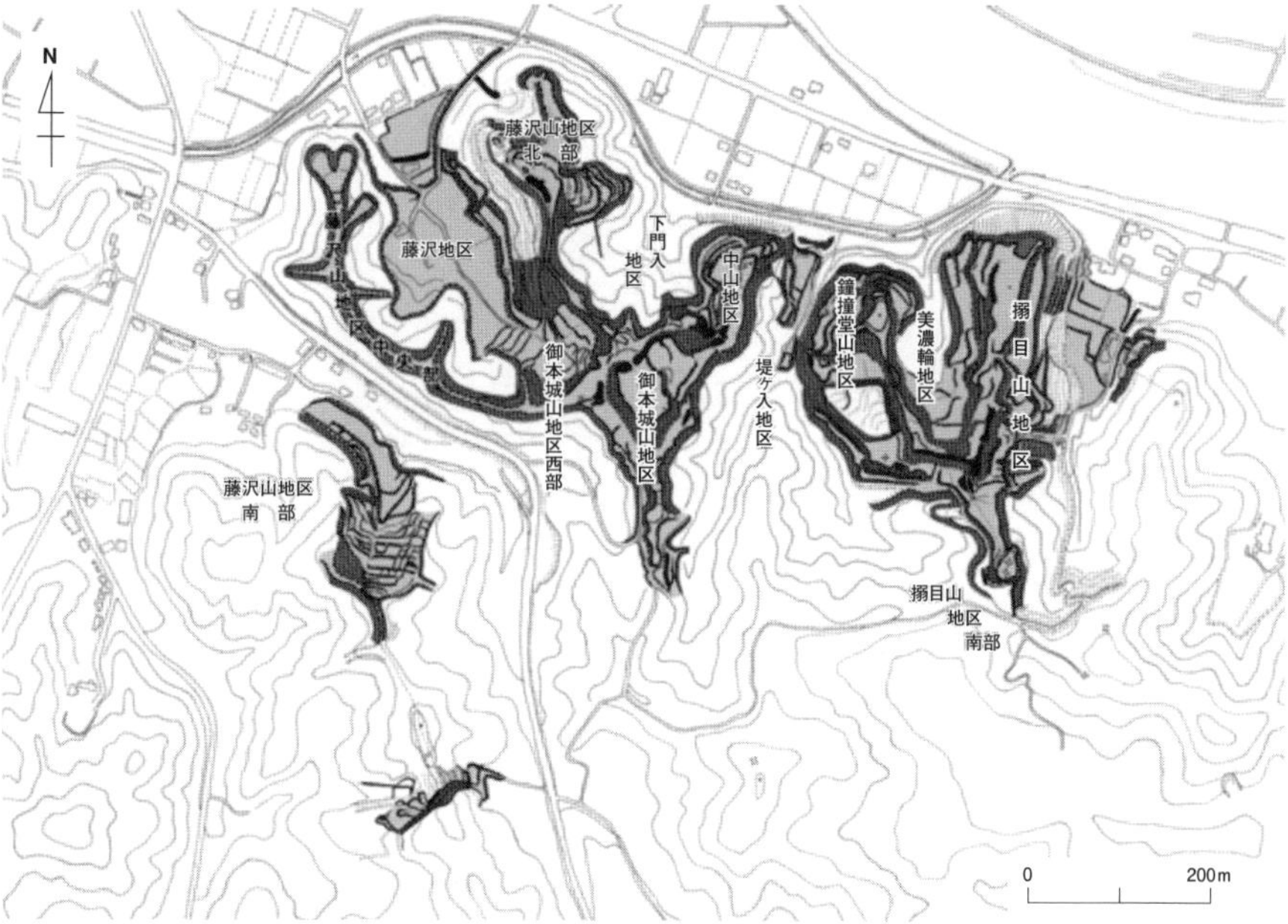

●—白川城縄張図

こうした江戸期の認識が近代以降も失われることなく、城館の保存が図られ、昭和十二年（一九三七）には、御本城山に「忠烈碑」や結城氏を祀った祠《ほこら》などが建設されている。さらに、昭和二十八年（一九五三）には福島県の史跡に指定された。

【縄張の特徴】　昭和六十三年福島県教育委員会を主体とした「福島県の中世城館」の調査により、白川城跡の縄張図が作成される。さらに、城館周辺部における開発計画などに対応するため、平成七年（一九九五）には中世城郭研究会の佐伯正廣により、広範囲におよぶ詳細な縄張図が作成され、白川城の基本資料となっている。

丘陵西側の頂上部は、御本城山と呼称され、古くから城館の主郭と考えられてきた場所である。頂上部から北東の丘陵（中山地区）や谷部（下門入地区）にかけては、丘陵斜面部に階段状に配置された平場や堀切が確認できる。

御本城山から北西にかけては、北西に開く谷部とこの谷部の三方を囲む丘陵地が存在する（藤沢山地区）。特に、北側の丘陵頂上部の周囲には、部分的ではあるが斜面部に構築された階段状の平場が存在する。また、谷部の奥は、時宗《じしゅう》の寺院である「小峰寺」の旧所在地と推定される場所である。

御本城山の東側、谷部（堤ケ入地区）を挟んだ東にも、遺

●—白川城御本城山主郭

構のまとまりが見られる。北に開く谷部である美濃輪地区を囲むように丘陵が存在し、それぞれの丘陵頂上部には平場が、丘陵斜面部には階段状に小規模な平場が配置されている。西側丘陵頂上部の鐘撞堂山《かねつきどうやま》、東側の搦目山《からめやま》地区頂上部にも比較的面積の広い平場が存在し、城館としての大きなまとまりをみてとることができる。

藤沢山にも、丘陵斜面部に小規模な平場の存在が確認できる。南の押さえとしての位置づけがなされている。

【城館の変遷】 平成二十二年度から二十六年度にかけて実施された確認調査により、白川城跡の変遷が明らかとなった。

御本城山地区においては、丘陵頂上部である1号平場、その北側の2号平場を中心に一四世紀代を中心とする遺構・遺物が確認され、南北朝時代における城館の中心が、御本城山地区であったと判断された。出土遺物中には、威信財《いしんざい》と考えられる青磁の酒海壺蓋や三足水盤が存在している。

一五世紀から一六世紀の前半代にかけては、御本城山地区の遺構は減少する。いっぽう、藤沢地区の「小峰寺跡」の伝承地においては、寺院跡の存在は確認できなかったものの、遺構・遺物の存在を確認できた。室町期以降の出土遺物は、城域東部の搦目山地区・美濃輪地区に多い傾向があり、城館の中心が東部の搦目山地区に移動している可能性がある。

御本城山地区周辺では、一六世紀後半頃に南北朝期の遺構面を覆う形で大規模な整地がなされたことが確認でき、その整地層上面に伴う遺構・遺物が確認されている。同様な整地は藤沢山地区中央部・北部等でも確認され、さらに共通した特徴を有する土師《はじ》質土器が、藤沢山地区北部・中山地区、搦目山地区等でも出土している。この時期、城域は広範囲に広がり、城域全体で大規模な改修などが行われた可能性が考えられる。

●—白川城感忠銘碑

【新たな課題】　縄張調査、発掘調査の成果により、この地が白河結城氏の本拠城と位置づけるにふさわしい内容を有することが明らかとなった。また、南北朝期から室町期に、御本城山地区から美濃輪地区・搦目山地区・藤沢地区等に中心を移しながら、城域を広げていったことが確認された。さらに、戦国時代には大規模な改修を受けていることも明らかとなるなど、新たな知見がもたらされた。

文献資料の研究成果では、一六世紀前半代に白河結城《ゆうき》氏の本城機能が小峰城に移ったと理解されているが、一六世紀後半における城館の改修は何を意味するのか、今後新たな視点で白川城と小峰城の調査研究が必要となる。

【「感忠銘」碑】　城館の北東部に存在する高さ七・六メートル、幅二・七メートルの磨崖碑で、文化四年（一八〇七）に、地元の大庄屋内山重濃が、結城宗広・親光父子の後醍醐天皇に対する忠烈を後世に伝えるため彫らせたもの。

題字の「感忠銘《かんちゅうめい》」は藩主松平定信が書き、文章は藩校立教館教授の広瀬典《ひろせてん》、書は立教館習書局の習書師を務めた、賀孝啓《がこうけい》によるものである。

【参考文献】『白河風土記』（白河郷土叢書下巻、歴史図書社、一九七六）、白河市教育委員会『白河市の文化財』（二〇一一）、白河市教育委員会『白川城跡』（二〇一六）

（鈴木　功）

●国境の館

関《せき》の森《もり》館《だて》

〔国指定史跡〕

〔所在地〕白河市旗宿
〔比　高〕約一五メートル
〔分　類〕丘城
〔年　代〕戦国期
〔城　主〕—
〔交通アクセス〕JR東北本線「白河駅」下車、福島交通バス「関の森公園」下車。徒歩五分。

【古代白河関比定地】 白河市街地より南へ約一〇キロ、栃木県境に近い山間地に、独立丘陵が存在する。こんもりとした森には、樹齢八〇〇年と考えられる杉や白河神社が鎮座している。ここは、享和元年（一八〇一）年に時の藩主松平定信により、古代白河関と考証された場所である。丘陵の裾部には、その時建立された「古関蹟」碑が存在する。

【館跡の遺構】 現況では、独立丘陵の頂上部に土塁《どるい》と空堀《からぼり》で囲まれた主郭《しゅかく》と、丘陵斜面上に階段状に設けられた平場を目にすることができる。

空堀間の距離は、東西六五メートル、南北九〇メートルを測る。南西コーナー部が地上では形状が明確ではないが、発掘調査により堀の存在は確認されている。現状で、堀上端幅一〇～一二メートル、下端幅二～三メートル、深さ二～三メートルを測り、断面の形状からは箱薬研堀《はこやげんぼり》と考えられる。

土塁は、空堀に沿って構築されており、北・東・南面において確認できる。基底幅四メートル、高さ二メートルを測る。

主郭、主郭の北側平場、丘陵斜面部の平場を対象に、昭和三十四年から三十八年（一九五九～六三）まで実施された発掘調査では、平安時代の遺構の他、中世に位置づけられる柱穴、柵列などが確認されている。遺物については、古代の土器などの遺物の他、一三・一六世紀代の土師《はじ》質土器が出土している。

【実像の解明に向けて】 現状で確認できるのは、遺構の形状や出土遺物などから、戦国期の館跡の姿である。昭和三十年代に行われた発掘調査では、古代と中世の遺構が混在し、必ずしも明確に時代ごとの区分けができていたものではないようである。今後、新たな視点での発掘調査により、古代の姿、中世の姿を明らかにすることで、館跡としての構造もより明らかになるものと考える。

【参考文献】『白河市史』第四巻　自然・考古・白河市（二〇〇一）

（鈴木　功）

●―白河関跡（昭和35～38年発掘調査トレンチ配置図）

●―白河関　土塁と空堀

●大土塁と長大な多門櫓の城

棚《たな》倉《ぐら》城《じょう》

〈所在地〉棚倉町大字棚倉字城跡
〈比　高〉約一メートル
〈分　類〉平城
〈年　代〉近世
〈城　主〉丹羽氏、内藤氏、太田氏、越智松平氏、小笠原氏、井上氏、松井松平氏、阿部氏
〈交通アクセス〉ＪＲ水郡線「磐城棚倉駅」下車、徒歩一〇分。駐車場有

【城の立地】　棚倉城は、市街地の中心に位置し本丸跡は都市公園の『亀《かめ》ヶ《が》城《じょう》公園』として、町民の憩いの場として利用されている。

元和八年（一六二二）常陸国《ひたちのくに》江戸崎（茨城県稲敷市）から棚倉に入封した丹羽《にわ》長重《ながしげ》は、寛永二年（一六二五）この地に鎮座していた近津《ちかつ》明神《みょうじん》（延喜式内社で陸奥国一ノ宮《いちのみや》の馬場《ばば》都々《つつ》古別神社《こわけじんじゃ》）を現在の馬場に遷宮して、その境内地に輪郭式《りんかくしき》（本丸・二の丸・三の丸）の平城である棚倉城を築城した。この地に築城した理由として、城を建設するのに充分な面積が得られ、城の西側が急な丘になっており、外敵から城を守るのに都合の良い土地と判断されたためと考えられている。長重は城郭が未完のまま、寛永四年（一六二七）に白河への転《てん》封《ぽう》を命ぜられ、替わって内藤信照《ないとうのぶてる》が入封して、城下町の整備を行った。城名については城の壁が荒土のままであったので「新土《あらつち》城」、近津明神の跡地に築城したので「近津城」とも呼ばれた。

異例とも言える新規の築城は、江戸幕府成立当初において、棚倉の地が奥州の抑えとして重要視されていたことが背景にある。完成した城下には南から北に水戸街道が通っていた。江戸時代には関東と東北の境目（常陸国と陸奥国を結ぶルート）にある城として、親藩《しんぱん》・譜代《ふだい》大名が治める城下町であったが、慶応四年（一八六八）六月二十四日に戊辰戦争による兵火で城下の一部と共に焼失した。最後の城主は白河から入封した阿部《あべ》正静《まさきよ》である。城主の変遷は次の通りである。

●—棚倉城航空写真（棚倉町教育委員会提供）

●—棚倉城本丸と内堀（棚倉町教育委員会提供）

丹羽氏（五万石）→内藤氏（五万石）→太田氏（五万石）→越智《おち》松平氏（五万五〇〇〇石）→小笠原氏（六万石）→井上氏（五万石）→松井松平氏（六万石→八万石）→阿部氏（一〇万石→六万石）。

【城郭の特徴】　本丸は西向きに凸形で、本丸を取り巻く東西南北が二の丸で長方形を呈してい

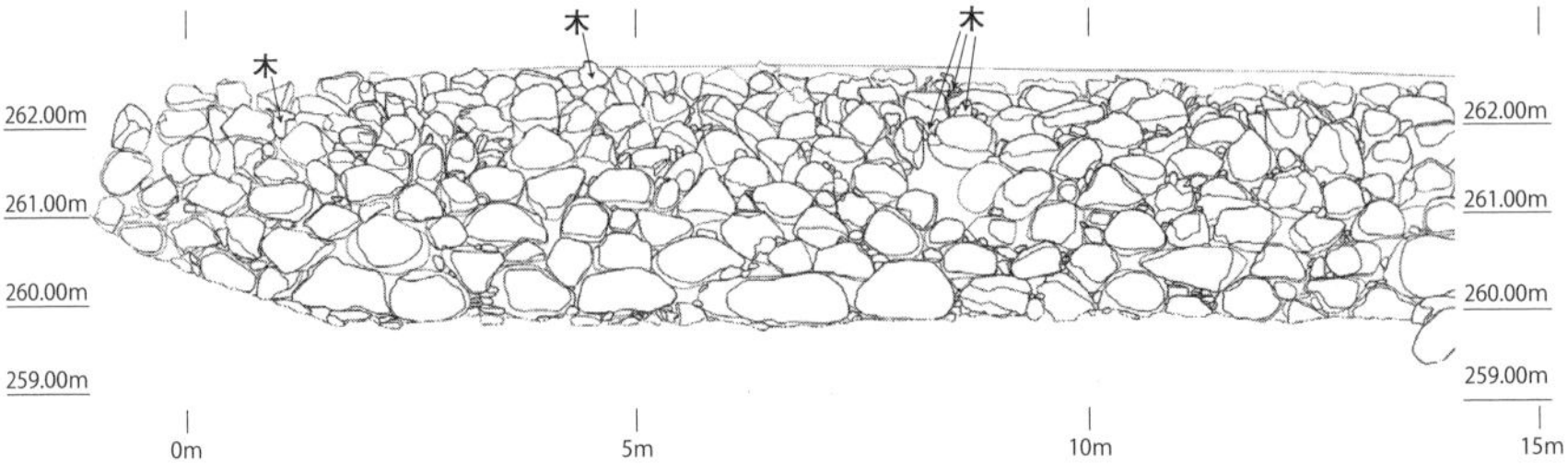

●—石垣実測図

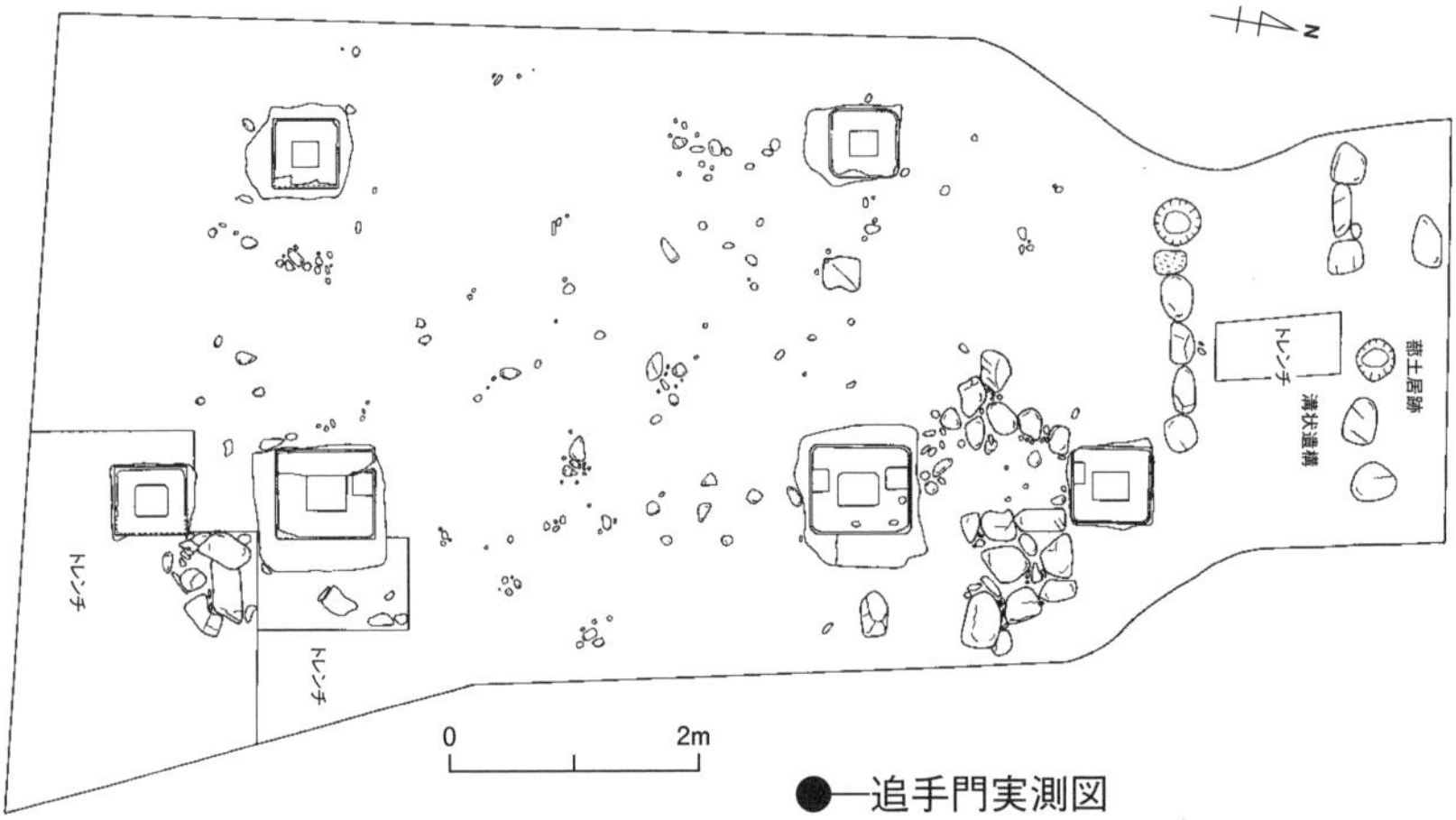

●—追手門実測図

る。北西に三の丸があり林郭とも呼ばれた。本丸平場を囲む土塁《どるい》の大部分と本丸堀は現存している。本丸には東門桝形《ますがた》と北門桝形があった。正門である追手《おうて》門は水戸街道に面していた。

近年の国史跡を目指した調査では、本丸を全周する多門櫓《たもんやぐら》の礎石を確認している。礎石には大規模な改修や修築が認められないことから、棚倉城は寛永期築城の姿をよく留めていることも判明している。棚倉城は別名「新土城」の名の通り、大きな土塁によって構築されているが、二の丸西面の土塁上には約一六〇㍍に亙って石垣が残っている。高さは八段（石）程度で南側半分がやや高く平均で三・二㍍の鉢巻石垣である。近年の調査で、石垣は天正～慶長期の古式の特徴を残しながらも、元和～寛永期の平面性の高い石垣を志向していることも判明している。

【棚倉城跡の大ケヤキ】　築城以前からこの地に存在していたと言われ、近津明神の社木であり、樹齢は約六〇〇年に達すると推定されている。この大ケヤキは福島県内でもまれに見る巨木として、県の天然記念物に指定されている。根回り約一三

●—都々古別神社本殿

●—棚倉城跡の大ケヤキ

メートル、二個のコブのある周囲は約一〇メートル、樹高約三二メートルである。

【都々古別神社本殿】　馬場都々古別神社は古代から中世にかけて盛衰を繰り返しながら、現在の棚倉城に社地を構えていた。丹羽長重の棚倉城築城に際して、現在の地に遷宮されたが、その際に本殿は解体して移築された。本殿は文禄三年（一五九四）に当地方を治めていた佐竹義宣《さたけよしのぶ》によって造営されたとみられ、東北地方においては数少ない桃山期の本殿建築であるとして国の重要文化財に指定されている。

【棚倉城の歴史的意義】　棚倉地方は古代より国境として重視され、山林寺院や延喜式《えんぎしき》内社が置かれる神領的な性格を有する地域であった。近世に入っても国境としての重要性から、立花宗茂《たちばなむねしげ》や丹羽長重など外様大名ながらも徳川幕府と関係の深い大名が配された。棚倉城は神社を遷宮して築城したが、社木や本殿は今なお大切に保存され、中世以来の在地宗教権力と大名権力が共存する姿を残す貴重な遺構である。

【参考文献】鈴木啓『ふくしまの城』（歴史春秋社、二〇〇二）、『白河』（歴史春秋社、二〇〇五）、藤田直一「棚倉城追手門跡の調査概要」『福島考古』五〇号（二〇〇九）、藤田直一・塚野聡史編『棚倉城跡』（棚倉町教育委員会、二〇一六）

（藤田直一）

●南東北を代表する戦国期の城郭

赤《あか》館《だて》城《じょう》

〔所在地〕棚倉町大字棚倉字風呂ヶ沢
〔比　高〕約六〇メートル
〔分　類〕山城
〔年　代〕中世
〔城　主〕赤館氏、白川結城氏、芦名氏、佐竹氏、立花氏、丹羽氏
〔交通アクセス〕ＪＲ水郡線「磐城棚倉駅」下車、徒歩三〇分。駐車場有

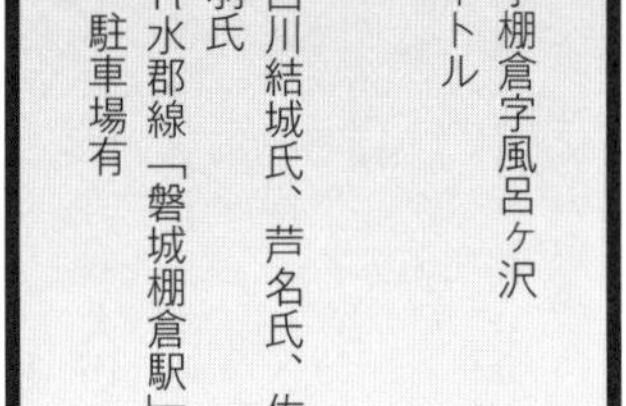

【城の立地】　赤館城は棚倉町の北部に位置している。城の南部は南流する久慈《くじ》川の流路に沿って低地が続き開け、東部は阿武隈《あぶくま》山地、西部は八溝《やみぞ》山地によって阻まれ、北部も東西に発達した丘陵が走っている。従って赤館城は三方を山によって囲まれている。城は北部丘陵から南に発生した尾根上の単独丘陵で、城の南下を桧木《ひのき》川（根小屋《ねこや》川）が東流し、東の谷間を国道二八九号線が通り、眼下には近世の棚倉城と城下町を中心とした市街地が広がる。その先には寺山《てらやま》城、羽黒山《はぐろやま》城、東館《ひがしだて》城までを望むことができる。

【城の概要】　赤館城は立地する遺構から、赤館公園を中心とした風呂《ふろ》ヶ沢《さわ》地区（本城部）、宇迦《うが》神社の所在する鹿子《かのこ》山（別郭部）、北東側の上台《うわだい》地区（外郭部）の三つに大別される。

本城部の遺構は山頂部の郭を中心に、山腹およびそれぞれに延びる尾根上に郭群が存在している。中心の郭が主郭《しゅかく》で、規模は東西約一二〇メートル、南北約一三〇メートルで、形態は五角形を呈している。主郭部の北側に位置する郭群は、地形を巧みに利用して佐竹氏時代に改修された可能性が高いと考えられ、東南側に位置する郭群は改修以前のものであり、居住性に適した空間を持つと考えられている。

【赤館氏の城】　城の築城は、建武年間（一三三四〜三六）とも文明年間（一四六九〜八六）ともされ、その後室町時代を通して赤館氏が城主であった。規模としては、山頂部を削平していくつかの郭を配置し、旧石川街道（旧白河街道）の東側にある鹿子山に小規模の砦を築いていた程度であり、城主

●―赤館城遠景

の日常の生活は、城の東麓、のちに「根小屋」と呼ばれる場所に設けられていたと考えられている。

【芦名・白川結城氏の城】　戦国時代に入り、白川結城《ゆうき》氏・会津芦名《あしな》氏連合と常陸の佐竹《さたけ》氏との抗争が行われ、奥州への攻略を進める佐竹氏に対し、連合側は当時南郷《なんごう》（現在の東白川郡）地域で食い止めるべく、永禄三年（一五六〇）に赤館氏を他所に移したうえで、城の大規模な改修を加えている。城の改修は南側の防御を厳重にするものであった。こうして赤館城は「境目の城」として重要視され、北進する佐竹氏を防ぐための最前線拠点という需要な役割を担った。

【佐竹氏の城】　天正三年（一五七五）に、佐竹氏の攻撃を受けて落城した。その後、編成された城領の拠点となり、佐竹氏の有力な一族である佐竹義久《よしひさ》が領した。赤館城は、「抑えの城」として構造的にも大きく変化している。

【壮大な二重堀】　佐竹氏時代には、北方の勢力に対処すべく、守るべき方向を変え北側へ厚い防御施設を設けている。平成十一年（一九九八）に行われた、国道一一八号線の道路改良工事に伴う発掘調査では、壮大な二重堀が検出されている。

二重堀は、発掘調査から北東方向に向かう旧石川街道を塞ぐような構造で、土塁《どるい》の構築が粗いこと、出土遺物が少ないこと等がわかり、短期に構築され存続時期は短かったと見ら

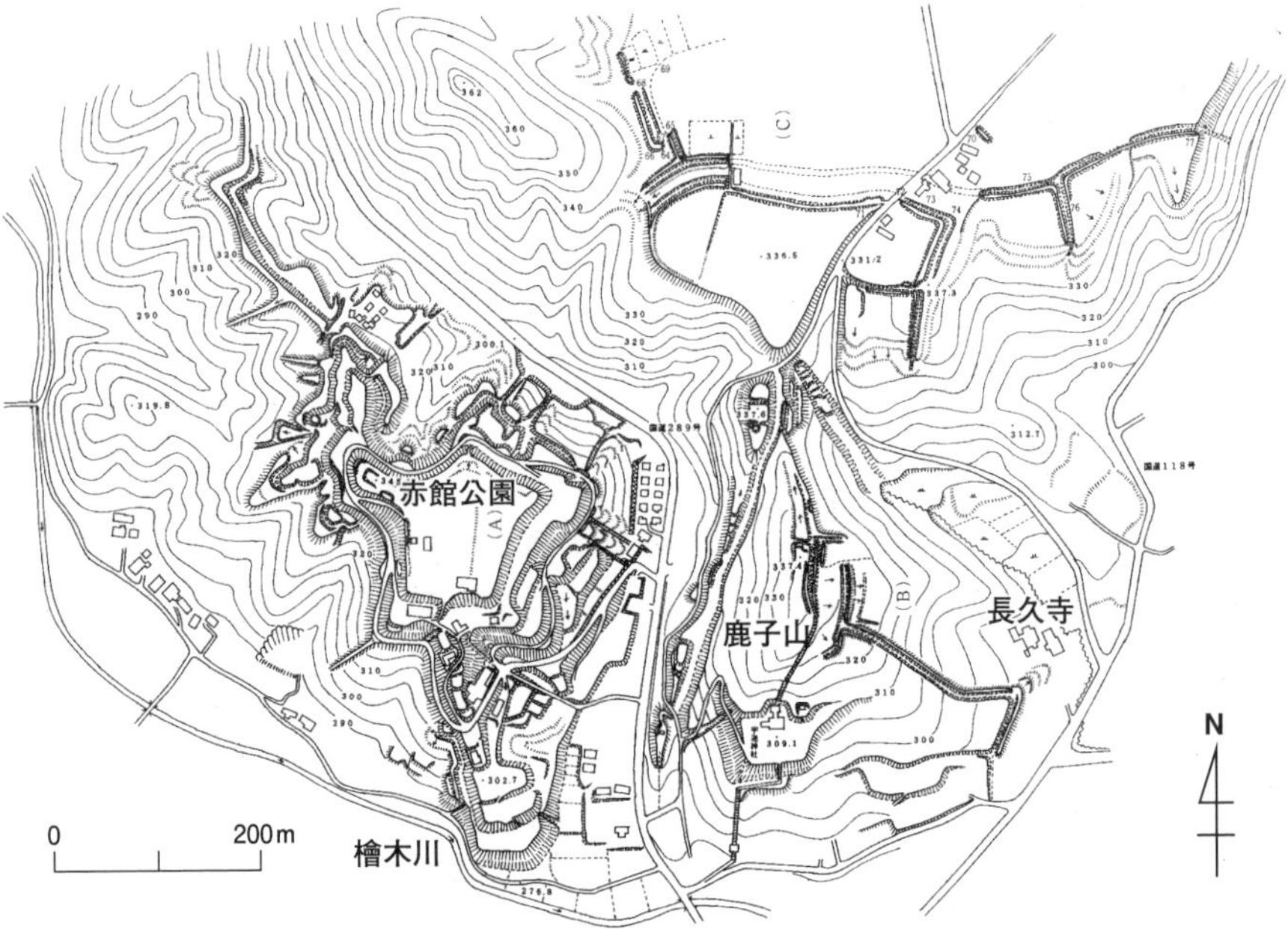

●—赤館城（佐伯正廣作図『赤館城—上台地区—』より）

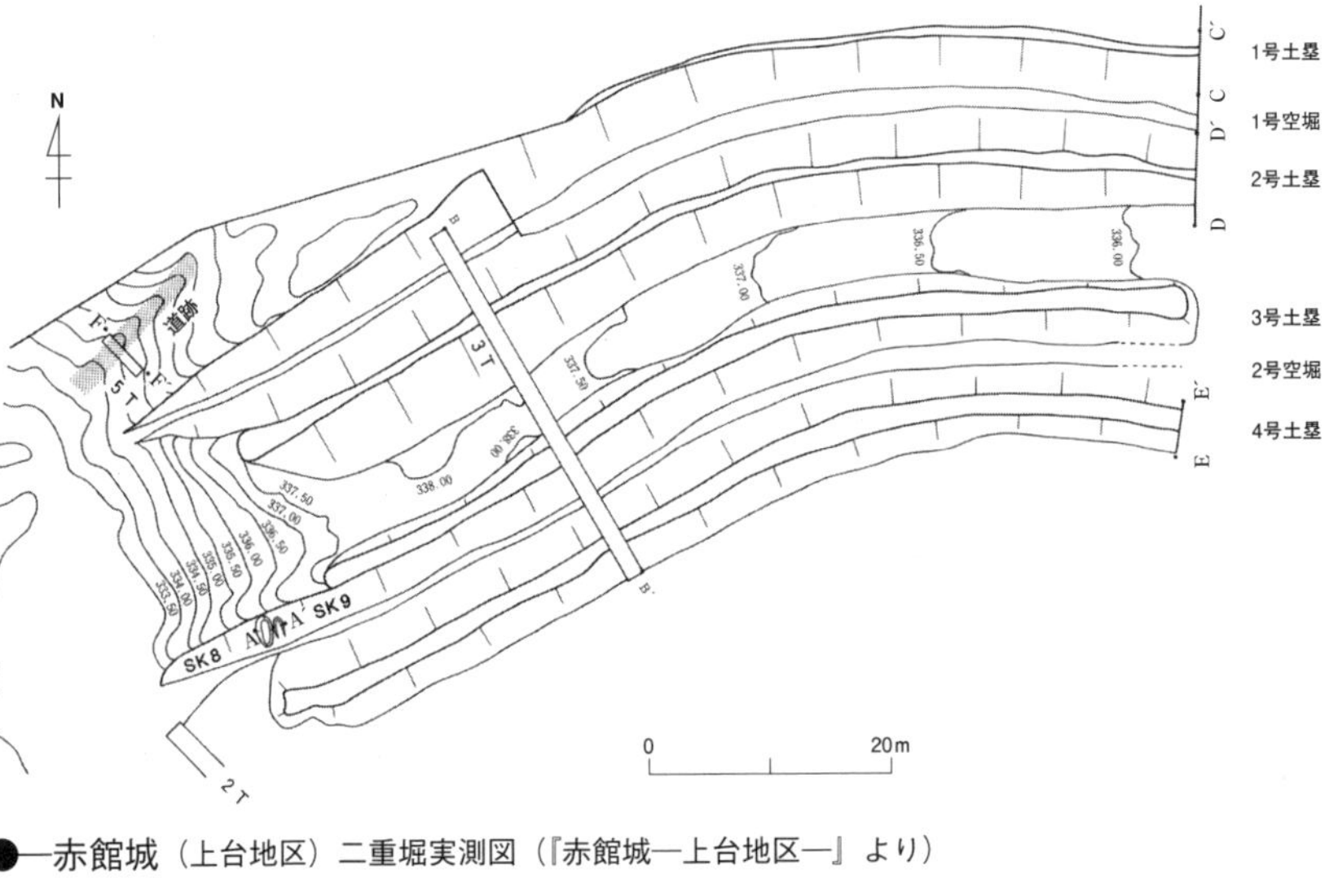

●—赤館城（上台地区）二重堀実測図（『赤館城—上台地区—』より）

●—赤館城（上台地区）二重堀（棚倉町教育委員会提供）

れている。

【関ヶ原合戦】　慶長五年（一六〇〇）七月、佐竹義宣《よしのぶ》は会津の上杉《うえすぎ》氏を攻略すべく赤館城に在陣している。この時には、義宣自身が一ヵ月近くの間、弟の芦名盛重《もりしげ》（佐竹義広《よしひろ》）が九月半ばまでの約二ヵ月間在陣している。結果的に義宣が上杉領に侵攻することは無かったが、相当数の勢力の兵が在陣し、緊迫した状況を過ごしたものと思われる。

　赤館城は中世の中頃に在地領主の城として築かれ、戦国時代には抗争する大名の勢力接戦に近い「境目の城」となり、最後は大名領域支配のための「抑えの城」や支城としての構造と機能を有した福島県南部を代表する戦国期城郭であった。

　佐竹領の最北端に位置し軍事的な機能を持ち続けた赤館城であったが、佐竹氏の秋田転封、幕府代官支配、立花宗《たちばなむね》茂《しげ》、丹羽《にわ》長重《ながしげ》の入封と寛永二年（一六二五）の棚倉城築城によって、完全にその役目を終えたのであった。

【参考文献】福島県教育委員会『福島県の中世城館跡』（一九八八）、井上國雄他『赤館跡—上台地区—』（棚倉町教育委員会、二〇〇二）、山川千博「赤館城から棚倉城へ—近世城郭成立の一事例—」『野州大田原城Ⅱ奥羽に臨む城』（大田原市那須与一伝承館、二〇一五）

（藤田直一）

●戦国大名から近世大名へ

相《そう》馬《ま》中《なか》村《むら》城《じょう》

〔県指定史跡〕

〔所在地〕相馬市中村字北町、西山字西山・水沢
〔比　高〕一〇メートル
〔分　類〕平山城
〔年　代〕一六世紀～近世
〔城　主〕中村氏・相馬氏
〔交通アクセス〕ＪＲ常磐線「相馬駅」下車、徒歩一五分。

【中村氏から相馬氏へ】　相馬藩六万石の相馬中村城下町であった相馬市街地の西側にあり、相馬氏の居城であったのが中村城である。本丸跡には相馬三妙見《みょうけん》の一つである国指定重要文化財、相馬（妙見）中村神社が鎮座し、「相馬野馬追《そうまのまおい》」の総大将出陣式が行われることで著名である。

中村城の北に小泉丘陵と小泉川、南に宇田川、西に西山丘陵と中村街道、東に沼沢地・干潟に囲まれ、阿武隈《あぶくま》丘陵から延びる西山丘陵に東端に立地している。城の規模は現況で、東西五七五メートル、南北六五〇メートルとなる。

中村城のある相馬市中村は『和名類聚抄《わみょうるいじゅうしょう》』にある陸奥国宇多郡仲村とされる。建久元年（一一九〇）に千葉（武石）胤盛《たねもり》は奥州合戦の功により、源頼朝から「宇多・伊具・亘理」三郡を賜った。建武二年（一三三五）、相馬孫五郎重胤《しげたね》・武石上総権介胤顕《たねあき》は「伊具・亘理・宇多・行方《なめかた》等郡、金原保」の「検断事《けんだんのこと》」を命じられ、同年後醍醐天皇は「勲功賞」といて結城宗広《ゆうきむねひろ》に「宇多庄」を宛《あ》て行《が》っている。結城宗広は支配強化のため一族・中村六郎重広を派遣し、中世の史料では確認できないが、宇多郡中村を本拠とした在地領主で結城氏と被官関係を結んだと考えられているが、中村氏の本拠は館腰《たてこし》館とされている。

その後、宇多郡は宗広から顕朝《あきとも》、満朝《みつとも》をへて、応永四年（一三九七）に氏朝《うじとも》に譲られ、結城氏の支配下にあったとされている。明応八年（一四九九）に至り、宇多郡と相馬氏との関わりが確認でき、『奥相志』によると大永年間（一五二

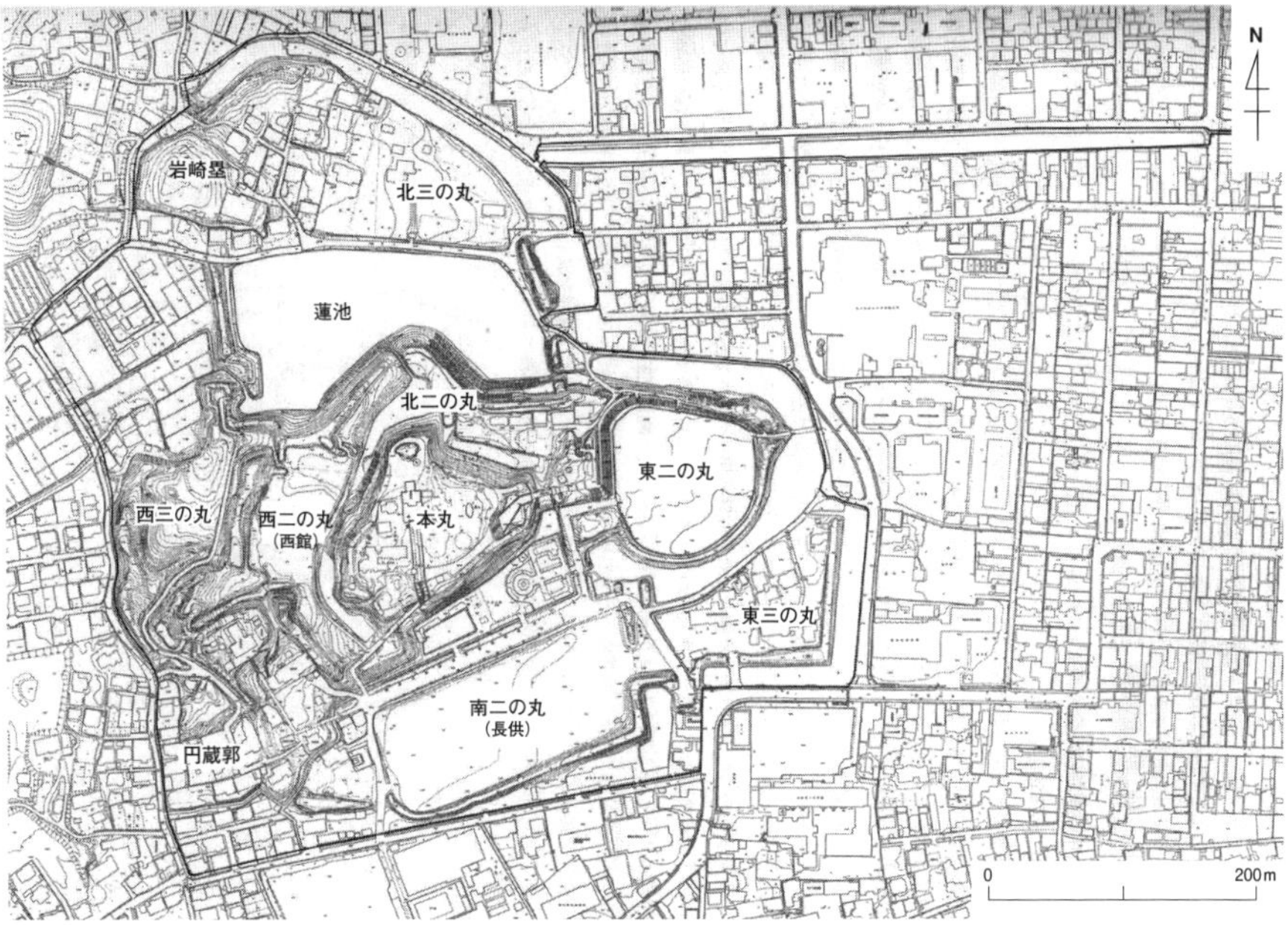

●—相馬中村城地形図（『史跡中村城趾保存管理計画書』より転載，一部加筆）

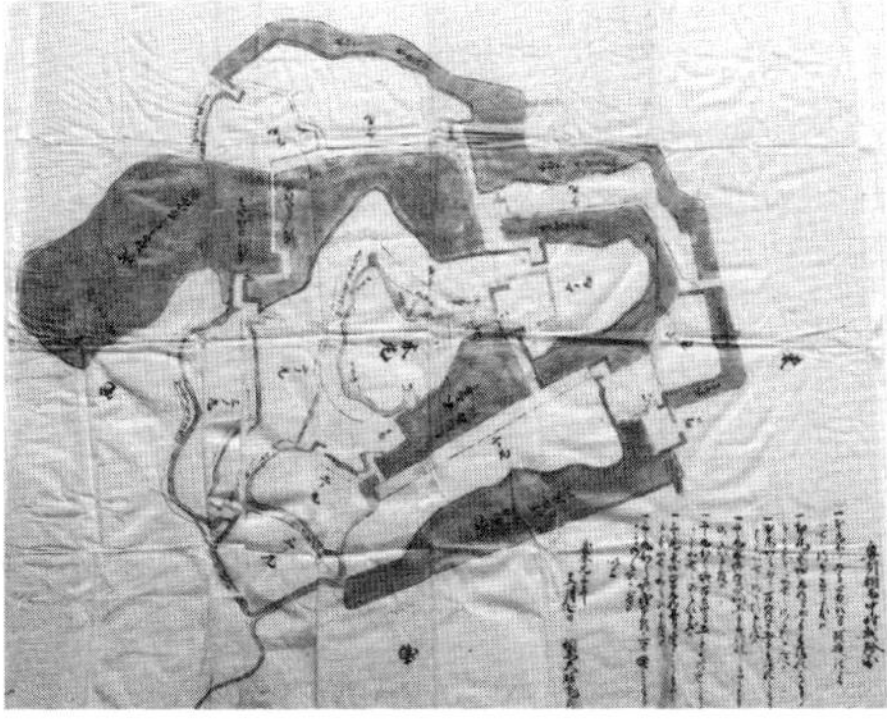

●—奥州相馬中村城絵図（慶安元年作成）（相馬市教育委員会提供）

一〜二八）に中村氏が中村城を築き、黒木氏が中村氏を滅ぼし、相馬顕胤《あきたね》の許しを得て、弟中村義房を配したとされている。天文年間（一五三二〜五五）に黒木氏・中村氏は相馬氏と敵対して伊達氏に与同したため、顕胤が黒木城を攻撃して二人を帰属させ、天文十二年（一五四三）に顕胤は草野《くさの》式部直清《なおきよ》を中村城に配し、中村を名乗らせたという。永禄六年（一五六三）に中村（草野）氏が伊達氏と謀って相馬氏に叛いたので、相馬盛胤《もりたね》・義胤《よしたね》父子に討たれ、盛胤の次子隆胤《たかたね》が中村城に入るとともに、盛胤が西館を構え伊達氏に備えたとされる。

『奥相志』によると一六世紀前半の中村城は中城とその東側の中館、西二の丸を中心とした西舘が丘陵上に連続する連郭《れんかく》式の構造で、さらに一六世紀後半に岩崎塁・溜池・蓮池、西三の丸等まで城郭が拡大したとされている。天正十八年（一五九〇）相馬義胤は行方・標葉・宇多南半の知行《ちぎょう》文を豊臣秀吉に安堵され、盛胤の隠居として中村城にいたが、慶長六年（一六〇一）に没した。

慶長十六年に相馬利胤《としたね》は中村城を約五ヵ月で再整備・補強し、小高より移転したとされ、寛永から延宝元年（一六七三）にかけて近世城郭として整備された。中世城郭を近世大名相馬氏の居城として改修し、新たに城下町を整備し、現在の相馬市の礎《いしずえ》となっている。

【構造と変遷】 一六世紀前半は近世の本丸・西二の丸・東二の丸で構成され、蓮池や西山の堀切が伴う。中城（本丸）は土塁《どるい》が巡り、東西に虎《こ》口《ぐち》がある。西館（西二の丸）では扇面形で、堀で区画され、南北に虎口がある。中館は東二の丸西寄りの小規模な範囲とされている。

一六世紀後半には、伊達氏と緊張関係から実戦的に改築されたことが想定され、馬出の構築もこの時期とされている。岩崎塁とされる長徳寺跡や妙見郭などもこの段階の整備とされている。

慶長十六年の普請《ふしん》では石垣・堀・土塁・土塀・大書院・天守・櫓《やぐら》などが普請され、短期間で竣工していることから、古城の修築であったことがうかがえる。本丸北面から東面の鉢巻石垣は、慶長十六年の改修に伴う石垣とされている。慶長十七年以降、新たな基準で城下町の町割りが行われた。

●—本丸鉢巻石垣東南面（石垣前は犬走りです）

●—本丸鉢巻石垣東南角（中央の一石にすだれがあります）

●—本丸鉢巻石垣南面（本城随一の美しい遺構です）（鈴木啓『図説　城と石垣の歴史』纂修堂より転載）

【参考文献】小林清治ほか『史跡中村城跡保存管理計画書』（相馬市教育委員会、一九九六）

（飯村　均）

●中世相馬氏の本拠

小《お》高《だか》城《じょう》

〔県指定史跡〕

〔所在地〕南相馬市小高区小高字古城・城下
〔比　高〕一二メートル
〔分　類〕平山城
〔年　代〕一四〜一六世紀
〔城　主〕相馬氏
〔交通アクセス〕JR常磐線「小高駅」下車、徒歩一五分。

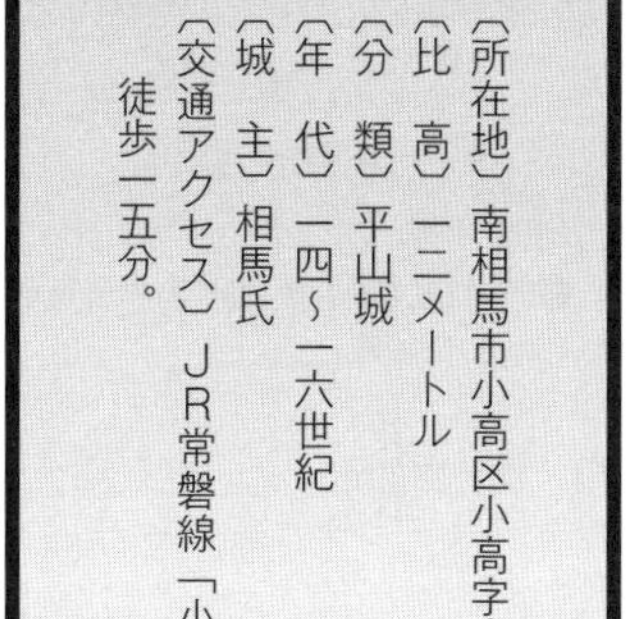

【小高神社が鎮座】　小高川北岸の河岸段丘が南に張り出した標高約二〇メートルの丘陵上に立地し、東西約三〇〇メートル、南北約二五〇メートルの規模である。「本丸」に相馬三妙見《みょうけん》の一つである相馬小高（妙見）神社が鎮座し、この神社で「相馬野馬追」の中心的な神事「野馬掛《のまがけ》」が行われる。

【相馬氏の本拠】　本城のある行方《なめかた》郡は中世を通じて、相馬氏の所領であった。相馬氏の祖・師常《もろつね》は治承四年（一一八〇）の源頼朝の挙兵に参加し、鎌倉幕府創設に貢献する。その後、相馬胤村《たねむら》の相続を巡って対立が生じ、鎌倉時代後期になると相馬一族の対立が顕在化し、争論が展開する。この頃、重胤《しげたね》が奥州に下向し、争論で幕府が重胤に発給した文書に「小高孫五郎」であったことから、小高が本拠であったとされる。

南北朝期の内乱過程で、相馬一族は多くが北朝に与《くみ》し、一部南朝で行動している。建武二年（一三三五）重胤は行方郡奉行と伊具・亘理・宇多・行方四郡・金原保の検断を武石氏とともに命じられている。建武三年に鎌倉にいる重胤は次男光胤《みつたね》に「於国可楯築事書目六《おんこくたてきずくことかきもくろく》　定　一、奥州行方郡内小高堀内構城郭」とあり、小高城築城を命令している。重胤は北畠顕家《あきいえ》軍に鎌倉で遭遇して戦死、建武三年三月には広橋経泰《つねやす》が小高城を攻撃し、光胤がこれを撃退している。相馬氏は鎌倉時代後期に下向し、小高を本拠に土着した。そして南北朝の動乱期に向かう情勢中で、小高の堀内に城郭を構えた。

また、建武四年（一三三七）の親胤《ちかたね》の子胤頼《たねより》着到状には、

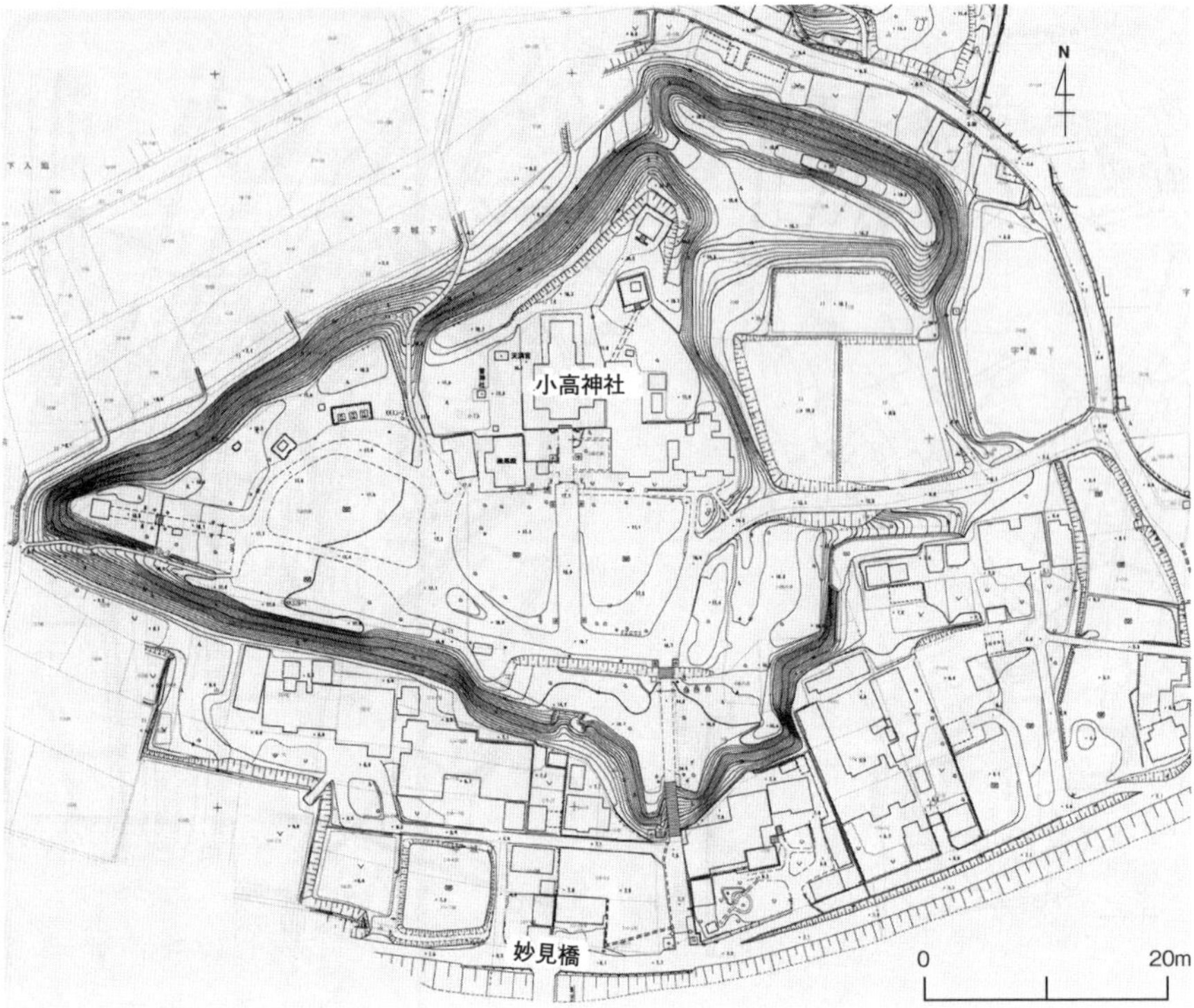

●―小高城縄張図（南相馬市教育委員会『県指定史跡　小高城跡現地説明会資料』2010より転載，一部加筆）

去年五月国司下向の時、「東海道為小高楯致合戦」と記されている。暦応二年（一三三九）の胤頼軍忠状では、「顕家卿攻小高城之時」に一族が多く討ち死にした。建武四年に相馬成胤《しげたね》子息の軍忠によると「亡父《なきちち》成胤□奥州行方郡□高城討死」「爰為国中静謐《せいひつ》、相馬孫五郎重胤屋形《やかた》構城郭」とある。小高城では一族が討死するほどの激戦あり、「国中静謐」のために「屋形」に「城郭」を構えたとしている。この内乱期に親胤は所領拡大に努め、その所領は相馬惣領家の所領の核として相伝されている。しかし、一五世紀初頭に至っても相馬氏は、行方郡を一円的に支配できる状況ではなかった。いっぽう、行方郡の支配を強めた相馬隆胤《たかたね》は標葉郡へ侵攻する。

伊達氏の天文の乱では顕胤《あきたね》は伊達稙宗方として活躍し、伊達・岩城・佐竹氏と対立する。義胤《よしたね》の時期には天正十二年（一五八四）伊達氏との和睦をはじめとして、三春方面への出陣、天正十七年の伊達政宗の相馬攻め、天正十八年の伊達氏との戦闘などがあった。天正十四・五年頃には義胤宛てに奥羽惣無《おううそうぶ》事令《じれい》が発せられ、天正十八年の奥羽仕置で最終的に四万八〇〇〇石領地宛行の朱印状を獲得した。利胤《としたね》は慶長二年（一五九七）に本拠地を小高城から牛越城へ移すが、関ヶ原合戦の国替の危機の回避後、慶長八年にふたたび本拠を小高城に移し、慶長十六年本拠を相馬中村城に移し、小高城は廃城になった。

【構造と変遷】　城北側を幅約二〇㍍の堀切で丘陵と切り離し、不整の平行四辺形の独立丘陵が、土塁《どるい》・空堀《からぼり》で「本丸・南二の丸・北二の丸・馬場」の四つ郭に区画されている。「本丸」は平面形が三角形を呈し、北から西に基底幅二一〜一〇㍍、高さ二〜三㍍の土塁が巡る。

「本丸」南側に一・五㍍段差のある「南二の丸」があり、北側に「北二の丸」があり「本丸」と上幅約一〇㍍の空堀で画され、堀切に面して基底幅約一〇㍍、高さ約二〜四㍍の土塁が巡る。「本丸」東側で約七㍍低い水田面が「馬場」と俗称され、東側が弁天池で画されている。城東から入る弁天池南の現道が土橋《どばし》と考えられ、大手道《おおてみち》とされ、「本丸」東に食い違いの虎口《こぐち》が想定されている。

平成二十二年（二〇一〇）の「本丸」の調査では、繰り返し建て替えられている掘立柱建物と火災の痕跡が明らかとなり、土塁では火災痕跡と土塁の積み直しが確認できた。出土遺物は一三〜一六世紀で、青白磁梅瓶《めいぴん》や建窯《けんよう》系天目《てんもく》茶碗、瀬戸葉茶壺、瓦質風炉《ふろ》・かわらけ等があり、一四世紀後半から一五世紀前半の陶磁器が被熱し、この時期に火災に遭い、城が大改修された可能性がある。茶道具や威信財と思しき陶磁器や京都系手づくねかわらけも出土し、相馬氏の本拠にふさわしいといえる。

【参考文献】　齋藤慎一「本拠の展開―一四・一五世紀の居館と「城郭」・「要害」―」『中世の城と考古学』（新人物往來社、一九九一）、南相馬市教育委員会『県指定史跡小高城跡　現地説明会資料』（二〇一〇）

（飯村　均）

●浜通り南端の要衝

磐《いわ》城《き》平《たいら》城《じょう》

〔いわき市指定史跡〕

〔所在地〕いわき市平字旧城跡ほか
〔比高〕三〇メートル
〔分類〕平山城
〔年代〕一七〜一九世紀
〔城主〕鳥居氏・内藤氏・井上氏・安藤氏
〔交通アクセス〕JR常磐線「いわき駅」下車、徒歩一〇分。

【築城と領主の変遷】　関ヶ原の戦いで西軍に味方した戦国大名岩城氏が領地没収になると、慶長七年（一六〇二）十二月、鳥居《とりい》忠政《ただまさ》が磐城一〇万石を拝領し入封した。岩城氏の居城大《おお》館《だて》城は廃城となり、鳥居氏によって磐城平城が建設された。以降、磐城平には北の伊達氏への備えとして、歴代、幕府の信頼の厚い譜代大名が配置された。

元和八年（一六二二）、山形に移封となった鳥居氏に代わり、内藤氏が就封した。内藤氏は総検地、新田開発などに力を入れ領国支配の基盤を作った。延享四年（一七四七）に内藤氏が日向国延岡《のべおか》に移封《いほう》となり、井上氏が入封したが一〇年足らずで大坂城代となり異動、宝暦六年（一七五六）には安藤氏が入封し幕末にいたる。

【大館城から磐城平城へ】　戦国大名岩城氏の居城大館城は、飯野平と呼ばれる東西一・五キロの台地の西半分、現在の松ケ岡公園（薬王寺台）から平大館および好間町大館（権現山）にかけての台地上に占地していた。近年、平《たいら》第一小学校の校舎建て替えに伴う発掘調査で戦国時代の堀が発見され、城域の東端が揚土台《あげつちだい》まで広がっていたことが明らかとなった。台地の東半分（近世の磐城平城）には、飯野八幡宮とその関連の僧坊《そうぼう》などがあった。大館城の城下町は台地周辺に形成され、久保町・古鍛冶《ふるかじ》町・根小屋《ねごや》が家臣団や直属の職人が集住するエリア、新川《しんかわ》の南側の御厩《みやま》宿・小島《おじま》町には市町が形成されていた。鳥居氏は磐城平城を作るにあたり大館城を完全に破却しそこを寺院地とし、城郭を飯野平の台地東側の見《み》物《ものが》岡《おか》と呼ばれる先端部に新たに建設した。城下町も東側に移動させ町屋や侍屋敷を新たに建設したのである。磐城平城と城下町の建設は、慶長八年に着手され完成に一二年を要した。

【城の特徴と縄張】 磐城平城は、龍が寝ている形に似ていることから「龍ケ城」、丹後沢にアヤメがたくさん咲いていたことから「あやめ城」の別名がある。

いわき市の中心市街地である平の町を見下ろす標高約三九メートルの台地上に占地している。台地の北には好間川、東には夏井川、南には新川が流れ三方を河川に囲まれている。台地周囲は急崖で天然の要害となっている。

梯郭《ていかく》式の城郭で、台地東端部に本丸を置き、西に向かって大手《おおて》郭《くるわ》・大手外郭・内記郭と三つの郭を直列させる。内記郭の西端の門が六間門で、ここを出ると主郭の外側（広小路）となる。これらの郭は本丸とほぼ同じ標高である。いっぽう、本丸の東側は一段低い位置（標高役三〇メートル）に塩硝《えんしょう》郭と水手《みずのて》郭が巡る。さらに水手郭の東端に出桝《でます》形の役割を持つ水手外郭が取り付く。ここが城の裏門である。水手郭の北東の台地には二の丸・三の丸がある。標高は二五〜二九メートルを測る。本丸北側の堀（丹後沢）をはさみ杉平郭（のちの三の丸）がある。

本丸の広さは東西八〇間・南北八五間である。この広大な敷地の中に藩主が居住する平屋の御殿が建てられていたが天守はなかった。天守に代わるものとして、本丸縁辺に三階櫓《やぐら》と八ツ棟櫓が作られた。さらに本丸の大手側の門に中門櫓、搦手《からめて》側の門に塗師《ぬし》櫓・隅図《すみづ》櫓・櫛形門櫓が作られ守りを固めている。

平城の石垣は、本丸の周辺に遺存している。大手の中門櫓石垣、搦手の櫛形門隅図櫓石垣・塗師櫓石垣などがある。塗師櫓石垣は、「すべて自然石で野面《のづら》の大きさをそろえ、横目地を通すことを意識しながら、隙間に間詰を多く入れた布積崩しの新穴太積《しんあのうづみ》で積み上げられている。角隅に切石の算木《さんぎ》積が未発達なことから元和期の構築である」とされ、市指定史跡となっている（いわき市教育委員会、二〇〇三）。

【縄張の変遷】 磐城平城の縄張変遷の画期は、三の丸の移動と拡大である。「正保平城絵図」では、本丸の北東にそれぞ

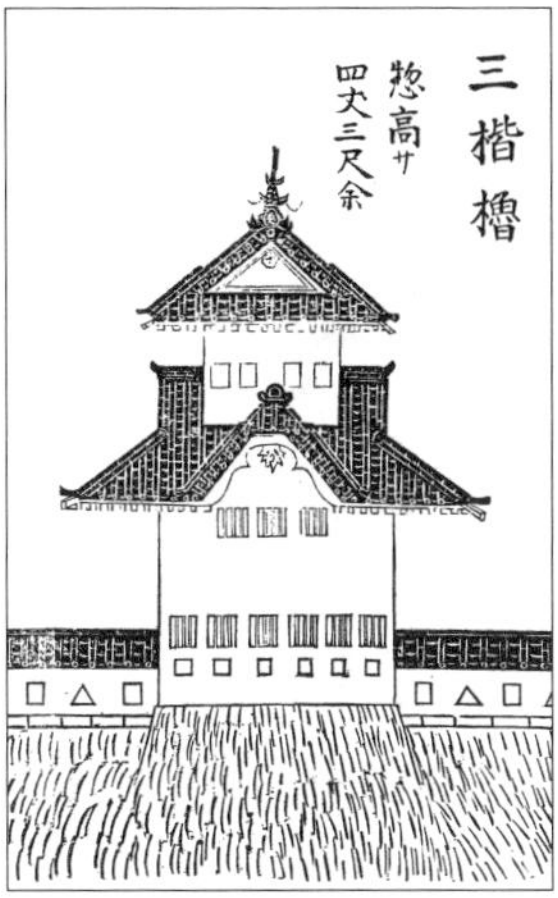

●—本丸三階櫓
（味岡 1903）

れ三五間ほどの広さの小さな二の丸と三の丸が並列して位置し、本丸の真北に杉平郭《すぎだいら》（七〇間×七五間）が描かれている。ところが元禄頃の磐城平古地図（三猿《さんえん》文庫旧蔵）には、正保絵図の二の丸・三の丸がまとめて二の丸、杉平郭が三の丸と記載されている。その後この呼称が定着する。築城当初、杉平郭は侍屋敷が建っていたエリアだったが、一七世紀後半頃、おそらく内藤義概《よしむね》（風虎）の代に一部の侍屋敷を移転させ、三の丸として主郭エリアに取り込んだものと思われる。新しい三の丸には近江八景を模した庭園（伝承では元和園という）が作られた。庭園跡は現在も民家の庭としてその一部が残っている。

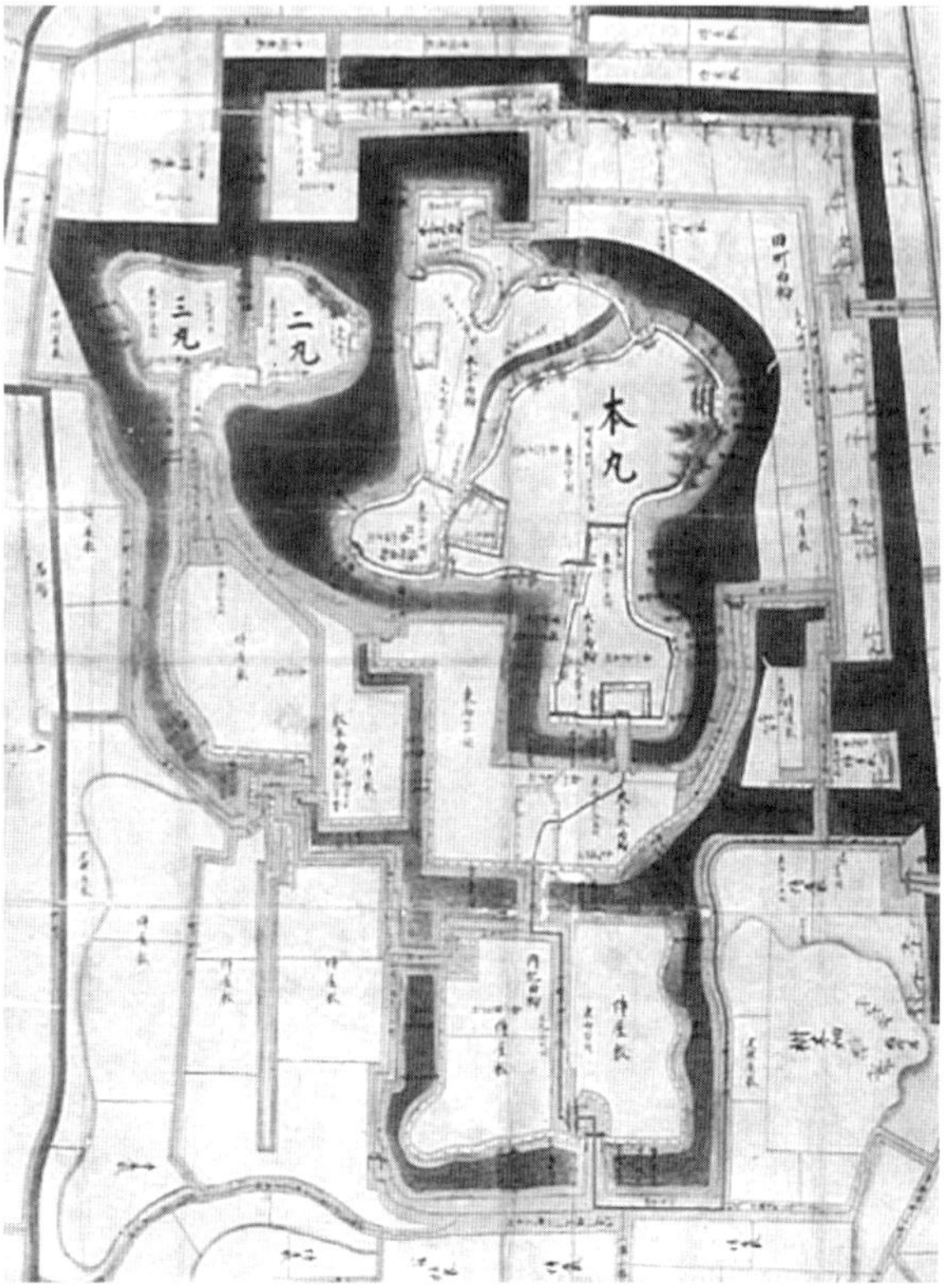

●—「正保平城絵図」（福島県重要文化財）（個人蔵）（左が北）

次に注目されるのは丹後沢の形成である。「正保平城絵図」では本丸を囲む内堀と丹後沢は繋がっており、水手郭と二の丸の間には木橋《きばし》が架けられていたらしい。ところが一七世紀後葉の絵図では土橋《どばし》状になり、一八世紀になると内堀と丹後沢の間は完全に埋められてしまい現在の丹後沢の池が描かれている。この変更は防禦性よりも移動の利便性を優先した結果であろう。

【城下町の形成】 城郭の西側の台地上には重臣の屋敷や寺社が配置された。台地下の東側には中間屋敷と足軽屋敷、南側・北側の台地下縁辺には侍屋敷が置かれた。台地の南方、外堀の外側には東西方向に浜街道《はま》（現在の本町通り）が通り、道の両側に町屋が作られた。町の東西には惣門があり、東が鎌田門、西が長橋門である。街道筋の町割りは、西から長橋町・研町《とぎ》・紺屋町・一町目〜五町目・立町《たて》・鎌田町などである。この他に、古鍛冶町・材木町・白銀町《しろがね》・番匠町・大工町・新川町《にいかわ》などがあった。

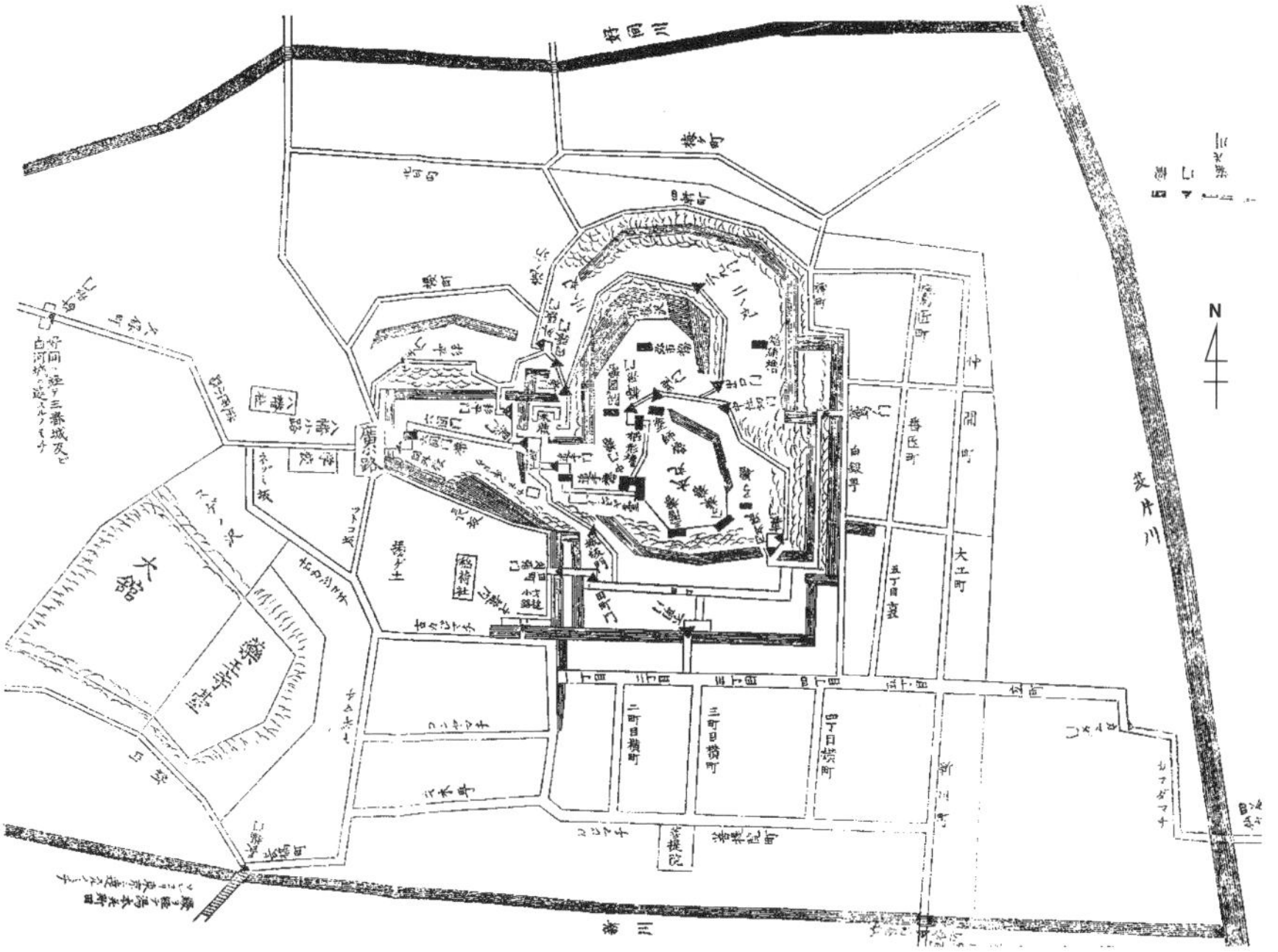

●—磐城平城と城下町（戊辰戦争）（味岡 1903）

【戊辰戦争と廃城】　慶応四年（一八六八）七月十三日に磐城平城は落城する。攻める新政府軍は、薩摩藩・大村藩など約二〇〇〇名、守る奥羽越列藩同盟軍は、磐城平藩のほかに、仙台藩・相馬藩・米沢藩など一〇〇〇名余りであった。政府軍の平城総攻撃は十三日午前八時頃に始まった。政府軍は同盟軍が守る新川町口・鎌田口・長橋口・桝形《ますがた》御門口などを一斉に攻撃し、たちまち同盟軍の守備陣を突破した。南の新川町口・東の鎌田町口を破った部隊は、平城の表門である不明門（いわき駅前）から進入し水手外郭の裏門へ到達、西の長橋口から進入した部隊は紺屋町・才槌《さいづち》門を通り田町《たまち》会所、城《しろ》坂《さか》方面、揚土台・稲荷台方面へ。北西の桝形御門口を突破した部隊は、久保町から八幡小路をへて六間門を攻撃した。なお、北の北目口は城兵を脱出させ降伏を早めるため本格的な攻撃を避けている。城郭本体を完全に政府軍に包囲された磐城平城守備兵は、午後十時頃城内の各所にみずから火を放ち、外張門より桜町、北目口を抜けて赤井村方面へ脱出した。平城は紅蓮《ぐれん》の炎に包まれその役割を終えたのである。

【参考文献】　味岡禮質『戊辰私記』（三協合資会社、一九〇三）、藤崎定久「平城」『日本城郭大系第三巻山形・宮城・福島』（新人物往來社、一九八一）、いわき市教育委員会『いわき市の文化財』（二〇〇三）

（中山雅弘）

●戦国大名岩城氏の境目の要害

上《か》遠《とお》野《の》城《じょう》

〔いわき市指定史跡〕

〔所在地〕いわき市遠野町上遠野字根小屋ほか
〔比高〕一一〇メートル
〔分類〕山城
〔年代〕一五〜一六世紀
〔城主〕上遠野氏
〔交通アクセス〕JR常磐線「湯本駅」から新常磐交通バス「上遠野小」下車。徒歩三〇分。

【上遠野氏とその領地】　上遠野城は阿武隈《あぶくま》高地東縁の小盆地である上遠野郷に所在する。戦国大名岩城氏の有力家臣上遠野氏の城館である。山頂から太平洋が望めるため、八潮見《やしおみ》城・八塩城などの別名もある。

上遠野氏は、下野国の名門小山氏の一族藤井氏が陸奥国菊田郡（いわき市南部）に土着し上遠野氏を名乗ったもので、戦国期には菊田郡の西半分（上遠野・入遠野・石住・滝・深山田・上山田）を支配していた。当時はこの地域全体を上遠野郷と称していた。文禄検地での上遠野氏の石高は約三〇〇〇石である。

戦国大名岩城氏の娘との婚姻を繰り返し、地方の一土豪から岩城氏一門に準じる扱いを受けるにいたる。上遠野郷は西に東白川郡、北に石川郡と接する境目にあたるため、上遠野城は戦略上重要な位置を占めていたことから、山奥の土豪の城から戦国大名の境目の城と位置づけられていった。

奥州仕置によりいわき地方も豊臣政権下に入ると、石田三成による検地、佐竹氏による総知行《ちぎょう》割替が行われ、上遠野城も廃城を迎えることになる。

【上遠野城をめぐる史料】　上遠野城についての史料としては、天文元年（一五三二）、佐竹氏の数度にわたる攻撃により上遠野城が落城したとの記録がある（「上遠野氏軍功並家伝記録」）。永禄年間には城が火災にあった史料がある（「岩城明徹重隆書状」）。「上之小屋」から出火した炎は折からの風にあおられ燃え広がり「実城《みじょう》悉《ことごと》く焼失」した。

【縄張の概観】　上遠野城は、南に張り出す丘陵南端頂部の山城と裾部南面の居館からなり、さらに城館南側低地には、白川方面に向かう御斉所街道に沿って東西方向の城下町が形成されていた。城館と城下町は、根本川（西）・上遠野川（東・南）という自然の堀に囲まれた内側に形成された。

山頂の主郭《しゅかく》に登るには、西側の上遠野公民館から北物見台《ものみだい》を廻るルートと、東側の八幡神社から進むルートがあるが、東ルートの方が登りやすく短時間で主郭に到達できる。山城の主郭部分は、土塁《どるい》・堀切によって区画された複数の郭で構成される。ここが文書に出てくる「上之小屋」と称される場所であろう。八〇×六〇メートルほどの大きさである。主郭の虎口《こぐち》は堀切により切断されており、木橋《きばし》が架かっていたと思われる。木橋を渡ると内桝形となり、その奥に石垣造りの門跡がある。格式のある門でありここが大手であろう。主郭内部は高低差のある複数の郭からなり、郭斜面のところどころに石垣が見られる。石垣は野面《のづら》積で、近隣の河川で採取できる大きめの川原石が使用されている。石の大きさは三〇～五〇センチである。主郭の東・北・西側には土塁が作られる。北側土塁の外側に沿って犬走《いぬばし》り状の道があり、この中央にも虎口がある。

主郭の北方は、北端の物見台までの間に痩せ尾根を削平した小さな郭が連続し、途中数ヵ所、堀切により遮断される。主郭の東側はやや大きな郭となり、

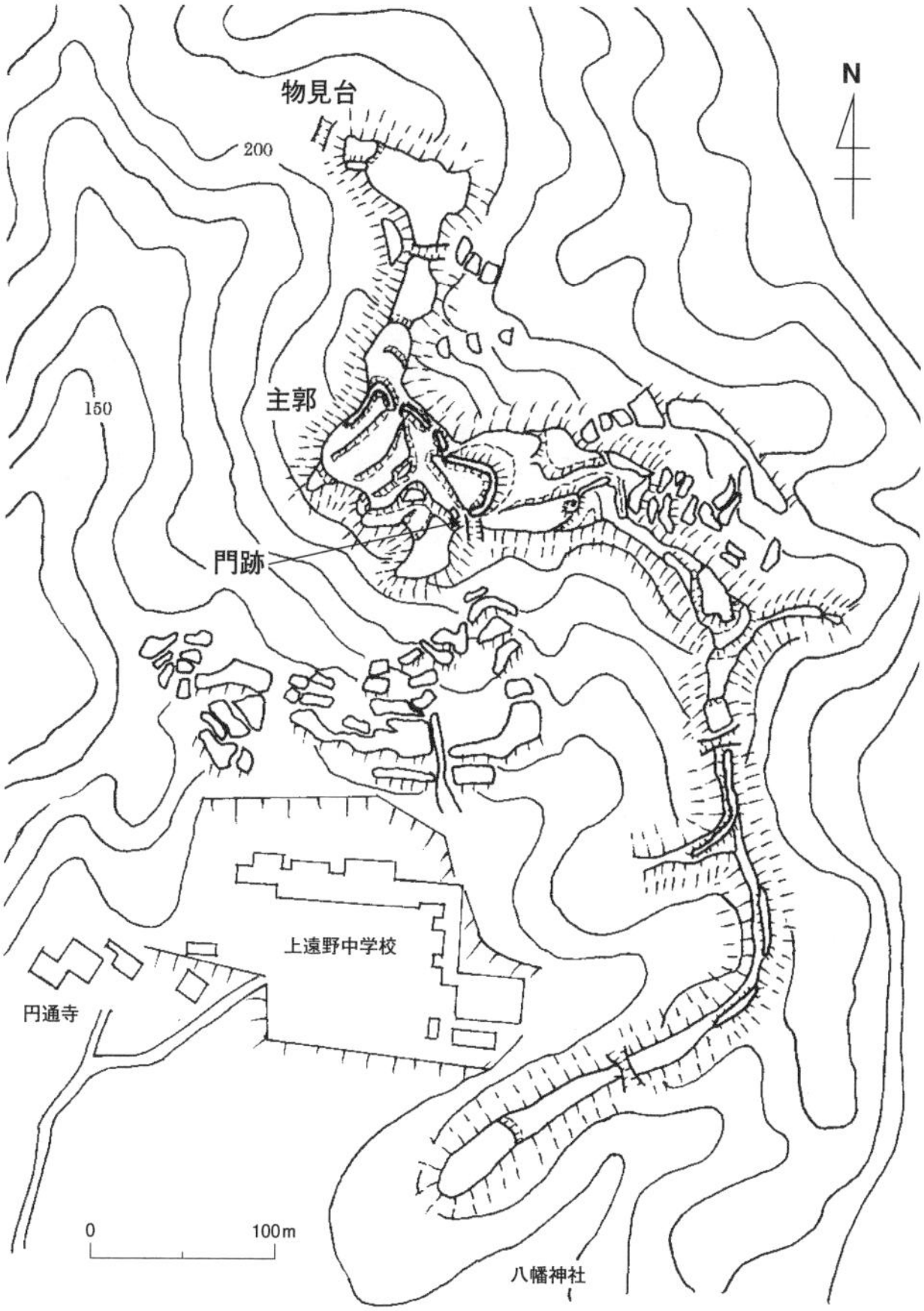

●—上遠野城縄張図（吉田生哉：原図を加工）

●—上遠野城遠景・山頂が主郭

南方から上がってくる道に接続する。主郭に行くにはこの郭を大きく迂回しないと入れない。南方も北方同様に痩せた尾根を削平した小さな郭が連続し、数ヵ所、堀切によって遮断する。このルートの道は細い郭に沿ってその下を進む堀底道で、守備側からの横矢を意識した構成になっている。南方の尾根筋を下りると、八幡神社の平場へ下りる。丘陵の斜面には数多くの小さな郭が作出されており、なんらかの防禦意図をもっていると思われる。

居館（実城）は、現在の上遠野中学校および小学校のあたりにあったと言われており、江戸時代の棚倉藩の陣屋は中学校にあった。

【参考文献】 遠藤巌『遙かなる流れ―上遠野家系図（上）―』（上遠野達三郎、一九八六）、吉田生哉「上遠野城の縄張りとその遺構群」『いわき市教育文化事業団研究紀要』第二号（財団法人いわき市教育文化事業団、一九九一）

（中山雅弘）

◆山形県

亀ヶ崎城(東禅寺城)出土木簡（山形県埋蔵文化財センター提供）

亀ヶ崎城代志田修理亮が最上攻めに備え，慶長５年７月３日，鉄砲玉2,000発を運んだ荷札

●伊達領と最上領との境目の城

鮎《あゆ》貝《かい》城《じょう》

〔白鷹町指定史跡〕

〔所在地〕白鷹町鮎貝
〔比　高〕一五メートル
〔分　類〕平山城
〔年　代〕応永年間〜天正十五年
〔城　主〕鮎貝氏
〔交通アクセス〕山形鉄道フラワー長井線「四季の郷駅」下車、徒歩一〇分。

【鮎貝氏と鮎貝城】　鮎貝城は、最上川の左岸、標高約二〇〇メートルの舌状に突き出た比高差約一五メートルの河岸段丘を巧みに利用して構築された複郭《ふくかく》式の代表的な中世城館址である。戦国期には、鮎貝氏の主城として「町郭」や家臣屋敷を「外城」として構える惣構《そうがまえ》の城下を形成していた。

伝承では、一二世紀初期に藤原安親《やすちか》が下向して、居を横越《よこごし》に構えたという。平泉の藤原政権との関係や、その後置賜地方の地頭職《じとうしき》に補任《ぶにん》された長井氏の代官となったなどとも伝えられている。横越の北方に「万所《まんどころ》」という地名があり、館の堀跡があった。

やがて南北朝末期以降、置賜《おきたま》地方を支配する伊達氏に服属する頃（一四世紀末）、鮎貝城が築城されたと伝えられている。その出自が伊達氏と同族ということもあり、「一家（上座）」としての処遇と、独自の一円所領と家臣の領有を許された（守護不入権）戦国領主として、最上領との境目の一画を占めることになる。ちなみに、段銭帳《たんせんちょう》（税の記録帳）その他の伊達氏支配文書の中に、鮎貝氏の一円所領としての「鮎貝郷」が登場することはなかった。

伊達氏の文書に「鮎貝殿」として登場するのは一六世紀初頭で、「大立目《おおたつめ》殿（荒砥《あらと》城主）」や、「大塚殿（大塚城主）」など「百か二百五十の武頭《ぶがしら》」の一人として、伊達尚宗《ひさむね》から越後への加勢を下知されている。この「鮎貝殿」は、「定宗《さだむね》」と考えられ、次の「盛宗《もりむね》」は、天文の乱で当初は稙宗《たねむね》方に付きながら、乱後に晴宗《はるむね》政権下で、従来の一円所領地と加恩地の「守護不入権」を安堵された「鮎貝兵庫頭殿」と考えられる（「鮎貝氏略系図」参照）。そしてこの頃、居城・鮎貝城の拡張充実が図られたものと考えられる。

次の「宗重《むねしげ》」は、天正二年（一五七四）、最上勢との合戦に際して、伊達輝宗《てるむね》のもとに着到する「鮎貝殿」であり、宗重は、若くして「宗信」に家督を譲り、自らは米沢城下に屋敷を構え、伊達政権下での恭順《きょうじゅん》の意を表した。十月、政宗に家督を譲った輝宗は、新隠居御殿ができあがるまでの何日かを宗重屋敷で過ごしている（「性山公治家記録」）。

【鮎貝宗信の乱】 天正十五年十月十四日、鮎貝城の若き城主藤太郎宗信《むねのぶ》が伊達氏に叛旗《はんき》を翻した（以下、「貞山公治家記録」による）。父宗重（彼の一派は、すぐに三キロ南方の高玉城に退出）からの一報を受けた政宗は、老臣たちの制止を振り切って、米沢城から北へ約四〇キロ、鮎貝城下に駆けつけ、電光石火「町曲輪《くるわ》」に五〇数人を押し込めて討ち取り火を放ち制圧した。すでにこの年の二月に政宗は、隣国山形領・最上義光の庄内での内乱を調停したが、再発して面目を失い、最上氏の出方を警戒していた矢先のことであった。

鮎貝城の「実城《みじょう》」を取り囲み、最上勢の支援がないことを見届けて、政宗は南方約一〇キロの宮（現長井市宮）に移り、各方面へ文書で善後策を指示する。「鮎貝謀反」の一戦は、内応や調略が飛び交う戦国の戦いで、単に「親子の私戦」ですませられない、重要な戦いであった。

そして翌日、城内の「逆徒数百人ヲ撃殺」する。宗信は「此《この》夜《よ》潜《ひそか》ニ城ヲ出テ逃奔」する。こうして、鮎貝氏が城主になる道は断たれたが、宗重はその忠義を認められ、子息定宗が「一家」として鮎貝氏の名跡を安堵された。宗重は日傾斎として、その後も、「談合衆」「相伴衆」などとして、しばしば伊達家の重要局面に登場する。

政宗は、その日のうちに「落居」した鮎貝城

［伝承］藤原安親……平安末期、横越に下向、以後八代不詳
鮎貝成宗、鮎貝城を築く……応永三年（一三九六）
―宗盛（大膳大夫）
―定宗（宗朝）……「鮎貝殿」永正六年（一五〇九）
―盛宗（太郎左衛門）……「鮎貝兵庫頭殿」天文二十二年（一五五三）
　├宗重（盛次、日傾齋）「鮎貝殿」天正二年（一五七四）
　│　├宗信（藤太郎、忠宗）天正十五年（一五八七）伊達氏に叛旗↓山辺氏に服属
　│　└宗定（宗益）↓仙台藩、鮎貝氏の祖
　└茂平（高玉城主）
　　左近（京都・今城家）

●—鮎貝氏略系図（「白鷹町史」上を参考に作成）

の「仕置等」を命じて米沢に帰城した。残念ながら、現状の鮎貝城から、その時の「破城」の痕跡を伺うことができないが、一般に敗戦処理の破城では、①実城（主郭）の破壊、②虎口《こぐち》（入口付近の防備）の破壊、③土塁《どるい》や堀の破壊などが行われたとされている。

　天正十八年仲春（二月）会津・黒川城の政宗から米沢城の留守居伊達宗清《むねきよ》に宛てた書状には、（国分《こくぶ》）盛重《もりしげ》を境目の鮎貝に遣わしたこと、鮎貝は境目で「近年没落の地」なのでいろいろ気遣ってくれるよう等々記されている。

【その後の鮎貝城】　天正十六年四月二十日、最上川を挟んだ鮎貝と荒砥《あらと》の地に、「要害普請《ようがいふしん》」が実施された。それぞれ三人の普請「奉行」が派遣されて、最上領との境目の戦闘体勢を強化した。鮎貝「要害」の普請には、守屋伊賀貞成《さだなり》、桑島将監高常《たかつね》（彼は翌日まで政宗の弟・竺丸の屋敷普請の奉行をしていた）、片平加賀の三人でそれぞれ鉄砲戦を想定した「要害」が築かれた筈であるが、この痕跡も現在の鮎貝城から確かめることは不可能である。また、鮎貝城には城代（城番）が配置されたものと思われる。

　豊臣秀吉の天下統一・「奥州仕置」により、奥州に進出した「上衆」による徹底した「城割《しろわり》（破城）」が行われたと思われる。

　天正十九年九月、伊達政宗は陸奥国岩出沢城に移った。鮎貝日傾齋・定宗父子もそれに従い柴田郡内に移り、宗定（宗益）は仙台藩鮎貝氏の祖となった。鮎貝の地には、米沢城に入った蒲生郷安《がもうさとやす》の配下の高井権右衛門以下が「内町」「桐町」などの町割りや八幡宮の祭礼等を復活させたなどの伝承がある。ちなみに、この時期の「検地」によって、かつての「本領地・鮎貝郷内（と考えられる）」に、新しい「村」が誕生した。鮎貝村は一五八三石余、高岡村、箕輪田村、栃窪村、黒鴨村、深山村、山口村、田尻村を合わせると約五〇〇〇石の生産高を示している。

【江戸時代の鮎貝城】　慶長三年（一五九八）、太閤秀吉のもとで、上杉景勝が会津に移封されると、景勝の宰相直江兼続《なおえかねつぐ》が米沢城を中心に置賜地方を支配し、各支城に城代を派遣した。鮎貝には、中条三盛、慶長五年の「最上戦争」に備えた城地の拡張や整備が行われた。当時の痕跡を見いだすことは困難である。中条三盛《なかじょうみつもり》もその一翼を担い、最上川西岸の西《にし》五百川《いもがわ》・八ツ沼城の攻防に参加している。

　慶長六年八月、関ケ原合戦に敗れた上杉景勝は、三〇万石に減封されて米沢城に入ると、中条氏も家禄を減じられ（五〇〇〇石から一三〇〇石）、家中による山口新地の開拓が行われた。また、慶長八年には、鮎貝八幡宮の宮殿や神像等を寄

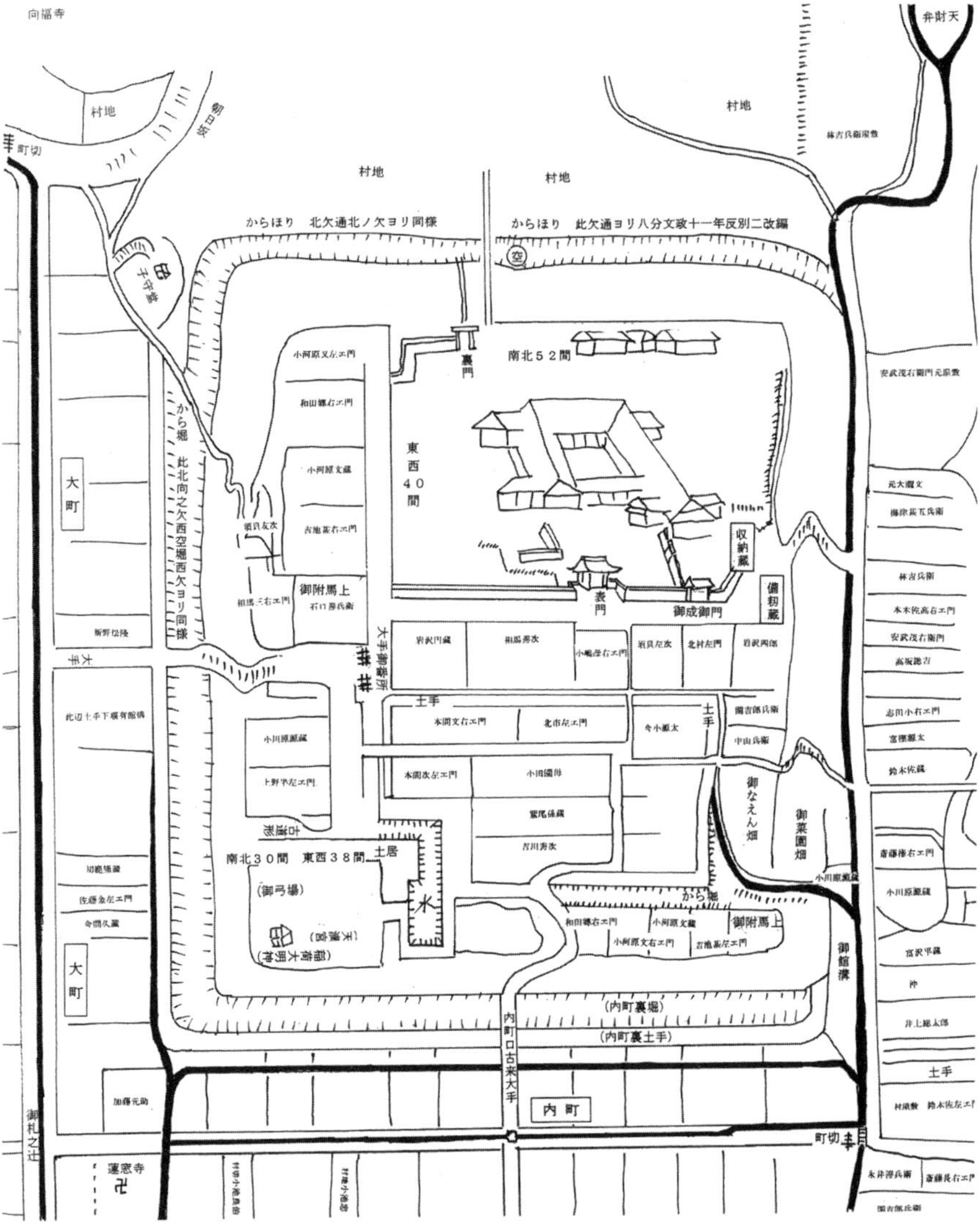

●―江戸時代の「御役屋付近図（部分）渋谷作成編集図（「當館内支配中屋敷反畝相改候絵図面」原図は北海道立文書館所蔵）

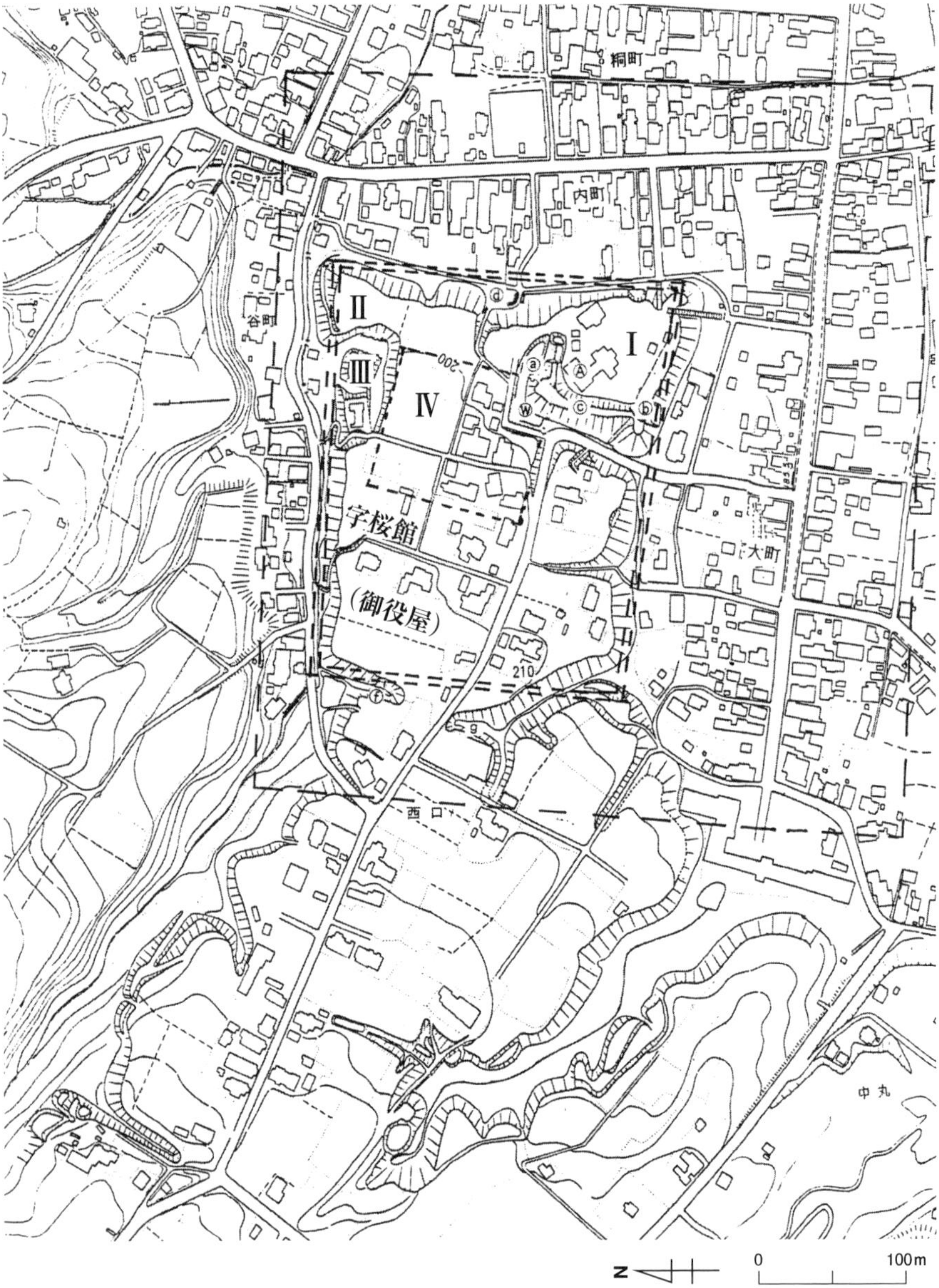

●—鮎貝城復元図（「鮎貝城略測図」（「山形県中世城遺跡調査報告書」第１集に追加修正）

進して中興をはかったという。

鮎貝城将は、その後下条忠親《しもじょうただちか》、春日主膳《かすがしゅぜん》へと引き継がれるが、元和偃武《えんぶ》（一六一五～二四年）以降は、幕府の権力は絶大で、領国間の境目の役割は軍事上の意味を失って、民政・治安維持に関わるものに変化した。寛文五年に本庄忠長が任命されてから以降は、代々本庄家が鮎貝の治政の一端を引き継ぐことになる。元禄五年（一六九二）からは「城将（城代）」から「御役屋将《おやくやしょう》」と名称も変更される。御役屋将の本庄氏は、侍組・本庄組の組頭で、鮎貝城址の一画には、役屋と「御付馬上」、「役屋付」御扶持衆《ごふちしゅう》以下「足軽（二〇名の内二〇名は自分足軽）」その他本庄氏の旗本や足軽衆が屋敷を構え、あるいは「茶園地」「菜園地」を開墾して再利用されていく。注目しておきたいことは、一つは、東側内町境に南北に「内町裏堀」と「内町裏土手」があり、その「空堀」が南の大町と境を接しながら南北にめぐらされ、空堀は、役屋の奥・西側に巡らされている。そして、東側「古来内町口」と記された坂虎口《さかこぐち》を上ると、明らかに空堀《からぼり》と土塁で囲まれた（一部屋敷地になっているが）が確認できる（Ⅳ）。土塁と空堀に囲まれた中世の鮎貝城のイメージが蘇ってくる。

●—東側（古来大手口）内町から段丘上のⅣの郭にのぼる坂虎口

●—南側　Ⅰの郭・八幡宮へのぼる階段・鳥居段丘の比高差がわかる

【鮎貝城址の構造】　平成七年（一九九五）に発行された「山形県中世城館遺跡調査報告書」第一集（山形県教育委員会）には、置賜地方の中世城館遺跡が収録されている。当時としては山城の実地調査も収録した画期的な悉皆《しっかい》調査報告であった。鮎貝城遺跡についても、その略測図と概要が掲載されている。その略測図を基に、若干の追加修正を試みてみたのが復元図（一九四頁）である。

まず、虎口部（d）は、かつての破城による影響を辿ることは困難であるが、「古来大手」の東口から入ることにする（写真）。内町から主郭部（Ⅳの郭）に向かって、段丘を上る坂虎口と「折れ」、「土塁」が認められる。横矢掛かりの防御が施されたものと考えられる。かつては、枡形《ますがた》や馬出《うまだし》が施された可能性もあるが、内町、粡町《あらまち》や大町などの町並の整備の際に改修されたものか、現状からは伺うことはできない。蒲生時代に、各町の通路に水路が施されたといわれ、一九四頁の図でも確認できる。

Ⅳの郭は、江戸時代の「御役屋絵図」（一九三頁）などでは、本庄家中の屋敷地や茶園、菜園などになっているが、土塁と堀が四周を囲んでいる様子が復元できる。

Ⅰの郭は、御役屋時代には「古館」として、稲荷宮や天満宮の祠を祀り、また「弓場」として活用されていた。「御役屋絵図」では、南口から御役屋に入ると「大手御番所」があり、この時代に、Ⅰの郭の改修も行われたことが伺われる。明治八年（一八七五）の地籍図では「草地」「畑地」として表示されている。明治二十九年に八幡宮を遷宮することになり（三十一年竣工。鮎貝八幡宮本殿は、山形県指定文化財）、平成二十七年の祭礼は十月十、十一の両日盛大に行われた。

西口は、ぶどうの房のように幾重にも堀切で仕切られ、どこまでを鮎貝城址とするのか、判断に苦しむ。さらに、周辺の「中丸」地名や「八幡《やわた》（台）」などの地名が、鮎貝城域の変遷を予想させる。北部は、谷町付近の谷を外堀に段丘を「切岸《きりぎし》」として利用している。南側の「大町」境にも「空堀」がめぐらされ、御役屋絵図（二〇一頁）では、「欠《がけ》」と記している。

さらに鮎貝氏の家中屋敷や町屋敷も囲んだ大きな外堀に囲まれていた可能性もあり、「舟場」や「船付き場」等の地名も有り、最上川の河道の変遷やそれに伴う舟運なども含めた総合的な学術調査が期待される。

【参考文献】『白鷹町史』上（白鷹町）、『鮎貝の歴史』前編、鮎貝史中編資料（鮎貝城築城六百年記念誌編纂委員会）、『日本城郭体系』三（新人物往来社）、山形県教育委員会『山形県中世城館遺跡調査報告書』第一集、長井政太郎『上杉藩の郷士聚落の研究』（山形県郷土研究会）、山形県教育委員会『山形県の文化財』

（渋谷敏己）

お城アラカルト

「かわらけ」の意味

飯村　均

「土器」と書いて「かわらけ」と読む。清少納言の『枕草子』では「きよしとみゆるもの」の第一に「土器」が挙げられている。かわらけは「中世を代表する食器」、「中世の饗宴の意味を象徴する食器」とされ、また「かわらけに象徴される京都との社会的、文化的距離が表現されている」とされている。中世の饗宴とは「君臣秩序確認の場」であり、「政治的な合意形成の場」であった。

　奥羽の城館から出土するかわらけには、古代以来の製作技術で作られた「ロクロかわらけ」と、京都由来の製作技術で作られた「手づくねかわらけ」の二種がある。岩手県平泉町柳《やなぎ》之《の》御《ご》所《しょ》遺跡では、約二〇トンと言われる膨大なロクロ・手づくかわらけが出土し、井戸状遺構と呼ばれる深い穴から二〇〇個体を超えるかわらけが出土する。柳之御所遺跡は『吾妻鏡』にある「平泉館」に比定され、平泉藤原氏の本拠である。

　城館から出土するかわらけは、地域での政治的、経済的、文化的地位を表現している。陸奥守護職伊達氏の本拠・梁川《やながわ》城跡では、本丸約二四〇〇平方メートルの調査で、ロクロかわらけが約三〇〇〇点出土し、一六世紀前葉の京都系手づくねかわらけの影響を受けたロクロかわらけも出土している。陸奥守護職に補任《ぶにん》され、戦国大名となる伊達氏の地位を良く表現している。

　郡山市篠川館は、応永六年（一三三九）に鎌倉府から派遣された足利満直《みつただ》が居館を構え、「篠川公方」と呼ばれ、居館は「篠川御所」と呼ばれ、永享十二年（一四四〇）に滅亡した。この篠川御所の隣接地区で、わずか約五六平方メートルのトレンチ調査で、一〇一五点のロクロかわらけが出土している。大きさも五種類ほどあり、宴会儀礼に使う器であることがわかる。一平方メートル当たり約一八点のかわらけが出土し、この時期の奥羽の城館としては最高の出土量である。足利氏一門である篠川公方に相応しい出土量であり、南奥の室町時代の秩序の上位に位置していたことを表現している。

●伊達氏・上杉氏が整備した米沢の要衝

舘《たて》山《やま》城《じょう》

〔国指定史跡〕

【舘山城の位置】　米沢盆地西縁の丘陵地東端に位置し、地元では城山《しろやま》と呼ばれる標高三一〇～三三〇メートルの舌状の丘陵東端部に築城された山城が中心となった城館を、舘山城に比定している。平成二十八年（二〇一六）三月一日付けの官報に告示され、米沢市で五ヵ所目の国史跡に指定された。米沢城はここから約三キロ東側に位置している。山城南側の大樽《おおたる》川、北側の小樽《こたる》川を堀として利用した天然の要害である。また、鬼面《おもの》川との合流点に接し、会津地方につながる街道が近くを通ることから、水運や交通の要衝を押さえるため築城されたと考えられる。山城の麓には河岸段丘上に形成された平場があり、このうち舘山北館《きただて》・東館《ひがしだて》と呼ぶ遺跡では、一六世紀代を中心とする掘立柱建物等が見つかっており、山城に伴う山麓居館（根小屋《ねごや》）と考えられる。

〔所在地〕米沢市大字舘山ほか
〔比　高〕三〇～三五メートル
〔分　類〕山城（のちに平山城）
〔年　代〕一五～一七世紀前半
〔城　主〕新田氏、伊達氏、上杉氏
〔交通アクセス〕ＪＲ米坂線「西米沢駅」下車、徒歩三〇分。

【歴史的背景】　舘山城の築城時期がわかる明確な史料はないが、発掘調査で出土した陶磁器類から一六世紀前半頃には機能していたと考えられる。史料で初めて舘山城の名が登場するのは、仙台藩主伊達氏の正史「伊達治家記録《だてじかきろく》」である。

最初は伊達氏一六代当主輝宗《てるむね》（政宗の父）の家臣新田四郎《にったしろう》義直《よしなお》の居城として登場する。新田氏は、米沢市西部の舘山・田沢《たざわ》・簗沢《やなざわ》・小野川《おのがわ》地区を治めていた領主である。ここは隣国をうかがう伊達氏にとって重要な場所であり、会津地方を治める蘆名《あしな》氏からも一目置かれる存在であったと考えられる。義直の父新田遠江守《とおとうみのかみ》景綱《かげつな》は、伊達晴宗《はるむね》（政宗の祖父）の重臣として天文《てんぶん》の乱などで活躍し、夫人は晴宗の弟宗清《むねきよ》

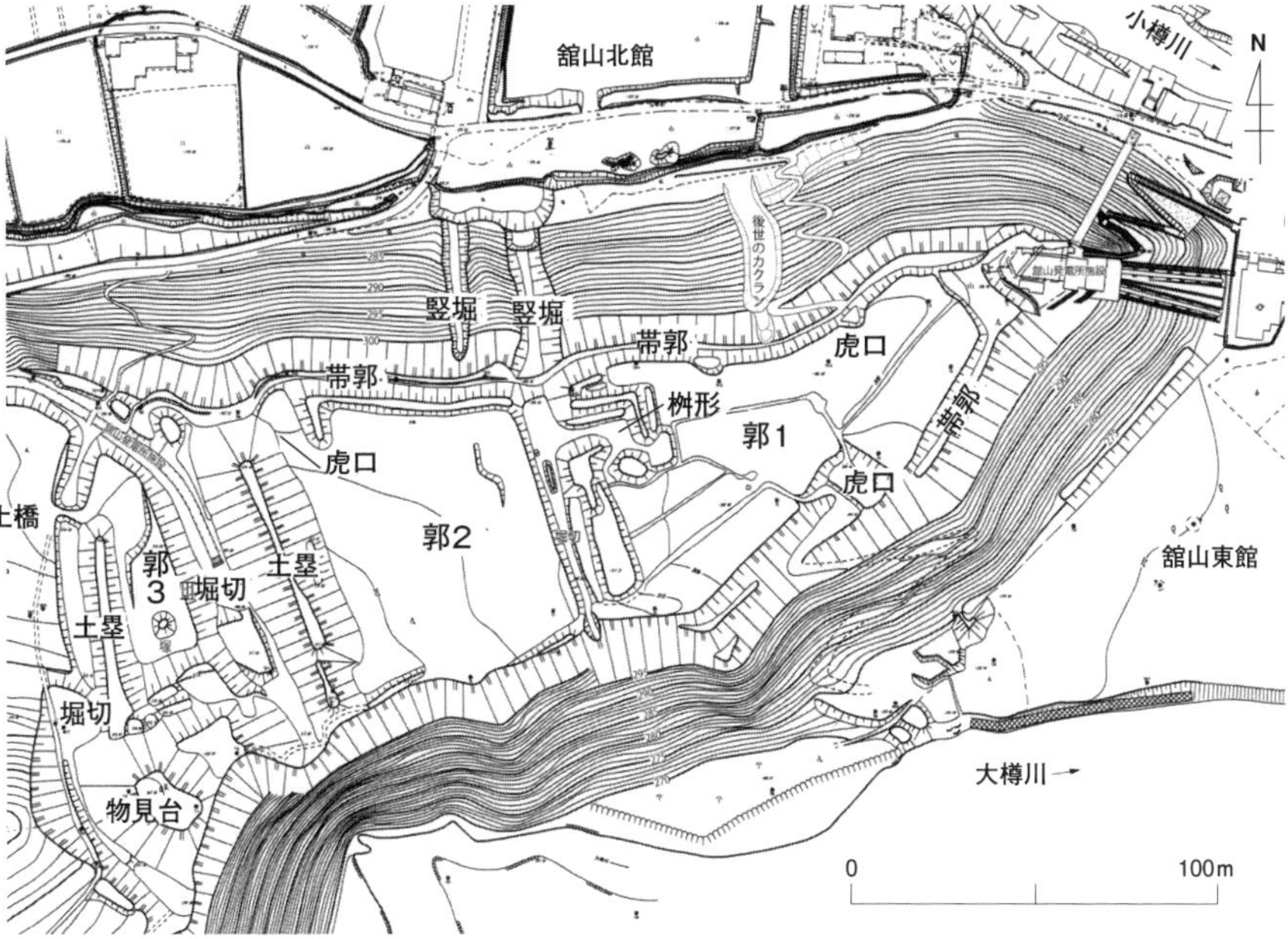

●—舘山城縄張図（『舘山城跡発掘調査報告書』米沢市教育委員会，2015 を一部改変）

（鉄斎《てっさい》）の娘で、伊達氏と姻戚関係にあった。ところが義直は、元亀元年（一五七〇）に輝宗への謀反を計画していた重臣中野宗時《なかのむねとき》・牧野久仲《まきのひさなか》父子に協力しようとしていた。その動きに気付いた景綱は、謀反が実行される前に舘山城にいた義直を捕え、輝宗にその経緯を報告している。その後、義直は切腹を命じられて景綱が舘山城の城主となったが、この事件以来、新田氏や舘山城に対して伊達氏の直接的な影響力が強まったとみられる。

次に登場する人物は、伊達輝宗である。輝宗は天正十二年（一五八四）に四一歳で一九歳の政宗に家督を譲り、自身の隠居所の普請《ふしん》を舘山で始め、翌天正十三年に完成している。輝宗はこの年の十月に非業の死を遂げたため、隠居所として居住した期間は長くはなかったと考えられる。

最後に登場するのは、伊達政宗である。政宗は天正十五年に舘山城の地割《じわり》・普請を行っている。政宗は天正十九年に豊臣秀吉の命令（奥羽仕置《おううしおき》）で岩出山（宮城県大崎市）へ移ることになり、政宗の普請した舘山城は完成していたのか、その後の状況についても記述はない。

「伊達治家記録」から見えてくる舘山城は、伊達氏に関わる城館であるものの、時期によって城主や城の性格が異なっていたと考えられる。「伊達治家記録」は伊達氏が米沢を離れて約一〇〇年後に作られた歴史書（二次史料）なので、それ以前の史料も合わせてさらに検討する。一次史料に相当する「伊達天正日記《だててんしょうにっき》」や政宗の書状からは、舘山城という名前の城館は確認できない。これらの史料では、舘山に「要《よう》害《がい》」と「舘山御館《たてやまおんたて》」と呼ばれる二つの城館の存在が確認される。要害とは主に山地や丘陵などに築城された山城を示し、館とは平地に築城された平城または居館と考えられる。「伊達治家記録」の舘山城は、これら二つの城館について書かれたもので、「要害」は城山と呼ばれる地に築かれた山城「舘山城跡」と考えられ、「舘山御館」は並松土手《なんまつどて》や伝承の存在から、現在の舘山四丁目周辺にあったとみられる平城を想定している。また、「舘山御館」は、「御」の字が付く「館」であることから、伊達氏の当主に関わる城館で、輝宗の隠居所に相当する可能性がある。並松土手は、かつて舘山地区と矢《や》来《らい》地区の境にあった南北約一・四キロの範囲に築かれた土塁《どるい》で、総構えを彷彿とさせるものである。現在は北端部のみが往時の姿を残している。並松土手は、東側からの攻撃に備えた堀を伴う防御施設で、並松土手の東側に位置する米沢城を守る施設ではなく、舘山城の防御を想定した土塁と考えられ、輝宗または政宗の時代の普請に伴って築かれた可能性がある。

　舘山城は、まず新田氏の城館として山城とそれに伴う根小屋の「要害」が成立した可能性が高い。その後輝宗や政宗の普請によって、大樽川・鬼面川の東側に拡大し、並松土手を東端とする城域が形成されたと考えている。舘山城は、「要害」と「舘山御館」という二つの城館が混在しながら江戸時代に成立した概念で、時期によって城の範囲や認識が変化していたとみられる。なお、城の終焉は、後述する石垣の石積み技術と廃絶状況から、一七世紀（一六〇〇年代）前半頃を想定している。

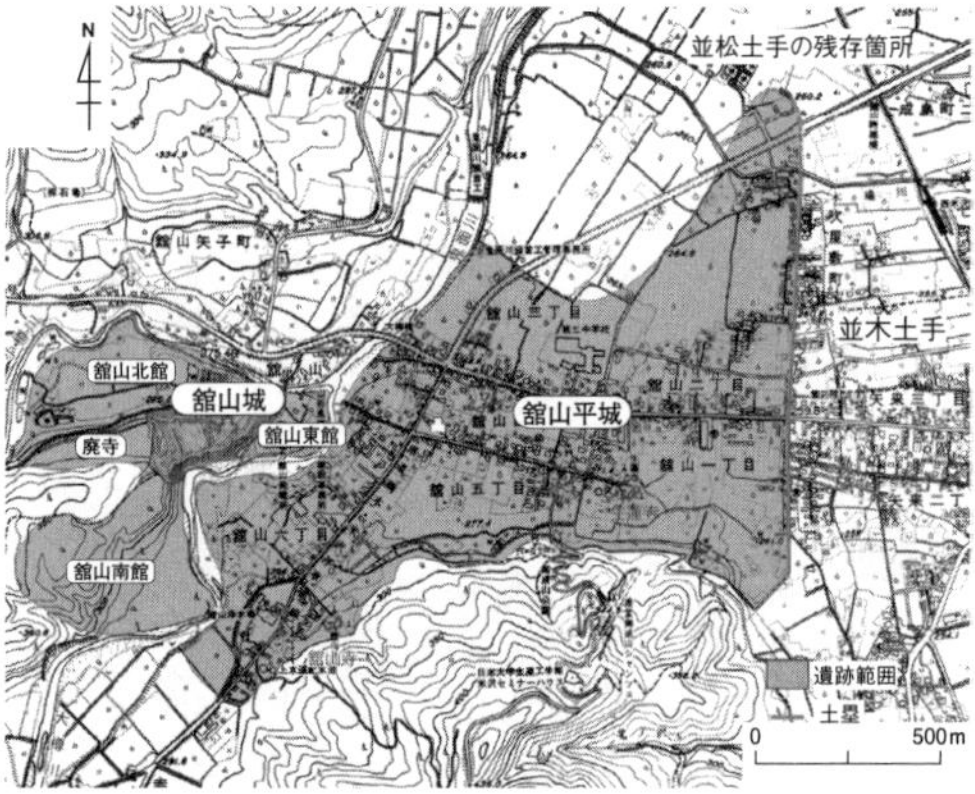

●—想定される舘山城の城域（『舘山城跡発掘調査報告書』米沢市教育委員会，2015 を一部改変）

【縄張の現況】　山城は土塁や堀切で区画された郭が三カ所（郭Ⅰ～Ⅲ）あり、範囲は郭Ⅲ西側の堀切から東側の丘陵先端部で測ると約三二〇メートルである。大正九年（一九二〇）から稼働する舘山発電所の施設によって一部の遺構が影響を受けているものの、保存状況は良好である。文献史料は伊達氏と関わりを示すものが多いが、平成二十五年度の発掘調査で見つかった石垣によって、新たな歴史の一面が繙かれた。郭Ⅰ西側の桝形虎口《ますがたこぐち》と周辺から発見された石垣は、伊達氏が米沢を拠点とした戦国期の野面積《のづらづみ》石垣ではなく、表面をノミで平らに加工した割石《わりいし》を多く用いる慶長年間後半から元和年間頃の石積み技術で普請されていた。関ヶ原の戦い以後に米沢を治めたのは上杉氏で、景勝《かげかつ》の時代に普請された可能性が高いと考えている。現在の山城の縄張は、戦国期の縄張を江戸時代初期に改変したものと考えられる。なお、上杉氏が舘山城の普請を行った記録は今のところ確認できない。

●―郭Ⅰ桝形虎口の石垣（西から撮影）（米沢市教育委員会提供）

石垣の他に特徴的な遺構として、「破城《はじょう》」の痕跡が認められる。石垣が発見された桝形虎口周辺の現況は、大量の川原石で埋め尽くされていた。これらの川原石は、元々石垣の裏込め石《うらごめいし》（栗石《ぐりいし》）として使われていたもので、破城の際に石垣が崩されたことを今に伝えるものであった。この他、通路や土塁を壊した状況も発掘調査で確認している。破城が行われた時期は、二つの可能性を想定しており、一つは元和元年（一六一五）の一国一城令の発令に伴って実施された可能性である。もう一つは、慶長一四年（一六〇九）に直江兼続《なおえかねつぐ》が指示した可能性である。江戸にいた兼続から、米沢の奉行平林正恒《ひらばやしまさつね》に宛てた書状に「舘山之儀一切無用之事《たてやまのぎいっさいむようのこと》」と書かれたものがあり、様々に解釈できるものだが、破城や普請の中断を指示した可能性がある。この場所は、正保《しょうほう》二年（一六四五）頃の「出羽国米沢城下絵図《でわこくよねざわじょうかえず》」では「古城《こじょう》」と書かれており、この時点では廃城《はいじょう》になっていたと考えられる。

【戦国期の姿】　郭1・2間は、現況の深さで約六〇センチの堀切で区画されているが、本来は幅約一三メートル、深さ三・五メートル以上の堀切で、石垣を普請する際に大部分が埋められている。この堀切は、石垣との重複関係と出土遺物の年代から、戦国期の伊達時代に本来の機能を果たしたと考えられる。現況では帯郭《おびくるわ》で分断されているが、北側斜面の竪堀《たてぼり》と連続していた可能性が高い。戦国期の縄張は不明な点が多く、今後の発掘調査でさらなる解明が期待される。

【参考文献】　米沢市教育委員会『舘山城跡発掘調査報告書』（二〇一五）

（佐藤公保）

●伊達輝宗の分岐点となった城

小《こ》松《まつ》城《じょう》

〈所在地〉川西町中小松
〈比　高〉〇～二メートル
〈分　類〉平城
〈年　代〉一四世紀?～一六世紀末
〈城　主〉船山氏、大町氏、桑折氏、牧野氏
〈交通アクセス〉JR米坂線「羽前小松駅」下車、徒歩一〇分。

【城の位置】　小松城は、山形県南部の置賜《おきたま》地方東南部の川西町に位置し、川西町役場から約七〇〇㍍《メートル》北に所在する連郭《れんかく》式の平城である。犬川《いぬかわ》右岸に形成された微高地に立地し、越後街道と長井街道が交差する交通の要衝に築城されている。江戸時代後期に描かれた上小松絵図には、「館の内」や「館の北」といった地名が確認される。周辺には、現在川西ダリア園となっている場所に、伊達騒動でも著名な原田氏が一時居城とした原田城（館）などがある。

　この地は川西町立新山《しんざん》中学校（現在は統廃合で川西中学校）があった場所で、現在は公園や多目的運動広場、住宅地等になっている。これらの施設によって郭の内部は大きく改変されているとみられ、堀も道路となっている部分は埋められているが、主郭《しゅかく》を囲む土塁《どるい》は比較的良好に残されている。

【歴史的背景】　小松城の築城時期は明確ではないが、南北朝期から存在したことが史料から確認される。天授六年（一三八〇）頃から伊達氏八代当主伊達宗遠《むねとお》が置賜地方に侵攻した際に、小松城の城主であったのが船山因幡守重家《ふなやまいなばのかみしげいえ》とされる。船山氏は、当時置賜地方を治めていた長井氏の家臣である。重家は、二井宿《にいしゅく》（高畠町方面）から侵攻する伊達勢に対して城を明け渡している。

　船山氏に代わって城主となったのは、大町修理亮貞継《おおまちしゅりのすけさだつぐ》である。大町氏は鎌倉幕府に仕えて九州肥後国三池《みいけ》郡大町庄に領地を持っていたが、幕府が衰えると奥州に移り、伊達氏七代当主伊達行朝《ゆきとも》に仕えている。貞継以降、家継《いえつぐ》、定輔《さだすけ》、宗明《むねあき》、

宗衡《むねひら》、宗継《むねつぐ》、頼継《よりつぐ》と七代一一四年間にわたって小松城を居城としており、明応三年（一四九四）に頼継が出羽国長井荘弓田郷に移住することになる。

大町氏に代わって城主となったのは桑折《こおり》氏である。桑折氏は福島県桑折町を本拠とした伊達氏の一族で、のちに桑折氏を名乗るようになる。享禄二年（一五二九）に天神森にあった天満宮を再建した際の棟札《むなふだ》に、工事の奉行として桑折播磨《はりまの》守景長《かみかげなが》の名があることから、この時の城主は景長であったとみられている。大町氏が去ったのが明応三年であることから、史料上では少なくとも三五年ほど城主が確認できない期間が存在することになる。桑折氏が城主を引き継いでいれば、景長の父桑折伊勢守（播磨守）宗季《むねすえ》か、祖父の播磨守宗秀《むねひで》となる。伊達稙宗《たねむね》と晴宗《はるむね》が家督相続をめぐり争った天文《てんぶん》の乱では、景長は晴宗方に属している。天文二十二年（一五五三）に行われた家臣団の領地再編により、景長はこの地を一旦離れることになる。

●—主郭の現況

桑折景長に代わって城主となったのは、牧野久仲《まきのひさなか》である。牧野氏は代々伊達氏の宿老《しゅくろう》をつとめる家柄で、稙宗の時に制定した『塵芥集《じんかいしゅう》』の奥書に評定衆として連署している。久仲の実父は中野宗時《なかのむねとき》で、天文の乱で相次いで討死して後継ぎの無かった牧野氏の養子となった。

【小松城の戦い】　元亀元年（一五七〇）四月、中野宗時に謀反の疑いがあるとして、伊達輝宗が討伐の兵を挙げる。この背景には、晴宗から輝宗が家督を継いだ後も、中野・牧野の権勢が伊達家中で大きな影響力を持っており、それをめぐって対立があったと考えられる。戦いの経過は、まず輝宗が舘《たて》山《やま》城主新田四郎義直《にったしろうよしなお》が中野・牧野に同調して謀反を画策しているとの報告を義直の父新田遠江守景綱《とおとうみのかみかげつな》から受けて、その計画が露見することになる。輝宗はすぐさま兵を挙げており、その際中野は自分の館や家臣の屋敷に火を放ち、かねてより示し合わせていた牧野久仲の居城小松城に駆け込む。「伊達治家記録《だてじかきろく》」では、中野の行動によって米沢城下が焼亡したとされ、大きな被害を受けたとみられる。輝宗の行動が

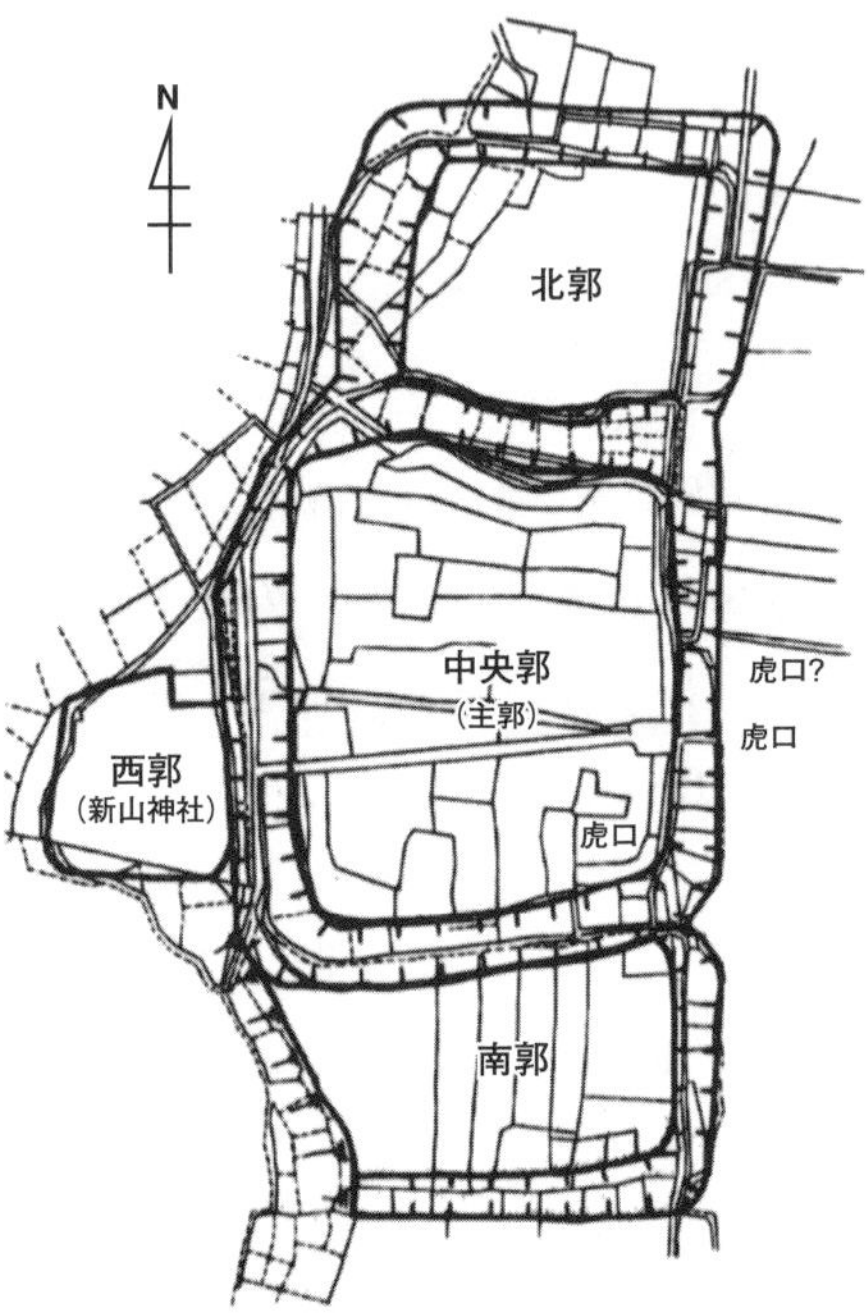

●—小松城跡推測図（山形県教育委員会 1995）

素早かったため、小松城に籠城したものの中野・牧野は城を放棄し、相馬《そうま》盛胤《もりたね》を頼って相馬地方（福島県）に落ち延びていく。のちに二人は晴宗を頼って帰参を願い出るが許されず、会津で最期を迎えたと伝わる。

その後、ふたたび桑折重長が小松城の城主となるが、天正十九年（一五九一）の奥羽仕置《おううしおき》によって政宗が岩出山《いわでやま》に移封《いほう》となったのち、廃城になったとされる。なお、廃城時期については小松城の戦い後とする説もある。

【城の構造】　小松城は、南北に三ヵ所の郭（北・中央・南）からなる連郭式の平城と推測される。それぞれの郭が土塁《どるい》や

●—主郭西側の新山神社

堀で区画されており、中央の郭が主郭《しゅかく》と考えられる。推定される城域は東西約一〇〇メートル、南北約二五〇メートルとみられるが、前述のように主郭は中学校の敷地として利用され大きく改変されたとみられる。南北の郭も宅地や水田、道路となっており、土塁や堀を確認できず詳細は不明である。また、主郭西側の新山《しんざん》神社が鎮座する平場も城に伴う郭（西郭）として機能していた可能性がある。神社に向かう参道は、堀が一部途切れて土橋《どばし》となっており、当時の姿を残している可能性がある。

主郭部分の遺構について概観すると、土塁は北側を除いて確認され、高さ約三メートル以上残存している箇所もある。なお、主郭内に西側の土塁と並行するような位置に土塁状の高まりが存在するが、これは後世の盛土である。平成四年（一九九二）に道路拡幅工事に伴って発掘調査が行われており、土塁が大きく二度にわたって造築されている状況が確認されてい

るようだが、調査の詳細は不明である。

虎口《こぐち》は現況では東側で二ヵ所、南東隅で一ヵ所に確認できるが、東側のうち一ヵ所は後世に改変されたものとみられる(南側が本来の虎口か)。

堀は主郭西側で良好に確認できるが、東・南側は埋められて道路となっている。北側も水路となっているが、堀の痕跡を留めている可能性がある。

●—主郭南東側の土塁

【伊達氏の分岐点】

小松城は、伊達輝宗が家中の実権を掌握することになった事件に深くかかわる城館である。天文の乱以降、中野宗時に代表される宿老が権勢を奮っていた伊達家中では、晴宗から輝宗に家督が移ってもその権力構造に大きな変化はなかった。輝宗はそのような状況から脱却するため、中野宗時・牧野久仲らを政治の中枢から遠ざけようとし、両者の対立が深まっていた。そのような中、謀反の企みが露見したことを契機に、一挙に実権を取り戻すことに成功した。こののち輝宗は側近として遠藤基信《もとのぶ》や鬼庭良直《おににわよしなお》らを重用して人事を一新する。この過程を経たことにより、天文の乱以降の混乱期がようやく終息し、のちに南東北に一大勢力を築くことになる政宗にその支配基盤をスムーズに受け継ぐことができたと考えられる。

小松城は、伊達氏の権力構造に大きな転換点をもたらした事件の主戦場となった城館で、その後の伊達氏の繁栄や東北地方の中世史を考えるうえで重要な遺跡と評価される。今後、縄張図の作成や発掘調査による詳細な内容確認調査によって、不明な点が多く残る小松城の実態が解明されることを期待したい。

【参考文献】『川西町史 上巻』(川西町、一九七九)、山形県教育委員会『山形県中世城館遺跡調査報告書』(一九九五)、米沢市史編さん委員会『米沢市史 原始・古代・中世編』(一九九七)

(佐藤公保)

●置賜の境目の城

中《なか》山《やま》城《じょう》

〔所在地〕上山市中山・上郭弐
〔比　高〕八〇・九メートル
〔分　類〕山城
〔年　代〕永禄～元亀年間
〔城　主〕中山弥太郎
〔交通アクセス〕ＪＲ奥羽本線「羽前中山駅」下車、徒歩六分。

【城の景観】　中山城は上山市の南西部に位置する中山地区にある。山形方面と米沢方面とを結ぶ要衝の地で、西は南陽市《なんようし》に接した奥羽山系の白鷹《しらたか》丘陵その東方に張り出す先端に「城」は立地する。かつては最上領と伊達との領境で、城の東に前川が蛇行して北流、その左岸をＪＲ奥羽《おうう》本線（山形新幹線）と国道一三号線が並行して貫通、山形新幹線の車窓からは中山城の景観を見渡すことができる。このような地にある中山城に、観光客の誘致目的としたクアオルト（健康保養地）の市指定ともなっている。

【歴史的背景】　中山城の「中山」は天文七年（一五三八）の「御段銭古帳《ごたんせんこちょう》」（伊達家文書）に「九貫百文、中山、ただし、この内五〇〇文は引分」とあるのが初見である。

城は、本郭から見ると西側に楡沢《にれさわ》・河原宿《かわらじゅく》川と東側に横町沢を流れる横川・余平《よへえ》沢に挟まれ、北側には深い谷が切り込んでいて、自然の要害《ようがい》を利用している。山城の南部には、一四世紀頃に構築されたと見られる前森山《まえもりやま》楯が屏風のように立ち塞ぎ、一六世紀からの戦乱期に入ると、伊達氏と最上氏の両勢力との睨《にら》み合いがつづき、永正十一年（一五一四）二月十日、伊達《だて》植宗《たねむね》と最上義定《もがみよしさだ》との間に戦闘が行われたのをはじめとして、以来攻防が繰り返されていた。そのため、伊達輝宗《てるむね》の命により家臣の中山弥太郎が永禄・元亀年間（一五五八～七二）に、標高三四二・五メートルの天守山《てんしゅやま》と称される位置に「境目《さかいめ》の城」として築城し、天正十九年（一五九一）九月、伊達政宗が陸奥《むつ》国《こく》岩出山《いわでやま》（宮城県）に移封《いほう》するまで家臣が守った。以後は蒲生氏郷《がもううじさと》の重臣である蒲生郷可《さとよし》が入り、さらに慶長三年（一五九八）上杉景勝《かげかつ》が会津の所領を得ると同時に、家臣の横田旨俊《よしとし》を中山城代に命じた。城の中核には本

●—中山城遠景

郭・二の郭・三の郭・馬出《うまだし》まで構築されているが、伊達時代の時期は二の郭にとどまり、本郭の物見台《ものみだい》と三の郭は蒲生時代に構築されたと推測できる。現在も遺構として留《とど》めている馬出（御役屋《ごやくや》）と家中屋敷は元禄五年（一六九二）以後の上杉氏になってからの配置である。

【城郭の構造】　中山城跡は、南に前森山の楯と東に上ノ山楯、南東に物見山楯を防備に築城した本城で、基本思想といわれる堅固三段の郭からなるが、城内での合戦の舞台は一度もなかった。主郭《しゅかく》となる本郭は南北五一㍍、東西三八㍍の規模で楕円形を成《な》し、その周りに土塁《どるい》を築いて郭の周囲を切岸《きりぎし》とし、中国原産の「シャーガ（アヤメ科の常緑多年草）」を植えて敵方を阻止、北側の低地に空堀《からぼり》を備えて南側に虎口《こぐち》を設けている。さらに東北隅の位置には、石段を添えた方形の物見台（天守台）が算木積《さんきづみ》に近い技法の石垣で構築されている。付櫓《つけやぐら》であったと推測できるが、当時、物見台に石垣を用いる技法例は稀で、会津若松城（黒川城）跡の類例と似ていることから、蒲生郷可《さとよし》の時期と考察されている。現在は南西側と北東側に積まれているが、東南側は崩落したものと考えられる。

　二の郭は本郭より四・九㍍低い位置に造作され、南北の最長八三㍍、東西の最長四九㍍の面積をもち、土塁の縁には矢

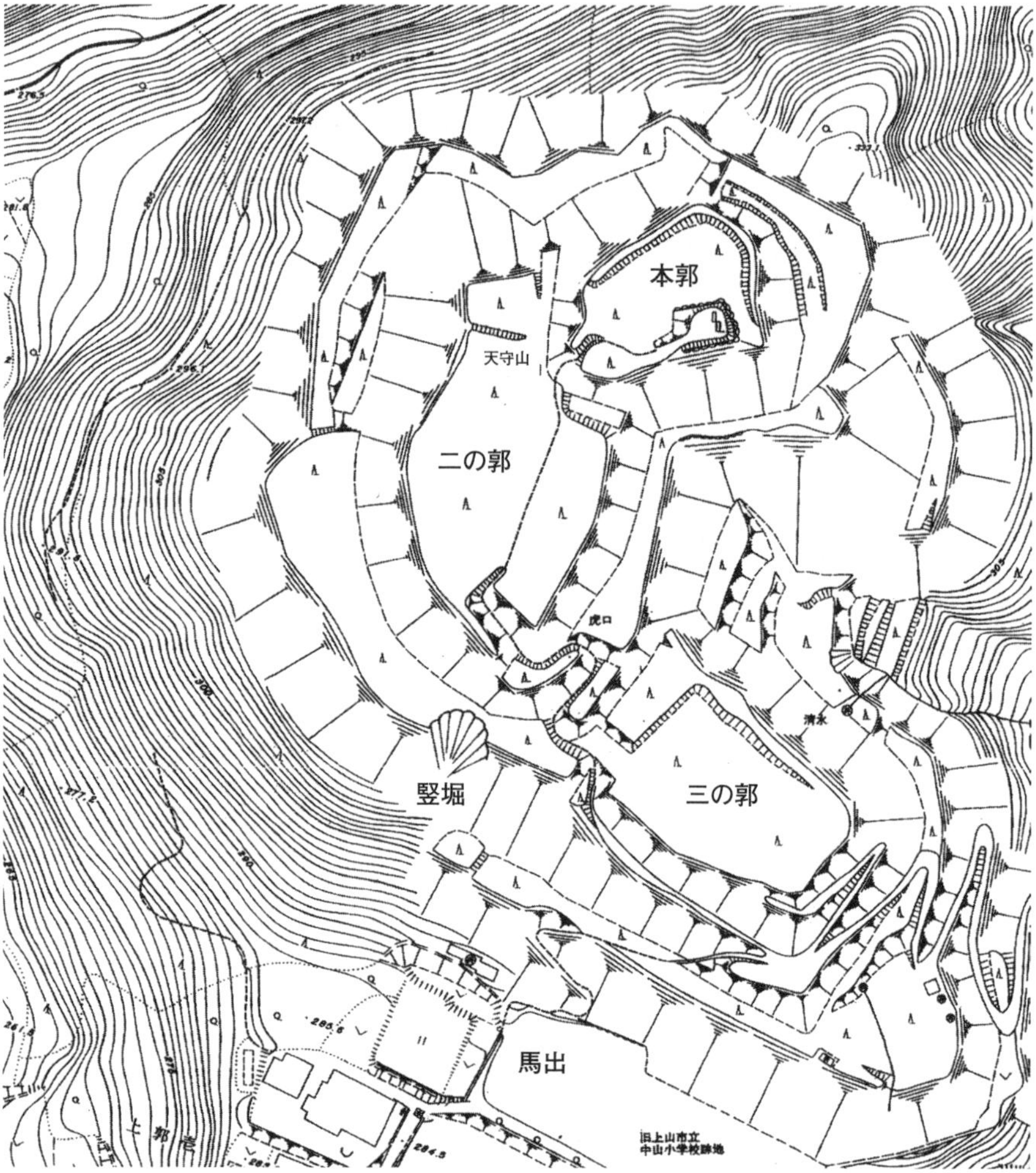

●—中山城縄張図（製作者　加藤和徳・市川和夫）

●—天守の石積櫓

竹が植えられ、中山城内では最大規模の郭である。この郭の北西隅から下を覗くと帯郭《おびくるわ》を見下ろせるが、その距離は二〇メートル以上もあり、鉄砲の使用を意識した構造となって、二ヵ所には見事な竪堀《たてぼり》を設けていた。

二の郭から本郭へ入る所には、浅い桝形虎口《ますがたこぐち》が設けられ、左右の基面にはわずかな石積も見られ、二の郭より一七・九メートル低い位置に構築されている。東西五三メートル、南北四〇メートルで、長方形に近い郭である。

北側には本郭と同様に土塁が築かれており、その高さは二メートルから二・五メートル、幅は二メートルから最大で八メートルもある。また土塁の築かれている北側は急斜面となっているが、直下には狭い郭があり、ここに湧水《ゆうすい》を利用した城の井戸が枠付けで設けられていた。通称「七色の清水《すず》」といって、平成九年（一九九七）まで涸れることなく小学校の飲用水施設としていた。さらに三の郭から二の郭へ向かう所には桝形が連続し、五回も曲折して通らなければならないほど堅固な虎口が造られている。

三の郭を降ると勢溜《ぜいたまり》（武者屯《むしゃたまり》ともいう）が虎口の近くに設けられた石積痕のある施設で、城内から打って出るときのために、城兵を待機させて置くために設けたもので、丸馬出状《まるうまだし》に近い一画であるといった方が正しいかと思われる。さらに降りると、南から東に、東郭口まで八八・八メートルの長さで最大幅八メートル、最小幅四メートルの帯郭が平坦に設けられている。

馬出は、城の登り口を防備するために郭が二段から三段になっていたと考えられる。中世の帯郭と馬出の遺構に、元禄五年上杉藩の御役屋が配置され、その際に遺構の一部を破壊、明治四年（一八七一）の廃藩置県まで続いたが、昭和三十二年（一九五七）一月一日に境界変更によって赤湯町（現、南陽市）から上山市に合併、それに伴って御役屋跡地に市立中山小学校が新設された。その後も保存整備されることなく、中世からの中山城跡が現状のままに残されている。

平成十二年の一般国道一三号上山バイパス改築工事に伴って、伊達・蒲生氏時代に構築された南・北土手（帯郭）と、北西の前森楯跡の一部、さらに谷底平野に配備されていた上杉家直属の近世家中屋敷、一二四戸が数年で消滅してしまった。結果として残されたのは、山形県埋蔵文化財センターによって緊急発掘調査が行われ、その報告書として発刊された『中山城跡』である。

【参考文献】山形県教育委員会『山形県中世城館遺跡調査報告書』（一九九六）、上山市教育委員会『中山城跡調査報告書』（二〇〇三）

（加藤和徳）

●最上領の最前線基地

高《たか》楯《だて》城《じょう》

〔所在地〕上山市河崎字反田
〔比　高〕一一一・三メートル
〔分　類〕山城
〔年　代〕応永～天文年間
〔城　主〕上山満長
〔交通アクセス〕ＪＲ奥羽本線（山形新幹線）「かみのやま温泉駅」下車、徒歩二〇分。

【城の景観】　高楯城は、ＪＲかみのやま温泉駅の西南約一・四キロ、出羽《でわ》丘陵の東麓に突出した角状の山、標高三六六・八メートルの虚空蔵山《こくぞうやま》に「城」は立地しており、山頂からは市内の三方が眺められる。高楯城は一八世紀初頭までは亀ヶ岡城《かめがおかじょう》とも称され、北側の荒町川と南側の河原期《かわらご》川の両渓谷に挟まれた自然の要害《ようがい》を利用し、東方の松山台地を防御策とした構築である。台地の麓には、置賜と村山をむすぶ往道が南北にはしり、西山一帯からは須恵器《すえき》土器や瓦などが出土しているので古代からの主要道であった。

【遺構の歴史的背景】　高楯城の築城は、斯波《しば》氏を祖とする最《も》上《がみ》一族の天童頼直《よりなお》、その三男満長《みちなが》が上山に所領を与えられた応永年間（一三九四～一四二七）に築城したとする説が一般的に理解されてきた。確証できる資料はいまだ未知で、伝承が先行するかたちだが私論として、応永年間に入部したといわれる満長が、最初に構築した館は六波羅堂の建つ松山台地であったと結論づけている。今でも台地周辺には高楯・長者屋敷といった小字名と、熊野神社や永享三年（一四三一）銘の六面幢《ろくめんどう》が古道端に建立されている。

　この頃から上山領は伊達《だて》領との小競り合いは幾度となく繰り返されていたため、上山口を防備する最前線の館として機能していたが、規模は小さく防御に最適な地として一六世紀初頭、亀ヶ岡山に高楯城を築城した。一時は侵略によって占領され、伊達の家臣小梁川貞範《こやながわていはん》（親朝《ちかとも》）が城主となっている。その後、上山（武衛《ぶえい》）義忠《よしただ》は、小梁川氏を攻略し高楯城を奪

●―高楯城遠景

還したが、天文四年（一五三九）に高楯城を廃城して、現在の月岡城跡に建立されていた天神森（天神神社）に城を移し拠点とした。天正八年（一五八〇）には、最上家の家督をめぐる騒動によって上山領は最上義光《よしあき》領に移り上杉領との「境目の城」として、家臣の里見越後を上山城主に命じ守らせた。しかし、上杉景勝《かげかつ》との俔《にらみ》合《あ》いは争端《そうたん》となるばかり、このまま抗争ともなれば、上山城の規模では勝機は薄いと判断した結果、豊臣秀吉が死亡した慶長三年（一五九八）頃、廃城していた高楯城を、ふたたび境目の城として復活させている。慶長五年の出羽合戦では、上杉勢との攻防でも明らか高楯城が舞台となっている。

【城郭の構造】　高楯城の遺構を大きく分けると、虚空蔵堂の建立されている山頂を主郭《しゅかく》として、北西の白土平《しらつちだいら》は二の郭、北の北平《きただいら》を三の郭から構成された堅固で特徴のある城郭である。

主郭の周りは、表面土を覆った岩場で急傾斜、電光形に登る。山頂は東西五六メートル、南北三六メートルと平坦に整形された瓢《ひょう》箪形《たんがた》で、三方を眺望できる位置に構築したのは、物見台《ものみだい》（狼《の》煙《ろし》台）的な役割を目的にしたものであった。その遺構として、現在、虚空蔵堂が建立されている裏側の一段低い位置に、長方形の自然湧水《ゆうすい》溜池が設置されている。真夏でも枯れない飲

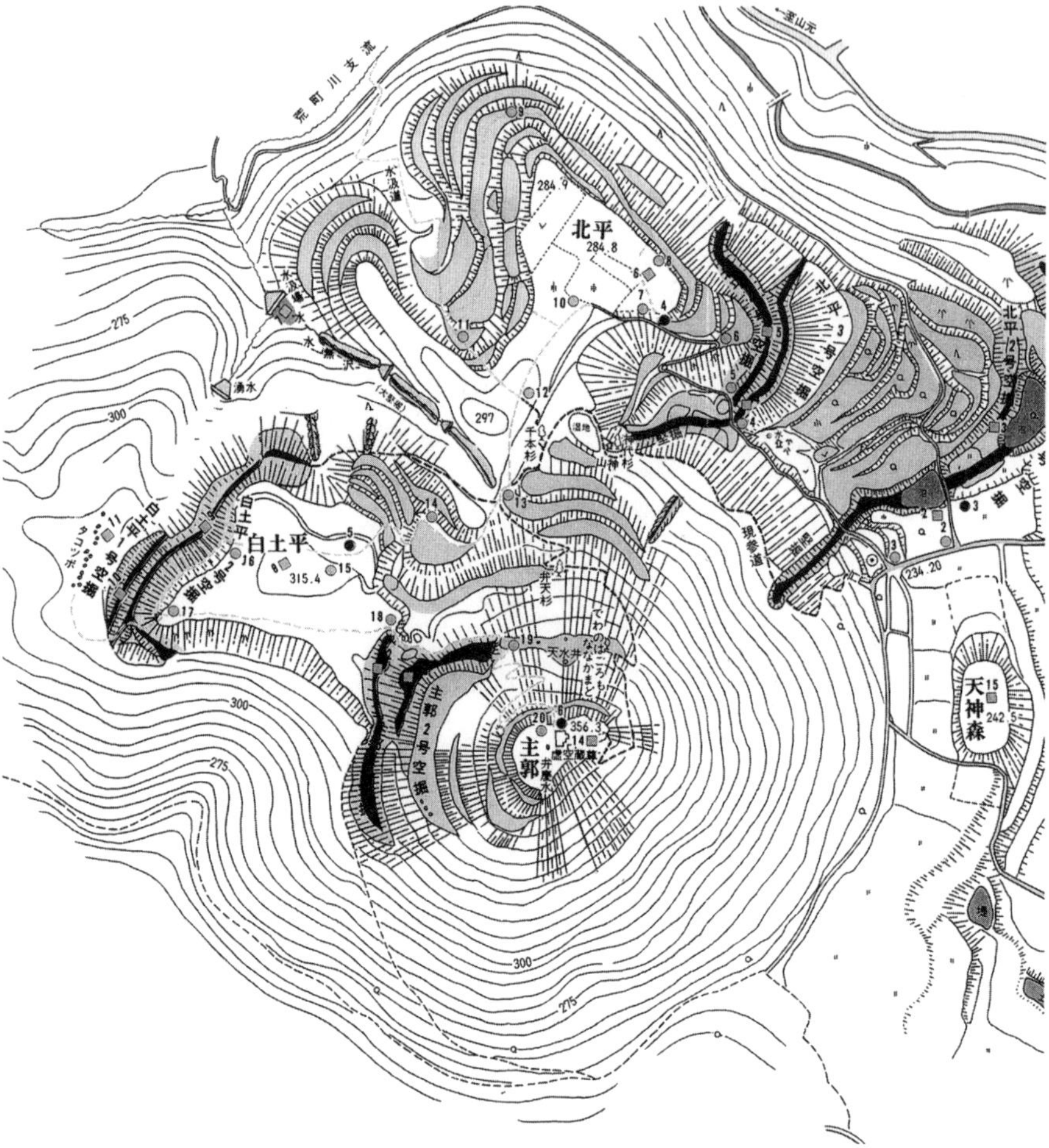

●—高楯城の案内図（『中世の城郭高楯城』1994より転写）

料水として使われていたという「弁慶水」である。

白土平郭は、主郭からは約四三・三メートル急傾斜で降りた位置にある。その間には深さ五メートル、総延長七一メートル程の二重の空堀《からぼり》で掘り切られた北西の丘陵に続く台地に構築されている。その規模は西南に一〇一メートル、南北に七〇メートルの平坦で広大さをもち、郭の南西から北西には最大幅一二メートルから一三メートル、高さも最大で一・五メートルから一・八メートルの土塁《どるい》が築かれ、北側には長い郭群が段階に配置され、横堀と竪堀《たてぼり》も二筋で掘り切った構築で、その間には狭い虎口《こぐち》で防御されている。このように堅固な構築時期は、領主であった満長の居館であったと推察されているが、考古学的な調査は行われていないので確定はできない。白土平《しらとだいら》郭から主郭への城道には土橋《どばし》が架けられた遺構が確認されている。
　北平郭は白土平郭より比高三一メートル低い北の台地に構築されている。規模は東西幅一〇〇メートル、南北幅五〇メートル程で、東面は緩やかに削られて傾斜となっているが、郭との間は水無沢《みずなしざわ》という自然の沢を利用した箱状の竪堀で遮断、敵の移動を阻止する構造となっている。さらに西北には段々の畝堀《うねぼり》が残されており、現在の郭は畑地に開墾されているが、平成元年秋、北平の西一部分を試堀調査が実地された。その結果、掘立柱穴跡や礎石などが発見され、建造物が建っていたことが判明したが、住居跡か倉庫跡か判然としなかったという。当時は南西から北東に緩やかな傾斜となっているため、数段の郭が段々になっていたと見られる。さらに東南には、東から南に二重の空堀《からぼり》、西〜東南にかけた竪堀で防備され、敵を横矢《よこや》で攻撃できる重要な虎口も構築されている。また、荒町川の東側は急傾斜の空堀は四筋で防備され、外側にある空堀は延長一八八メートル、南西に六〇メートルの竪堀で、山頂から山麓に降り、本城跡では最大の遺構である。

●—高楯城口

　高楯城跡の遺構と遺物は、郭・帯郭《おびくるわ》・腰《こし》郭・切岸《きりぎし》・空堀（竪堀・横堀・畝状堀・障子堀《しょうじぼり》）・土塁・井戸（溜池・汲場《くみば》）・飛礫石《つぶていし》・シャーガ・矢竹が主で、築城年代も伊達進攻の永正〜大永頃（一五〇四〜二七）は主郭と白土平郭・北平郭まで、蒲生と上杉進攻の永禄〜慶長五年（一五五八〜一六〇〇）の出羽合戦までは、北平郭の一部と東の北平空堀群までと、時代的変遷の中で拡張を行ったと推測している。したがって高楯城は、一度は廃城となり、再使用された後も破壊されることなく現状態を保っているのである。

【参考文献】上山市教育委員会『高楯城調査報告書　中世の城郭高楯城』（一九九四）、山形県教育委員会『山形県中世城館遺跡調査報告書』（一九九六）、保角里志『南出羽の城』（高志書院、二〇〇六）

（加藤和徳）

●三の丸まで広がる大規模平城

山《やま》形《がた》城《じょう》

〔国指定史跡〕

〔所在地〕山形市霞城町ほか
〔比　高〕なし
〔分　類〕平城
〔年　代〕延文二年（一三五七）〜明治初期
〔城　主〕最上氏、鳥居氏、保科氏、幕領、（結城）松平氏、（奥平）松平氏、奥平氏、堀田氏、（結城）松平氏、（奥平）松平氏、堀田氏、（大給）松平氏、幕領、秋元氏、水野氏
〔交通アクセス〕JR奥羽本線「山形駅」下車、徒歩一〇分。

【山形城の歴史】　延文元年（一三五六）に羽《う》州《しゅう》管《かん》領《れい》として山形に入部した斯《し》波《ば》兼《かね》頼《より》が、翌年に築城したのが創建とされる。斯波氏はのちに最上氏と名乗り、山形城は最上氏代々の居城として機能していた。永禄六年（一五六三）に最上義《よし》守《もり》・義《よし》光《あき》父子が上洛するが、その様子を記した公家の山《やま》科《しな》言《とき》継《つぐ》は彼らを「出羽国之御所」と表現している。当時の奥羽で「御所」と称されるのは、最上氏のほか陸《む》奥《つ》国《のくに》大《おお》崎《さき》の大崎氏と陸奥国浪《なみ》岡《おか》の北《きた》畠《ばたけ》氏のみで、彼らを中心とした身分秩序が成立していた。この場合の「御所」は最上父子に対する敬称であるが、居城において彼らの身分を示す儀礼を行う建築物、すなわち「御所」が存在していたことは想像に難くない。また、城郭の南郊に所在する臨《りん》済《ざい》宗《しゅう》寺院の勝《しょう》因《いん》寺《じ》は、文亀元（一五〇一）から永正四（一五〇七）の間に室町幕府から十《じっ》刹《さつ》寺院に任じられている。十刹寺院は室町幕府と強いつながりを持った領主の本拠にのみ設置されていたことが知られている。最上氏は羽州探《たん》題《だい》を自負するが、全国各地で明らかになりつつある守《しゅ》護《ご》所《じょ》と類似する構造が中世山形城にも確認でき、さしずめ「探題御所」とでもいうべき構造を有していたと想定される。

山形城が近世城郭へと姿を変えるのは、最上義光の時代である。天正十八年（一五九〇）の豊《とよ》臣《とみ》秀《ひで》吉《よし》による奥《おう》羽《う》仕《し》置《おき》により、義光は豊臣政権の支配下に入る。その直後の文禄元年（一五九二）から二年（一五九三）にかけて、最上義光は山形城の改修に関する指示を出している。文禄二年の書状には

「うちたて《（内館）》」の堀の普請《ふしん》を指示しているが、「うちたて」とは本丸のことと思われ、この時に二の丸付近までの複合的な郭が形成されたと考えられる。慶長五年（一六〇〇）の関ヶ原合戦で徳川家康に味方した功績により、最上義光は庄内《しょうない》と由利《ゆり》地方を加増され五七万石を領有するが、最上氏は加増に見合った居城の整備を進め、三の丸や城下町が形成された。

元和八年（一六二二）、最上氏は義光の孫の家信《いえのぶ》の代に改易され、跡に譜代大名の鳥居《とりい》氏が入部する。このとき、城請取り役の永井直勝《ながいなおかつ》が城郭の破損箇所が多い旨を報告したところ、幕府が直接城郭の修復にあたっている。また、鳥居氏も独自に修復を行った。この改修で、本丸・二の丸の郭が最上氏時代より外側に拡張されている。ここで形成された基本的な縄張が、江戸時代を通じて維持されることとなる。現在、二の丸の堀・土塁《どるい》が現存しているが、これはこの時の改修をへた姿である。本丸堀・土塁は、明治二十九年（一八九六）に陸軍歩兵第三二連隊が入部した際に更地にされ現存していなかったが、現在行われている整備事業に伴って徐々に復原されている。

【発掘調査の成果】 中世段階の山形城の姿は不明な点が多いが、発掘調査により少しずつ明らかになりつつある。二の丸地内の発掘調査で、幅一三・六㍍の堀が検出された。出土遺物や遺構の切りあいから、一六世紀後半頃の遺構と考えられる。ごく一部が確認されたのみであり全体の形状は不明であるが、規模の大きい区画があったことは確実である。この堀は、中世山形城の中心施設は未検出であるものの、前述した「探題御所」を取り囲む方形館の一部であると考えられる。いっぽう、三の丸地内では、幅が三〜六㍍の方形館が複数検出された。出土遺物からこれも一六世紀後半と考えられる。二の丸地内でみつかった大規模な溝と比較すると小規模であるので、最上氏の家臣の居所であると想定される。ただし、この時代は家臣でも自らの居城を有しているので、江戸時代のように常に城下町に集住しているわけではない。室町時代の史料によると最上氏は鎌倉の鎌倉公方《かまくらくぼう》に伺候《しこう》することがあり、鎌倉近隣の長尾という地に館を有していたので「長尾殿」と呼称されていた。このような鎌倉公方と最上氏の関係と、最上氏と家臣らの関係は類似していたと思われる。三の丸地内の方形館は、自らの居城から山形城に伺候する際の家臣の宿館であろう。

天正十八年奥羽仕置以後の改修により、近世城郭へと変貌していく。瓦・礎石建物・高石垣が近世城郭の構成要素とされるが、先に瓦と礎石建物が導入されていく。この時期の瓦は、軒丸瓦が山文を、軒平瓦が宝珠文をモチーフにすること

●—宝珠文軒平瓦（山形市教育委員会提供）

●—山文軒丸瓦（山形市教育委員会提供）

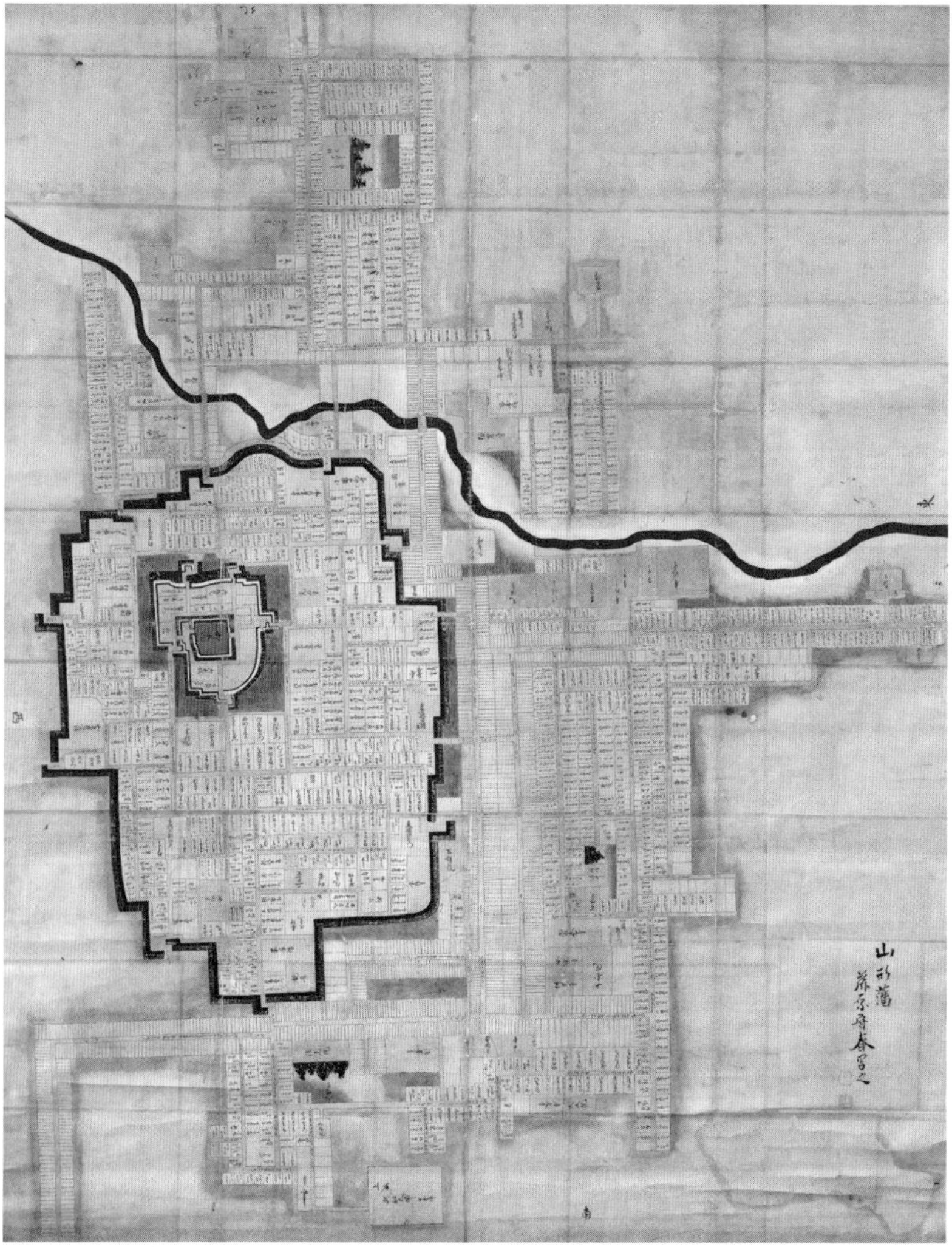

●—最上家在城諸家中町割図（山形県立図書館所蔵）

が特徴である。奥羽仕置の翌天正十九年には、早くも最上義光は京都における豊臣秀吉の公邸である聚楽第《じゅらくだい》の城下町に屋敷の建設を進めている。この最上屋敷の推定地から、山形城の出土瓦と類似する山文軒丸瓦が出土しており、山形城の瓦のルーツは京都など畿内であると考えられる。また、本丸御殿跡から礎石建物が検出されている。山形城の調査で中世段階の礎石建物は確認されておらず、近世城郭の一つの要素である。

いっぽう、高石垣は元和八年以降の改修により初めて構築される。二の丸の城門には石垣が現存しているが、このような石垣は最上氏時代に遡るものは確認されていない。瓦・礎石建物が先行し、高石垣が遅れて導入されるのが山形城の特徴である。

【近世初頭の城絵図】 近世初頭、最上氏時代の城絵図は写本を含めると相当数現存しているが、最も資料的価値が高いとされるものの一つが「藤原守春本」である。写本した「藤原守春」なる人物の署名があり、元和八年最上氏改易の際の引継のために作成されたと考えられている。これによると、本丸には城門が二カ所、二の丸に五カ所、三の丸に一一カ所設けられている。本丸には「御本丸」の記載があるのみだが、御殿があったと考えられる。二の丸には、四名の家臣のほか「御横目衆《およこめしゅう》」「御厩《みうまや》」「御中館」「西仙」などの施設が所在する。「御横目衆」とは、元和三年（一六一七）に最上家信がわずか一二歳で家督を継ぐが、家臣の不和があったため、家臣を監視する目的で幕府が派遣した目付衆の宿所である。三の丸は、若干の寺社があるほかは上層から中層クラスの家臣屋敷が広がっている。大身の家臣の屋敷が二の丸および三の丸の城門付近に配置され、守りを固めているのが特徴である。城下町は三の丸の南から東を通り北に抜ける羽州街道沿いに形成されている。五七万石の領国を有する最上氏は家臣数が多く、三の丸に入れない下層クラスの家臣がここに屋敷を構えているほか、商工業者が集住していた。

【参考文献】 山形県立博物館友の会編『私たちの宝物―山形城下絵図―』（山形県立博物館友の会、二〇一三）、山形市教育委員会『双葉町遺跡（山形城三の丸跡）発掘調査報告書 縄文時代～中世編』（山形市、二〇〇五）、山形市教育委員会『史跡山形城跡本丸（東・南）堀・土塁跡発掘調査報告書』（山形市、二〇一一）

（齋藤　仁）

●『長谷堂合戦図屏風』に描かれた名城

長《は》谷《せ》堂《どう》城《じょう》

〔所在地〕山形市長谷堂字館山
〔比　高〕一〇〇メートル
〔分　類〕山城
〔年　代〕一五～一七世紀前半
〔城　主〕伊達家臣小梁川氏、最上家臣の志村氏・坂氏
〔交通アクセス〕ＪＲ奥羽本線「蔵王駅」下車、徒歩二五分。

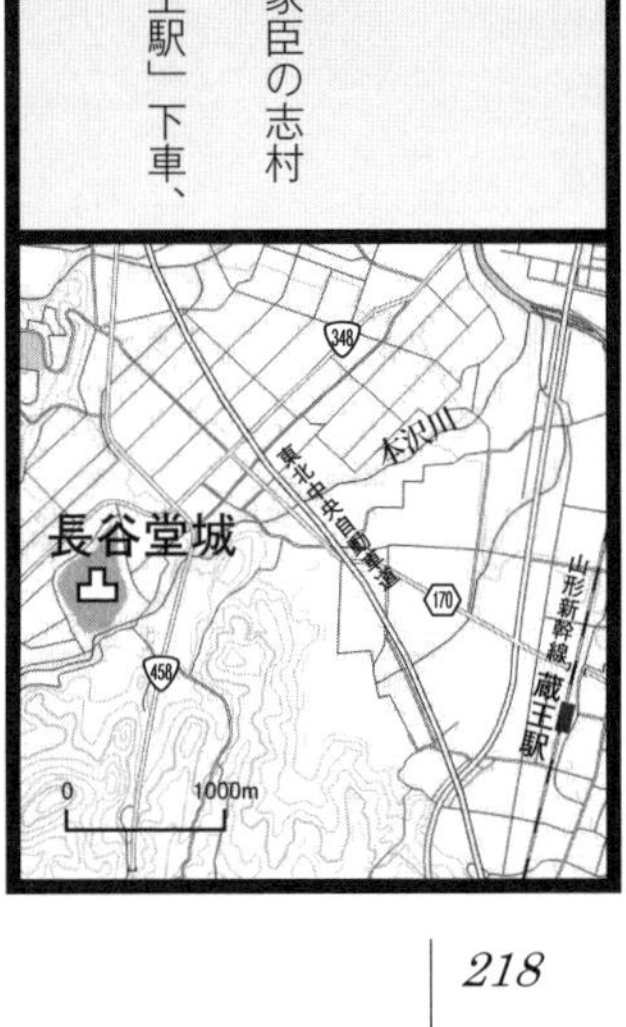

【合戦の舞台】 慶長五年（一六〇〇）大坂軍と関東軍とが戦った関ヶ原の合戦をめぐって、九州や東北でも戦が行われた。〝北の関ヶ原〟といわれる長谷堂合戦（出羽合戦）があったのが、この長谷堂城である。

慶長四年閏三月前田利家が死去すると、五大老のトップに立ったのが徳川家康である。これに反発したのが上杉景勝《うえすぎかげかつ》である。景勝は慶長三年正月に越後春日山《かすがやま》城から会津若松《あいづわかまつ》城に転封《てんぽう》となり、一二〇万石の大大名となっていた。家康は景勝に対して慶長五年四月一日相国寺《しょうこくじ》西笑承兌《さいしょうじょうたい》の八ヵ条にわたる書状を遣わして入洛を促したが、四月十四日付けで一五ヵ条にわたる返事を出し、上洛拒否を明言する。これを直江《なおえ》状《じょう》という。六月家康は上杉領を六口から攻め入る決定をして、七月奥羽の諸将にも出陣を命じる。最上口の総大将になったのが、最上義光《もがみよしあき》である。

家康は七月二十一日に江戸を発ち、二十四日に小山に着陣した。ここで石田三成・大谷吉継らが挙兵したと報が入り、二十五日いわゆる小山評定《おやまひょうじょう》を行い、各方面へ画策を行う。家康は八月四日に小山を発ち、江戸に帰陣した。上杉勢は、家康の西上によって白河《しらかわ》口が安全であることを確認したうえで、九月八日と九日に分けて直江兼続《なおえかねつぐ》を総大将とする約二万の大軍をもって、米沢から長井《ながい》・白鷹《しらたか》・五百川《いもがわ》を経て最上領へと侵攻する。九月十三日畑谷《はたや》城を落城させた後に長谷堂城に向けて進軍し、真向かいに位置する菅沢《すげざわ》に付城として本陣を構える。約半月間、志村《しむら》伊豆守光安《あきやす》らが楯籠もる長谷

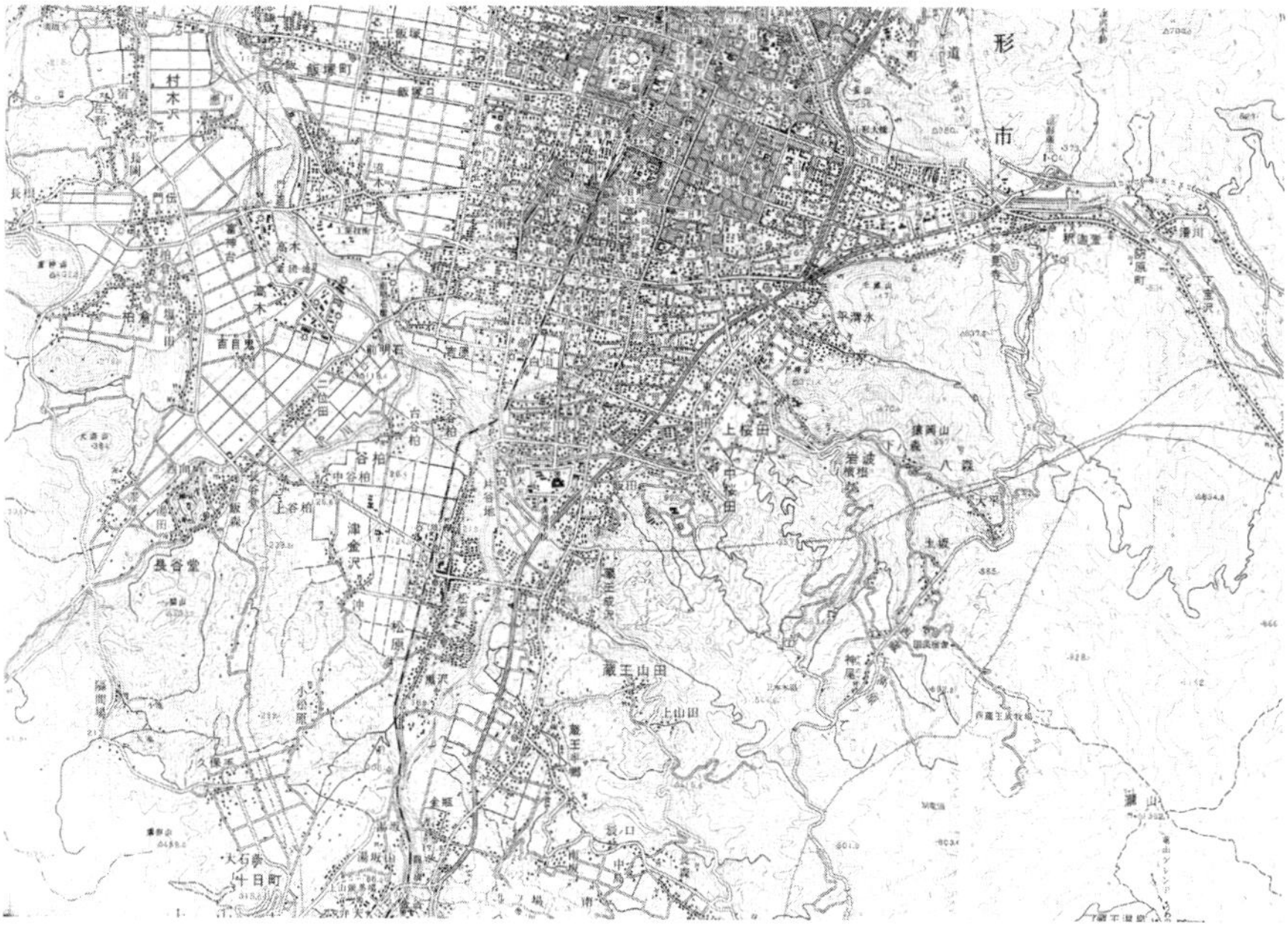

●—長谷堂城周辺図

堂城と対峙することになる。

【合戦図屏風】　この合戦の様子は、江戸時代の中期、秋田の戸部《とべ》一憨斎《いっかんさい》正直《まさなお》が描いたといわれる『長谷堂合戦図屏風』に描き出されている。右隻には、右側に長谷堂城主志村伊豆守・成沢道忠《なりさわどうちゅう》らの出陣の姿、左側に直江兼続・色部《いろべ》修理亮ら上杉軍の精鋭が見え、左隻には、右側に追撃する氏家《うじいえ》尾張守・延沢《のべさわ》能登守・坂《さか》紀伊守・山辺《やまのべ》右衛門ら、落馬する軍師喜《き》叶斎《うんさい》、赤い母衣《ほろ》を身につけて鉄製指揮棒で猛追する最上義光、左側には退却する上杉軍、鉄砲隊を指揮して迎撃する直江兼続らの姿が見える。戸部は『奥羽永慶軍記《おううえいけいぐんき》』(元禄十一年著)の作者でもある。

　長谷堂城城門扉が山形大学附属博物館に常設展示されている。

【長谷堂城の位置】　本城は山形から白鷹丘陵を越えて荒砥《あらと》・長井および宮内《みやうち》に到る小滝《こたき》街道と、南進して久保手《くぼて》をへて上山に到る古道が交差する交通上の要衝に位置している。

　延文五年(一三六〇)斯波兼頼《しばかねより》が羽州管領《うしゅうかんれい》として山形に入部するが、その後、彼の子孫は内陸部の各地に盤踞していく。一族は天童・黒川・高擶《たかだま》・蟹沢・泉出・上山・東根・鷹《たか》巣《のす》・清水・大窪《おおくぼ》・楯岡《たておか》・中野等を名乗っているところから、最上氏の勢力が次第に現在の村山・最上地域までにもおよんでいることがわかる。

しかし、その権力構造はいまだ脆弱なもので、最上一族や譜代・外様の国人《こくじん》領主との間に強固な主従関係をつくりあげてはいなかった。この最上氏の弱点を突いてきたのが、境を接する伊達氏である。最上氏九代義定《よしさだ》の時代、永正十一年(一五一四)二月、伊達《だて》稙宗《たねむね》は長谷堂・上山両城を攻撃し、奪取してしまう(『伊達正統世次考』)。一〇〇〇余人が討ち死にするほどの激戦であったが、この後長谷堂城には伊達家臣小梁川《こやながわ》中務親朝が城将として配され、山形城に拠る義定を牽制し圧力をかけてきた。翌十二年には両氏は和睦《わぼく》し、稙宗の妹が義定《よしさだ》の妻として最上家に嫁し、両家間に平和が戻った。

このように長谷堂城は、本城山形城の西側の支城、境《さかい》目《め》の城として重要な位置を占めている。

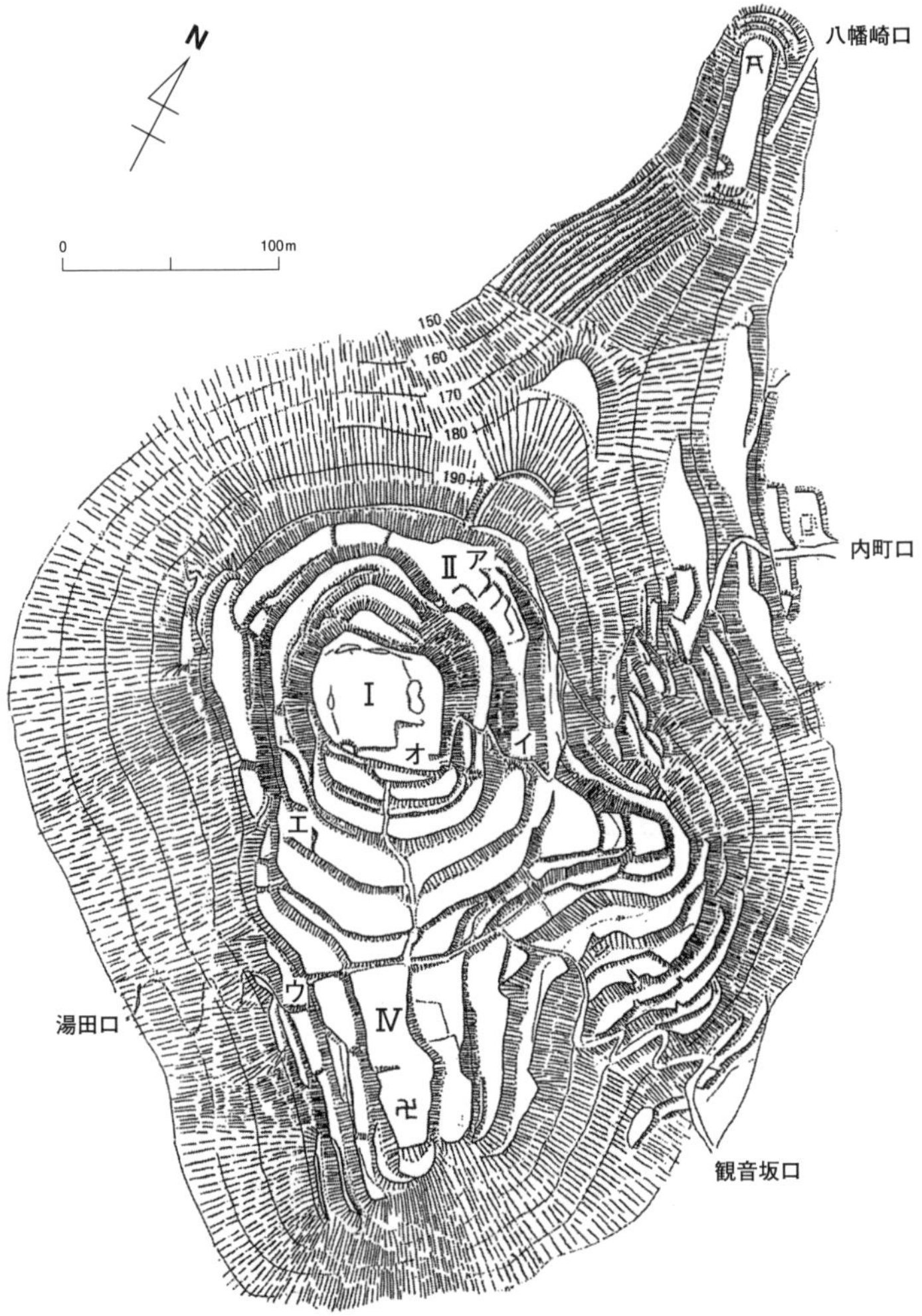

●―長谷堂城縄張図(『山形県中世城館遺跡調査報告書』第2集)

【遺構の概観】 この城山の麓には、かつて上幅九メートル・高さ五メートルの土塁《どるい》と外側に水堀が山城全体を囲繞し(一部は本沢川《もとさわがわ》が水堀の役割を担っていた)、東側の内町《うちまち》には居館があったと考えられ、その内町には堀がめぐらされ、二重堀となって総《そう》構《かまえ》の構造となっていた。

縄張図に見るように、主郭《しゅかく》は郭Ⅰで、郭Ⅱを中心に強固な防衛機能が形成されている。内町口・八幡崎《はちまんざき》口・湯田《ゆだ》口・観《かん》音坂《のんざか》口の四つの入り口があり、内町口と観音坂口は麓から郭が連続する。大手口である内町口から郭Ⅱに入る地点に、桝《ます》形虎口《がたこぐち》アと横矢《よこや》がかかる虎口イが造られている。八幡崎口を登ると現在八幡神社が建つ西斜面に一二段の帯郭《おびくるわ》がつくられている。これは慶長五年の合戦の際に、上杉軍が北方約一キロの菅沢の山に付城を急造して長谷堂城に籠もる最上軍ににらみをきかせたのに対する構えとして鉄砲隊などを配置するために、こちらも急遽造成したものであろう。ここから尾根伝いに主郭の方に進むと郭Ⅱに到る。

いっぽう、西側湯田から登っていくと、虎口ウが設けられていて、道は二回ほどつづら折りとなって郭Ⅳに到る。郭Ⅳには最上三十三観音の一二番札所《ふだしょ》長谷堂観音が建つ。この郭Ⅳの西南端には二重の横堀が造られている。ここから上部に登っていくと、郭Ⅱと同じ高さの郭に登らせないために、横矢がかかる虎口エが設けられている。城山の西斜面は、ぶどう園の造成のために削平されてしまい、詳細な構造はわからない。主郭Ⅰは南北約五五メートル・東西約六〇メートルで、現在稲荷神社が建つ地点に小規模な桝形虎口オが造られている。

長谷堂城は、主郭Ⅰを頂点とした一極集中の構造となる最上氏城郭を代表する城郭である。なお、最上三十三観音霊場は天正十八年（一五九〇）の奥羽仕置《おううしおき》以後に成立したと考えられるが、平和時には郭Ⅳまで参詣者のために解放しておくが（軍事機密を護るためにも郭Ⅳより上には登らせない）、合戦時には参詣《さんけい》口を閉鎖して戦に備えるという形で、軍事施設と霊場を併存・共存させたものと思われる。

【参考文献】山形県教育委員会『山形県中世城館遺跡調査報告書』第二集（一九九六）、保角里志『南出羽の城』（高志書院、二〇〇六）

（伊藤清郎）

●県内最大規模の山城

天《てん》童《どう》古《こ》城《じょう》

〔所在地〕天童市城山
〔比　高〕一三〇メートル
〔分　類〕山城
〔年　代〕一五〜一六世紀
〔城　主〕天童氏
〔交通アクセス〕ＪＲ奥羽本線（山形新幹線）「天童駅」下車、徒歩一五分。

【天童古城の沿革】　天童古城は江戸時代後期に織田氏によって営まれた「天童館」と区別するために、戦国期までの舞鶴山を中心とした山城を指している。初めてこの山城に拠ったのは南北朝時代の南朝方の北畠天童丸といわれる。「浪岡北畠氏系図」の終わりの条に「羽州天童城ニ居ル、立石《りっしゃく》寺別《べつ》当職《とうしき》奥秀《おうしゅう》法印《ほういん》卜図リ志士ヲ糾合シ、王家の再興ニ力ヲ尽シタトモ不成《ならず》、応永始メ天童城ヲ棄《す》テ山寺ニ至ル、終ル所ヲ知不」とする。羽州《うしゅう》探題《たんだい》として入部した斯波《しば》氏（後の最上氏）以後、南朝の勢力は衰えた。その後、兼頼《かねより》の孫の頼直《よりなお》、地頭の里見氏の養子となり、天授元年（一三七五）に天童古城に入り、天童氏を名のった。

しばらく平和な時代がつづいたが、天童氏の宗家山形最上氏の内紛に乗じて伊達《だて》稙宗《たねむね》は永正十一年（一五一四）と永正十四年に村山地方の奥まで侵攻し、天童古城の近くでも壮烈な戦いがあったが、天童古城は堅固で攻めあぐんだ。八代城主の天童頼長《よりなが》は、山寺立石寺衆徒が伊達に加勢したことを理由に、成生《なりゅう》十郎とともに大永元年（一五二一）山寺立石寺を攻め一山を焼き打ち灰燼《かいじん》に帰した。

結局伊達氏は、天童氏を中心とする最上八楯の果敢な抵抗により領国化はできなかった。最上義光《よしあき》は、父の義守《よしもり》との関係は良好でなく、弟の義時《よしとき》を後継者にしようとしたことから、義光対義守、義時の内紛となり、天正二年（一五七四）に義守の要請により伊達輝宗《てるむね》が介入し、義光に不満をもつ天童など国人《こくじん》・土豪らが蜂起して戦闘状態に入った。途中和睦が進められることはあったが、天正十二年に、領国化を進める最上義光と反義光の最上八楯と国人・土豪ら連合勢力による天童古城周辺で戦端《せんたん》が開かれた。ところが義光方の巧みな懐柔策により、合戦の最中に八楯の有力メンバーである延沢氏や成生氏が天童氏を離れ、最上方になり、そのため八楯の団結は破れ、十月十日に難攻不落の天童古城も落城し、城主天童頼久《よりひさ》は母方の多賀城国分氏のもとに落ちのびた。

●—天正 12 年天童合戦の古戦場から望む天童古城

ところが翌天正十三年一月に天童北部の浅岡大炊之介や滝口兵部らは、天童氏の再興を目ざして蜂起したが、滝口の中堀館で一〇〇余名が討死し、天童合戦は終息した。その後最上義光によって天童古城の主郭《しゅかく》に、勝軍地蔵を祀る愛宕神社が創建され、慶長七年（一六〇二）には山城の破却が行われた。

【天童古城の構造】 山頂は主郭のあった場所で、いま愛宕神社がある。標高二四一・八メートル、比高一三〇メートルで北東から南西へのびる長円径の一二〇メートルと八〇メートルの平坦面を形成する。北東側に愛宕神社が建っているが、その北側に高く削り出した場所があり、櫓台《やぐらだい》と考えられる。その周囲は二・三段の帯郭《おびくるわ》がとり巻き、急な切岸《きりぎし》によって囲まれる。いま神社の階段のある辺りも帯郭があった。帯郭は南と西の峯に拡がり、南は天童神社（北畠天童丸が拠ったところといわれる）まで拡がり、さらに西の部分は途中で北側に向きを変え八段にわたって段状に連なり、いま通路となっている中央郭（見晴らし台）で、主郭からのびる郭群と高い崖で遮断される。

中央郭はいま舞鶴山公園公園の中心部で、古城のなかではもっとも広い平坦地を形成し、駐車場・芝生の広場・花壇や人間将棋《にんげんしょうぎ》を行う場所があり、観覧席になっているスタンドは段状に郭が連なっていた。その上にさらに広場があり、山形盆地の北部を一望に見下ろすことができ、西側に目を転ずると月山《がっさん》や葉山など北流する最上川のかなたに悠然とそびえる。中央郭の下の平場は、天童氏譜代《ふだい》の家臣小幡山城守、上は小松山城守の居館とされている。今は公園造成のため改変されているが、古城があった頃の面影は随所にうかがうことができる。

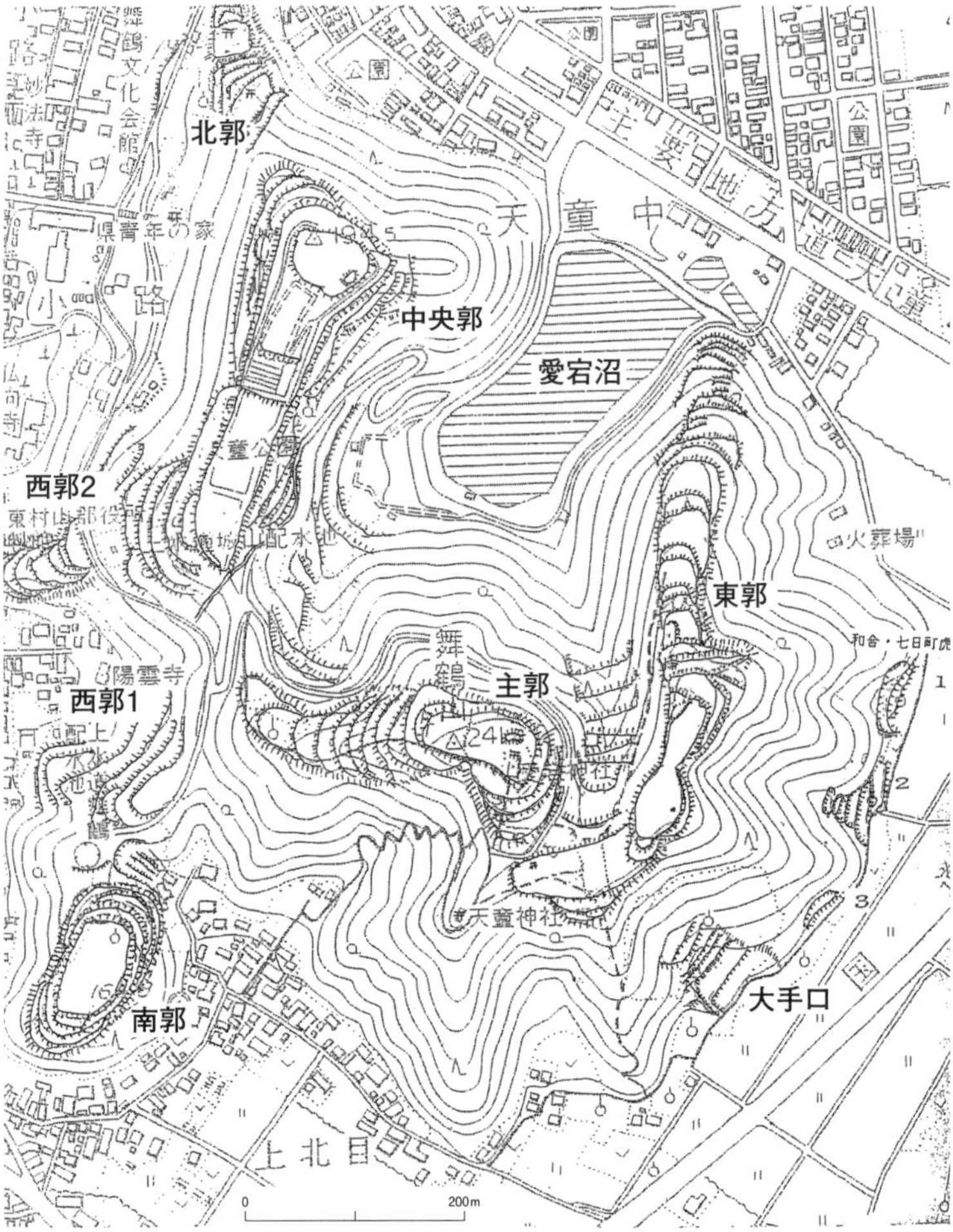

●—天童古城縄張図

この山の四方に張出した峯の上には、北郭・西郭・南郭などの郭群が整然とのこっており、それぞれ多重多段の帯郭がめぐり、見事な郭群を展開する。まず北郭は北の舞鶴宮を中心に、喜太郎稲荷神社の北まで比較的低い帯郭群が連続する。西郭は東村山資料館や仏向寺辺りから、南の陽雲寺の裏山にかけて五メートル以上の切岸をもつ郭群が連なる。南郭は城山の南側に突き出した丘陵で、北目集落の背後に位置し、頂部は標高一六四・五メートルで、隅丸方形《すみまるほうけい》のプランをもち、その下に二・三段の帯郭がめぐり、南側の集落を控えたあたりは四・五段の帯郭と切岸が連続し、やはり天童氏下の八森石見守の居館と伝えられる。

東郭は幕末に築堤された愛宕沼の東側の丘陵で、平地部から山頂部にかけて見事な郭群が階段状に連なり、春先には連続する帯郭群を望見することができる。この東郭群は天童古城の往時の姿をもっとも伝えていることから、天童市教育委員会ではここ三年間発掘調査を実施し、二〇一四年は山頂部の向館《むかいたて》と称する大鼓《たいこ》櫓《やぐら》のあったと伝えられる周辺を発掘した。櫓のあった場所からは岩盤の上に建った柱穴や掘立柱を検出し、また周辺の平場からは二間×三間や二間四方の柱穴など小屋か倉庫風の建物跡を発見した。またこの平坦地周辺は、柵によって囲まれている様相も把握することができた。

●—南郭の多重多段の帯郭群

　このように天童古城は城山全体に拡がり、南北一・二キロ、東西一キロに及ぶ県内ではもっとも規模の大きな山城であった。落城の際もこの城内で戦った形跡はない。天童合戦の際も城の南側の平地が戦場であった。

【天童に関連する城館】 天童古城があった頃、天童市には平地部に南から寺津城・高楯城、倉津城・成主城などがあり、複郭《ふくかく》の濠で囲まれた一町四方の平城であるが、主に国人領主の城館であり、天童合戦の折は、結束が乱れおおむね天童氏を離れ最上方につくものが多かった。

　翌年浅岡や滝口など北部の土豪衆の蜂起があったが、彼らの浅岡の館や中堀の館も現存している。またこれらの蜂起に備えて最上方で新たに造った城がいくつか残っており、天童古城に並んでいる八幡山・越王山など、また下郷衆の本拠地に近い天童市先に最上方の重臣小山家師時を配置した小山家《こやんべ》城、また貫津地区にある新城山など堅固な山城を短期間で造り上げた。最上方の次なる合戦に備えた周到な準備を察知することができる。

【参考文献】『天童氏と天童古城』（天童市立旧東村山郡役所資料館、二〇〇五）

（川崎利夫）

●最上川舟運を抑える水陸要衝の城

左《あて》沢《らざわ》楯《たて》山《やま》城《じょう》

〔国指定史跡〕

〔所在地〕大江町字楯山
〔比　高〕一一〇メートル
〔分　類〕山城
〔年　代〕一四～一七世紀前半
〔城　主〕左沢氏、最上氏
〔交通アクセス〕ＪＲ左沢線「左沢駅」下車、徒歩二五分。

【左沢楯山城の位置】　この城は北から突き出た稲沢丘陵上に立地する。標高二二一メートルの左沢楯山八幡座《はちまんざ》を中核に東西一・七キロ、南北〇・八キロにわたる大規模な山城である。南は最上川・前田川、東・北は桧沢《ひのきざわ》で区切られ、西は天神越《てんじんごえ》道・弁《べん》財天越《ざいてんごえ》道に通じる堀切で画されている。最上川の河岸《かし》と町場、さらに元屋敷《もとやしき》付近に存在したと考えられる居館と山城とが一体となっている。最上川はここで大きく東へ向きを変えている。日本一公園から見る最上川や白鷹《しらたか》の峰々の眺望は、実にすばらしい。

　左沢は、寒河江《さがえ》慈恩寺《じおんじ》方面の北道と、月布川《つきぬのがわ》流域方面の西道、朝日町玉井方面の南道とが合流する場所で、陸上交通の要衝の地でもある。

【左沢楯山城の歴史】　この城は、舟運と河岸をおさえる城郭として大江《おおえ》一族の左沢《あてらざわ》氏によって南北朝期に築かれ、天正十二年（一五八四）大江寒河江氏が最上家に滅ぼされた以降は最上氏の境目の城として位置づけられていた。最上川舟運との関連で築城された城郭としては、名木沢《なぎさわ》城（尾花沢市）、清水城（大蔵村）、砂越《さごし》城（酒田市）などがあげられる。

　この城は増築の変遷をたどることができ、千畳敷《せんじょうじき》（南北朝期）→鉄砲場《てっぽうば》・八幡平《はちまんたいら》（室町期）→八幡座《はちまんざ》・寺屋敷（戦国期）→裏山《うらやま》（近世初期）という時代をへて築城・拡大されていったものと想定される。したがってこの城郭は、大江一族の左沢氏時代と最上氏時代と大きく区分されることになる。左沢氏時代には、南朝方であったこともあって、正平二十三

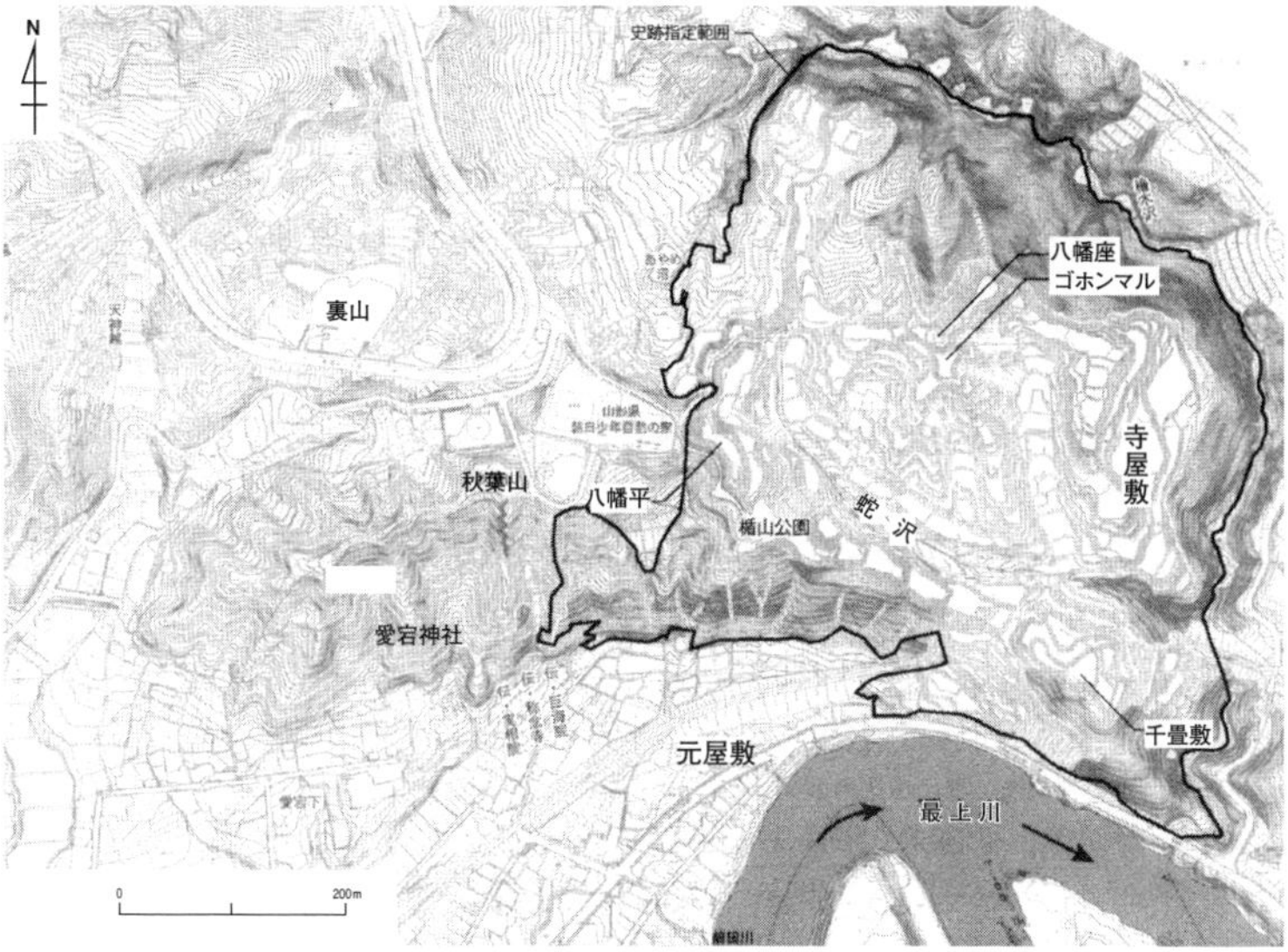

●―左沢楯山城縄張図（『左沢楯山城跡発掘調査報告書（9）より転載，史跡範囲・地名を加筆』）

年（一三六八）漆川《うるしがわ》の戦いで大江時信《ときのぶ》・左沢元時《もととき》ら一類六三名が自刃し、永正十一年（一五一四）長谷堂の戦で最上勢とともに左沢政周《まさちか》が伊達稙宗《だてたねむね》と戦って討ち死にしている。

最上領になってからになるが、『最上義光分限帳』には「左沢　一、高弐千三百石　長尾右衛門」とあり、『最上家中分限帳』にも「一、弐千三百石　左沢城　長尾右衛門」とあって、長尾氏が領知しているが、白岩との比較でも石高が少ないので、残るところは直轄地になっていたのであろう。

元和八年（一六二二）最上氏が改易されると左沢楯山城も廃城となるが、その後左沢藩が成立すると藩主酒井直次は小《こ》漆川《うるしがわ》城を築城し、城下町を造営した。現在も内町・横町・御免町《ごめんまち》という地名が残っている。河岸集落に起源をもつ原町《はらまち》という地名もあり、一七世紀後半には米沢藩の舟屋敷《ふなやしき》が設置され、中・下流に適した比較的大型の艜船《ひらたぶね》から上流の航行に適した比較的小型の小鵜飼船《こうかいぶね》へと荷の積み替えが行われ、流通・往来の要衝として町場が栄えた。この地区は現在、国の重要文化的景観に指定されている。

【遺構の概観】　最上川舟運を抑えるにふさわしく、最上川に向けて千畳敷の斜面東側に竪土塁《たてどるい》・竪堀《たてぼり》四本、八幡平南斜面に数本の竪堀が築かれ、最上川を航行する者に対して威嚇する構図になっている。

主郭は八幡座地区で、櫓《やぐら》跡と思われる建物、二段下がったゴホンマルと称される郭には庇《ひさし》のついた掘立柱《ほったてばしら》建物、主《しゅ》郭《かく》の北東に位置し、尾根伝いに下っていくと寺屋敷《てらやしき》地区がある。ここでは掘立柱建物・池状遺構などが見つかり、苑地《えんち》を有する寺院と見られ、迎賓《げいひん》施設と考えられている巨海院《こかいいん》があったと伝えられる（『巨海院縁起書』）。また一段下の城内で一番広い面積をもつ郭は、城下の民衆が逃げ込む避難場所と見られる。八幡座地区には、素堀の井戸跡が何ヵ所か見つかっている。

蛇沢《へびざわ》を挟んで八幡平・鉄砲場・千畳敷の郭が存在する。八幡平は主郭から八幡神を移した場所であると伝えられる。この地区には、掘立柱建物跡・塀跡が見つかっている。八幡座に次いで高いところで、防御施設と物見場所的な地区と考えられる。八幡平南斜面麓には、波切《なみきり》不動尊・巨海院・称念寺・実相院が置かれていたといわれる。現在の少年自然の家をへて西外れには、愛宕《あたご》神社・秋葉《あきば》神社が祀られていて、この地区には防御施設は築かれていない。この八幡平から八幡座へ行くには、急坂を下って土橋《どばし》を通り、小規模な郭にいたり（ここからは月山《がっさん》や盆地への眺望が広がり、感嘆する）、さらに少し下ると蛇沢からの道と合流してから八幡座方面へ登っていくと、矢竹《やたけ》が繁茂するところをへて、ゴホンマルと呼ばれる郭にとりつき、まもなく主郭に到る。

さて鉄砲場はやや広い郭を連続させた先端に位置し、呼称からも鉄砲を主にした防衛施設と考えられる。千畳敷は、掘立柱建物跡・塀跡・竪穴状遺構が見つかっている。倉庫も加えた防御施設と考えられる。蛇沢は防備にもなり、同寺に通路にもなったと思われるが、平野山↓桧沢↓蛇沢↓堀底道《ほりぞこみち》↓南斜面↓居館地区へと到る通路が造られ、鉄砲場と千手敷の間を通って、居館のあった元屋敷《もとやしき》方面につながっていく。

縄張全体では、土塁がなく、腰郭《こしくるわ》が連続する構造で、城郭の真ん中を道が通るという特色を持つ。

出土品は、珠洲《すず》系陶器、灯明皿《とうみょうざら》、香炉や盤などの青磁、古伊万里などの肥前系陶器、中国製青磁、かわらけ、角釘《かくくぎ》などの鉄製品、等が見つかっている。中心を占めるのは、一六世紀から一七世紀にかけてのものである。

裏山地区は、慶長五年（一六〇〇）の〝北の関ヶ原合戦〟の際にむけて急ごしらえしたように見受けられ、未完成の部分もある。慶長五年の上杉との合戦の際には、最上側の作戦もあって容易に落城したものと思われる。

（伊藤清郎）

【参考文献】山形県教育委員会『山形県中世城館遺跡調査報告書』第二集（一九九六）、大江町教育委員会『左沢楯山城跡』（二〇〇九）

●広大な堤堀群が囲む地域中枢の城

東《ひがし》根《ね》城《じょう》

〈所在地〉東根市本丸・小楯・西楯等
〈比　高〉約一〇メートル
〈分　類〉平山城
〈年　代〉一五～一七世紀前半
〈城　主〉東根氏、里見氏
〈交通アクセス〉ＪＲ奥羽本線「東根駅」下車、徒歩三〇分。

【文化財の宝庫】　東根城本丸に、国特別天然記念物「大けやき」がそびえる。樹齢およそ一五〇〇年以上、幹まわり一六メートルの名実ともに日本一の大けやきである。本丸跡の北西、龍興寺《りゅうこうじ》沼ほとりには県文化財「普光寺《ふこうじ》の梵鐘《ぼんしょう》」がある。小《お》田嶋長義《だしまながよし》が正平十一年（一三五六）に寄進した山形県第二位の古鐘で、「羽州中央小田嶋荘東根」の意気盛んな文字がみえる。小田嶋長義は、鎌倉御家人の名族「中条氏」の流れをくむ南朝方の武将であった。

　そして、東根城二の丸跡北東には若宮八幡神社がある。ここには、正平二年鎌倉鶴岡八幡宮の神主三浦為澄《ためずみ》が兵火をのがれくだったとき持参したという県文化財の「神輿《みこし》」があり、鎌倉期の古式様式をもつと評価される。さらに、東根城東方の名刹薬師寺には東根市宝「薬師如来座像」が安置されている。金箔の桧寄木造《ひのきよせぎづく》りの平安期仏像で、慶長六年（一六〇一）最上義光《よしあき》が仙北《せんぼく》小野寺攻めの戦利品を寺に納めたと縁起にある。

　このように東根城あたりは、国・県・市文化財をはじめ、東根城主「里見景佐《さとみかげより》」墓塔の五輪塔や板碑《いたび》、六面幢などの石造文化財が立つ文化財の宝庫である。

【特徴的な堤堀群】　元和八年（一六二二）、最上氏改易にともない鳥居氏が領主となり山形城にはいった。そのとき東根城は一国一城令のもと廃城となる運命にあったが、伊達氏謀反に備えるために延沢城とともに番城《ばんじょう》として存続され、廃城は寛文七年（一六六七）であった（寛文七年「野辺沢城記」

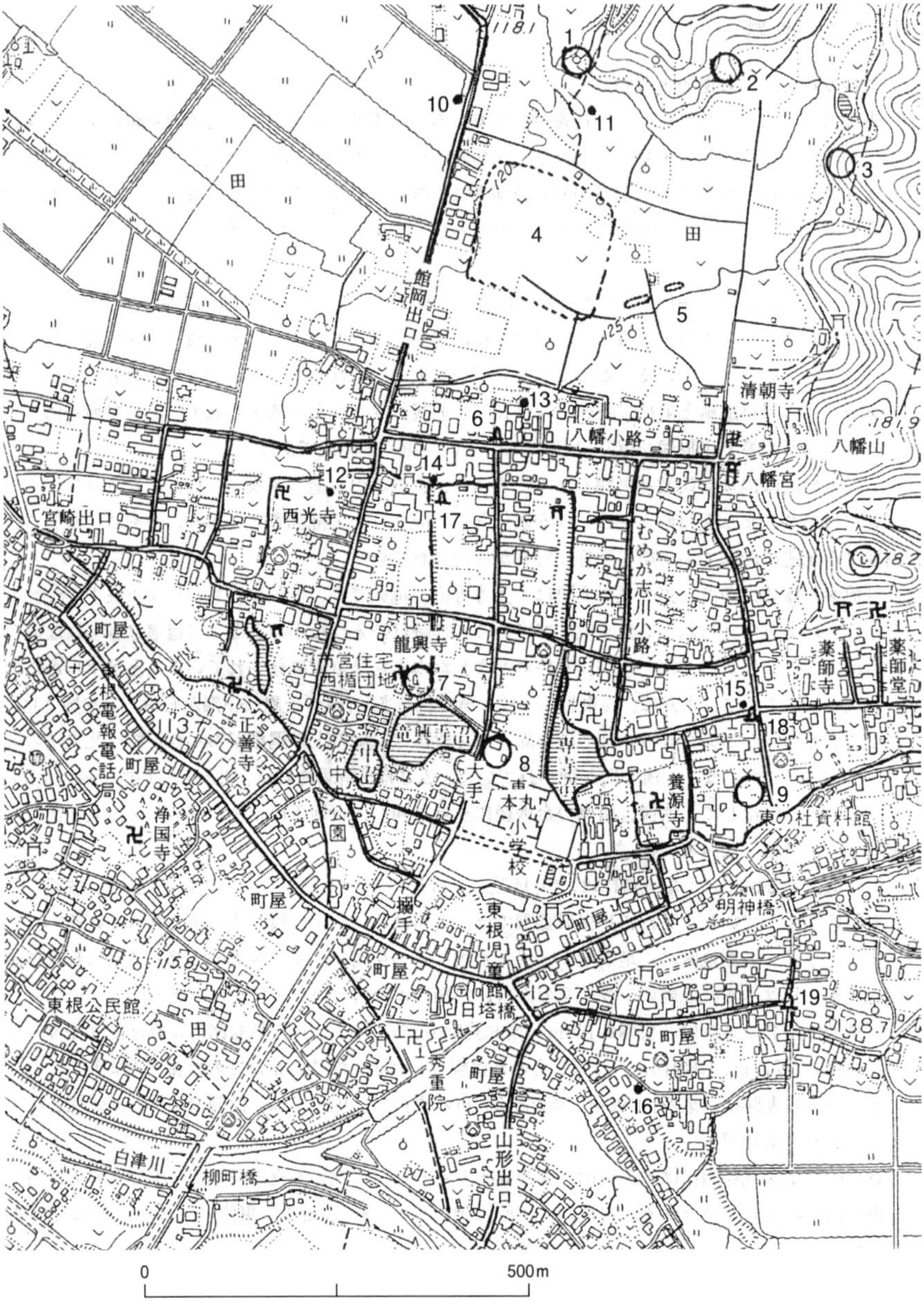

●—東根城跡と周辺の遺跡・遺物等（県道神町長瀞線開通以前．なお，注記は「正保城絵図」による）

1. 五輪塔出土地　2. 光明寺廃寺跡　3. 光明寺経塚　4. 北の宿遺跡（平安時代）　5. 東根城外郭土塁跡　6. 六面幢旧地　7. 普光寺の梵鐘　8. 国指定特別天然記念物「大ケヤキ」　9. 里見景佐の墓碑　10. 泉（かなすず）　11, 12. 泉　13. 泉（おなごろうすず）　14. 泉（貴船のすず）　15. 泉（梅ヶ枝すず）　16. 泉（犬千代すず）　17～19. 板碑

『尾花沢市史資料第九輯』一九八五)。したがって、城の機能は元和八年に終わったが偶然に正保城絵図「東根城」が作成され、その後わずかで廃城となり、現在の遺構はまさに正保城

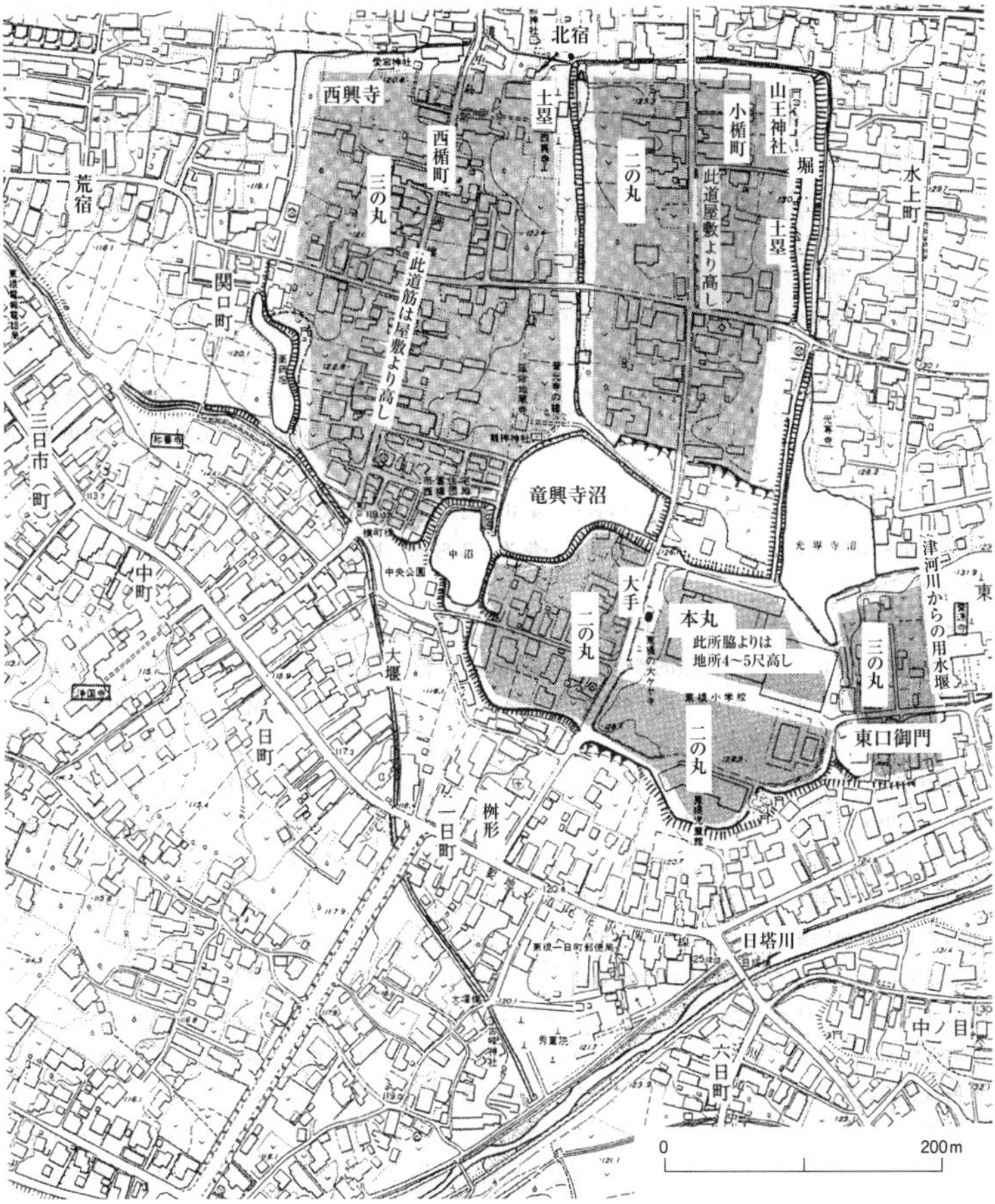

●—東根城跡の概略図（県道神町長瀞線開通以前．なお，注記は「羽州最上東根図」による）

絵図のとおりである。くわえて、里見家遺臣が江戸中期に作成したとされる「羽州最上東根図」には、東根城跡が詳しくえがかれ呼び名がある（両絵図は『東根市史編集資料第八号』一九八〇に収録）。このように、東根城は元和年間の城最後の姿と呼び名のわかる山形でも稀有の城といえよう。

それでは、現地の遺構をみてみよう。

東根城は、白水川と日塔川の河岸段丘上の、沢が東に入り込む舌状台地上に本丸などの中枢部、北方台地に副次的な郭があった。特徴的な遺構は、中枢部をまもるべく沢に堤をきずいた広大な水堀「堤堀《つつみぼり》」である。堤堀は本丸北側に連続してあり、光専《こうせん》寺《じ》沼、龍興寺沼、中沼となりほとんどが今も残る。その北方台地には二の丸と三の丸があったが、二の丸北東角の鬼門におかれた山王神社のあたりには、大規模な土塁《どるい》が連続し水堀も原形を残している。また、二の丸北西角の土塁上には、稲荷神社が

あり小板碑《しょういたび》がたつ。二の丸西側の三の丸には、南西部に土塁と水堀が現存する。薬研堀《やげんぼり》と呼ぶ水堀は空堀《からぼり》となっていたが、近年、地域の熱意で水堀として再生した。このように、東根城跡には各所に重要な遺構があり、東根城のかつての姿をおうことができる。

【豊かな発掘陶磁器】 東根城は、道路建設にともない小楯二の丸西縁、西楯三の丸東縁、そして本丸西二の丸と台地下の堀が南北約四六〇㍍《メートル》にわたり発掘調査され、地下から掘立《ほったて》柱《ばしら》住居と竪穴《たてあな》住居、井戸、墓坑などが検出され多数の遺物が出土した。とりわけ、豊かで多様な陶磁器がある。それを高桑登『小田嶋城発掘調査報告書』（県埋蔵文化財センター、二〇〇四）から紹介しよう。

小楯二の丸地区では、金箔付きのかわらけや一二世紀後半の白磁壺のほか天目《てんもく》茶碗、青磁の花いけが出土した。また、西楯三の丸地区では、家臣屋敷から瓦質土器の風炉《ふうろ》や瀬戸瓶子などがみつかった。そして、城の中枢地、南二の丸地区では一二世紀の手づくねかわらけをはじめ水注《みずさし》、合子《ごうし》、入子《いれこ》などの信仰用遺物と、特に南端では一五世紀から一七世紀前半の陶磁器が大量に発見された。そして、水堀では、堀跡下層から肥前陶器皿、越前甕、織部徳利など一六世紀末から一七世紀初頭の陶磁器が多数みつかった。

このように発掘は城縁辺の道路幅だけだったが、村山地方の城では稀有な事例となる多時期の種類豊富な陶磁器が出土し、地下に眠る豊かな東根城の一端が明らかとなった。

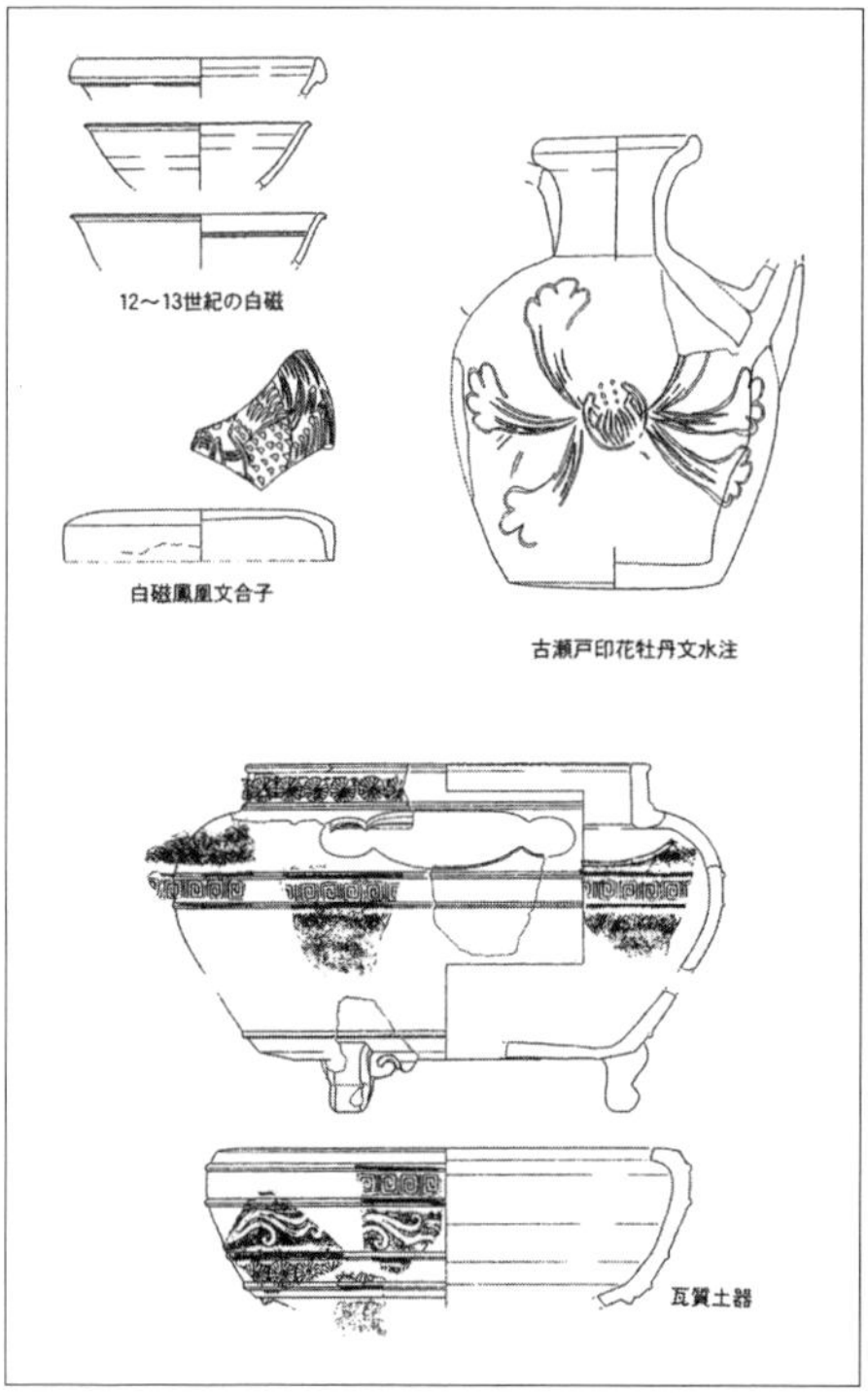

●—東根城から出土した特徴的な土器（高桑登「小田島城跡出土の陶磁器」『きたむらやまの地域史』(2008)）

【小田嶋氏から東根氏へ、そして城の終焉】 東根城発掘では、平泉藤原氏時代の遺物も多く出土した。それは小田嶋荘が史料に出現するころで、ここは小田嶋荘の中枢地の一つだったのだろう。その後、南北朝期には小田嶋長義が小田嶋城をきずき後には東根城に発展したとされるが、それは城というよりは台地にあった単郭居館であったかと思われる。南朝方の小田嶋氏は、斯波《しば》氏が羽州探題《うしゅうたんだい》として山形に入部すると、北方に移り後の延沢氏、鳥越氏の祖となった。

新たに東根に入部したのは、兼頼《かねより》の孫、里見天童頼直《よりなお》の子、頼高《よりたか》であった。頼高は東根郷から東根氏をなのり、東根氏は室町期から戦国期まで最上の有力国人《こくじん》として史料にしばしばあらわれる。その東根氏の本城は、戦国盛期には台地上に土塁と空堀をもつ複郭《ふくかく》の堅固な城に発展したとみられる。

天正十二年（一五八四）、東根氏家老、野川楯主という里見景佐《かげより》は天童氏養子からはいった東根氏を離れ、最上義光に味方し天童氏攻撃に参加した。その功績から東根領を与えられ、慶長五年（一六〇〇）、最上義光が慶長出羽合戦に勝利し五七万石の大名となると里見景佐は大身の重臣となった。その後、東根城は姿を一変する大改修がなされ特徴的な堤堀をもつ本丸や、北方の家臣屋敷の二の丸、三の丸などが整備されたと考えられる。

しかし、元和八年（一六二二）、最上氏はお家騒動により改易され里見氏も阿波徳島に移され、東根城は城主を失ったが、特に、仙台備えのために延沢城とともに番城として残され正保城絵図に記録された。その後、仙台伊達氏の脅威がなくなると東根城の存在意義も失われ、寛文七年（一六六七）に破却されたのであった。

【参考文献】保角里志「近世東根城について」『山形史学研究（横山昭男先生退官記念号）』第二七・二八・二九合併号（一九九六）

（保角里志）

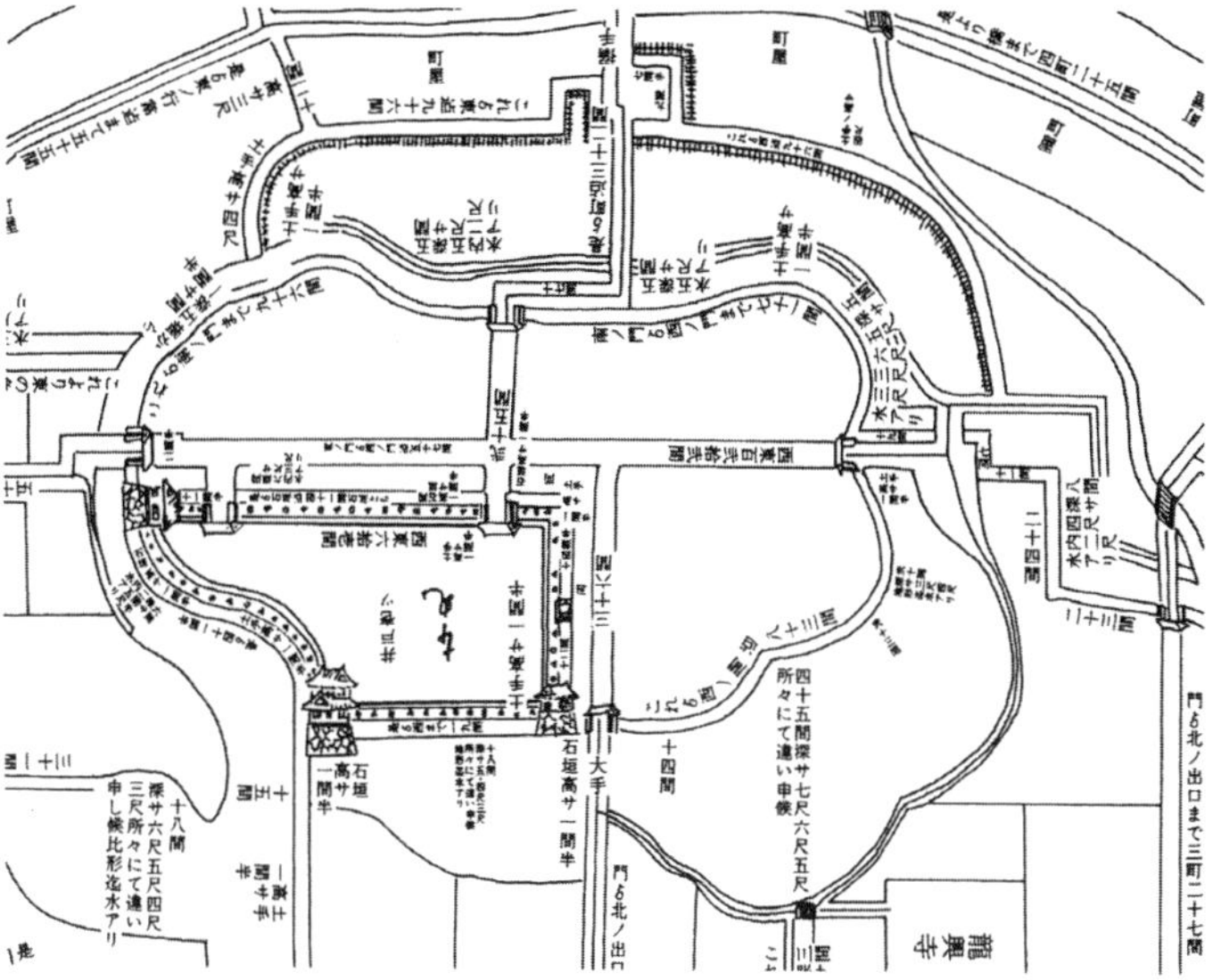

●—正保城絵図東根城の中枢部（「出羽国最上東根城絵図（注記図）『東根市史編集資料第８号』1980）

●見事な連続桝形虎口をもつ本丸

延《のべ》沢《さわ》城《じょう》

〔所在地〕尾花沢市大字延沢字古城山
〔比　高〕約一二〇メートル
〔分　類〕山城
〔年　代〕一六～一七世紀前葉
〔城　主〕延沢氏
〔交通アクセス〕ＪＲ奥羽本線（山形新幹線）「大石田駅」下車、山交バス「尾花沢待合所」下車、徒歩約四〇分。

【交通の十字路「延沢」】　延沢は、あたかも越前朝倉氏一乗《いちじょう》谷《だに》のような景観をもつ山間の沢にある。ここは戦国期以前、東西・南北の道路が交差する交通の十字路であった。南には山形に通じる背炙《せあぶり》峠越えへの道、西には最上川河岸《かし》、川前・駒籠《こまごめ》と北方の新庄から秋田仙北に通じる道、そして東には奥州への軽井沢越えの道があった。

背炙峠越えの道は「奥羽国の太守秀衡《ひでひら》公、平泉の居館へ羽州の諸侯方往来の道筋」（『尾花沢市史資料第八輯　宿駅・交通関係資料集』一九八二）という古代以来の街道であった。また、軽井沢越え途中、延沢城跡東方の八幡山石製模造品出土地は古墳時代の峠祭祀遺跡で、奈良期には峠道は大野東人の開いた官道に発展した。そして、西の道途中、延沢城跡西方、尾根上の取上中世墳墓からは一二世紀の三筋壺と呼ぶ常滑焼《とこなめやき》の壺と、一三世紀前半の珠洲焼《すずやき》の壺が発見されている（大類誠「尾花沢市取上出土の中世陶器」『山形考古三―一』一九七九）。常滑焼の三筋壺は知多半島から太平洋船運で運ばれ軽井沢越えでもたらされ、珠洲焼の壺は日本海船運から最上川舟運で運ばれ河岸から陸送されたと推測され、延沢はまさに東西交通の接点であった。

このような、交通の要衝に延沢城は築かれたのであった。

【大杉のそびえる広大な本丸】　延沢城は奥羽山脈が尾花沢盆地に突き出た古城山《おしろやま》にあり、霧山《きりやま》城ともいい尾花沢盆地で唯一、城《じょう》と呼ばれ、城主御殿や重臣屋敷のあった山頂郭群がよく遺存している。常盤《ときわ》中学校上から七曲りの馬足可能な広い

●—連続桝形虎口から入る広大な本丸（中央にそびえる県天然記念物「天人スギ」）

城道を登ると連続桝形《ますがた》虎口《こぐち》が開き、さらにもうひとつの桝形虎口をぬけると本丸跡である。このように見事な連続桝形虎口は村山地方にはない。本丸跡にはいると目の前に樹齢一〇〇〇年という県天然記念物の天人スギがそびえたち、なかは整地されて直線的な形で東西約一一〇メートル、南北約八五メートルと広い。その北側には鋭い切岸《きりぎし》を備える三つの大型郭が段差をもって連続し東側にも二つの郭があり、L字形のこれら郭群が二の丸跡で本丸跡とともに延沢城の中枢部であった。尾根続きの北は二つの堀切で遮断し、内側堀切は幅約一六メートル、深さ約一〇メートルと大きく堀底には湧水《ゆうすい》、天人水《てんにんすい》がある。

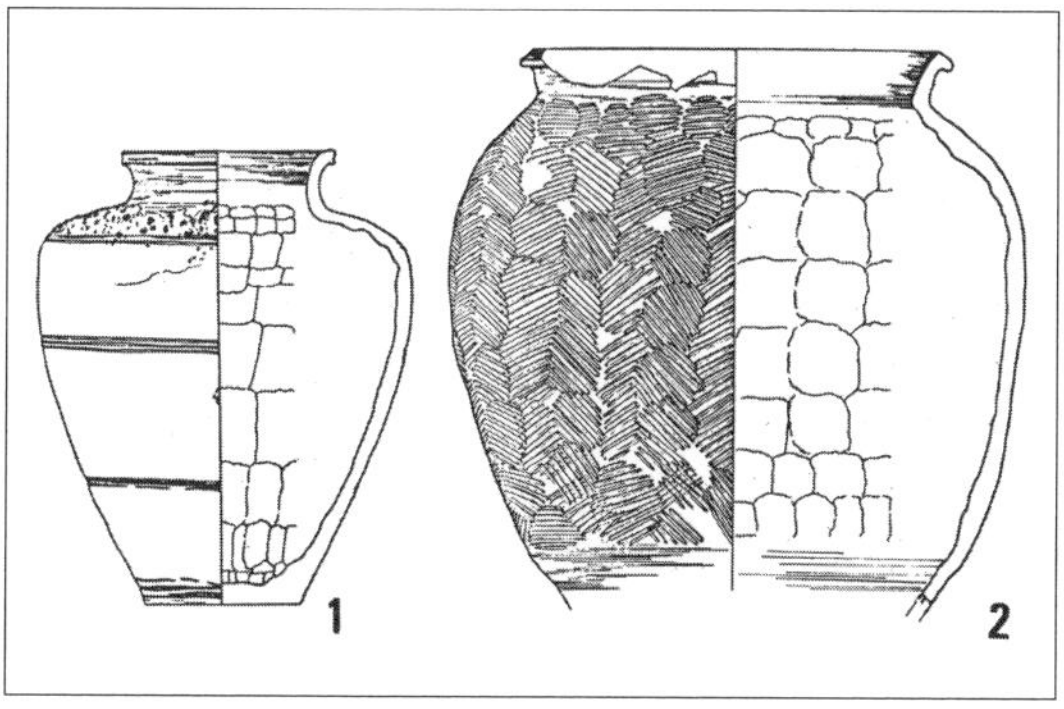

●—取上遺跡出土の中世陶器（1 常滑焼壺，2 珠洲焼壺．大類誠原図）

西山裾の常盤中学校一帯は三の丸で、中学校の上方、大手道両側には低い段をもつ大区画の郭群が重なり家臣屋敷があった。そこから小尾根をこえた北側の沢は足軽屋敷という同心沢で、道の両側に短冊形の見事な地割が残る。なお、「浅野《あさの》文庫《ぶんこ》蔵《ぞう》諸国《しょこく》古城《こじょう》之《の》図《ず》」（新人物往来社刊、矢守一彦編、一九八一）によると、山城の東西山麓に侍屋敷と町屋を画す水堀があったが、現在遺構はまったく確認できない。さらに、藤木久志によって、延宝三年（一六七五）の延沢村検地帳にのる町屋の間口幅が、家柄に応じて町割りされていると分析されており（『史跡延沢銀山遺跡保存管理計画書その二』二〇〇六）、現延沢城は山城、町屋一体のもと計画的に造られたと考えられる。

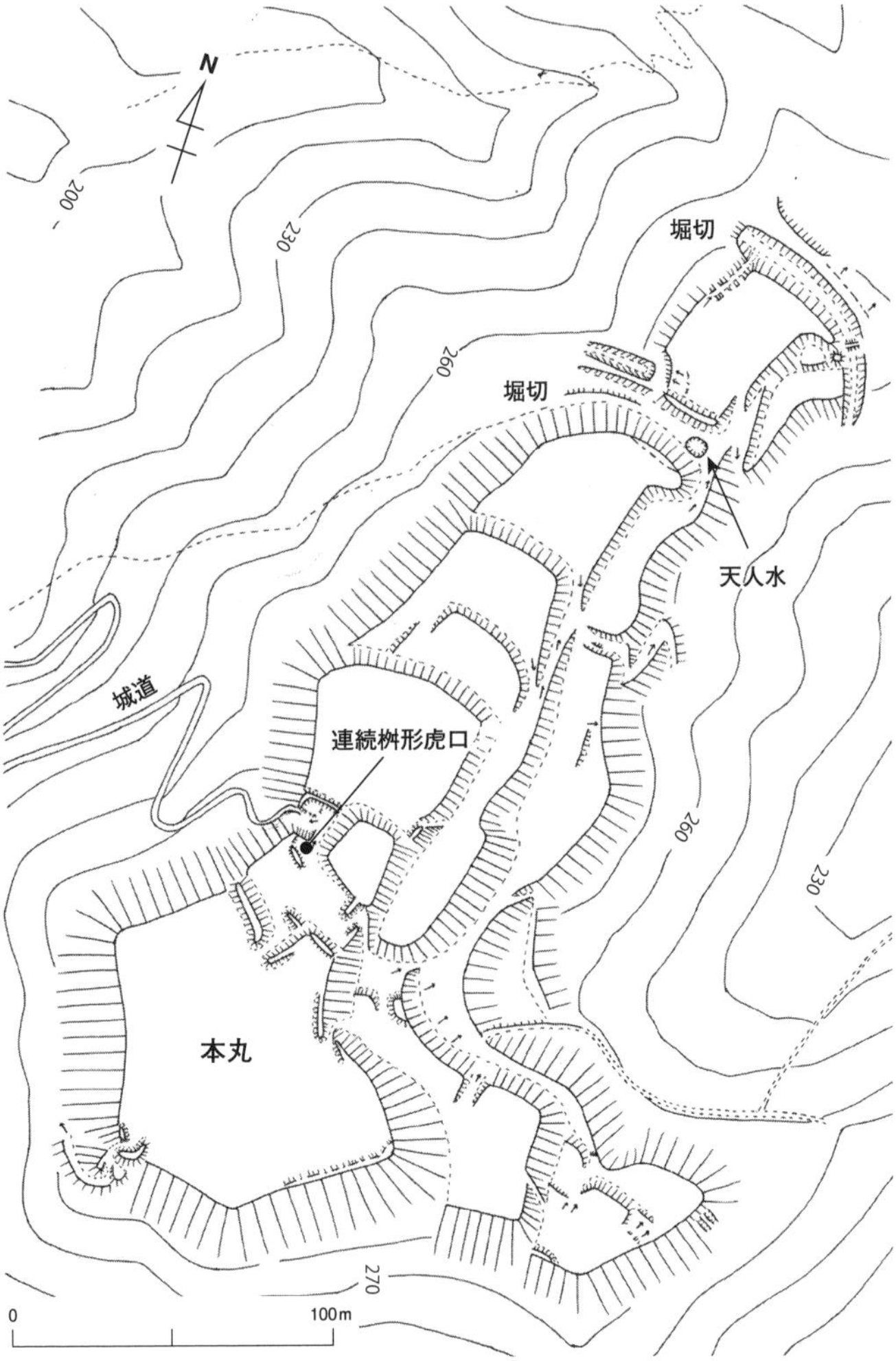

●—延沢城の中枢郭群

このうち本丸は発掘調査が行われ、掘立建物跡や礎石をもつ建物跡が検出され、一七世紀前半の多数の唐津《からつ》焼をはじめとした遺物が出土した（大類誠氏『国指定史跡延沢城跡発掘調査報告書』尾花沢市教育委員会、二〇一四）。

このように発掘調査で一七世紀前半の遺物が多いことや、本丸跡の連続桝形虎口は南出羽では慶長五年（一六〇〇）の出羽合戦後の城から確認できることから、延沢城跡の現遺構の大宗は出羽合戦後、慶長年間に計画的に構築されたのであったろう。

【豪勇の武将「延沢能登守」】　城主の延沢氏は小田嶋《おだしま》荘地頭という小田嶋長義《ながよし》の末裔を自称し、天文二十四年（一五五五）『讒拾集《さんしゅうしゅう》』（蜷川家古文書、国立公文書館内閣文庫所蔵）によると、奥羽国人《こくじん》にあてる書状書札例《しょさつれい》で延沢氏は殿称とされ、殿をあてられない鮭延氏や細川小国氏よりも格式が高く戦国期には出羽国の有力国人として成長した。そして、戦国末期には最上下郷一揆国人衆の有力者となり、天正十二年（一五八四）には一揆を離れ最上義光《よしあき》に味方し天童氏自落に大きな役割をはたした。その後は最上氏重臣となり、最盛期には尾花沢・大石田地方約三万石を領有している。

延沢氏のうち満重《みつしげ》、満延《みつのぶ》、光昌《あきまさ》の三代の事跡が明らかで、そのうち能登守満延は豪勇の武将として知られる。鮭延越前守秀綱が生前語った「鮭延越前守聞書」には、「能登守は二十人力の大力で出羽奥州では隠れなく、太閤秀吉からも尋ねられたので国元から登らせお目見えさせた」とある。それに関連して、寛文七年（一六六七）に書かれた「野辺沢城記」（『尾花沢市史資料第九輯』一九八五）には、満延は「天正十九年、義光在京のとき京都において病死」とあり、それは秀吉お目見えのための上洛時かと思われる。したがって、現在残る延沢城の大宗がつくられたのは、三代遠江守光昌の時であった。

【延沢城の終焉】　元和八年（一六二二）、最上家改易により延沢氏は肥後熊本に移った。その後、鳥居氏が山形城に入ったが、延沢城は仙台領境にあり伊達氏への備えとして東根城とともに特別に残された。しかし、城主のいない番城《ばんじょう》で本丸屋形《やかた》の手入れもなかった。寛永十三年（一六三六）の鳥居氏から保科氏の城受取り記録「家世実紀」（『山形市史編集資料七』一九六七）には、「畳敷き書院のある本丸屋形は損じ、雨の漏らない座敷は一つもなかった。また、二の丸の四軒の建物も敷物はなく住めなかった」とあり、延沢氏の去った一四年後には城は荒れはてていた。重要なのは、この記録で延沢城本丸には書院をもつ本丸屋形、二の丸には四軒の建物があったことがわかることである。

その後、「野辺沢城記」によると、城は寛文七年に東根《ひがしね》城とともに破却され、城門は龍護《りゅうご》寺（延沢）、知教《ちきょう》寺（尾花沢）、樹泉《じゅせん》寺（二藤袋）、浄願《じょうがん》寺（大石田）に移され、それらは今も寺に残り、かつての延沢城の一班を伝える貴重な建造物となっている。

（保角里志）

【参考文献】保角里志「延沢城跡と周辺の城館跡」『史跡延沢銀山遺跡保存管理計画書―その二』（二〇〇六）

●上杉大軍に立ち向かった城将江口光清

畑《はた》谷《や》城《じょう》

〔山辺町指定史跡〕

〔所在地〕山辺町畑谷字館山
〔比　高〕七〇メートル
〔分　類〕山城
〔年　代〕一五～一七世紀前半
〔城　主〕最上家臣江口氏
〔交通アクセス〕山形市役所から約二〇キロ、県道四九号線あるいは県道一七号線経由、車で約四〇分。

【畑谷城の位置】　最上氏は領国を飛躍的に拡大した天正十二年（一五八四）以降、領国の境界となる境目《さかいめ》の城を新たに築いたり、それ以前の城郭を増改築したりして、領国支配《りょうごくしはい》を強化していった。本城山形城を中心に、支城《しじょう》を造り、本城―支城体制ができていった。その支城の一つが畑谷城である。

　畑谷城は、山形最上氏と米沢伊達氏（天正十九年以降は、蒲生《がもう》氏、上杉氏）の両勢力の接点に位置し、下長井《しもながい》方面からの伊達氏による侵入路としての最短距離にあり、境目監視という役割を担い、山形最上氏が防衛の最前線として重要視していた。また畑谷の北部から西部にかけて山形→山辺《やまのべ》→簗沢《やなざわ》→摂待《せったい》を通る街道、南部には山形→門伝《もんでん》→畑谷→摂待→中山を通る街道があり、いずれも置賜方面へ通じており、これらの街道を監視し、抑えるという役割も担っていた。慶長五年の北の関ヶ原の戦いでは、米沢・長井方面からの上杉勢本隊の侵入路となり、江口五兵衛光清《えぐちごひょうえあききよ》の畑谷城での歴史に残る攻防戦が展開された。

【畑谷城の歴史】　元亀元年（一五七〇）五月頃に二五歳になった最上義光《もがみよしあき》は父義守《よしもり》（栄林《えいりん》）から家督を譲られたようであるが、家督相続をめぐる父子間の対立はおさまらず、元亀二年から、三年にかけて義守の女婿である伊達輝宗《だててるむね》（義守の娘義姫《よしひめ》が嫁いでいる）が義守（栄林）応援のために出兵するなど、最上一族の対立はくすぶっていた。天正二年（一五七四）最上父子の対立はふたたび表面化する。義守は伊達輝宗に義

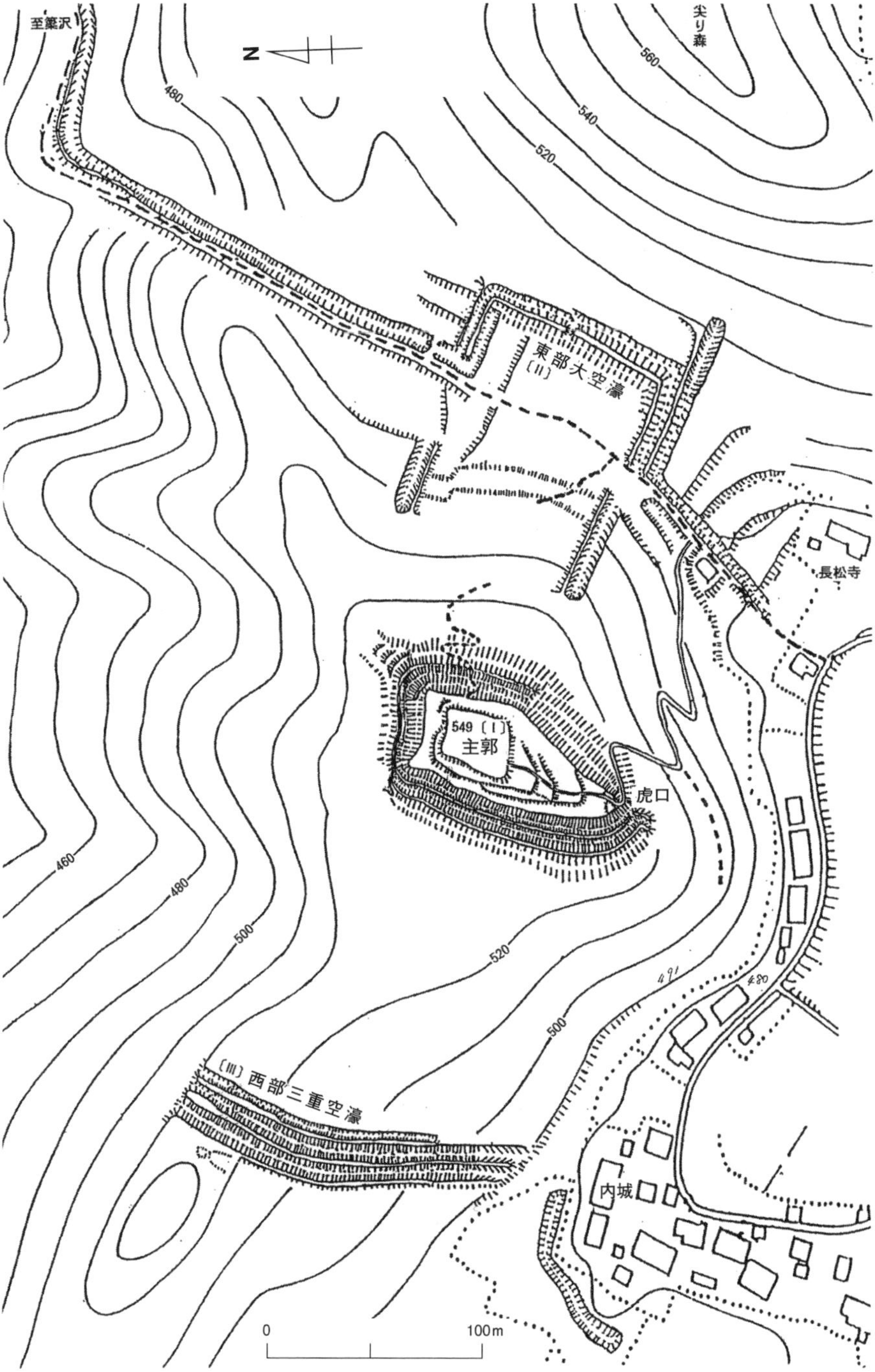

●—畑谷城縄張図（『山形県中世城館遺跡調査報告書』第２集）

光討滅のために助勢してくれるよう懇願したために、輝宗は、この年の五月と七月の二度にわたって出兵している。当初上山方面から侵攻していたが、六月に入り輝宗は荒砥《あらと》（白鷹町）に移動し、畑谷口から義光を攻撃する。閏十一月には谷地《やち》城主の白鳥長久《しろとりながひさ》の仲介で一度は和睦《わぼく》したものの、和議《わぎ》は敗れて再乱となる。この中で義光は実権を握り、反義光派の国人《こくじん》らを積極的に討滅し、天正三年には上山《かみのやま》城主の上山満兼《みつかね》を殺害し、家臣団編成を強固なものに成し遂げようとしていく。このように境目の城畑谷城は、絶えず緊張感に包まれていた。

慶長五年の〝北の関ヶ原合戦〟において、上杉勢は白河《しらかわ》口が安全であることを確認したうえで、九月八日、九日に分けて、直江兼続《なおえかねつぐ》を総大将とする約二万の大軍をもって、米沢から長井・白鷹《しらたか》・五百川《いもがわ》、そして畑谷へと進軍してくる。上杉勢には、畑谷城へと向かう主力軍、そこから分かれて八《や》ツ沼《ぬま》城・鳥屋《とや》ヶ森《もり》城へと向かう軍勢、小滝《こたき》街道を進む軍勢、米沢道を進んで上山高楯《たかだて》城に向かう軍勢があった。

主力の直江軍が長井・白鷹の道を選んだ理由は、すでに七月二十五日の時点で、伊達勢によって白石《しろいし》城（白石市）が落とされており、直江軍が米沢道（現在の国道一三号線沿いの道）を進んだ場合には、七《しち》ヶ宿《しゅく》から二井宿《にいじゅく》峠を越えてくる伊達勢によって、直江軍が横腹あるいは背後を突かれるという心配があったからと考えられる。実際、伊達政宗は九月二十五日、湯《ゆ》の原《はら》城を攻め落とし、二井宿まで侵攻して郷村《ごうそん》を焼き討ちしている。

畑谷合戦については、米沢を進発した直江軍が十一日に畑谷に集結して、十二日から畑谷城を攻撃し始め、江口五兵衛光清が五〇〇人の城兵をもって籠城するものの、九月十三日、直江軍の攻撃を受けて落城した。この時、直江兼続は、「城主江口五兵衛父子共、頸五百余討取候」と記し、簗沢城も攻め取り、「在々令放火」と、村々を焼き尽くした（〈慶長五年〉九月十五日、秋山伊賀守宛兼続書状写、大河原文書）。山形から後詰《ごづめ》の軍勢を出したが、間に合わなかった。畑谷城麓の長松寺《ちょうしょうじ》には、江口光清の墓がある。

【遺構の概観】 縄張図に見るように、畑谷城は、主郭《しゅかく》のある館山山頂部Ⅰ、東方山麓の竪堀《たてぼり》・土塁《どるい》・大規模な空堀《からぼり》があるⅡ、西方三重の空堀のあるⅢ、の三つの部分から構成される。

Ⅰの部分は、主郭が東西約二四メートル、南北約三〇メートルで、山形城を遠望できる。主郭を東南を除き空堀がめぐっているが、西側は二重空堀となり、東北端も二重空堀状となっている。南端に虎口《こぐち》が配されている。この虎口に登る現在の道が大手であるか否かは、検討を要する。

Ⅱの部分は、主郭のある館山と尖《とんが》り森《もり》との間の山麓部・平坦部からなる。館山山麓の中央部は二段の階段状テラスになる郭があり、その両端には竪堀が切られている。そこから主郭に登る道がある。尖り森麓東部に向けて大規模な空堀・土塁が造られている。これは尖り森の方が館山より高いので、平坦部が見通せないように高い土塁を造ったものと思われる。この南端は竪堀となって尖り森山腹に向かって登っていく。平坦部の中央には、畑谷地区から簗沢地区へ通じる道があり、畑谷地区からの登り口には、四段の階段状テラスの郭があり、さらに道の両側は空堀となっている。簗沢に行く道の片方にも空堀が造られている。慶長五年の合戦では、鉄砲が有効に使用されたようで、尖り森からの見下ろす形での発砲は効果的であったろう。

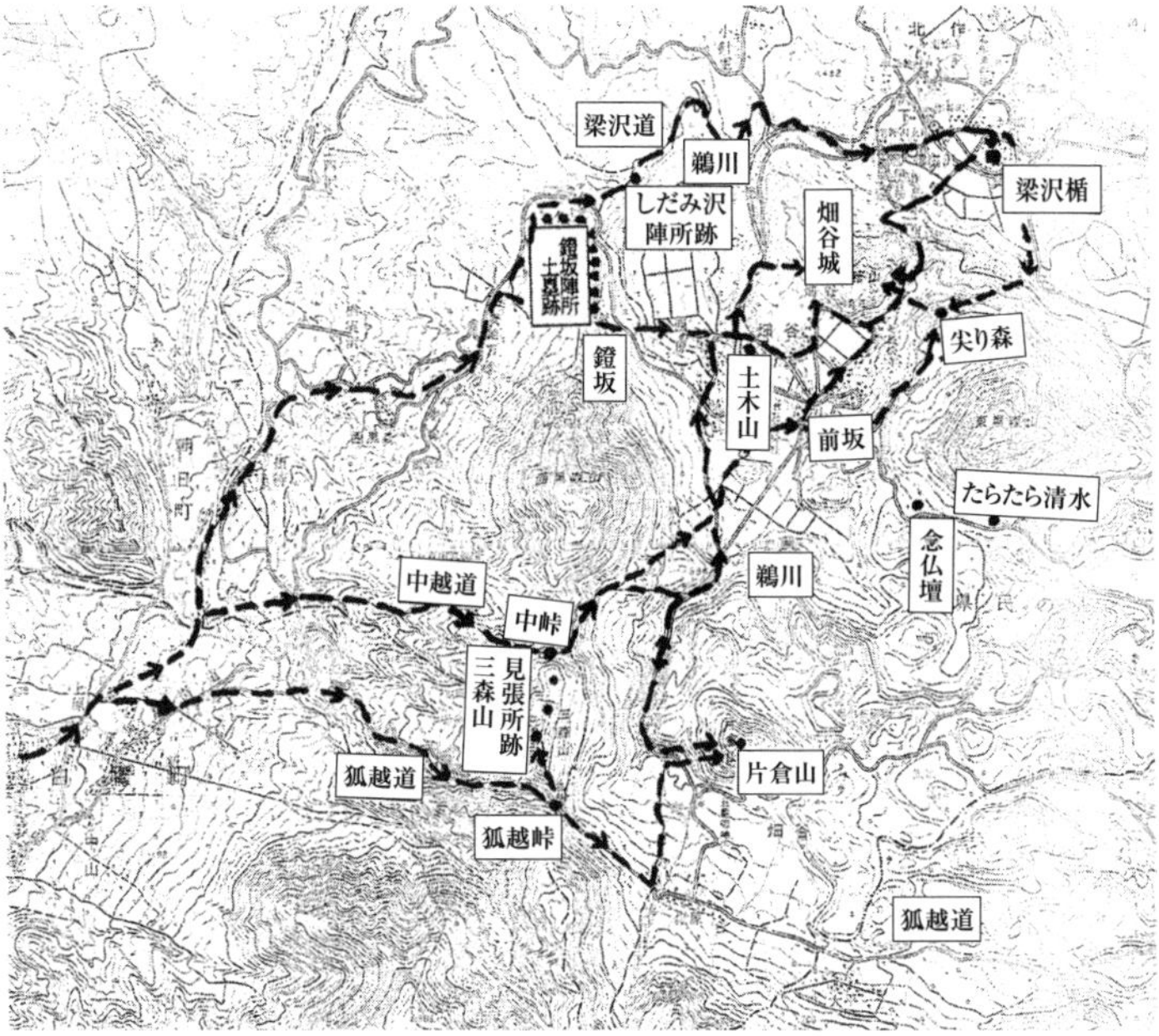

●―上杉軍の推定進路と畑谷城周辺図（『山辺町史』上巻 2004年）

Ⅲの部分は、主郭から西へ約一〇〇メートル行くと、三重の空堀に到る。三重の空堀は途中で二重になるが、麓の平坦部に下りると空堀が存在する。ここは内城《うちじょう》と呼ばれ、居舘跡と思われる。内城から西へ約二〇〇メートル行くと、御所清水《ごしょしみず》と呼ばれる湧泉があり、日常の飲用にされていたが、山城からの道もあって、飲用等に利用されていた。

【参考文献】山形県教育委員会『山形県中世城館遺跡調査報告書』第二集（一九九六）、『山辺町史』上巻（二〇〇四）

（伊藤清郎）

●六十里越街道を抑える境目の城

白岩城《しらいわじょう》

〔所在地〕寒河江市白岩
〔比　高〕稲荷山楯：四〇メートル
　　　　　上楯山楯：七〇メートル
〔分　類〕山城
〔年　代〕一五～一七世紀前半
〔城　主〕白岩氏、最上家臣松根備前守
〔交通アクセス〕JR左沢線「羽前高松駅」下車、徒歩約五〇分。

【白岩城の位置】　寒河江川の支流実沢川《さねさわがわ》を東側の境界、不動《ふどう》沢《さわ》を西の境界、六十里越《ろくじゅうりごえ》街道に落ちる断崖を南の境界として、南麓を走る六十里越街道の断崖の上に築かれた城郭である。稲荷山楯《いなりやまだて》を中心に陣屋《じんや》楯（白岩小学校の敷地にあった楯）・物見台《ものみだい》・八幡楯《はちまんだて》・上楯山楯《うわだてやまだて》・新楯《しんだて》・留場楯《とめばだて》等の城郭群、それに大門《だいもん》より内側に存在した屋敷群（上《かみ》屋敷・直《じき》屋敷・伯楽《ばくろう》屋敷の地名が残り、博労屋敷の下には「土居《どい》の下《した》」という地名が残っている）から構成される。さらに実沢川《さねざわがわ》を挟んで対岸にある新町楯《あらまちだて》も出城的性格を有していて、一体のものとしてとらえた方がよい。

六十里越街道を抑えるとともに、北側田代《たしろ》方面からの侵入も防御する位置にある。寒河江《さがえ》大江一族の支城の一つであるが、白岩氏は独立性が高く、国人《こくじん》領主白岩氏の山城といっても良い。天正十二年（一五八四）以降は、最上《もがみ》氏領国の境目《さかいめ》の城となり、本城山形城の支城の一つとなる。

【白岩城の歴史】　大江寒河江氏は、本城寒河江城を中心に、溝辺《みぞのべ》城・小泉《こいずみ》楯・本《もと》楯・高屋《たかや》楯・高松《たかまつ》楯・柴橋《しばはし》楯・左沢楯《あてらざわたて》・山《やま》城・白岩城・吉川《よしかわ》館など支城、最上氏との境には、湯船《ゆぶね》・荒谷《あらや》・簗沢《やなざわ》・古屋敷《ふるやしき》などの楯を築く。寒河江川・六十六里街道、五百川《いもがわ》峡谷沿いに多くの城郭が分布しており、庄内の武藤（大宝寺）氏や置賜の伊達《だて》氏に備えるためであったことがわかる。山城では帯郭《おびくるわ》・腰《こし》郭を中心に築かれ、本城寒河江城は、三重の堀と土塁《どるい》で防備する連郭式《れんかくしき》平城、各屋敷主が「物主《ものぬし》」として自発的に防衛体制をつくっている。大江寒河

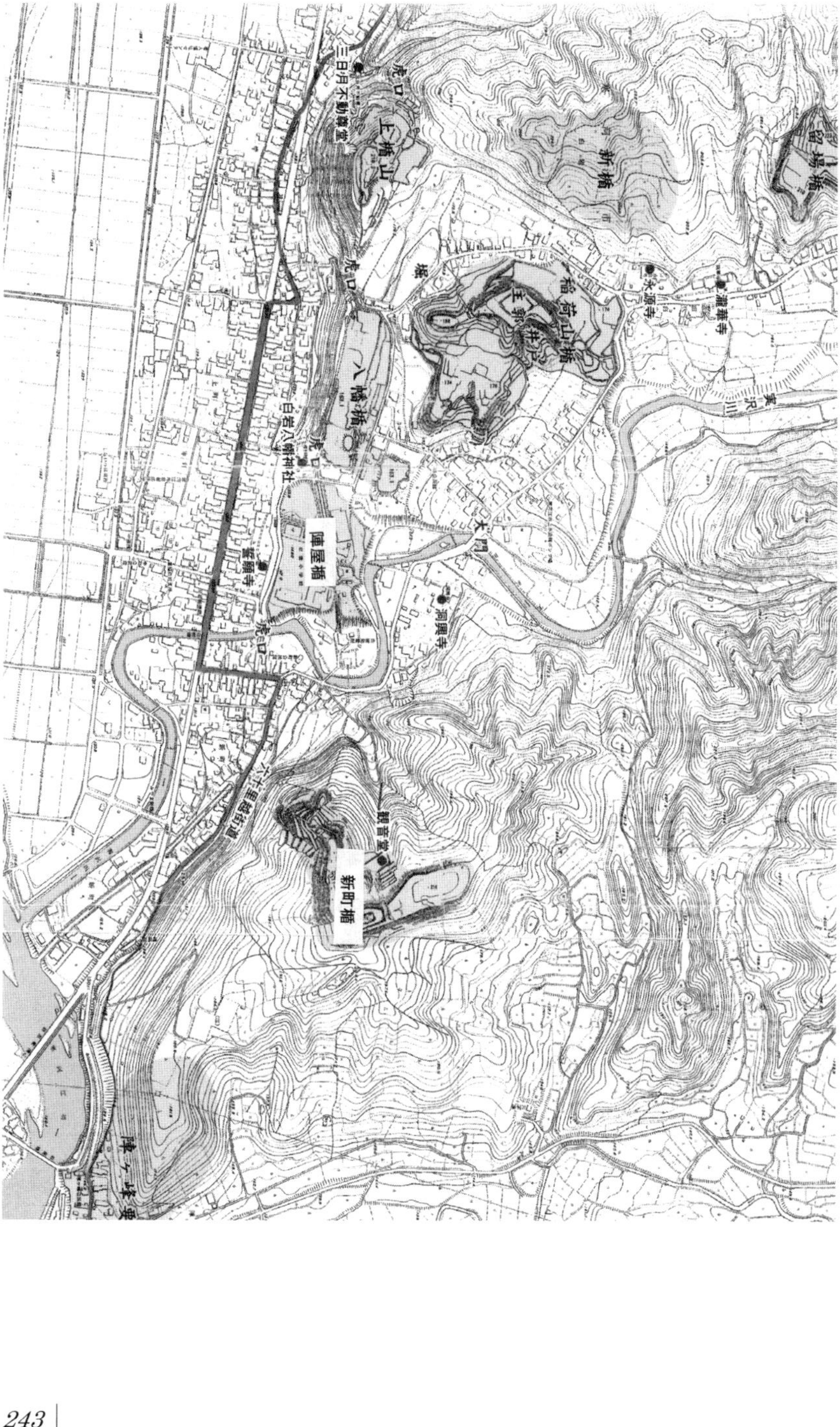

●—『白岩ふるさと歴史探訪』（一部修正）

江氏の権力は、一族・家臣の自立性を払拭できていない。

天正十二年以降は、寒河江領の多くが最上氏の直轄領（義光の長男義康《よしやす》、次男家親《いえちか》）になるが、滅亡した白鳥《しろとり》・大江氏の旧家臣の知行《ちぎょう》を安堵していることも注目される。白岩城は、大江時代の白岩城に、最上時代に入り修築を加えて最終的な白岩城が完成する。

白岩城に関しては、天正十二年に寒河江大江氏が滅亡した以降は、義光の弟（甥）の松根《まつね》備前守光広《あきひろ》の領知となり、最上氏の手が入ったものと考えられ、庄内大宝寺《だいほうじ》氏に対する防備となる境目の城という性格が強化されていったものであろう。『最上義光分限帳』『最上家中分限帳』では、「白岩　一、高壱万二千石　松根備前」となっているが、『最上源五郎様御時代御家中并寺社方在町分限帳』では「一、壱万三千石　松根備前」となっている。

元和八年（一六二二）に最上氏が改易《かいえき》された後に、庄内《しょうない》藩主酒井忠勝《さかいただかつ》の弟の酒井長門守忠重《ただしげ》が白岩領八〇〇〇石を知行して城主となった。しかし苛政を強いたために一揆を誘発し、寛永十五年（一六三八）に改易されて、白岩城は廃城となった。

【遺構の概観】白岩城は縄張図からわかるように、稲荷山楯を中心に陣屋楯（白岩小学校の敷地にあった楯）・物見台・八幡楯・上楯山楯・新楯・留場楯、それに大門より内側に存在した屋敷群（上屋敷・直屋敷・伯楽屋敷の地名が残り、博労屋敷の下には「土居の下」という地名が残っている）から構成される。さらに実沢川を挟んで対岸にある新町《あらまち》楯も重要な位置にある。この楯は、下を通る六十里越街道を押さえるための城郭である。白岩城の支城あるいは出城というべき性格をもつ。また慈恩《じおん》寺の田沢要害《たざわようがい》とも連携しているようにも見えてくる。いっぽう、陣ヶ峰要害は「陣ヶ峰楯」というべきであるが、明確な施設を確認できない。舌状台地の突端に位置し、下から登ってくる道に虎口《こぐち》を想定できるかもしれない。集落のさらに後ろにある山は詰め城的性格を持つようである。しかし、堀切などは確認できない。臥龍橋《がりゅうばし》を渡って台地に登り、種《たね》まき桜付近で下に降りて進むのが本来の六十里越街道であるが、この道を押さえることもあろうが、むしろ田沢川を挟んで慈恩寺の防御の方に向いているように見える。

白岩城の構造的特色としては、城内を道が通り、その道を囲むように城郭群が取り囲み、左沢楯山城とよく似ている。居館は上屋敷付近の平場に存在したように見える（その位置は確定できてはいない）。新楯の下にある方形館址《ほうけいかんし》は規模から考えて、居館ではなく応接的空間ではなかろうか。築造の変遷についても大胆に推定してみると、稲荷山楯・陣屋楯（小学校郭）→八幡楯・上楯山楯→新楯・留場楯→新町楯という造築・拡大が見えてくる。留場楯は、北側（田代方面）からの攻撃を防御するために築かれたもので、この楯の下には、道を挟んで的場《まとば》という地名がある。いっぽう、新楯は、かなり大規模な城郭プランとなっている。三日月《みかづき》不動尊から登ってくる虎口を上楯山楯と新楯の二方から防御する構造となっている。慶長五年（一六〇〇）の〝北の関ヶ原〟長谷堂合戦でいえば、六十里越街道から攻めてくる上杉勢が最初に攻め立ててくるのはこの虎口になる。それに対して、厳重な防衛施設を構築した構造である。最上時代の構築になる。まさしく新楯の呼称にふさわしい城郭である。

白岩城は山麓を走る六十里越街道を押さえるために築城されたもので、四つの坂虎口《さか》がある。西側から順に、三日月不動尊から登る坂虎口、ウド坂と呼ばれる八幡楯と上楯山楯との間に登ってくる坂虎口、八幡楯と陣屋楯（小学校のあるところ）の間に登ってくる坂虎口、それに陣屋楯に登ってくる坂虎口の四つで、白岩小学校駐車場西側付近を「もんにょえ」（門の上か）と呼び白岩城の城門と関係があるものとされている。楯地区の洞興寺《とうこう》を進み実沢川にかかる楯橋付近が「大門」とよばれていて、白岩城の大手にあたるとされている。留場楯を北に行くと田代地区があり、さらに北へ行くと大円院《だいえんいん》跡をへて信仰の山葉山《はやま》に到る。

城下に広がる町場は、西から上野・麓《ふもと》・上町・中町・新町《あらまち》の名称があり、市神、百万遍供養塔、十八夜供養塔、猿田彦・湯殿山碑があり、上町の市神碑がある箇所と新町のところに折れが造られている。寛延二年（一七四九）の白岩村絵図に見る空間が存在する。居舘・屋敷群と町場とが分離し、城下町は出羽三山への参詣者の宿泊を含む宿駅としての性格が強い。城下の三日月不動尊堂は天正五年（一五七七）の棟札《むなふだ》があり、願主白岩城主大江広隆《ひろたか》の名が見える。留場阿弥陀堂は天正十一年大旦那大江広教が建立しており、楯の洞興寺（曹洞宗）も文明十年（一四七八）大江家広が建立したとされる。洞興寺の山門は、白岩城の表門を移築したと伝えられ、留場の瀧華寺《りゅうけ》の山門は、白岩城の搦手門《からめてもん》を移築したものと伝えられている。白岩城跡からは室町後期の五輪塔《ごりんとう》水輪《すいりん》が出土している。

【参考文献】山形県教育委員会『山形県中世城館遺跡調査報告書』第二集（一九九六）、大場雅之「寒河江白岩新町楯跡について」（伊藤清郎編『最上氏と出羽の歴史』高志書院、二〇一四）

（伊藤清郎）

●最上義光の激しい攻城戦のあった城

鮭《さけ》延《のべ》城《じょう》

山形県

〈所在地〉真室川町大字内町字古城
〈比　高〉約五五メートル
〈分　類〉平山城
〈年　代〉一六世紀後半～一七世紀前葉
〈城　主〉鮭延氏
〈交通アクセス〉奥羽本線「真室川駅」下車、徒歩約二〇分。

【最上義光の陣城があった】　大正四年（一九一五）、正源寺刊『鮭延城記』に「陣場《じんば》」がある。それには「天正の役、最上氏の鮭延城を攻める時築ける陣所にして、西隅に大将の陣あり。東南に数十間の土手をめぐらし、長囲の陣形今に至りて現然たり。看経森《かんきんもり》附近にも三十余間の土手あり、延沢能登《のべさわのとの》守《かみ》が陣所の跡にして、俗に延沢陣と称せり」と二ヵ所の陣城遺跡があると書かれている。

『鮭延城記』刊行から一〇〇年ほどたち遺跡は消失したと思っていたが、平成二十四年（二〇一二）十一月、真室《まむろ》川町歴史民俗資料館の梁瀬平吉館長や真室川町歴史研究会とともに調査したところ見事な遺構が残っていた。鮭延城と沢をはさんだ台地すぐの延沢能登守陣場と伝える陣城は、内郭は低土塁《どるい》と空堀《からぼり》で囲まれほぼ方形で両側に折れ虎口《こぐち》が開き、南外側に喰違《くいちがい》虎口をもつ土塁線の走る外郭がある。また、その奥にある本陣跡と伝える陣城は、外郭は台地の急崖を二面にいかし他の三面に土塁と空堀の塁線をつくった広大な方形区画となる。外郭線の最奥には、二面に大きな土塁と鋭い空堀をもつ細長い不整形の主郭《しゅかく》があり、鮭延城口に両方の塁線を折れさせ狭くした虎口が開き、長方形郭が東に付属する。

二つの陣城は、天正十三年（一五八五）春、前年晩秋に続く再度の最上義光《よしあき》軍の鮭延城攻撃のとき構築されたと考えられる。義光が堅固で広大な陣城を築いたのは、庄内大宝寺《だいほうじ》氏援軍への備えであり、かつ鮭延・新城国衆への示威行為であったと考えられる。

【台地を三条塁線で遮断した城】

最上義光の攻撃をうけた、鮭延城跡の現況をみてみよう。

城は、真室川に張り出す舌状台地の突端にある。北に近江《おうみ》沢、南に薬師《やくし》沢が入りこみ台地が最も狭くなる地点を三条堀

●—鮭延城の遠景

切と土塁で台地続きを遮断し、その北側斜面には四条の畝《うね》状空堀を掘り近江沢からの進攻を厳重に防ぐ。延沢能登守《のぶさわのとのかみ》陣城は近江沢をこえた向こうの台地にあり、それを意識したものとみられる。城側を守る土塁と堀切は特に大規模で、堀切は薬研堀《やげんぼり》で鋭く深く上幅約一五メートル、深さ五メートルを測る。城の内部は東西約一七五メートル、南北約二〇〇メートルと広い。この両側の台地端には空堀の痕跡があり、もともとは土塁と空堀で大きく二つの郭に区画され、その奥側が中枢部分であった。中枢部には近江沢口からの虎口が窪みとなって入りこむことから、中枢部にはさらに二つの区画があった。そして、この郭群の東側には腰郭《こしくるわ》、西側には帯郭《おびくるわ》が付属する。

かくして、鮭延氏の本城、鮭延城には台地上に大規模な土塁と空堀で守られた二つの広大な郭があり、奥の中枢郭はさらに二つの郭に画され、その最奥の主郭には鮭延氏の御殿があったろう。そして、城跡の西麓、台地に囲まれた内町は家臣団屋敷であった。

この鮭延城の城主は、近江佐々木源氏の流れをくむという鮭延氏であった。鮭延氏は、仙北小野寺氏の支援のもとに鮭延に進出し、最初は最上川近くの岩花に拠点をおいたが、後に現在地に移り、天文年間に鮭延城を築城したとされる。天正年間には鮭延越前守秀綱《ひでつな》が城主で、鮭延越前守が生前に自

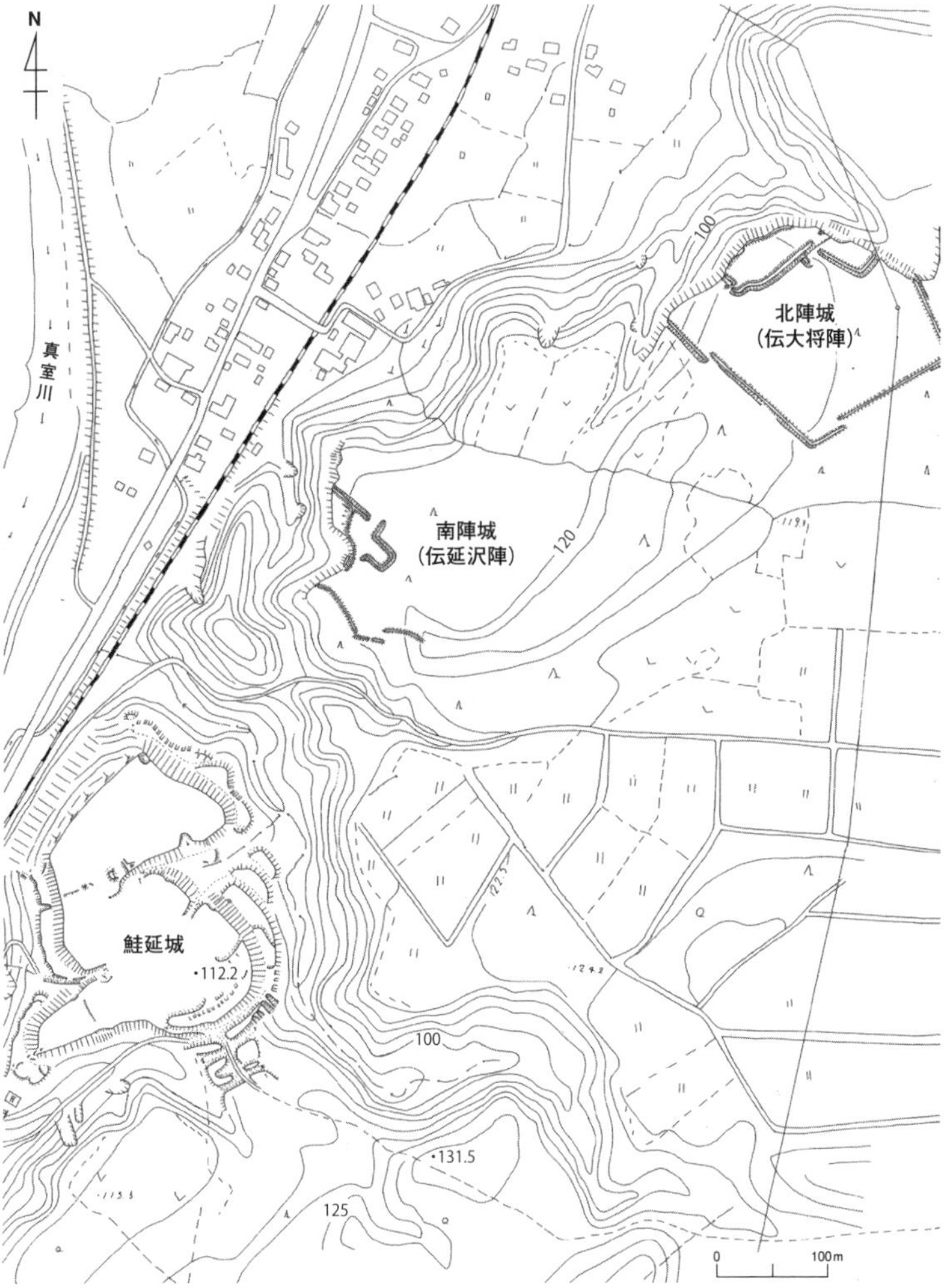

●—鮭延城と内町陣城

分の半生を近臣に語った「鮭延越前守聞書」（拙稿『南出羽の戦国を読む』二〇一二）により、劇的な生涯が明らかである。その聞書には先の陣城によった最上義光の激しい鮭延城攻城戦がある。次にそのあらましをみてみよう。

【鮭延城の攻城戦】（天正十二年〈一五八四〉、天童氏を攻略した後）、最上義光は、降将、延沢能登守を大将にして鮭延に攻めてきた。その時、鮭延越前守は典膳といい兵は三〇〇人までもいなかった。少勢で典膳は激しく戦い、延沢能登守は、攻めあぐねているうちに十月末となり雪が降り陣を引いた。

翌四月初め、義光は最上の総軍勢で再び鮭延に攻めよせ、五月末までたびたび攻撃した。ある時は義光自身が采配を取り大手口から攻め寄せ、搦手《からめて》の清水門からは氏家尾張守と延沢能登守が攻めてきた。その時、典膳は大手口にいたが「清水門が破られる」と聞き搦手にいったとき、大手から「もう破られる」と通報があり大手に駆けつけた。出崎から大手口を見

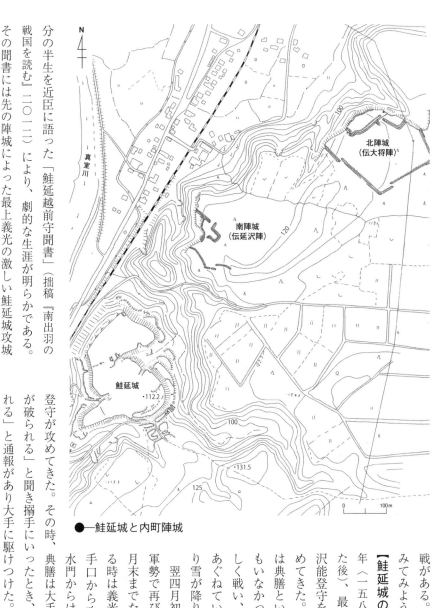

ると、敵兵が柵と門に大勢取りつき押し倒そうとしていた。典膳は鉄砲を取り、出崎から門に取りついた敵を撃ち二、三人がころがり落ち、その後門口に駆けつけ激戦のすえ木戸を開いたところ、敵兵は崩れ倒れ門際で五・六人討ち追い出したとのことであった。

戦いのなか典膳は夜討ちのための敵陣視察に、小者一人と夜中に城を忍び出て帰った時、身を固めた兵と遭遇した。典膳は、敵と思い槍を持ち直し、突き倒そうと待った。それは槍をかまえた味方の信太次兵で、典膳に気づき信太次兵は槍を引いたのであった。

義光はたびたび城を攻めたが城は落ちなかった。そこで、義光は蔵津安房守を仙北屋形《せんぼくやかた》小野寺殿へ派遣し鮭延典膳の降伏の取りなしを頼み、小野寺殿は関口能登守を遣わされた。能登守は家老の信太・栗太に会い説得し、両人は典膳に意見し典膳はやむなく降伏した。

以上が攻城戦で、大手口と搦手が行き来できる近距離にあることがわかるが、それは城跡の現況通りである。そして、鮭延越前守が夜中敵陣視察に行った場所は義光の陣城なのであろう。このように、鮭延城跡の現況と「鮭延越前守聞書」に矛盾はない。

【鮭延城の終焉】　鮭延越前守は最上義光に降伏後、庄内攻略作戦や慶長出羽合戦の長谷堂の戦いに活躍し、最上家重臣として重きをなした。しかし、元和八年（一六二二）、最上氏は改易《かいえき》となり、鮭延越前守も総州（千葉県）佐倉の土井家に預けられた。

そのとき、鮭延城は伊達氏の軍勢から接収され、「最上氏収封諸覚書」（伊達家文書）によると、鮭延越前守の居城は金山城に移っており、鮭延城は「間室之城　御蔵入日野将監預り」とあり日野将監の番城となっていた。翌元和九年、接収後の鮭延城に新領主戸沢氏が入り、寛永二年（一六二五）には新庄城に移った。したがって、戸沢氏の鮭延城入城は新庄城に入るまでの仮城であり、新庄城移転時は鮭延城の建物は新庄城に再利用のためにすべて運ばれ、郭内部の土塁は崩され堀は埋められたとみられる。

鮭延城跡の現状をみると、元和八年に同じく接収されながら良く遺構を残す大蔵村清水城や最上町小国城と違い、主要な土塁は崩され堀は埋められ郭内部の遺構はほぼ消失している。したがって、それは戸沢氏移転時の破城と推測される。

【参考文献】　保角里志「鮭延城攻め「内町陣城跡」調査報告」『さあべい』第二九号（二〇一四）

（保角里志）

小《お》国《ぐに》城《じょう》

●階段状に郭をかさねる最上山城の典型

〔所在地〕最上町大字本城字城山
〔比　高〕約八〇メートル
〔分　類〕山城
〔年　代〕一六世紀後半～一七世紀前葉
〔城　主〕細川小国氏、蔵増小国氏
〔交通アクセス〕ＪＲ陸羽東線「最上駅」下車、徒歩約一〇分。

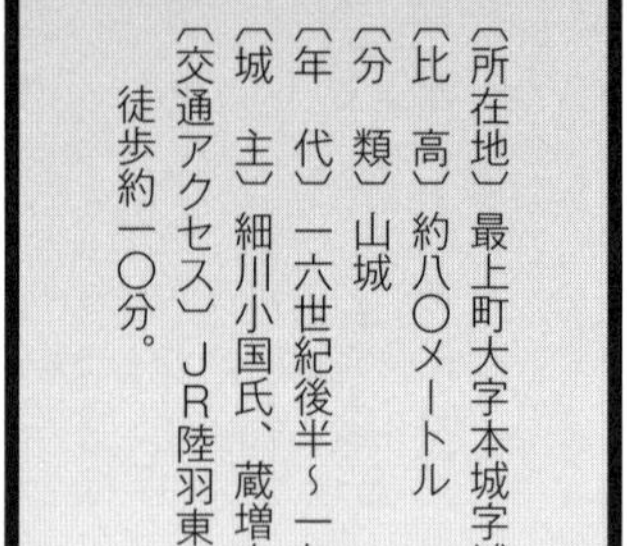

【豊かな城館世界】　小国城のある小国郷は、高山にかこまれ東西に小国川が流れる豊かな小盆地である。まわりとは高峻な峠や幅狭な峡谷で接し隔絶した小世界となり、天正十二年（一五八四）以前の戦国期に細川小国氏、その後は蔵増小国氏が一円支配した地域であった。

この小盆地に城館は一六ヵ所確認され、多様で豊かな城館世界がある（『南出羽の城』高志書院、二〇〇六）。山城のうち、小国郷開拓者関係の伝承をもつ月楯楯と赤楯楯は、里近い低丘陵に立地し箱堀《はこぼり》と土塁《どるい》で区画された郭と平虎口《ひらこぐち》が特徴で、シンプルな構造をもち居住性を主とする、古い時期の城館と考えられる。また、東法田《ひがしほうでん》楯は村近くの高峻な地形をたのむ小さな山城で、楯主伝承や楯関係地名をもたず、在地土豪が主導した非常時に村人の避難所となる、村あがりのための「村の城」ではなかったろうか。

そして、特徴的に階段状郭をかさねる大規模な山城のうち、小国城と富沢楯は史料から細川小国氏のあと蔵増小国氏時代にも使われた城とみられる。他方、志茂の手楯と月楯物見の楯は細川小国氏の戦国期の城だが、志茂の手楯にある畝《うね》状空堀《じょうからぼり》・竪堀《たてぼり》・横堀などの多様な空堀は、廃城後に小野寺氏進攻に備えた改修と考えられよう。そのうち最大の城は小国城である。細川小国氏本城として築城され、蔵増小国氏時代にも存続し、元和八年、最上氏改易により廃城している。次に、小国城に残る遺構をみてみよう。

【長大な本丸主郭】　小国城の中枢部は、東南に大きくL字形

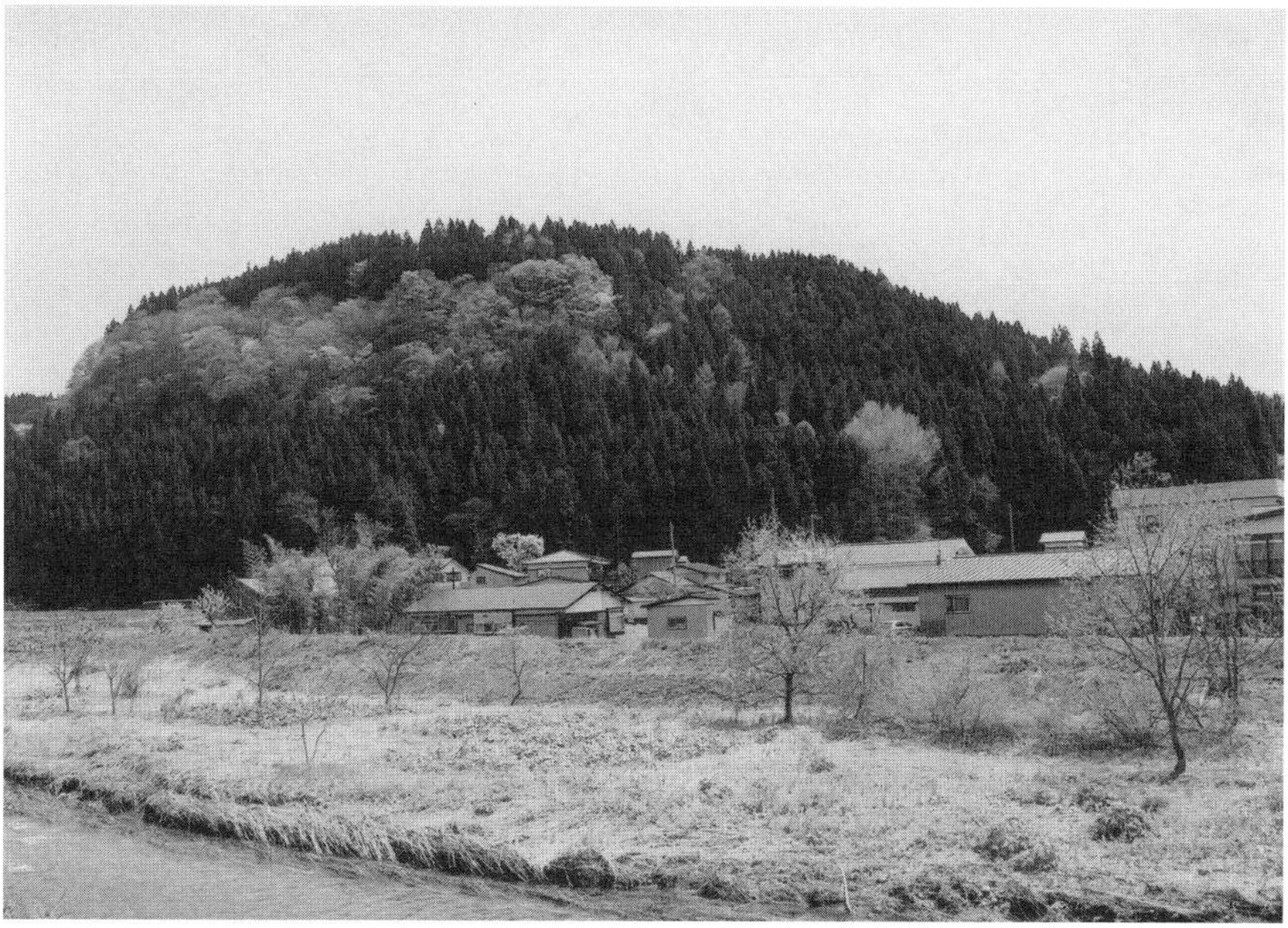

●—絹出川から望む小国城

にまがる細長い尾根につくられている。最先端は幅約二八メートルの大堀切で尾根続きを遮断し、内側に連続する郭群がかさなる。最高所の最大のものが城主御殿のあった『小国郷覚書』の「小国日向家臣刈高書上」（『最上町史編集資料第一号』一九七八）に本丸とある主郭《しゅかく》である。戦国期最上下郷《もがみしもごう》の山城に共通する長大な形をし、約一一〇メートル×約三七メートルの規模をもつ。南下には城道がめぐり、郭上からの横矢掛けが可能である。城道を下ると東側郭群に行く道が分岐し、これは斜面の郭群間をくだり、沢の家臣屋敷跡をぬける大手道である。主郭の下部にはもう一つの郭があり、箱掘状空堀を境にしてさらに二つの大きな郭がかさなる。これらは「小国日向家臣刈高書上」に二丸、家老屋敷とある重臣屋敷であった。

　それら中枢部郭群の直下、東側から南側山裾には多数の郭が階段状にかさなる。そのうち南側山裾の広い郭群間の道は、郭を結ぶ城道と考えられる。それら郭群の西端には、北斜面を遮断する、長さ約八〇メートル、幅約二〇メートルの大規模な竪堀があり城境ともなる。

　城の山麓、八幡神社下部と見性寺《けんしょうじ》西側裏と西方に山城を囲む大きな空堀が残る。それは、城への遮断線となる「小国日向家臣刈高書上」に惣堀《そうぼり》とある外堀で町屋との境でもあった。この外堀について、地元では西側をめぐる細長い窪地が

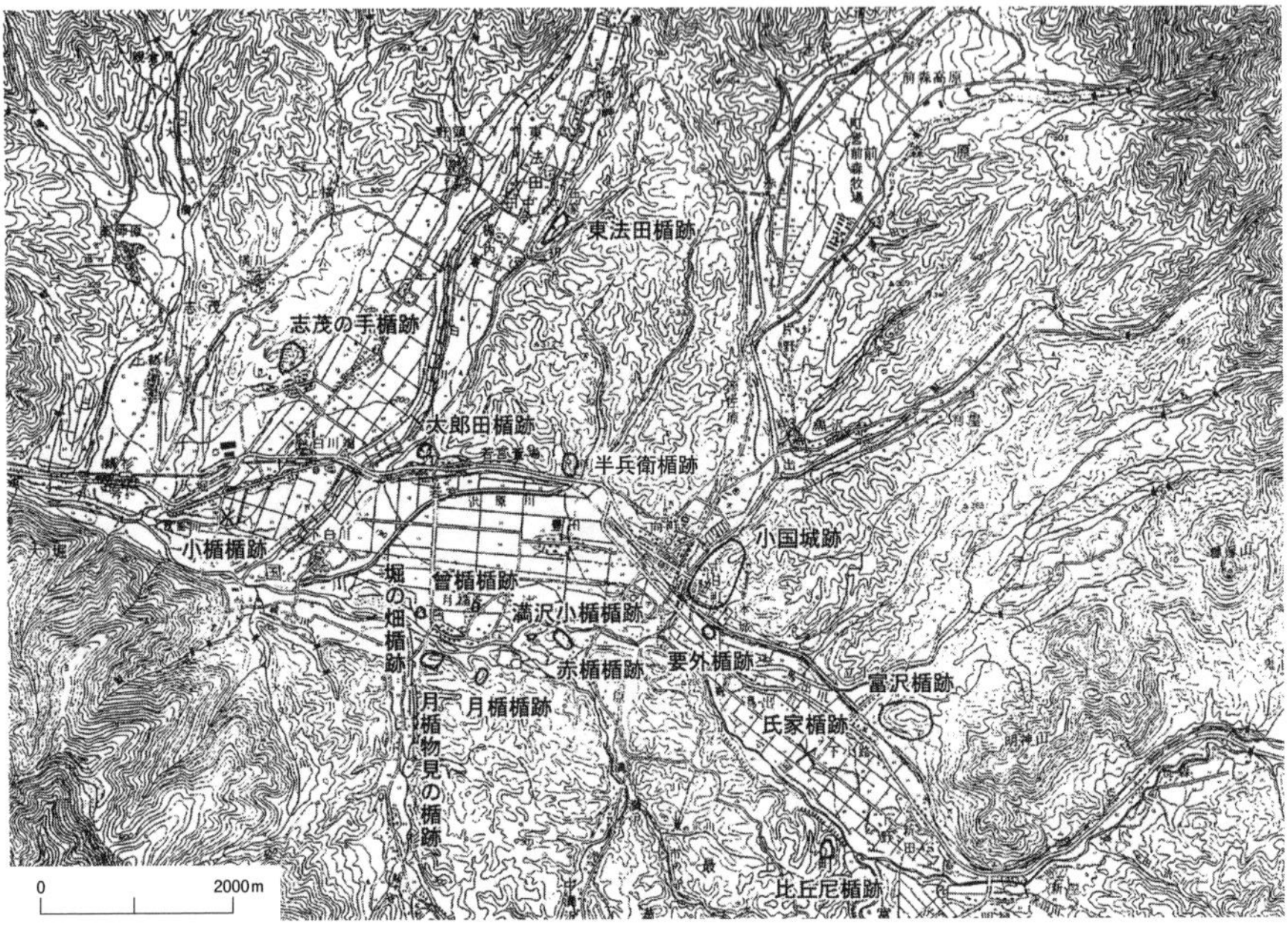

●―小国郷（現最上町）の城館分布図（5万分の1の地形図新庄・鳴子に加筆）

あったといい、西側では水堀であった可能性が高い。

【細川小国氏から蔵増小国氏へ】　細川小国氏について、「小国郷覚書」は「細川摂津守直元本城《なおもとほんじょう》岩部の館、弟細川帯刀《たてわき》直重《なおしげ》下村水手《しもむらみずて》の館、右兄弟にて八千二百石」領有と、細川兄弟が戦国末期に小国郷を支配していたと記す（『最上町史編集資料第一号』一九七八）。また、『最上町誌』（一九六〇）は、細川氏は源頼朝の平泉藤原氏攻撃に従った鎌倉武士で、その功で小国郷を賜ったとする。この細川氏について重要な一次史料があり、それをみてみよう。

その一つは「高野山観音院過去帳」である（『市史せんだいvol.12』二〇〇二）。過去帳には「天巌禅定門丙申《てんげんぜんじょうもんひのえさる》正月二日天文五　出羽小田嶋庄小国下村細川殿女中の御志」と「恵巌《けいげん》松公大禅定門逆修《しょうこうだいぜんじょうもんぎゃくしゅ》出羽国小田嶋庄小国細川殿直堅《なおかた》　天文十七十一月十六日」とあり、ここは小田嶋庄小国と呼ばれ天文五年（一五三六）に細川殿が下（志茂）村にいたことと、天文十七年に細川直堅がいたことが確認できる。

また、室町幕府の政所代蜷川親俊《まんどころだいにながわちかとし》の記した天文二十四年『讒拾集《さんしゅうしゅう》』（国立公文書館蔵）に、細川三川守とその子息小国孫三郎がみえる。さらに、弘治二年（一五五六）とされる蜷川殿御宿所宛ての「源直重書状」がある（蜷川家文書）。封紙上書に小国細川孫三郎とあり、源直重とは『讒拾集』の

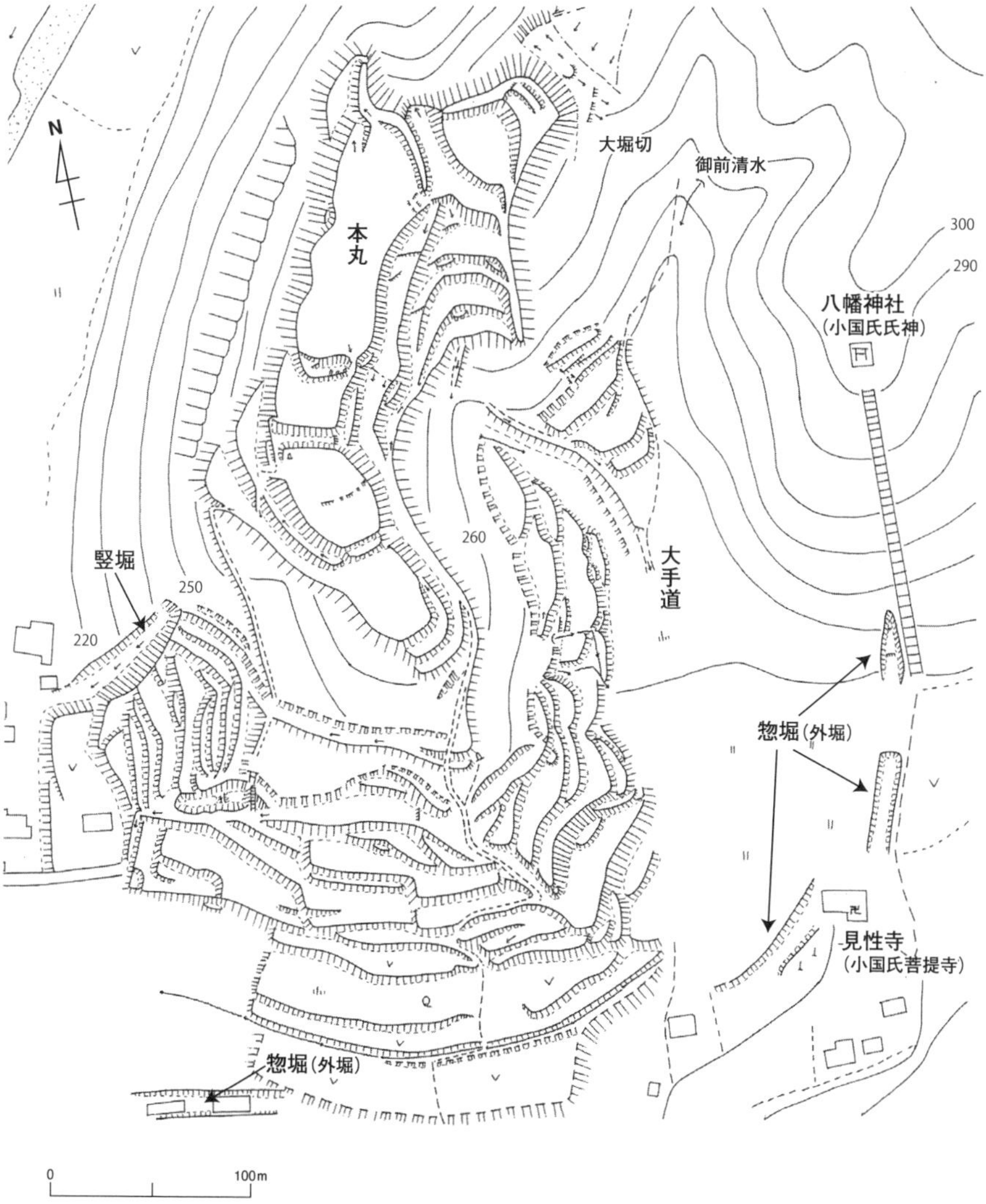
N
大堀切
御前清水
300
290
本丸
八幡神社
(小国氏氏神)
260
大手道
竪堀
250
220
惣堀(外堀)
見性寺
(小国氏菩提寺)
惣堀(外堀)
0
100m

●―小国城の縄張図

小国孫三郎で、『小国郷覚書』にある下村水の手館の細川帯刀直重と同一人物とみられる。これらの史料から細川氏は京都蜷川家と書状のやり取りをする源氏であり、足利一族の細川氏出自と考えられる。

次に細川小国氏の滅亡年については、天正十三年に成立したとある「天童落城並仏向寺縁起」（『天童市史編集資料第二二号』一九八〇）に「（小国）摂津守は義光の御手に入申さず候迚《とて》、天正十二年申十月十九日に責落とし、奥州へ落ち給う」と天正十二年（一五八四）とあるのは、史実を伝えると考えられる。その細川氏の滅亡には、尾花沢盆地に進出した一族の細川牛房野氏が役割をはたしたとみられ、牛房野に興味深い伝承が残る。それは、「小国城主細川三河守、最上《もがみ》義光に滅ぼされる。牛房野（細川）三七、一族郎党を率いて先鋒をつとめ大勝利となる。（翌年）小国の残党復讐のため、牛房野を夜襲する途中に雪崩で全滅する」と伝える（山形県立楯岡高校社会部『郷土』第四号〈一九七四〉）。かくして、牛房野氏は領地を安堵され、細川氏滅亡に功績のあったとみられる蔵増氏には小国郷をあたえられたのであろう。

【小国城の終焉】 最上義光から小国を与えられた蔵増（本拠は現天童市蔵増）氏は、小国氏の名跡《みょうせき》を引き継ぎ小国城を本拠に支配するが、元和八年（一六二二）、最上氏改易により小国を追われ小国城は廃城となった。元和八年の城接収記録「最上氏収封諸覚書」（伊達家文書）には「小国日向居所知行壱万七千石」とあり、最後の石高は一万七〇〇〇石であった。

かくして、小国城は、元和八年に城としての機能を終えた。そこで、現在残る遺構は元和八年段階のものといえる。しかし、その遺構をみると長大な主郭、階段状の郭群と斜面を防御する帯郭《おびくるわ》群、そして尾根を遮断する堀切など天正期前半の最上の城の特徴をもち、蔵増小国氏はその前の細川小国氏の城を基本的に継承したと考えられる。新しい時期のものとみられる遺構には山麓をめぐる外堀があるが、その大部分は伝統的な空堀《からぼり》であった。それは、東根城が慶長年間頃に城と城下町をまったく一新し、一部に石垣を採用し水堀、桝形門《ますがたもん》をもつ近世の城となったのとは異なる。そのことは、最上氏の支配下にあっても、城づくりはそれぞれの領主が行い最上氏の規制が基本的になかったためではなかろうか。

（保角里志）

【参考文献】保角里志「山形県最上町小国城跡の再調査」『さあべい』第二三号（二〇〇七）

東北の太平洋舟運

八重樫忠郎

一二世紀の太平洋舟運の存在を実証したのは、三十年ほど前から活発になった平泉町の柳《やなぎ》之《の》御所《ごしょ》遺跡の発掘調査であった。この調査によって愛知県産の大甕が、大量に出土したのである。多数の大甕を壊さずに運搬することは、陸路では不可能なので海路しかない、ということになったのであった。

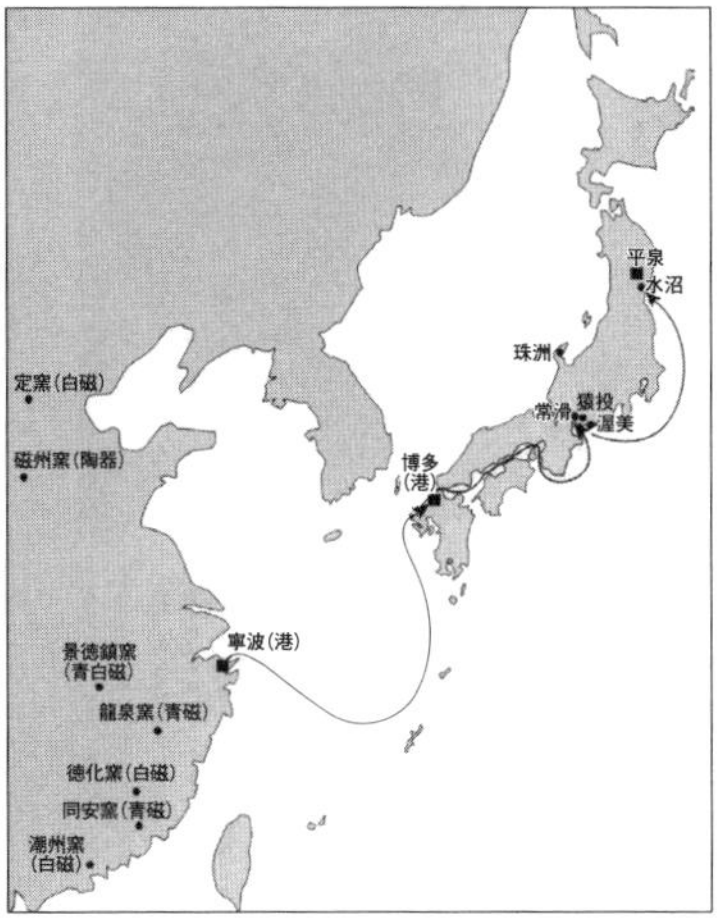

●―太平洋交通図

輸入陶磁器の大甕も一定量出土することから、博多から瀬戸内を通り、愛知県を経由して太平洋を陸伝いに北上するルートが、一二世紀ごろには確立していたのであろう。平泉へは、東北の大河である北上川の河口である宮城県石巻から川舟に替えて遡上したと考えられている。

近年の発掘調査によって、岩手県から青森県沿岸の舟運を想像させる遺跡も発見されている。それらの多くは、遺構は確認されずに遺物のみの場合が多いことから、陸伝いに行く舟の寄港地のようなものであったとも考えられる。また中には、堀を有する館のような遺跡も発見されており、陸路との結節点となる重要な港であった可能性が指摘されている場所もある。北海道への舟運は、宇隆《うりゅう》1遺跡（北海道厚真《あつま》町）から一二世紀の常滑《とこなめ》大壺が出土したことから、陸奥《むつ》湾から出航し、海流によって流れ着きやすい厚真が選ばれていたと想定されている。

中世後期になると出土した輸入陶磁器の量によって、日本海舟運が北海道や青森県東部まで及んでいたことが分かる。一二世紀には、日本海と太平洋のそれぞれの舟運は、独立した様相を見せていたのだが、中世後期にはそれらがオーバーラップするように見受けられる。日本海域の安定した舟運が、航海技術の進歩を生み出し、それらが列島を席巻していったようである。

●最上川舟運の中枢拠点を抑える城

清《し》水《みず》城《じょう》

〔県指定史跡〕

〔所在地〕大蔵村大字清水字比良
〔比　高〕約四五メートル
〔分　類〕平山城
〔年　代〕一六世紀後半～一七世紀前葉
〔城　主〕清水氏
〔交通アクセス〕山交バス県立病院前から肘折行で「清水」下車、徒歩約二〇分。

【最上川の城と楯】　いわゆる三難所《さんなんしょ》の手前、最上《もがみ》川中流域は古代水駅以来舟運が盛んだった。そして、川の領主が各地におり、城《しろ》や楯《たて》を構え河岸をまもった。それらをみてみよう（『南出羽の城』二〇〇六）。

「江戸をみるなら猿羽根《さばね》をみろ」と自慢したほど最上川舟運で繁栄したという富田に、源義家の末裔という猿羽根氏の本城だった、郭を重ねる山城、猿羽根楯がある。ここは広い後背地をもつ小国川の合流点で古代水駅「避翼駅《さるはねえき》」以来の水運の要衝であった。そして、この下流、源義経が上陸した「あい川の津」（『義経記』）とされ、昭和八年（一九三三）に大量の古銭が出土した本合海《あいかい》の最上川断崖絶壁上に矢向《やむき》楯がある。戦国期、川の領主合海氏の構築といい、尾根を切断する三条の大規模な堀切が特徴である。

そこを下ると鮭川《さけかわ》との合流点となり、古代水駅「佐芸《さけ》駅」以来の最上川の要衝であった。合流点近くの台地上にある岩鼻楯《いわはなたて》は、鮭延《さけのぶ》氏が最初入部した地とされ、大規模な空堀《からぼり》と土塁《どるい》が残る。仙北小野寺氏から戦国期、派遣されたという鮭延氏の目的は、最上川の舟運を抑えることであったろう。また、合流点対岸の高峻な山が、庄内大宝寺《だいほうじ》氏軍が攻めあぐんだという、名城「田沢《たのさわ》楯」である。三方の尾根を堀切で切断したなかにあり、空堀の多用は大宝寺氏の城の特徴とみられる。攻略後の構築ではなかったろうか。

最上峡谷をはさみ庄内と接する角川合流点に、古口楯がある。合流点をみおろす台地上にあり、空堀と土塁で遮断した

●―広大な清水城本丸

複郭《ふっかく》の構造で、川の領主、古口氏の城であった。

これらは最上川舟運の要衝を抑えた「最上川の城」であった。そのうち、最大の城は清水城である。その清水城の遺構をみてみよう。

【本丸を守る馬出】 清水城は、東に烏川《からすがわ》、西に藤田沢川が流れ、北は最上川に張出す舌状台地に立地する。台地が南に大きく広がる接点を大規模な堀と巨大な土塁で遮断し、内部を城域とする。現在、二の丸堀は空堀だが水溜施設が残り、かつては水堀であった。土塁内側には広大な二の丸跡があり、重臣屋敷だったろう。二の丸跡と本丸跡との間には、浅い空堀と低い土塁で囲まれた小郭があり、これは本丸を守る馬出《うまだし》である。

馬出と本丸間は、深く広い空堀で遮断する。本丸跡は東西約五三メートル、南北約八三メートルの規模で、ここには城主清水氏の本丸御殿があったろう。これらが城の中枢部となり、北側と東側には多くの郭が付属し、西側には折れる城道をくだると深い沢を遮断する土塁がある。これは最上川から沢をのぼる敵を遮断するものであったろう。

城の南側台地には城主祈願寺「修善院《しゅうぜんいん》」があったとされ、二日町や春日町、上町、下町、山形下屋敷などの地名が残り、かつて陶磁器や仏像が出土したと伝える。したがって、ここには家臣団屋敷と町屋や寺社があったが、今は圃場《ほじょう》整備された水田となり面影はない。

そして、城下には清水氏の菩提寺興源院《こうげんいん》があり、城下を通る赤沢小路、桜小路の道地名が残る。さらに、対岸の清水・

合海集落に見事な短冊形の町割がみられ人工的な河岸集落だったことを物語る。

なお、昭和五十七年（一九八二）に本丸跡の発掘調査が行われ、門跡や建物跡が見つかり、近世初期の肥前系染付磁器や在地系陶器などが出土し、地下に豊かな遺跡が眠ることが明らかとなった（長沢正機『清水城址発掘調査報告書』大蔵村教育委員会、一九八三）。

この清水城は、平成二十三年（二〇一一）に県史跡に指定された。今、清水城本丸にたつと最上川上流・下流遠くまで見通しがきき、下った北側郭は最上川すぐ真下にあり航行する舟を直接攻撃できる位置となる。まさに清水城は最上川を守る城であることが実感される。

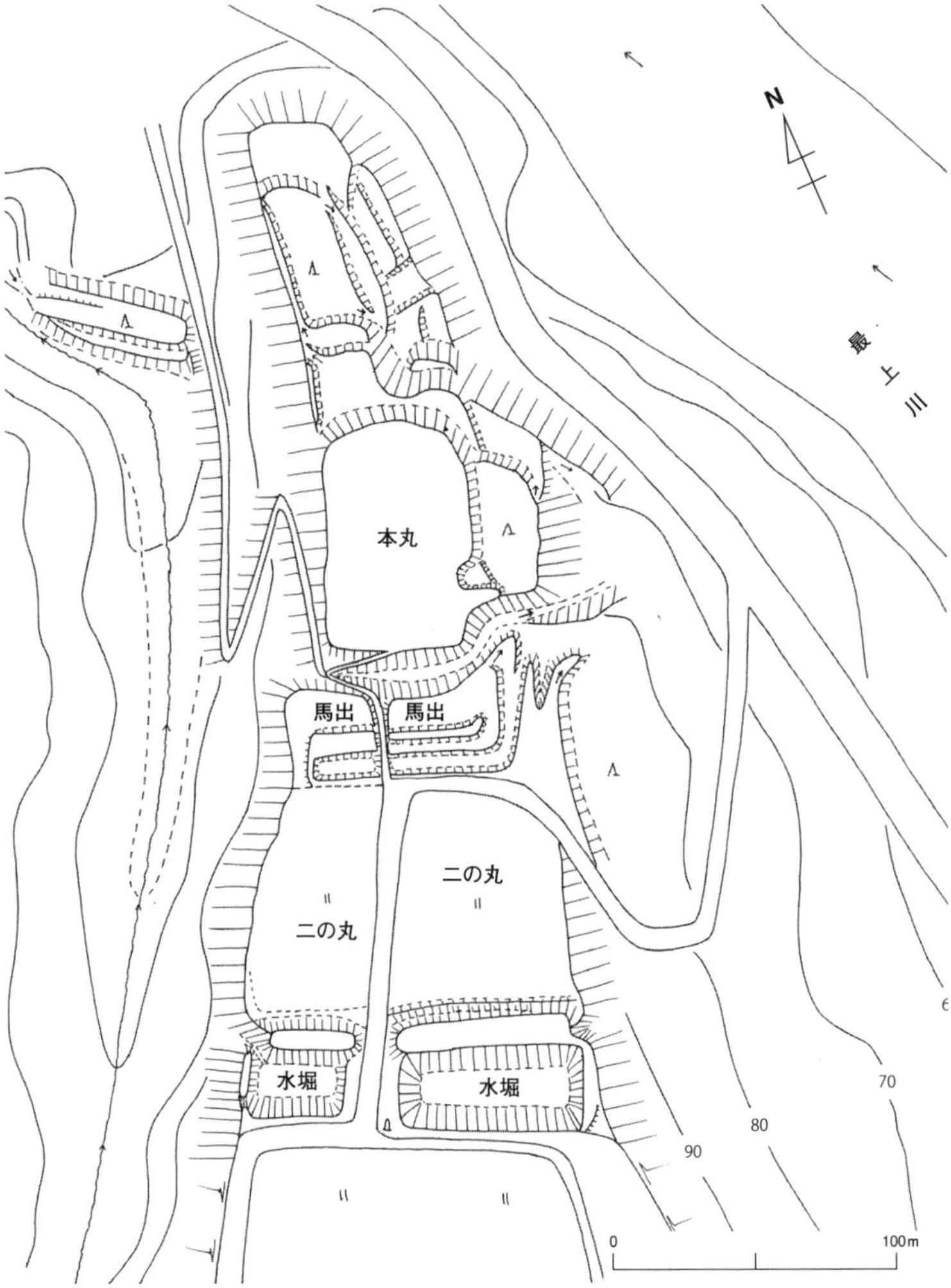

●—清水城の縄張図

【最上川の領主「清水氏」】 清水氏は文明年間（一四六九〜八六）、斯波兼頼《しばかねより》の曾孫、満久《みつひさ》が清水の白須賀に入部したのが始まりという。斯波氏一族の入部は、北方政治拠点の確保と

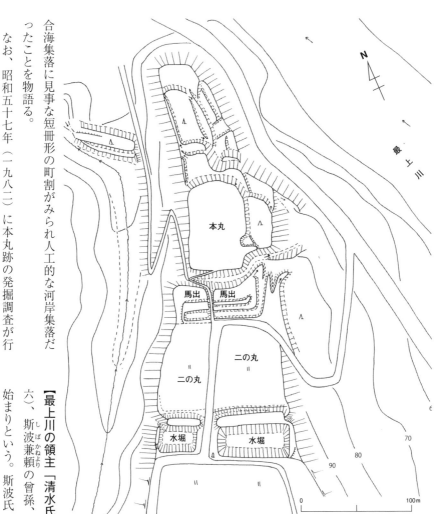

最上川舟運の掌握と考えられる。
後に、末裔は清水氏と称し北の比良台地に城を移し、それが清水城の始まりであった。この地は最上北端の境目《さかいめ》の地で、永禄年間（一五五八～六九）には庄内大宝寺氏の激しい進攻を語る史料がある。その合戦で五代清水義高《よしたか》は戦死し、その後も劣勢は続き六代義氏《よしうじ》は捕虜となり清水領の大半が占領された。そして、天正期になると、清水義氏は宗家最上義光《よしあき》に味方し、義光の子を養子にむかえ、それが七代清水義親《よしちか》である。義親は慶長末年には二万七〇〇〇石余の最上家重臣となり、支配地は清水、本合海、古口と最上川の要地を占めた。そのとき清水河岸は、荷改めし税を徴収できる川舟中継権をもつ最上川随一の河岸として繁栄した。そのころの清水には遠隔地商人もおとずれ小屋家、皆川家などの有力町人の成長が知られ、清水河岸には多くの蔵、問屋、舟宿などがたち、人と物でにぎわったとみられる。

【清水城の終焉】　慶長十九年（一六一四）正月、最上義光は死去した。その後襲封した家親と弟清水義親の対立が深まり、同年十月十三日、家親から派遣された延沢遠江守と日野将監の率いる軍勢は清水城を攻め義親は敗死し、清水氏は滅亡した。清水義親は『新庄古老覚書』（常葉金太郎校訂、一九一八）には水風呂に隠れているのを殺害されたとあり、「気弱な人」、「悪逆無道」とも書かれる。

それははたして史実だろうか。父義光から大身の石高を預かり、最上川の要衝清水をまかせられた義親がそのような人物であったとはとうてい思えない。義親の筆跡は見事とされ、また、清水集落を見下ろす台地には建主不詳の宝暦十三年（一七六三）の義親供養碑が発見されている。そして、現在の大蔵《おおくら》村の村名は、清水大蔵大輔義親の大蔵からとったものである。地元では、義親は郷土を発展させた人物としてずっと思われてきたことが知られる。

この家親と義親の争いは、徳川方の家親に対して、義親が秀頼近習の出自で豊臣方であったためというのが通説であるが、義親が秀頼の近習だったことを語る一次史料はない。そして、清水氏滅亡後、清水河岸の最上川の川舟中継権は奪われ新興の大石田河岸に与えられた。最上家親の義親攻撃の背景に、最上川河岸の利権争いがあったのではなかったか。

かくして、城主を失った清水城は、義親攻撃の大将とされる日野将監に預けられ、元和八年（一六二二）、最上家改易にともない伊達軍により接収されて廃城となった。

【参考文献】　保角里志「戦国期史料にみえる鮭延・新城地域の城館跡調査」『南出羽の戦国を読む』（二〇一二）

（保角里志）

●日本海海上交通の要衝酒田湊の抑え

亀《かめ》ヶ《が》崎《さき》城《じょう》(東禅寺城)

(所在地) 酒田市亀ヶ崎一丁目
(比　高) 〇メートル
(分　類) 平城(水城)
(年　代) 一五世紀〜幕末
(城　主) 遊佐氏・東禅寺氏・上杉氏(志田氏)・最上氏(志村氏)・酒井氏(〜幕末)
(交通アクセス) JR羽越本線「酒田駅」下車、徒歩二五分。同駅発庄内交通バス「亀城小学校前」下車、徒歩三分。

【歴　史】　酒田湊が現在地に移転したのは一六世紀代のことと推定され、移転は一七世紀第1四半期まで続いたという(『酒田市史改訂版』)。かつては最上川左岸、宮の浦〜飯森山周辺にあったと伝わる。この湊移転前から坂田氏や遊佐氏による「酒田(坂田)城」があったというが、詳細は不明である。亀ヶ崎城は、かつて「東禅寺城《とうぜんじ》」と呼ばれていた。その名はこの地にあった「東禅寺」という寺院名に由来するという。現在の鶴岡が慶長年間以前に「大宝寺《だいほう》」と呼ばれたことと似ている。「東禅寺城」の築城の契機は、当時勢力を拡大していた大宝寺氏の庶流の砂越氏に対抗するためとする説がある。

永正・天文年間(一六世紀第1四半期)には大宝寺氏と砂越氏の抗争が激化して、「東禅寺」の地で合戦が起きている。天正十一年(一五八三)に大宝寺義氏《よしうじ》が家臣の謀反で横死すると、功績のあった家臣が東禅寺を名乗った。最上氏とかねてから通じていた東禅寺氏は、やがて大宝寺氏と繋がりのあった越後村上の本庄氏の攻撃を受け、東禅寺氏・最上氏は庄内を失陥する事態となった。天正十八年(一五九〇)に東北各地の検地反対一揆が勃発すると、それに呼応するようにここ庄内でも検地一揆が起こり、翌年一揆は鎮圧されたが、本庄氏・大宝寺氏はその責を問われ蟄居を命ぜられ、その代わりに越後上杉氏の重臣直江兼続《なおえかねつぐ》が庄内支配を任された。

直江兼続は東禅寺城代に甘糟景継《あまかすかげつぐ》を任じた。慶長五年(一六〇〇)の勃発した関ヶ原の戦いはここ出羽庄内にもおよび、

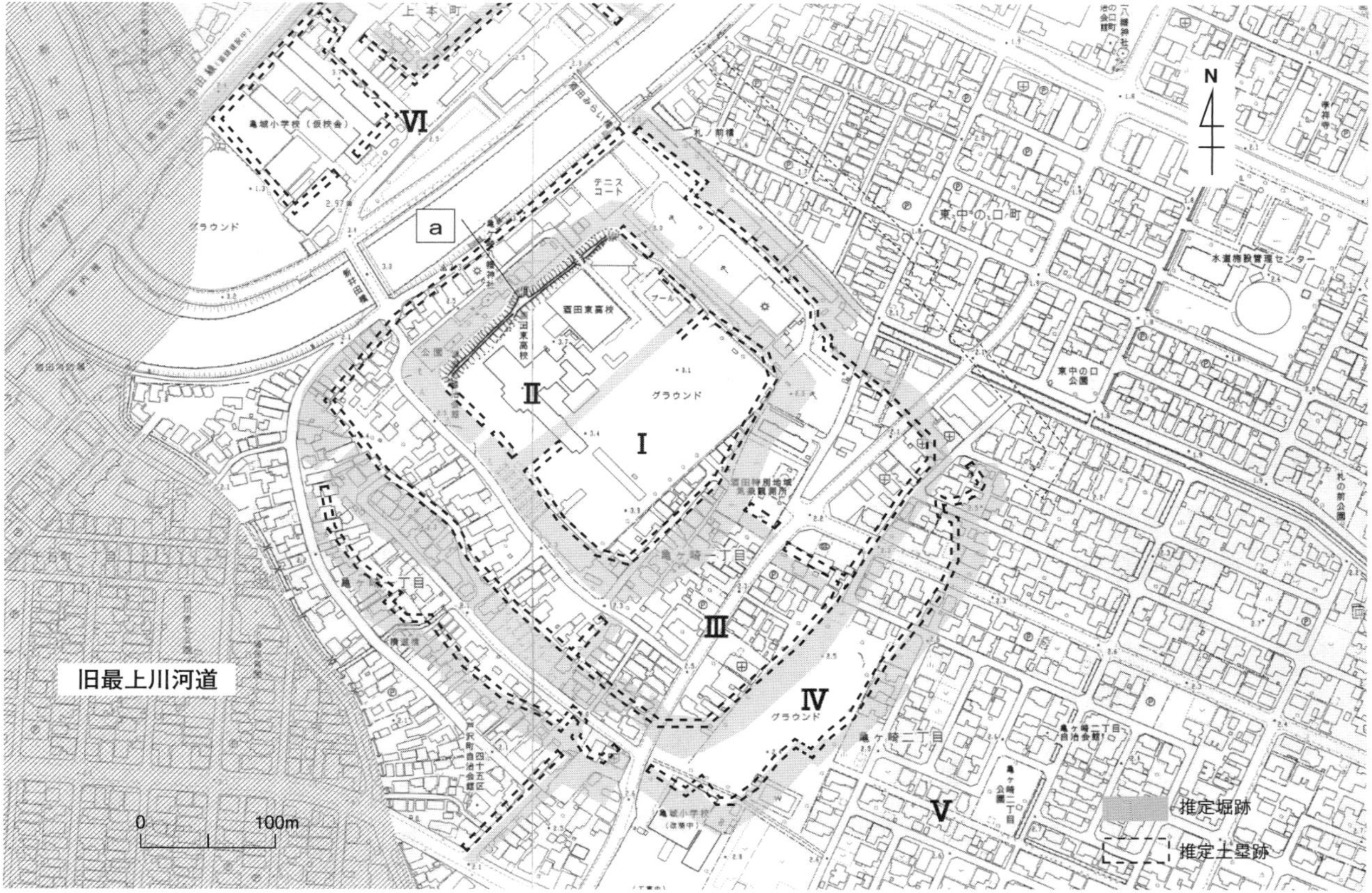

●—亀ヶ崎城推定平面図（作図眞壁．1/2500 酒田都市計画図 X-OB 08-1・08-2 を基に作成）

志田義秀《よしひで》が城将となり東軍の最上方に対して籠城したが、翌年防戦かなわず最上方に開城した。関ヶ原の戦い後は最上氏の庄内支配が確定し、志村光安《あきやす》を城将とした。なお、慶長年間に東禅寺城を亀ヶ崎城と改名した。元和八年（一六二二）に最上家が内紛を理由に改易されると、徳川家の譜代大名である酒井忠勝が庄内約一四万石の領主となり入部、以降亀ヶ崎城も酒井氏の支配となり、以後城代が置かれ幕末まで続くこととなる。

【城の立地および現況】 亀ヶ崎城は、最上川の右岸河川堆積層の標高約三メートルの微高地上に立地する。流路が固定化し、城跡から離れて見える最上川はかつて南～西側に接していた。また北～西側は新井田川に画されており、最上川と新井田川の合流点に位置している。

現在、城の主要な部分は山形県立酒田東高校の敷地と住宅地となっている。二の丸西辺部分の土塁《どるい》の一部を残し、明治以降、土塁は崩され堀は埋め立てられ宅地化が進んだ。

【城の構造】 亀ヶ崎城の縄張構造は、三重、部分的に四重の堀ないし土塁で囲まれるいわゆる輪郭《りんかく》式である。当城は、本丸と二の丸が東西に並列する「巴形《ともえ》」を呈し、珍しい縄張であるとされているが、元々は本丸と二の丸は一体的なものであったとも考えられてきた。『亀ヶ崎城侍屋敷并町割絵図』（元禄二年）を見ると、新井田川東岸に本丸（Ⅰ）、二の丸（Ⅱ）、三の丸（Ⅲ）を配置しており、さらに鵜《う》渡《わたし》川原と呼ばれる南方も侍屋敷を配置して堀や土塁で囲郭して総構《そうがまえ》としている（Ⅴ）。新井田川を挟んだ西岸には御蔵《みくら》と呼ばれる独立した郭（Ⅵ）を配置してさらにその外側に堀を廻らして町屋域まで取り込み縄張していた。

『亀ヶ崎城本丸二の丸絵図』（明和七年か）、および『貞享年中亀ヶ崎城図』を見ると本丸（Ⅰ）は、北西に位置する二の丸との間に幅一二メートルの堀と高さ四・五メートルの土塁で画され、他は高さ五・一メートルの土塁と幅二五・三～三六・二メートル間程度の堀で囲まれていた。本丸の虎口《こぐち》は二ないし三ヵ所あり、その全てが二の丸方向にのみ土橋《どばし》か木橋《きばし》が架けられていた。門は棟門《むなもん》形式のものや冠木《かぶき》門が確認できる。内部には御殿があった。二の丸（Ⅱ）は東の本丸側に土塁は設けておらず、他は幅二三・五～二五・三メートル間程度、深さ一・八メートルの堀と高さ四・九メートルの土塁で囲まれていた。西辺土塁のほぼ中央に張出部分が認められ櫓《やぐら》台と考えられる。二の丸には城代屋敷と東北の隅の本丸側に亀ヶ崎八幡宮があった。

虎口は三の丸方向の南北に各一ヵ所、楼門が設けられ、いずれも木橋が架けられていた。三の丸（Ⅲ）は外周を幅一二・六～三六メートル間の堀と高さ四・五メートル程度の土塁で囲む。郭内は数ヵ所に土塁と堀で仕切る。虎口は南西隅に楼門形式の大手門を、南東と新井田川方向の北隅に棟門を配置した。北東辺は折れのある塁線を設けていた。ここは武家屋敷となっていた。四の丸（Ⅳ）は幅一二・六〜三六メートル間程度の堀と土塁で囲まれているが、屋敷地としては活用されていないようである。

ここの塁線は屏風《びょうぶ》折れを南辺に、虎口は丸馬出《まるうまだし》を東側の南北に二ヵ所あり、南にあるものは木橋を、北のものは土橋となっていた。いずれも門等の建築物も認められない。東辺中央に外枡形《そとますがた》を設けているが架橋はない。新井田川対岸の「御蔵」（Ⅵ）は、幅一〇・二メートル程度の堀と高さ一・一メートルの土塁に囲まれた場所だった。この内側はさらに土塁で区画されていた。虎口は二ヵ所で内郭には棟門があった。この御蔵の外側西方にも堀形が認められ、上杉時代の外構えの名残という。さらに南東方向の鵜渡河原にも土塁や堀で区画し武家屋敷となっていた（Ⅴ）。

【発掘調査】　県立酒田東高校の校舎建替えに併せて五次にわたる発掘が行われた。平成二年（一九九〇）の第一次調査では本丸（Ⅰ）と二の丸（Ⅱ）の間の堀を検出した。一七〜一九世紀の陶磁器片や土製品の人形・下駄や漆器と

●—亀ケ崎城二の丸土塁（南から）

●—亀ケ崎城二の丸土塁張出部分（北から）

●—亀ケ崎城三の丸の現況（東から）道が緩やかに曲がっていくのは当時の本丸堀の影響

いった木製品が出土している。平成五年の第二次調査では二の丸郭内の地点が調査され、城代屋敷の一部と考えられる礎石建物跡や屋敷境の列石と考えられる遺構が検出された。平成六年の第三次調査では、再度本丸と二の丸の間の堀を検出した。出土遺物は一七世紀以降の陶磁器片、硯《すずり》等の石製品、箸・椀・下駄等の木製品、槍身・煙管《きせる》等の金属製品が出土した。なお堀跡からは中世に遡ると考えられる磁器片や陶器片が出土している。

平成十六～十七年の第四～五次調査では、本丸と二の丸に跨る地点の調査を行ったが、一六世紀前半～一七世紀初頭の二～三の遺構面を確認し、礎石・掘立柱建物や土坑を検出、各遺構面を形成する整地層中からは大量の木製品を中心とする遺物が出土した。特に天正十二年（一五八四）および慶長五年（一六〇〇）銘の「なまり玉」荷札木簡《にふだもっかん》や最上氏の武将「志村伊豆守」と記した木蓋《きぶた》は注目に値する。近世では本丸と二の丸の間の堀から木橋の橋脚を検出した。なお、一六世紀前半代にはすでに近世の堀と併行する堀（障子堀か）の存在が確認されており、一七世紀初頭には土塁を伴う堀となっていたことが判明したことは、先に「構造」のところで「巴形」縄張の不自然さに言及したが、発掘調査の成果が一石を投じる形となり興味深いものがある。少なくとも一六世紀前半には確認できるということは、この地が東禅寺城であることの証左であるといえよう。

【参考文献】『日本城郭体系　三巻　山形・宮城・福島』（新人物往來社、一九八一）、『酒田市史　改訂版　上巻』（一九八七）、山形県教育委員会『亀ヶ崎城跡発掘調査報告書』　山埋文報第一六九集（一九九一）、（財）山形県埋蔵文化財センター『亀ヶ崎城跡第二次発掘調査報告書』　山埋文セン報第一七集（一九九四）、（財）山形県埋蔵文化財センター『亀ヶ崎城跡第3次発掘調査報告書』　山埋文セン報第二八集（一九九五）、鶴岡市史編纂会『図録　庄内の歴史と文化』　荘内史料集二二（一九九六）、山形県教育委員会『山形県中世城館遺跡調査報告書三集（庄内・最上地域）』（一九九七）、（財）山形県埋蔵文化財センター『亀ヶ崎城跡第四・五次発掘調査報告書』　山埋文セン報第一八〇集（二〇〇九）

（眞壁　建）

●出羽国留守氏の本拠

新《あら》田《た》目《め》城《じょう》

〔県指定史跡〕

〔所在地〕酒田市本楯字新田目
〔比　高〕〇メートル
〔分　類〕平城
〔年　代〕不明
〔城　主〕留守氏
〔交通アクセス〕ＪＲ羽越本線「本楯駅」下車、徒歩七分。

【歴　史】九世紀代の出羽国府と考えられている国指定史跡の城輪柵が近くにあることから、新田目城の地は古くから出羽国留守所《るすどころ》や移転後の国府の所在地として考えられてきた。ここの領主と伝わる留守《るす》氏の系譜については、前九年の役後、源義家《よしいえ》が出羽国留守所職として派遣した須藤氏が起源ではないかという説がある（『平田町史』二〇〇四）。

　時代は下るが室町時代になると「一条八幡祭礼日記」に祭に寄進する大旦那《おおだんな》として「留守殿」が登場する。天文十五年（一五四六）、「留守殿」が埋納されていたらしい銭百貫が入っていた甕を掘り出している記録がある（「来迎寺年代記」）。弘治元年（一五五五）には狩川（現庄内町）にて新田目留守氏の一族と見られる「留守六郎殿」が合戦で討ち死にしている記事があり（「来迎寺年代記」）、川北（最上川以北、飽海郡域を指す）の国人《こくじん》衆として活動していた。しかしながら、大宝《だいほう》寺《じ》氏と砂越《さごし》氏の抗争、越後本庄氏（上杉氏）や山形の最上氏の介入により当地方は争乱状態となった。この間、大宝寺氏は滅亡し、砂越氏や当地方の有力国人層は滅亡するか、本領を退去せざるを得ない状況となっている。

　そうした中、天正十六年（一五八八）二月、留守氏は山形の最上義光より弟の仕官を許されている。同年の十五里ヶ原の合戦以降、八月には観音寺・新田目に最上方の軍事行動があった。当地方は越後本庄氏、天正十八年以降は上杉氏領国に組み入れられる中、文禄三年（一五九四）には上杉氏の重臣直江氏配下の甘粕《あまかす》氏より「今井」と姓を替えた留守氏に、

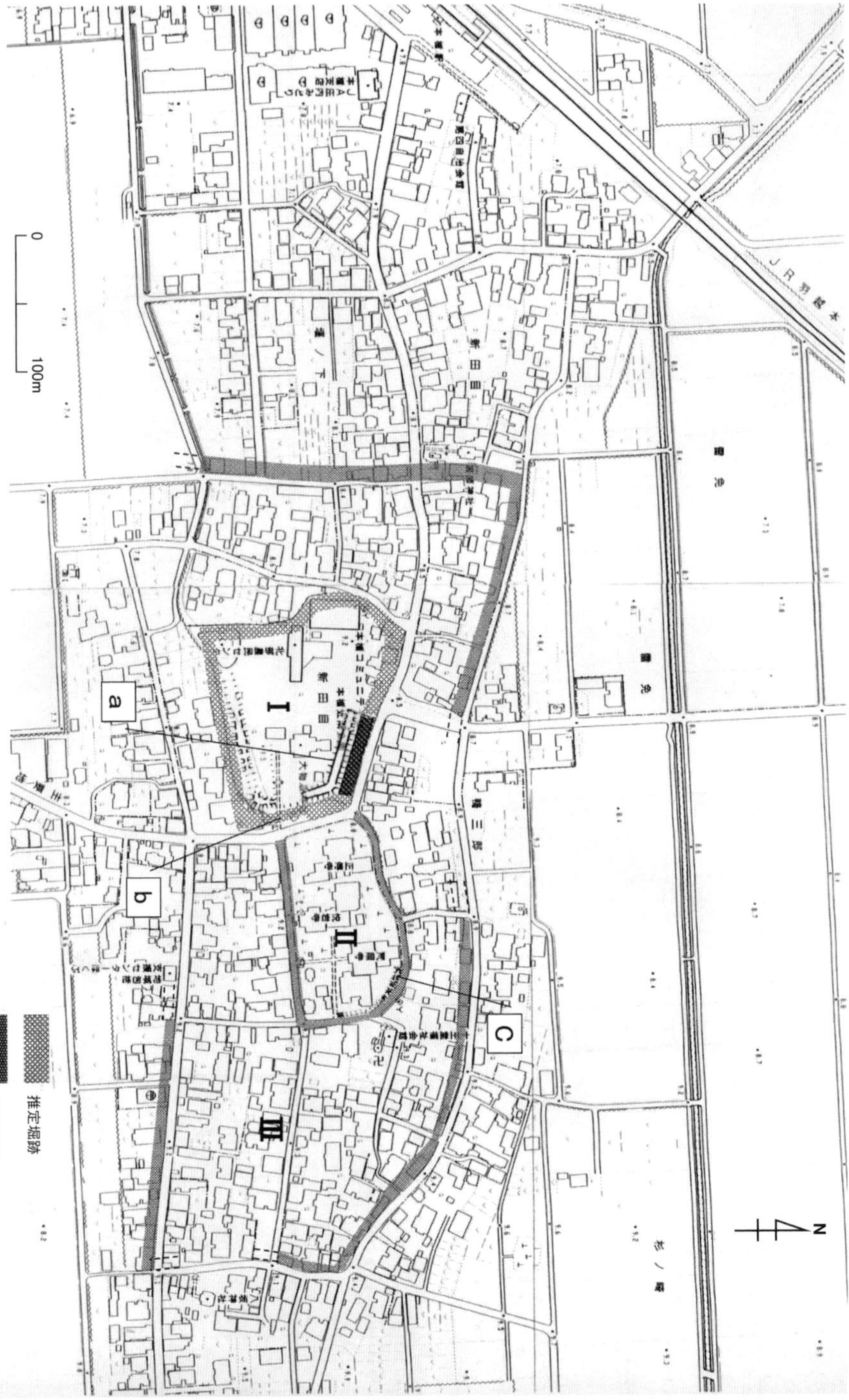

●—新田目城推定図（作図眞壁. 1/2500 酒田都市計画図 X-NB 79-4・89-1・89-2 を基に作成）

「軍役普請《ぐんやくふしん》」負担のため二〇〇〇刈の知行《ちぎょう》を給されており、上杉氏時代も川北の領主として続いていることが知られる。この間に城は廃止されたものと推定される。江戸時代以降、

●—新田目城遠景，矢印方向の杉林が主郭（南西から）

山形県

今井家は新田目の地に居住し肝煎《きもいり》として続くこととなる。なお、寛政四年（一七九二）の絵図では主郭Ⅰ内部は東半を「大物忌神社」、西半を「浄政院」の境内地として描かれている（『平田町史　上巻』二〇〇四）。

【城の立地および現況】　新田目城は、酒田市の北部の本楯地区の新田目集落の中心部に位置する。鳥海山を水源とする日光川の左岸域にあり、扇状地の扇端に立地する。標高は約九メートルである。周囲は水田地帯となっている。東南方向に約一・五キロ離れた場所には、九世紀代の出羽国府と考えられている国指定史跡の城輪柵跡がある。

現在は、主郭《しゅかく》Ⅰと考えられている大物忌《おおものいみ》神社境内地および旧本楯小学校（現本楯コミュニティーセンター・北部農民センター・本楯近隣公園）を中心に寺院境内地および住宅地となっている。大物忌神社境内地には土塁《どるい》と堀の一部が残されている。それより東側には曹洞宗の正傳《しょうでん》寺・悦岩《えつがん》寺・梵照《ぼんしょう》寺の三ヵ寺が並ぶが、梵照寺境内北東〜東隅にかけて土塁らしき高まりが確認でき、あるいは周辺道路も堀跡であった可能性がある。昭和三十二年（一九五七）に大物忌神社境内が県史跡に指定されている。

【城の構造】　図で示したとおり、主郭Ⅰを中心とした三郭構造ではなかったかと推定される。主郭は前述の通りⅠとした

東西一三〇メートル、南北一五〇メートルの範囲であると考えられる。遮断施設は土塁と水堀がめぐっていたと推定される。現在土塁は東半部に当たる大物忌神社境内側に「コ」の字型で残存している。高さはかつて五メートルほどあったらしいが、現在は郭内部で一メートル前後となっている。水堀は北辺の東側に幅一一メートル、長さ六〇メートルが遺されている。導入施設はかなり改変を受けており判然としないが、寛政四年の絵図からも現在も大物忌神

●―新田目城の水堀と主郭土塁（東から）

●―新田目城の主郭土塁状から堀を望む（北西から）

社参道として使われている東西方向の道が確認できるので、諸説の通りbの箇所が大《おお》手虎口《てこぐち》と考えるのが妥当であろう。

Ⅰ郭の東側に位置するⅡ郭は、東西一四〇メートル、南北八〇メートルの範囲であると推定される。この郭は現在正傳寺・悦岩寺・梵照寺の三ヵ寺の境内となっている。その内北東隅に当たる梵照寺裏に高さ一メートル強の土塁と推定される高まりが残存していることも考慮し推定したものである。現在周囲は道路となっているが、おそらく堀跡ではないかと思われ、ここもⅠ郭同様、堀と土塁で囲郭された場所であった。導入施設は不明である。

Ⅲ郭とした東西約六〇〇メートル、南北約二〇〇メートルの範囲では明治二十八年（一八九五）の字切図に描かれた集落北辺から東辺にあたる場所に東西および南北方向に細長い地割が確認されており、特に北辺部の東側に伸びる通りは地元で「公田通（クネドリ）」と呼んでいるという。湿地帯と連結していたことが推察されることからおそらくこの細長い地割は堀跡であろう。遮断施設としてはⅠ・Ⅱ郭同様土塁の存在が考えられ

るが、宅地化が進んでおり確認できない。導入施設は不明である。輪郭のみの推定である。周辺の字切図も含めて従来の調査範囲より広域に復元、古絵図もあわせながら検討が必要である。なおⅢ郭の東側に位置する八坂神社の存在も興味深い。

【発掘調査】　酒田市教育委員会では遺跡内での地区の健康管理センターの建設が計画されたことを受けて、昭和五十七年から五十九年の三年間の発掘調査を実施した。昭和五十七年度の予備調査では四六ヵ所の二～三メートル四方の試掘坑を調査し、内四一ヵ所で古代から中世を中心とした遺構を検出した。この中では土塁の基底部を想定される箇所や組み合わせまでは不明であるが建物を構成したであろう多数の柱穴を確認した。続く昭和五十八年度の調査では七二〇平方メートルを対象とした本発掘調査が行われ、柱穴や土坑、溝跡等多数の遺構が検出された。平安時代に遡るものも見受けられたが、ほとんどは一五～一六世紀代の属するものと考えられる。

　出土遺物は平安時代のものは割愛するが、中世以降では北東日本海側でよく見られる須恵器《すえき》系陶器をはじめ、越前、信楽《しがらき》といった無施釉《むせゆう》の大形雑器に混じり、国産の瀬戸美濃施釉陶器、青磁・白磁・染付・朝鮮の貿易陶磁器、曲物《まげもの》、砥《と》石《いし》、釘、古銭等が出土している。昭和五十九年度の調査では約一四〇平方メートルを調査対象としている。二次調査同様柱穴群や溝跡、土坑が検出された。古代の遺構・遺物も混じる中、中世以降に属するものもあり、出土遺物から一五～一六世紀代のものであると報告されている。特に溝跡から中世陶磁器のほか古銭が四三枚一括で出土しており、古銭の生産年代から一五世紀後半を中心とする時期であることが報告されている。

　これらの発掘調査の成果は、おおよそ文献上に出てくる留守氏の中世後半以降の活動時期とおおむね重なるものの、調査面積の狭さから遺構の規模や構成が不明となっていることが、調査後三十数年を経た現在も課題となっていることは残念でならない。今後の調査に期待するものである。

【参考文献】『日本城郭体系　第三巻　山形・宮城・福島』（新人物往来社　一九八一）、酒田市・酒田市教育委員会『新田目城跡―予備調査の概要―』（一九八三）、酒田市・酒田市教育委員会『新田目城跡Ⅱ―昭和五十八年度発掘調査の概報―』（一九八四）、酒田市・酒田市教育委員会『新田目城跡Ⅲ―昭和五十九年度発掘調査の概報―』（一九八五）、『酒田市史　改訂版　上巻』（一九八七）、山形県教育委員会『山形県中世城館遺跡調査報告書第三集（庄内・最上地域）』（一九九七）、『平田町史　上巻』（二〇〇四）

（眞壁　建）

●最上川下流域の要衝

砂《さ》越《ごし》城《じょう》

〔所在地〕酒田市砂越字楯之内
〔比　高〕〇メートル
〔分　類〕平城
〔年　代〕一五世紀代か～
〔城　主〕砂越氏
〔交通アクセス〕ＪＲ羽越本線「砂越駅」下車、徒歩二〇分。

【歴　史】砂越《さごし》氏以前の当地の領主については、江戸時代後期の成立と見られる『石黒家記』によれば石黒氏が居住していたという。後に石黒氏は松山に移り、大宝寺《だいほうじ》氏の一族である砂越氏が替わりにここを本拠としたことが想定される。庄内地方の戦国期に砂越城を拠点として活躍した砂越氏は、もともと鎌倉時代以来の庄内きっての名族大宝寺氏の庶族であったといわれている。その砂越氏が惣領家の大宝寺氏と比肩しうる勢力を持ったのは文明年間（一四六九～一四八六）、砂越氏雄《うじかつ》の頃とされている。同族同士の争いが激しさを増したのは永正年間（一五〇四～二〇）以降のことで、天文年間（一五三二～五四）に再燃する。その後、大宝寺氏と砂越氏は勢力を、それぞれ庄内南部と北部で維持していたが、やがて上杉氏権力を背景とした大宝寺氏勢力に取り込まれていく。しかしながら砂越氏は下国安東氏（後の秋田氏）と姻戚関係を結び良好な関係にあった。この下国安東氏からの調停を受け入れ、永禄年間（一五五八～六九）には大宝寺氏と和解している。元亀・天正年間（一五七〇～九一）になると大宝寺氏は秋田由利地方にも勢力を延ばし始めた。

天正年間には山形の最上氏の調略が庄内地方にもおよび、天正十一年（一五八三）に大宝寺義氏《よしうじ》が家臣の離反に遭い大浦城にて自害したことを受けて、舎弟の義興《よしおき》が家督を継いだが混乱は収まらず、勢力回復の起死回生の策として越後村上の本庄氏から養子を迎え入れたことが逆に最上方勢力の反感を買った。それが契機となり、天正十五年（一五八七）、家

●―砂越城遠景　①主郭②日枝神社（南から）

臣の謀反と最上氏の介入を許して大宝寺氏は実質上滅亡した。この年、砂越氏は羽黒山関係者から没落寸前の大宝寺氏を救済するため、安東氏とともに最上氏への仲介を依頼されている。大宝寺氏滅亡後は、最上氏が腹心の重臣である中山玄蕃《げんば》を庄内に後見役として派遣し、反大宝寺方の代表であった東禅寺氏に統治の実務を任せて地元感情に配慮し直接支配は避けたが、天正十六年、越後村上氏の攻撃を受け、庄内を失陥することとなる。

　この混乱の中、砂越氏の動向は明らかでなく、本庄氏の庄内侵攻の中、あるいは本庄氏の改易後の上杉氏の支配の中で、砂越の地を退去せざるを得なかったものと思われ、最上境に落ち延びたとも、あるいは縁続きの秋田氏を頼ったものとも言われている。砂越城は破却されたと考えられる。慶長五年（一六〇〇）の関ヶ原の戦いを原因とする出羽合戦の折には砂越城も東禅寺城の出城として取り立てられ、翌慶長六年には最上方から攻められて落城したという（『平田町史』二〇〇四）。

【城の立地および現況】　砂越城は、酒田市中心部より東南方向に約七・五キロ離れた旧平田町砂越地区に所在し、最上川右岸標高約八メートル強の河岸段丘上に立地する。庄内平野に出た最上川が北西方向に向きを変え、西に流れの向きを再度変える

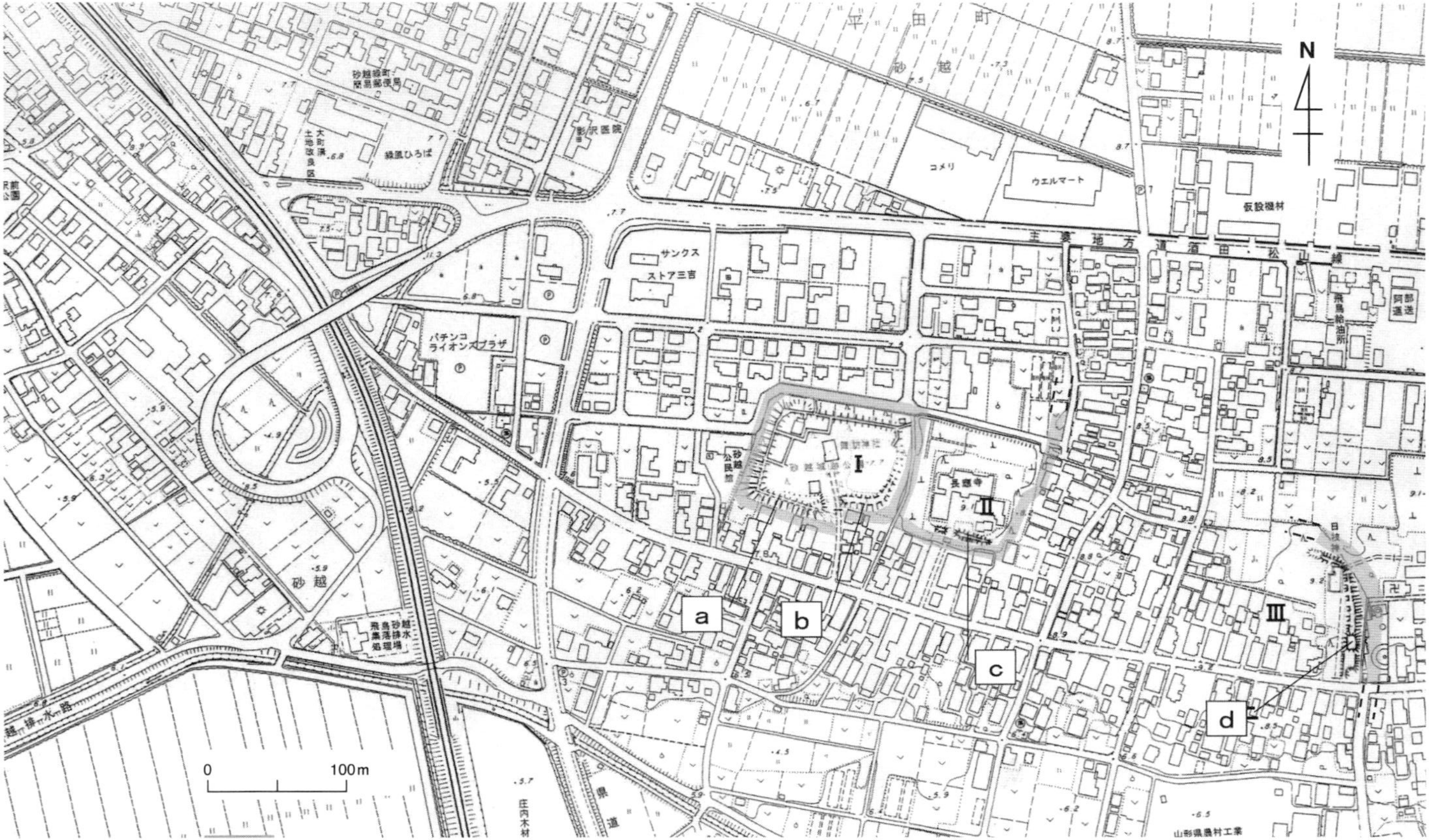

●—「砂越城略測図」（小松良博作成『山形県中世城館遺跡調査報告書第３集（庄内・最上地域）』1997）を参考に眞壁が修正・加筆）

辺りで相沢川と合流する地点付近に位置する。この辺りは、大同二年（八〇七）に再建されたという飛鳥神社が一・五キロ東に離れたところにあり、古代水駅の飽海《あくみ》駅の擬定地にもなっている、古代からの交通の要衝であった。飛鳥神内《あすかかんない》には古代の遺跡がある。中世以降も田川郡にある大宝寺（現鶴岡）や藤島、大浦（現大山）にも、内水面交通で往来があったという（『平田町史』二〇〇四）。

【城の構造】 現在の城跡は、砂越城址公園となっている諏訪神社境内や長応寺《ちょうおう》の境内・墓地を中心として、周辺は住宅街となっている。寛保三年（一七四三）の「長応寺屋敷替図」からは城内はすでに屋敷地と化しており、元禄七年（一六九四）に建立されたという諏訪神社の境内地となっている主郭《しゅかく》ⅠとⅢ郭東端に位置する日枝神社境内に土塁《どるい》の残存が確認できるが、他の場所の土塁はすでに崩されていたと考えられ、堀は水路として利用されているか田となっていたことがわかる。諏訪神社境内地は整備されて砂越城跡公園となった。平成に入ってからの開発で城の西や北側周辺が大きく破壊を受けている。

●—砂越城主郭西側土塁・水堀（南から）

●—砂越城主郭大手口（南から）

Ⅰ郭とした諏訪神社境内および公園が主郭と考えられる。東西約二〇〇メートル、南北約一六〇メートルを測る。諏訪神社の参道となっている南辺の残存する土塁aおよびbに挟まれた中央の開口部が大手と考えられる。他の導入箇所は不明である。主郭の周囲は堀で囲郭されていると思われるが、西辺の一部が水路として使われているほかはすべて埋められてしまい、他は道形に痕跡を留めるのみである。堀の幅や深さ、土塁の存在は不明である。土塁aおよびb付近は公園整備で破壊を受けつつも辛うじて遺されている。東および北辺は痕跡を留めていない。

Ⅱ郭は長応寺境内を中心とした郭で、その規模は、東西九〇《メートル》、南北八〇《メートル》と考えられるが、寛保三年の「長応寺屋敷替図」では、Ⅰ郭の北辺を越えて北に延びる堀跡と推定される細長い区割りが続くことから、さらに北側に続くことは確実と考えられる。長応寺山門付近および庫裏側南面に土塁cの痕跡が遺されている。北側は墓地となって均されてしまっているものの、わずかに北辺が東西方向に高くなっていることが認められる。遮断施設の土塁および堀の規模は不明である。導入施設も不明である。

Ⅲ郭はかなり広大でその北東隅が日枝神社境内に土塁dとして一部残存し垣間見ることができる。土塁は高さ一《メートル》前後に過ぎず幅はそれぞれである。南辺、北辺、西辺は遺構はまったく残存せず不明である、南辺だけは集落の端にある段丘崖で区切られると思われる。この郭内は飛鳥から連絡する東西道路に直行する、ないしは併行する何条かの道路が、あるいは堀跡とも推定されることから、今回はⅢ郭構成と考えたものの、さらに郭が増え、複雑な構成になる可能性が高いものと考えられる。

『平田町史』によれば、地名の大半は、現在は失われており比定は難しいものがあるものの、寛文五年（一六六五）の『平田之郷砂越村御縄打帳写』に出て来る城館関連の地名は、「館《たて》ノ内」（「楯の内」）・「西館」・「丸ノ内」・「居屋敷」や門を示す「北ノ門」・「からめ戸」、水路か防御施設を表す「中堀」などがあったほか、城下を構成したと考えられる「長応寺屋敷・『ひょうおんちゃしき』」・「寺屋敷」といった寺院や「石蔵」といった蔵を示す地名が見られるという。なお、日枝神社西側の墓地に中世まで遡るものと見られる凝灰岩系と思しき灰色の五輪塔の二基分を確認できた。

砂越城は、古代から続く最上川の河川交通と庄内北部の陸上交通の結節点を押さえ、主郭を多数の郭で取り巻いたその構造は、川北の有力国人《こくじん》である砂越氏の本拠としてふさわしい城郭であったといえよう。現時点での調査はまだまだ史料の限界等で課題は残るが、今後新たに発掘調査が行われる機会があればそれを裏付けできる可能性は高いと考えられる。

【参考文献】『日本城郭体系　第三巻　山形・宮城・福島』（新人物往来社、一九八一）、山形県教育委員会『山形県中世城館遺跡調査報告書第三集（庄内・最上地域）』（一九九七）、『平田町史　上巻』（二〇〇四）

（眞壁　建）

●出羽国南境の拠点城郭

小国城《おぐにじょう》

〔国指定史跡〕

〔所在地〕鶴岡市小国字町尻
〔比　高〕二三五・五メートル
〔分　類〕山城
〔年　代〕一六世紀代か
〔城　主〕小国氏・最上氏・上杉氏・最上氏・酒井氏
〔交通アクセス〕JR羽越本線「あつみ温泉駅」下車、徒歩二時間一〇分。または庄内交通バス関川行き「小国」下車。徒歩約一三〇分。

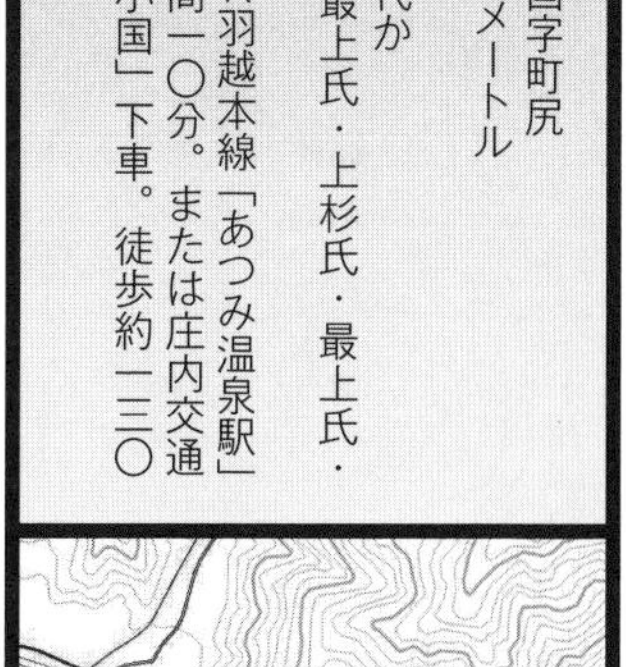

【歴　史】この城の創建時期は定かでない。南北朝期以降に周辺の城館とともに成立したという説もあるが不明である。地元では「小国因幡守《おぐにいなばのかみ》」が天文年間（一五三二〜五四）に築城したとの伝承がある。この地の地名である「小国氏」を名乗る一族が天正十年代（一五八二〜九一）まで在城した可能性はあるものの、史料に出てくる人物といかなる関係性にあったのかは不明である。今のところ城の存在を示す同時代の史料はないものの、天正十四年（一五八六）に小国の名字を冠する人物に「小国彦次郎」、「小国猿黒丸」なる二人の存在が確認できる。大宝寺《だいほうじ》氏の時代、その勢力は庄内に止まらず、内陸の最上地方や秋田県南まで広がったものの、大宝寺義氏《よしうじ》が天正十一年に腹心の謀反によって自刃する。さらにその弟の義興《よしおき》が大宝寺氏を継いだものの庄内の混乱は収まらなかった。ついに越後本庄氏から養子を迎えることが引き金となり、以前より庄内地方を傘下に収めることを企図していた山形の最上《もがみ》氏の調略もあって内乱状態となり、その中で天正十五年に大宝寺氏は滅亡する。この折小国氏は大宝寺方に付いていたようで、最上氏の圧迫に耐え切れず越後国境に退去せざるを得ない状況であった。

　この後最上氏は家臣を庄内に派遣して、酒田の東禅寺氏を介して庄内の経営を行っていたが、翌天正十六年には上杉氏より庄内の扱いを任された越後本庄氏の攻撃を受け、最上氏は庄内を失陥してしまう。このような混乱の中で、小国城が強化され、運用されたことは間違いない。その後の庄内は最

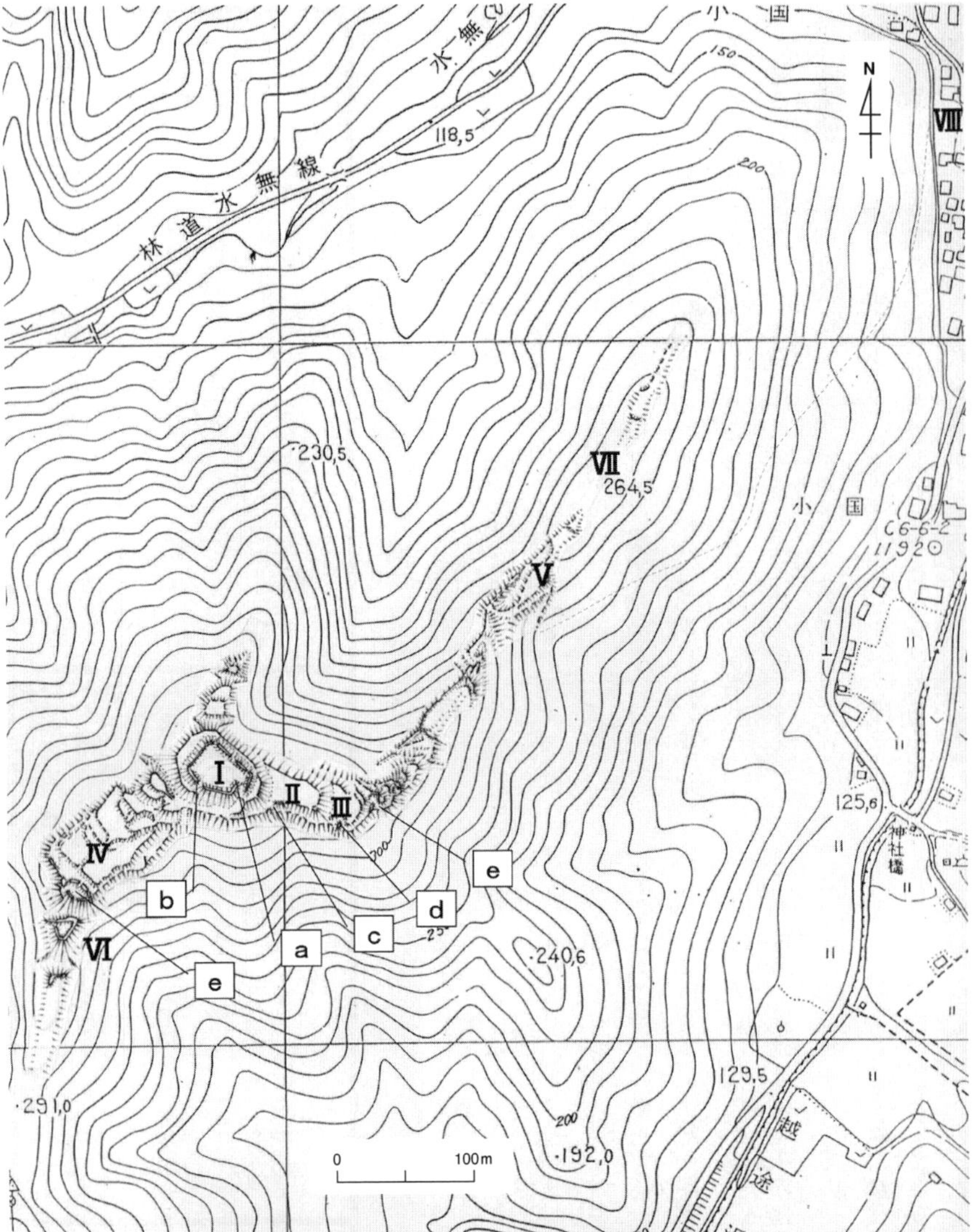

●—小国城平面図（横山 2011 の図を基に眞壁が加筆・修正）

●—主郭の土塁（西から）

上氏から徳川家康を通じて豊臣政権に「惣《そう》無《ぶ》事《じ》令《れい》違《い》反《はん》」で訴えられるが、豊臣政権の思惑により本庄・上杉氏側に有利な裁定となり、最上氏は庄内から手を引かざるをえなかった。天正十八年（一五九〇）の太閤検地反対一揆は庄内地方にも広がり、蜂起の責を問われ本庄氏等は改易となり、庄内は上杉領となった。

一揆制圧後、上杉景勝から庄内支配を任された直江兼続は、大宝寺城を庄内支配の本拠とし、番城《ばんじょう》として東禅寺城、大浦城、そして小国城を取り立てて城将を配置した。慶長五年（一六〇〇）の出羽合戦の後は、庄内は東軍に付いた最上氏の領有となり、大浦城配下の城となったが、元和元年（一六一五）には廃城となったものと思われる。ただ麓の関所機能は残され、庄内藩成立後も番所として続くこととなる。平成十四年（二〇〇二）に国指定史跡となった。

またこの地区には、起源が永禄年間に遡ると言われている市指定無形民俗文化財「小国八幡神社弓射神事」が地元保存会によって伝承されている。

【城の立地および現況】山形県の西端、日本海に西流する小国川の河口から約六・五キロ東側の山間にあり、小国集落の南西に位置する。東は木野俣《きのまた》、南は小鍋《おなべ》、北に神馬沢《かんばさわ》、峠野山が接している。小国集落の南西に接する通称「楯山《たてやま》」の標高三四八・五メートルの山頂部とその尾根筋の東西三〇〇メートル、南北八〇〇メートルの範囲の丘陵上に遺構は分布する。集落との高低差は二三五・五メートルである。この高低差は、庄内地方は元より県内の山城では最大級のものである。羽越国境に近い要衝として

●—主郭背後の堀切（南から）

集落の南の楯山に当城が築かれた。

城跡の東麓の谷筋には越後と庄内地方を結ぶ小国街道が通り、集落南にある角間台峠に通じ、さらには羽越国境の小名部の堀切峠へと繋がっている。江戸時代には庄内藩の番所が置かれていた。小国街道の東側には城の鎮守と伝えられる熊野神社があり、社殿の正面は主郭《しゅかく》Ⅰに向いている。現況は杉林および雑木林である。毎年地元の保存会では、登城路中心に草刈や支障木の撤去を行っており、見学者の便に配慮している。

【城の構造】 小国城は、前述の通り標高三四八・五メートルの楯山山頂に主郭Ⅰ、北尾根上に腰郭《こしぐるわ》Ⅱ〜ⅢとⅤ・Ⅶ、南尾根にⅣ・Ⅵを、山麓部にはⅧを配置する。Ⅰ郭は「本丸」とも呼ばれ、虎口《こぐち》以外の全方位を土塁《どるい》で囲んでおり、ここ庄内地方の山城では珍しい形態をとる。土塁の高さは場所によって異なるが、外桝形《そとますがた》虎口付近の内側で最大約一・二メートル、最も低いところは北隅部分内側で〇・八メートルとなる。

導入施設はaとした大手口の外桝形虎口とbとした平入りの虎口でこちらは腰郭《こしくるわ》に連絡する。Ⅱ郭は「二の丸」・「中屋敷」と呼ばれ、南辺のⅠ郭の裾部分に土塁を伴う虎口cを設ける。Ⅲ郭は「三の丸」もしくは「下屋敷」と呼ばれ、Ⅱ郭の東に位置する。こちらも城道が南辺を連絡している関係から虎口が南辺に置かれているが、直進できないようマウントのような土塁を配置する。下位にある虎口dは三折れする桝形状の虎口形態で、Ⅲ郭と同パターンとなる。Ⅰ郭の西に位置するⅣ郭は「四十二軒屋敷」・「西大屋敷」と呼ばれ、東はⅠ郭西裾を堀切り、西も堀切で区切る長さ約一〇〇メートル、幅四〇メートルの城内で最も広い郭である。

郭内は九から一〇段ほどの大小さまざまな平坦面で構成される。南西端に土塁で囲郭《いかく》される虎口eがある。Ⅴ郭は「駒《こま》立場《たてば》」と呼ばれている。Ⅲ郭の北東に続く尾根上に数段のテラスと、その北斜面に併行する帯郭《おびくるわ》状の登城路より東側に位置し、山腹からの登城路が尾根上に出る場所である。中央が窪みとなって狭小な平坦面を構成し、周囲は土塁状に囲む。西側は登城路となって城内に進む構造となっている。

Ⅵ郭はⅣ郭南西端の虎口eの堀切対岸に位置する。南側尾根続きは城内最大の落差を誇る大堀切で区切られている。周囲は低い土塁で囲繞《いにょう》する。虎口eと呼応して北西端に土塁の開口部があり、木橋《きばし》等の何らかの架橋施設の存在が想起される。Ⅶ郭は通称「駒立場」と呼ばれるⅤ郭の北西尾根上の標高二六四・五メートルの小ピークの周囲に認められる。最北端部は標高二〇〇メートル付近まで確認できるという。浅く細長い竪堀《たてぼり》状の遺構（通路か）が数条、それに伴う低い段差のテラス群が確認できるという（横山二〇一一）。この郭は前哨的役割を想定できる。Ⅷは楯山の麓、小国集落内に位置し、近世の御役屋（上御番所）の跡地と伝わる。かつてはここが城主級の居館部分にあたることが想定されている（『日本城郭体系』一九八一）。現在の登場路の入り口となっている。

小国城は、元来当地方でもよく見られるパターンの北東尾根方面に残されている狭小で粗放な平場群や竪堀状の道形に見られるような構造であったものを、隣接する越後との度重なる緊張関係の中で、Ⅰ郭を中心とし東はⅢ郭付近まで南は連続する大堀切までの範囲が新たに整備されていったと考えられ、当地方でも稀有な構造を持つ拠点城郭となっていったことが、遺された遺構からうかがい知ることができる。

【参考文献】『温海町史』上巻（一九七八）、佐藤光民「小国城址・小国関址考」『山形県民俗・歴史論集第三集』山形県民俗・歴史論集編集委員会（東北出版企画、一九八〇）、『日本城郭体系　第三巻　山形・宮城・福島』（新人物往來社、一九八一）、山形県教育委員会『山形県中世城館遺跡調査報告書第三集（庄内・最上地域）』（一九九七）、横山勝栄「小国城の現場　山形県鶴岡市小国町尻（旧山形県西田川郡温海町大字小国字町尻）所在の山城調査」『さあべい』第二七号（さあべい同人会、二〇一一）、温海町教育委員会『小国城跡』（山形県温海町文化財調査報告書、二〇〇二）

（眞壁　建）

●大宝寺氏の本拠

大浦《おおら》城《じょう》・高館《たかだて》

〔所在地〕大浦城：鶴岡市大山三丁目
〔比　高〕三九メートル
〔分　類〕平山城
〔年　代〕一六世紀代か
〔城　主〕大宝寺氏（武藤氏）・最上氏・上杉氏・酒井氏
〔交通アクセス〕ＪＲ羽越本線「羽前大山駅」下車、徒歩二〇分。

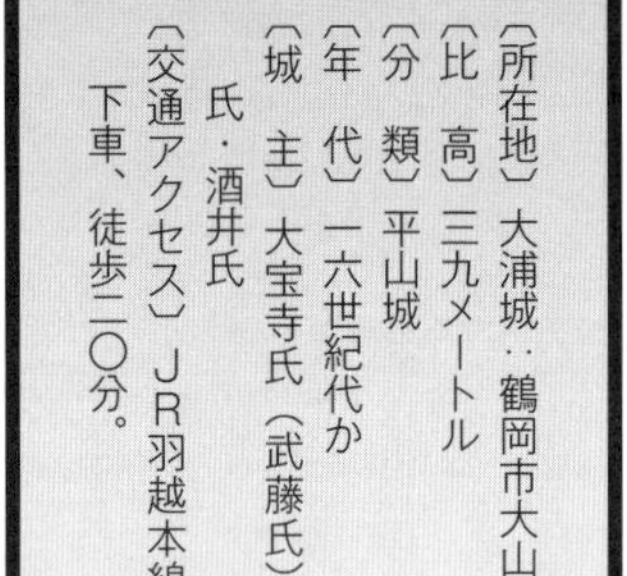

【歴　史】　大浦城主の大宝寺《だいほうじ》氏は、鎌倉御家人として文治五年（一一八五）の奥羽州合戦に従軍し、鎌倉幕府より恩賞として大泉庄地頭職を拝領した武藤資頼の弟氏平を祖とする名族であったと伝わる。当初は大宝寺の地に本拠があったかと推定されるが、地頭政所などの場所は不明である。兄の資頼は九州の少弐氏を名乗り、氏平は大泉氏を名乗る。その後次第に勢力を増し羽黒山の別当職も兼帯するようになる。南北朝期には北朝方として戦った。室町時代に入り、寛正三年（一四六二）に大泉淳氏は室町幕府より「出羽守」の受領名を拝領する。この頃から地名の「大宝寺」名乗るようになる。

　永正・天文年間（一六世紀第1四半期）には同族である川北の砂越氏の抗争が激化して、「大宝寺」が亡所《ぼうしょ》（住む者がない所）となり、この間、本拠を大宝寺から大浦に移したと見られる。室町幕府や上杉氏の権威を背景に庄内地方を中心として国人《こくじん》連合の旗頭となった大宝寺氏は、その内的課題を克服できないまま最上地方や秋田由利地方に外征を繰り返した結果、天正十一年（一五八三）に大宝寺義氏《よしうじ》が家臣の謀反で横死する。義氏死後、弟の義興が家督を継いだが、最上《もがみ》氏の介入を許すこととなり、大宝寺氏は滅亡し、庄内は最上氏の支配を受けることとなった。

　天正十六年、大宝寺氏と繋がりのあった越後村上の本庄氏は庄内を攻撃し、最上氏は庄内を失陥する事態となった。天正十八年に東北各地の検地反対一揆が勃発すると、それに呼

●—大浦城遠景（北から）矢印は主郭

●—大浦城主郭土塁（南から）

応するようにここ庄内でも検地一揆が起こり、翌年一揆は鎮圧されたが、本庄氏・大宝寺氏はその責を問われ蟄居を命ぜられ、その代わりに越後上杉氏の重臣直江兼続《なおえかねつぐ》が庄内支配を任された。直江兼続は庄内支配の拠点を大宝寺城とし、大浦城は番城《ばんじょう》として城将を配置した。慶長五年（一六〇〇）の勃発した関ヶ原の戦いはここ出羽庄内にもおよび、最上方に下った上杉氏の武将下次右衛門の先導で大浦城は落城した。関ヶ原の戦い後は最上氏の庄内支配が確定し、慶長六年に下氏は大浦城代となった。慶長八年に大宝寺は鶴ヶ岡、東禅寺を亀ヶ崎、大浦は大山と改名される。

元和八年（一六二二）に最上家が内紛を理由に改易されると、徳川家の譜代大名である酒井忠勝が庄内一四万石の領主となり入部、鶴ヶ岡城と亀ヶ崎城の二ヵ城を引き継ぎ、大山城等は放棄もしくは

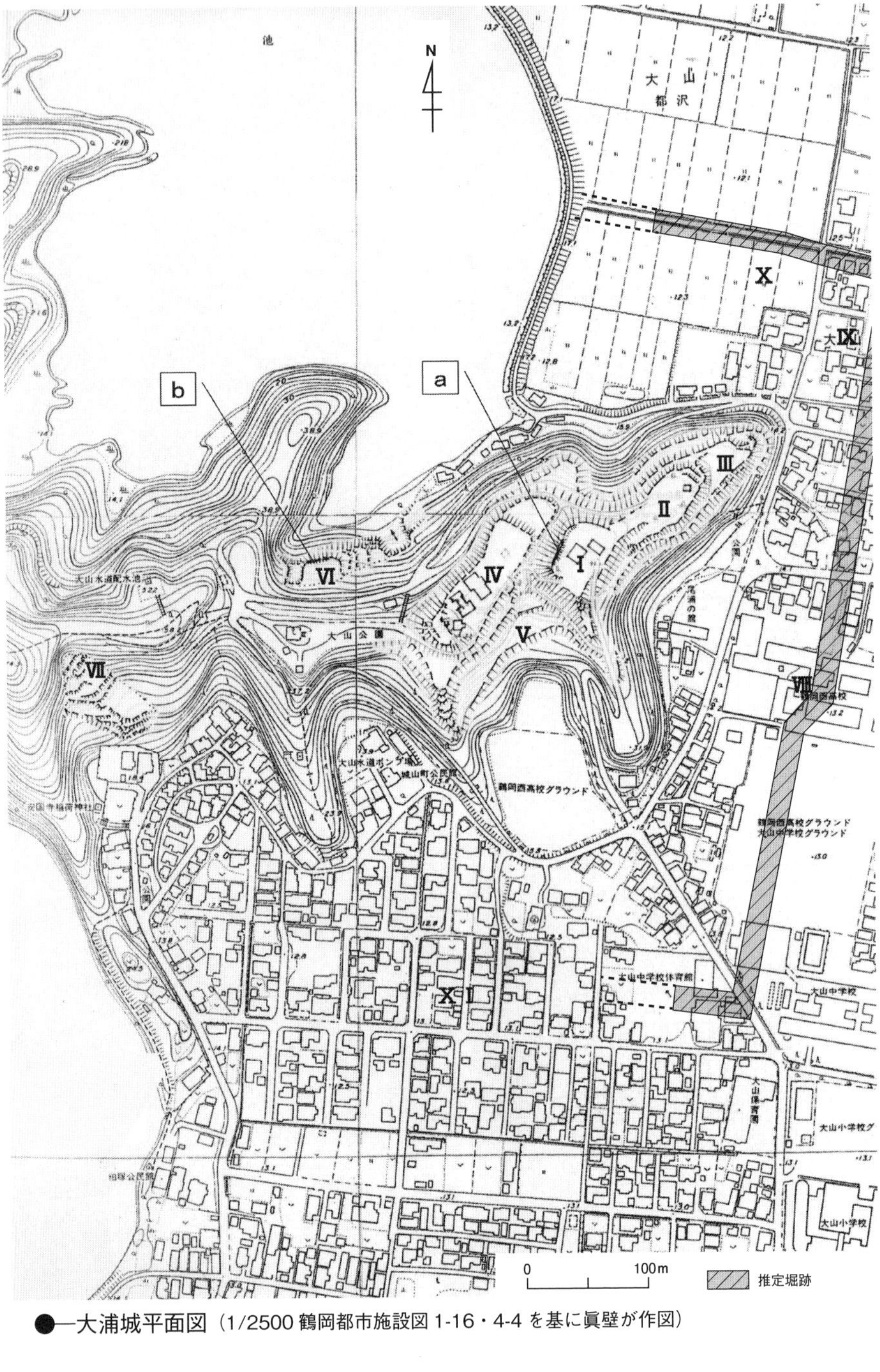

●—大浦城平面図（1/2500 鶴岡都市施設図 1-16・4-4 を基に眞壁が作図）

破却されたものとみられる。高館山は、その山頂に江戸末期には「土居・堀形ソコソコ二」「屋敷跡モ二軒斗」残っており、大宝寺氏の一門の「大滝月宮入道」が居たという（『筆《ふで》濃餘理《のあまり》』）。

【城の立地および現況】　庄内平野南部の西端に位置し、日本海に接する高館山（標高二三七・八メートル）丘陵の山頂に高館が、その南東麓約一・五キロ離れた丘陵突端の標高五三メートルの「城山」（太平山）に大浦城が立地する。東側の平野部には一級河川大山川が流れる。高館山は山林となっているが、昭和三十三年（一九五九）の観光道路完成を期に山頂部の開発が進み、テレビ放送のための放送所建設の際の工事や昭和三十九年の新潟地震の際の湯野浜方面からの防災道路開鑿《かいさく》でかなりの破壊を受けたものと考えられる。大浦城のある城山（太平山）区域は、元和八年以降は放棄されたままになっていたと思われ、山林と化していたものと考えられる。昭和八年から同十五年の間、地元の篤志家が城跡を整備し公園とした際にもか

●—大浦城Ⅱ郭から主郭方面を望む（北から）

●—大浦城主郭背後の堀切（北から）

●—西斜面帯郭方面を望む（東から）

山形県

なりの破壊を受けたものと考えられる。城山は公園および神社境内地として市民の憩いの場となっている。山麓部に当たる城下部分は湿地帯と推定され地盤は軟弱である。現在は市街地が広がっている。なお、新潟・秋田方面に連絡する北国街道が城下を南北に通っている。

【大浦城の構造】 現在は大山公園と呼ばれている城山地区を中心に遺構が認められる。Ⅰ郭は主郭《しゅかく》と推定される。三吉神社が建立されている。北西辺に高さ一メートル強の土塁《どるい》が残存している。麓との比高は三八メートルである。東西五〇メートル、南北六〇メートルの長方形である。遮断施設は北西辺に高さ一メートル強の土塁aが残存している。堀切は西方尾根続きのⅣ郭との間に大堀切がある。導入施設の虎口《こぐち》は明確でない。Ⅱ郭、Ⅳ郭から入るルートは後世、公園整備の際の道で当時からのものとは判断できない。南東の痩せ尾根方向には狭小な小郭群が数段続くことからそちら方向の可能性もある。なおこの場所は昭和十二年の道路開鑿の際に貯蔵穴らしき遺構が発見されたという。

Ⅱ郭は東西三〇メートル、南北五〇メートルの規模である。遮断施設はない。導入施設は主郭同様破壊を受けており不明であるが、北側のⅢ郭との連絡路は折れのある坂虎口である。ただし道幅があり後世のものである可能性は高い。Ⅲ郭は東西二五メートル、南北三〇メートルの長方形である。遮断施設はない。導入施設は主・Ⅱ郭同様破壊を受けており不明である。北側に東に折れながら麓に達する通路が数年前まで存在したが、集中豪雨で崩落してしまった。

Ⅳ郭は古峰神社境内を含む平坦面で、北はⅠ郭との間に大堀切で区切られ、南は、現在は忠魂碑のある高台で画される平場である。ここも後世の造成らしき痕跡が随所に見られ、このテラス群が城のものであったかどうか判断できない。Ⅴ郭は広い帯郭で現在は杉林となっている。Ⅵ郭は西斜面の下池側にあり、最上段の平場西側に低い土塁bが残存している。

Ⅶ郭は城郭とは直接関係はないが、数段の平場が認められ、伝安国寺《あんこくじ》と伝わる。Ⅷ郭は麓の居館部分であったと考えられる。近世の史書である『筆濃餘里』では二の丸と記載がある。字切《あざきり》図（明治期に作成された地籍図）では、城山を包み込むように東西および南北方向にコの字型に細長い地割が連続している様子が見つかっており、平成十一年度に実施された旧県立高校解体時の県教委の調査および平成十三年度の市教委による試掘調査で、幅三〇メートル、深さ一メートルの堀跡が確認されている。

Ⅸは昭和四年に電鉄敷設のための土取り工事の際、柵木列や門柱、井戸等の遺構および土器陶磁器片の発見場所付近を

●—高館山遠景（東南から）

示すものである。出土遺物の中には青磁や染付け等も見られ、大浦城関連施設である可能性が高い。Ⅹは Ⅷ地点で見つかった堀跡が西に屈曲し下池方面に向かう地点で、同規模の堀が確認されている。大窯Ⅱ～Ⅲ期の天目《てんもく》茶碗や漆器・下駄等が出土している。Ⅺはこのあたりに近世の酒井忠勝の七男、備中守忠解《ただとき》の屋敷があったとされる場所である。さらにⅧ～Ⅺの外側に惣構的に「陣屋川」が流れている。

【高館山の立地と構造】　鶴岡市大山字城山（「羽前大山駅」から徒歩約二時間）の高館山（標高二三七・七九メートル）の山頂周辺に遺構が点在している。山頂部Ⅰは前述のとおりテレビ放送所の度重なる増築等中でかなりの破壊を受けているが、辛うじて縁辺の南東隅と北東隅にそれぞれ虎口aと堀切bが確認できる。虎口aは内桝形《うちますがた》状の構造となっており、六折れする葛折《つづらお》れの坂道の到達点に位置している。堀切bは西斜面に沢状になるよう処理しており、東斜面は急傾斜となるため竪堀《たてぼり》状には処理していない。山頂側には寄るべき平坦面がなく土塁《どるい》は外土塁となる。北東尾根上の約二五〇メートル降りたところに浅い片堀切cが存在する。

振り返って山頂部Ⅰより南西方向には大きく分類して五段の平坦面Ⅱが確認でき、礎石は未発見であるがもともと屋敷であったことが想定できる。最上段の1は南側にしっかりと

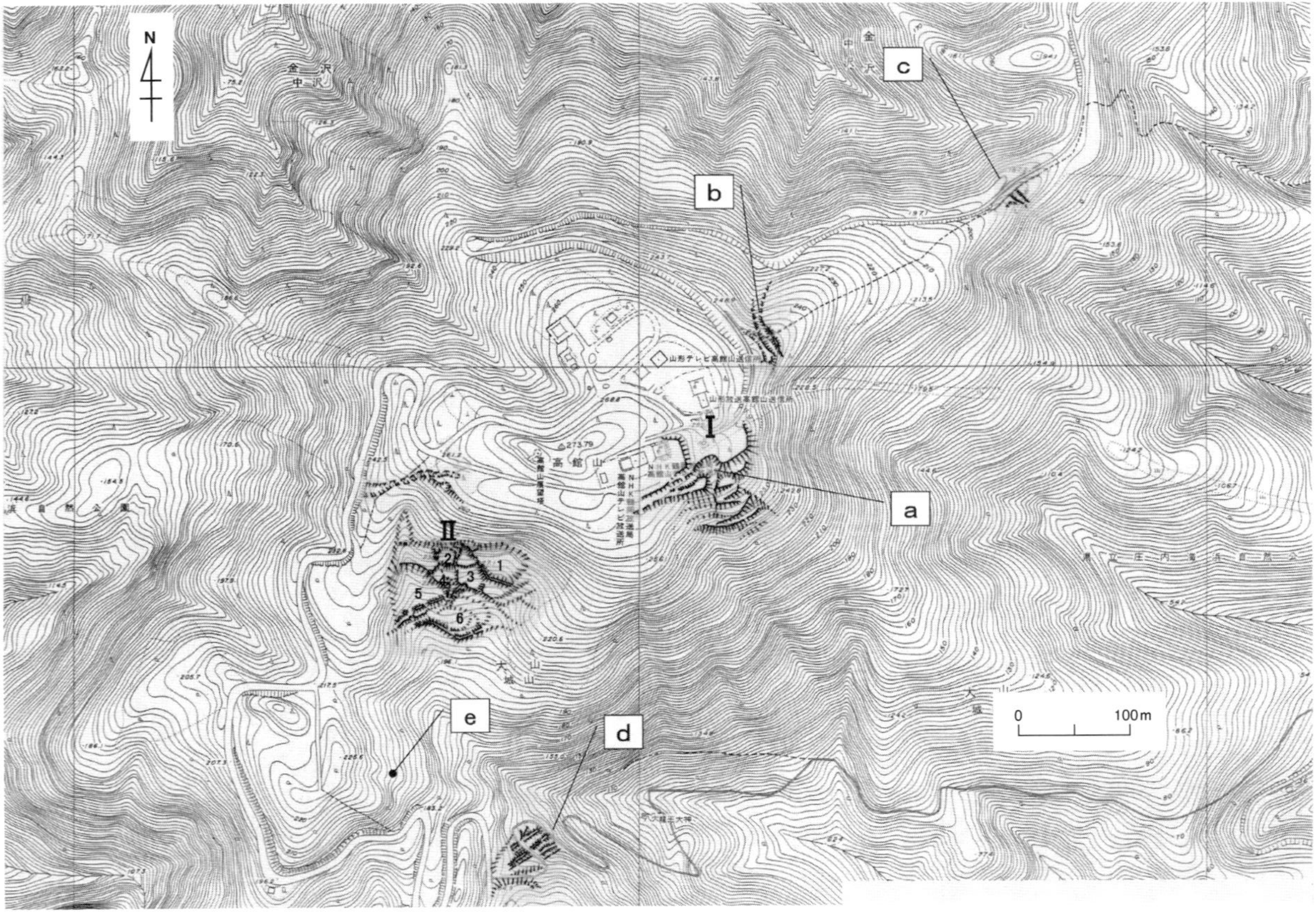

●—高館山平面図（1/2500 鶴岡都市施設図 1-15・1-16 を基に眞壁が作成）

した高さ一メートル弱の土塁をもつ。２は低い土塁で二ヵ所を区切るこの平場群で最も広い。４は竪堀状の坂虎口がある。５と６は土塁を南側の開口部にもつ比較的広い平坦面である。５は土塁の切れ目から水路的な溝が認められ、もともとは貯水池であった可能性がある。

　ここから二〇〇メートルほどさらに下った地点に畝状《うねじょう》竪堀群ｄがある。三条ほど確認できるが、付近の高所に防御拠点となるべき郭がない。途中登山道に切られるが長いところで四〇メートルほど確認できる。この地点は、下池から海岸部の加茂方面に向かう通称「岩倉越」が、沢筋から尾根に出る道筋にあたる。人工構築物ではなく地すべり地形の可能性もある。なおｅ地点には、天保十二年（一八四二）に大山在住の人々が発見したと考えられる五輪塔の破片がある。以上、高館山は城郭とも考えられるが堀の構造や平坦面のあり方から山岳寺院の可能性が最も高い。もっとも山岳寺院も城郭として利用された事例は枚挙に暇はなく、当初は寺院として建立され、やがて城郭としても利用されたと考えられる。

●―高館城山頂部の内桝形状遺構（東から）

●―高館城山腹部最上段平場の土塁（西から）

【参考文献】『大山町史』（一九六九）、鶴岡市史編纂会『筆濃餘理　下巻』荘内史料集三（一九七八）、『鶴岡市史』上巻　第三版（一九八〇）、『日本城郭体系　第三巻　山形・宮城・福島』（新人物往來社、一九八一）、山形県教育委員会『山形県中世城館遺跡調査報告書三集（庄内・最上地域）』（一九九七）、鶴岡市教育委員会『市内遺跡分布調査報告書』（二〇〇〇）、鶴岡市教育委員会『市内遺跡分布調査報告書（五）』（二〇〇二）、山形県教育委員会『分布調査報告書（二七）』（二〇〇三）、鶴岡市史編纂会『図説　鶴岡のあゆみ』（二〇一一）

（眞壁　建）

執筆者略歴

飯村　　均（いいむら　ひとし）　別掲
伊藤　清郎（いとう　きよお）　1948年生まれ　山形大学名誉教授
垣内　和孝（かきうち　かずたか）　1967年生まれ　大安場史跡公園管理センター
加藤　和徳（かとう　かずのり）　1947年生まれ　山形県文化財保護協会理事
川崎　利夫（かわさき　としお）　1933年生まれ　山形県文化財保護協会副会長
菅野　正道（かんの　まさみち）　1965年生まれ　仙台市博物館主幹
近藤真佐夫（こんどう　まさお）　1957年生まれ　会津若松市教育委員会
今野　賀章（こんの　よしあき）　1971年生まれ　福島県伊達市教育委員会
齋藤　　仁（さいとう　ひとし）　1973年生まれ　山形市教育委員会
佐藤　信行（さとう　のぶゆき）　1942年生まれ　日本考古学協会会員
佐藤　公保（さとう　まさやす）　1978年生まれ　米沢市教育委員会
佐藤真由美（さとう　まゆみ）　1970年生まれ　二本松市教育委員会
渋谷　敏己（しぶや　としき）　1947年生まれ　山形県地域史研究協議会常任理事
鈴木　　功（すずき　いさお）　1961年生まれ　白河市役所
竹井　英文（たけい　ひでふみ）　1982年生まれ　東北学院大学文学部准教授
田中　則和（たなか　のりかず）　1949年生まれ　東北学院大学東北文化研究所客員
中山　雅弘（なかやま　まさひろ）　1957年生まれ　いわき市生涯学習プラザ副館長
布尾　和史（ぬのお　かずふみ）　1970年生まれ　北塩原村教育委員会
平田　禎文（ひらた　さだふみ）　1967年生まれ　三春町歴史民俗資料館
藤田　直一（ふじた　なおいち）　1969年生まれ　棚倉町教育委員会
保角　里志（ほずみ　さとし）　1950年生まれ　中世城郭研究同人
眞壁　　建（まかべ　けん）　1967年生まれ　鶴岡市教育委員会
室野　秀文（むろの　ひでふみ）　別掲
八重樫忠郎（やえがし　ただお）　1961年生まれ　平泉町役場
渡部　　紀（わたべ　おさむ）　1963年生まれ　仙台市教育委員会

編者略歴

飯村　均

一九六〇年、栃木県に生れる
一九八三年、学習院大学法学部卒
現在、（公財）福島県文化振興財団
〔主要著書〕
『律令国家の対蝦夷政策　相馬の製鉄遺跡群』シリーズ「遺跡を学ぶ」（新泉社、二〇〇五）、『中世奥羽のムラとマチ　考古学が描く列島史』（東京大学出版会、二〇〇九）、『中世奥羽の考古学』東北中世史叢書（高志書院、二〇一五）

室野秀文

一九六〇年、長野県に生れる
一九七九年、長野県立下伊那農業高等学校卒
現在、盛岡市教育委員会
〔主要論文〕
「陸奥北部の館」『鎌倉・室町時代の奥州』（高志書院、二〇〇二）、「城館の発生とその機能」『鎌倉時代の考古学』（高志書院、二〇〇六）、「中世道南の領主と城館」『北方社会史の視座第一巻』（清文堂、二〇〇七）

東北の名城を歩く　南東北編
宮城・福島・山形

二〇一七年（平成二十九）九月一日　第一刷発行

編　者　飯《いい》村《むら》　均《ひとし》
　　　　室《むろ》野《の》　秀《ひで》文《ふみ》

発行者　吉　川　道　郎

発行所　株式会社　吉川弘文館
郵便番号一一三―〇〇三三
東京都文京区本郷七丁目二番八号
電話〇三―三八一三―九一五一（代）
振替口座〇〇一〇〇―五―二四四番
http://www.yoshikawa-k.co.jp/

組版・製作＝有限会社　秋耕社
印刷＝株式会社　平文社
製本＝ナショナル製本協同組合
装幀＝河村　誠

ISBN978-4-642-08320-1

飯村　均・室野秀文編　〈10月刊行予定〉予価二五〇〇円

東北の名城を歩く　北東北編

青森・岩手・秋田　A５判・二七二頁予定・原色口絵四頁

峰岸純夫・齋藤慎一編　A５判・平均三一〇頁・原色口絵四頁

関東の名城を歩く　北関東編

茨城・栃木・群馬　二二〇〇円

関東の名城を歩く　南関東編

埼玉・千葉・東京・神奈川　二三〇〇円

吉川弘文館
（価格は税別）